丛书名题签：陈炜湛

作者简介

张婧璞

　　中山大学民族学博士，广东开放大学法律与行政学院讲师。坚持扎根农村进行田野调查，专注于高原渔民群体、西藏渔猎文化和岭南海岛文化研究。先后发表论文 11 篇（核心期刊 7 篇），主持广东省哲学社会科学"十三五"规划课题、广州市社科规划课题各 1 项，主持省级质量工程教学改革项目 1 项，参与国家社科基金一般项目和教育部一般项目。

本书田野调查获

"重庆大学中国人类学博士论文田野调查奖助金"（TYJZJ2015）

"中国田野调查基金·腾讯互联网人类学科研计划奖助金"（303029 – 20150210）

资助

青藏高原东部边缘民族多样性研究

何国强　总主编

国家出版基金项目
NATIONAL PUBLICATION FOUNDATION

皮筏远行

ཀོ་གྲུ་རྒྱང་ཕེབས།

拉萨河畔渔村
生计研究

张婧璞　著

暨南大学出版社
JINAN UNIVERSITY PRESS

中国·广州

图书在版编目（CIP）数据

皮筏远行：拉萨河畔渔村生计研究/张婧璞著 . —广州：暨南大学出版社，2022.7
（青藏高原东部边缘民族多样性研究/何国强总主编）
ISBN 978 - 7 - 5668 - 3413 - 3

Ⅰ. ①皮…　Ⅱ. ①张…　Ⅲ. ①渔民—社会生活—研究—曲水县　Ⅳ. ①D422.7

中国版本图书馆 CIP 数据核字（2022）第 078412 号

皮筏远行：拉萨河畔渔村生计研究
PIFA YUANXING：LASA HEPAN YUCUN SHENGJI YANJIU
著　者：张婧璞

出 版 人：张晋升
责任编辑：黄圣英　郑晓玲
责任校对：刘舜怡　林玉翠　陈皓琳
责任印制：周一丹　郑玉婷

出版发行：暨南大学出版社（511443）
电　　话：总编室（8620）37332601
　　　　　营销部（8620）37332680　37332681　37332682　37332683
传　　真：（8620）37332660（办公室）　37332684（营销部）
网　　址：http：//www.jnupress.com
排　　版：广州市天河星辰文化发展部照排中心
印　　刷：深圳市新联美术印刷有限公司
开　　本：787mm×1092mm　1/16
印　　张：24
字　　数：413 千
版　　次：2022 年 7 月第 1 版
印　　次：2022 年 7 月第 1 次
定　　价：108.00 元

（暨大版图书如有印装质量问题，请与出版社总编室联系调换）

总　序

文化是人类适应环境的基本方式。藏族与睦邻的纳西、门巴、珞巴、独龙等民族共同适应青藏高原的大环境和各自区域的小环境，创造了特定的文化。自1996年始，本人在川、滇、藏交界区调研民族文化，起初独自一人，后来带学生奔波，前后指导了20多篇学位论文。我把学生带到边陲，避免在东部扎堆，完成学术接力，为他们夯实发展的基础，不少人毕业后申请课题、发表论著，我自己也在积累经验，不断追求新目标，把研究范围扩大到川、青、藏交界区。

最近数年间，我组织调研、汇集书稿。2013年，推出"芜野东南的民族"丛书第一系列7册①，分简体字和繁体字两个版本；2016年，推出第二系列4册，为简体字版本。两个系列约400万字，展示了喜马拉雅与横断山区的绚丽文化。然而，一套丛书的容量有限。专家诚恳地建议我们做下去。我们也想做下去，就继续调研、总结经验②、坚持写作。在国家出版基金管理委员会的支持、主管部门的关怀以及暨南大学出版社的组织安排下，"青藏高原东部边缘民族多样性研究"丛书终于落地生根。可以说以上成果为"守正创新"③劲风所赐，使我们得以回报社会各界的支持。

多年的栉风沐雨带来满目的春华秋实，因此不能不提到作者们付出的心血。静态地看，有三套丛书的储量。动态地看，知识向四面八方传递不可计量。犹如向湖心抛入巨石，起初引起水波，继而泛起涟漪，很长时间，水面不平静，每位作者的故事还在演绎：调查中的实在品质，如耐心记录、细致观察，获得原始资料的喜悦，以及发现问题、精巧构思、层层铺垫，形成厚实的民族志，里面有对社会结构的描绘，有对动力因素的探索，力

---

①　简体版获第四届中国大学出版社图书奖优秀学术著作一等奖，并引出3篇论文评价，即黄淑娉《论青藏高原东部和东南部民族研究的推陈出新》[《青海民族大学学报（社会科学版）》2014年第2期]、徐诗荣和嵇春霞《原生态画卷：青藏高原东南部的民族文化——评"芜野东南的民族"丛书》（《出版发行研究》2014年第8期）、胡鸿保《"芜野东南的民族"丛书赞》（《共识》2014秋刊）。对此网络媒介也有报道。

②　参见何国强：《我们是怎么申请到这个项目的》，载《书里书外》，中山大学出版社，2014年。

③　朱侠：《坚持守正创新，勇担使命任务》，国家出版基金网站，2020年1月15日，https：//www.npf.org.cn/detail.html？id=1962&categoryId=26。

图使民族映像清晰化，谋求历史逻辑统一。这就是研究西藏所需要的不怕吃苦、执着干练的科学精神，不仅要有勤奋坚韧的品格，还需要友情与互助。除了作者自身的因素和亲友的鼓励，其他因素，包括编辑的专业素养、调查地友好人士的支持，也值得珍惜、怀念。

本套丛书当中，有的是在博士学位论文基础上的再研究，有的是专题写作。坎坷的研究经历使我们深切地感到，一本书要能接地气，讲真话，不经过艰辛的精神劳动就不可能诞生，学术水平的高低不仅是社会环境的造就——与政治经济、理论方法及时代需求有关，也是作者本人的造诣——与研究者的主观努力分不开。整套丛书至少有三个令人鼓舞的闪光点：

1. 坚持实证研究，奉献一手资料和田野感悟

19世纪中叶，国际学界开始涉足青藏高原东部地区。中华人民共和国成立后，分别于20世纪50年代、80年代和90年代组队到该地区进行民族识别和社会历史调查，丰富了《民族问题五种丛书》的内容。新资料、新方法打开了人们的眼界，但是带着旧思维看问题的境外人士仍不在少数。改革开放以后，至今川、滇、藏与川、青、藏两个交界区某些地方依然谢绝外籍人士，收集资料的重任落到国内学者身上，我就是在这种情形下进藏的。环顾四周，当年的同道已不知所向，幸好凝聚了一批新生力量，绳锯木断、水滴石穿，不言放弃。通过田野调查获得的原始资料和珍稀感受为写作提供了优质素材，这使本套丛书能够以真实性塑造科学性，以学术性深化思想性，达到材料翔实、学理坚固、观点新颖、描述全面。

2. 体现人类学知识的应用与普及

最近20年来，国家加大了对人文与社会科学的投入，各门学科取得长足的发展，这是毫无疑问的。然而伴随着专利、论文数量的增长，一些不尽如人意的事情也出现了：文章浅尝辄止，漫然下笔的多，周密论证的少，还有重复研究等浪费资源的现象。人类学倾向微观考察，对充实中观、引导宏观有所作为，中山大学自从复办人类学系以来，格勒率先走上青藏高原，紧跟着就是我们的团队。

本套丛书是西藏研究的新产品。作者们博采众长，引入相关概念，借助人类学理论方法的指导凝视问题，通盘考虑，揭示内涵。虽然各册研究目标不一，但是在弄清事实、逻辑排比、分析综合、评判断义，以及疏密叙述等项上一起用力，展示自己的德、才、学、识。有些问题提出来亟待深化，如应该如何凸显民族志对于区域文化研究的重要作用，应该如何发

挥民族志的特长，等等。

目前，理论与实际脱节的现象正在转变，自发的、自觉的研究队伍扩大了，这是对我们已经做出努力的积极回应，也是"青藏高原东部边缘民族多样性研究"丛书充满生命力的证据。这项研究继续向纵深发展，必然要求研究者保持多读书、尚调查、勤思考、免空谈的学风。

3. 突出出版界和人文与社会科学界的精诚合作

本套丛书凸显了一个浅显的道理：多年积累的田野资料不会自动转化为社会公认的产品，需要紧扣"民族特色"提炼选题，科学搭配，形成整体效应。所以丛书各册保持自身特色，如文化源流、田野实践、社会分工与异化劳动、传统生计、地方与国家、不同资源的合理利用、小民族大跨越等，同时贯穿了再造区域民族志的主旋律。一句话，把各册放在青藏高原东部民族多样性的大题目下合成整体色彩，依靠国家出版基金的扶持，实现"好纱织好布""好料做好菜"的目标，达到"雪中送炭""锦上添花"的双重效果，对出版人与研究者都是双赢。

总之，本套丛书具有继往开来、别开生面的寓意，弥补了同类作品的某些不足，激励着新人奔向祖国最需要的地方，关注各民族在历史上与现实中与自然、社会发生关系的过程，推动顶层设计，产出有效政策，建设西南边陲。当然，我们也应清醒地看到本套丛书的不足，保持虚心接受意见、不断追求高品质的诚恳态度。

古文字学家陈炜湛教授乃治学、书艺两全的专家，一向支持我的田野研究，多次题写书名给予奖掖。为了表达对本套丛书作者实地研究西藏的钦佩，肯定编辑人员的辛勤劳动，陈教授特用甲骨文和金文写成书名。看到丛书名十五字，字体淳厚中正、古意盎然，我由衷感激。

何国强

2022 年 2 月

于中山大学康乐园榕树头

前　言

　　本书揭示了西藏鲜为人知的渔民群体，以翔实的田野资料证明了该群体的存在。这样的主题带有挑战性，需要逆流而上的勇气与信心，而我的导师何国强教授始终坚定地支持我、指导我。他坚持实事求是、践行田野调查，不轻信、不盲从。我们师徒二人终在雪后的冬日揭开了"隐藏"在雅鲁藏布江和拉萨河交汇处藏族渔村的面纱，从此，我的研究便与西藏渔村结下了不解之缘。

　　青藏高原东南部雅鲁藏布江及其支流拉萨河交汇处的藏族渔民群体，以拉萨曲水县的俊巴村和山南贡嘎县的陇巴村为代表。本书介绍了藏族渔民的捕捞生计、群体特征和渔村的发展脉络，既反映人类对青藏高原整体环境的多样化适应特征，又探究捕捞生计和渔民村落在与藏传佛教存在观念冲突的情形下得以存在和延续的历史与社会渊源，使得湮没在历史长河中的古老技艺与文化得以彰显。

　　考古遗址中发现的鱼骨和网坠，说明在原始社会，渔猎曾经是满足高原先民生存的主要适应方式之一。随着生产力的发展、生产方式的多元、佛苯观念的深入，从事渔猎生产的人数逐渐减少，对水中鱼类资源的利用率也逐渐降低。渔民群体的总体数量较少，空间分布有限（在雅江及其支流区域散存少量存在渔民的村庄①），创造的产值较于农牧、手工业亦相对少，研究者自然容易忽视此群体的存在。在历史进程中，虽然渔民数量少，但作为青藏高原资源利用的一种延续方式、一种特殊存在的文化类型和适应方式，其具有研究价值，尤其是探究渔民与藏传佛教存在观念冲突的情形下得以存在和发展的原因，显得更为必要。

　　本书以民族学田野调查的研究方法为基础，获取第一手资料，结合历史、考古等文献，从零星的线索中梳理出西藏渔民捕捞生计及其群体历史

---

　　① 笔者在田野调查中能找到史料明确认定为渔村的有拉萨曲水县俊巴村、山南贡嘎县陇巴村、羊湖附近的次陇巴村等。1961 年，岳佐和、黄宏金等在藏南 10 县做鱼类资源调查时，记录的渔民户数为"日喀则 18 户、江孜 15 户、曲水 60 户、打隆 100 户、拉孜 20 户"，其中有注释："除曲水为专业渔民外，其他均以农或牧为主要生活来源，过去渔季也偶尔抓一些鱼，以补其生活之不足。"参见中国科学院西藏综合考察队编著：《西藏南部鱼类资源》，北京：科学出版社，1964 年，第10 页。

变迁的脉络；运用整体论视角，关注渔民生计与生态适应系统中的影响因素，将个案分析和数据统计相结合，从微观、中观到宏观视角看待渔村内外的互动过程，找出俊巴和陇巴渔民生计变迁的一般规律，探索西藏渔猎文化的特点。

不同于较多被论及的西藏农牧民、城市市民、乡村手工业者等群体，渔民在青藏高原具有特殊性，因其从事捕捞生计，与藏传佛教不杀生的观念相悖，故在藏族社会观念体系中处于底层，受到歧视。因此，探讨藏族渔民生计不能仅仅局限在生态适应的框架之内，而是既包括生态与资源的适应，也包括社会和宗教的适应，并在此基础上形成自身文化特质和文化丛。渔民并非孤立从事捕捞生计，其与外界广泛接触，在互惠与交换中形成自身的生存空间，在藏区资源流转中承担中介的角色。本书正是通过对藏族渔村的田野个案的研究，关注西藏的渔民群体在青藏高原东南部区域的生计方式、适应过程及内在发展机制。

一、资源利用与渔民生态适应

渔民群体生产方式与资源的利用路径是多元的，在不同时期，资源利用的程度不同。捕捞生计与皮具制作衍生于早期渔猎，互为补充；后以少量农牧辅助；民主改革之后，生态和水利的完善使农牧得以发展；20 世纪 90 年代后，俊巴村借助政府的资助和旅游的开发，少量发展服务业并适度参与市场。不同生产方式存在延续性和彼此连接的必然性。

宏观上，虽然青藏高原的农牧对资源的依赖程度不同，彼此分离，自给自足；但从中观上分析处于河谷地区的农业和藏北草原的牧业，可发现农牧生产方式之间的联系，农耕中存在少量的畜养，牧区有小片的种植区。多元的资源利用模式能有效提高劳动力的生产效率。同时，农耕存在另一个问题，每年藏历的 5—6 月，青稞播种后，冬储食物耗尽，收获期未到，食物来源成为影响生存的问题，此时，渔民的渔获与渔农赊账式交换为农民食物的延续提供了途径。农民还账给渔民的青稞刚好弥补渔民自身缺乏植物蛋白的问题，也使渔民可以同牧民进行交换，获得生产所需。渔民对资源的利用模式补充了半农半牧对资源利用的不足，也是渔民适应生态与交换的有效途径。牧民将对自己无用的皮毛等物折价让予渔民或皮匠，换得马包、皮衣、皮裤等日常用品，将对自己无用的资源进行转化。皮匠用皮具跟牧民换得新皮板、碱面和肉类等，具有姻亲网络的皮匠与渔民共享资源。渔民生计对西藏农牧民的资源利用也起着有效的补充作用，甚至成为资源流转的有效中介。

微观上，渔民群体通过捕捞、皮具生产和交换提高资源利用率，借助水路的优势参与区域间的交换网络。民主改革前，少量的农耕和畜养是对劳动力资源的优化利用，规模有限。民主改革后，随着所有制和水利等设施的完善，俊巴村利用资源的生产方式在深度和广度上均有提高，显示出多样性，形成渔、皮具制作、农牧兼有的混合生产方式。劳动力资源随农牧和捕捞的季节性而互补，青年人和老年人在职业上互补。因此，在微观上，渔民的资源利用也是混合多元的，是捕捞、皮具制作、农牧并存的结构性的生态适应。

渔民多样化生计与资源利用模式是将生态、劳动力分配、资源有效利用和贡赋压力整合考量，通过存储和制皮技术增加与扩大市场交换的时间与空间，提高资源的交换率与利用率，是藏民资源利用中的智慧。在发展场域中，渔民将物质资本转化为文化资本，并成为有限的财富积累，即使放弃捕捞生计，也并不意味着捕捞文化的终结，而是以另一种文化形态存在、延续和发展下去。

二、人口繁衍与渔民社会适应

多元的资源利用和生产方式决定了渔民社会对劳动力的需求量较大，人口繁衍成为渔村生计延续的内在需求；渔民底层身份却限制着其婚姻家庭与"种"的繁衍，解决此矛盾是西藏渔民适应社会的重要方面。

俊巴、陇巴渔民的婚姻与生育、养育制度有效满足了渔民生育和繁衍的需要，是渔民文化适应的重要途径。渔民遵循血缘外婚与阶层内婚的限制，俊巴和陇巴的业缘通婚，渔民与皮匠的地缘和职业外婚部分解决了上述问题，但血缘外婚的压力依然很大。历史上，部分逃奴和定期的入赘婚缓解了血缘内婚的矛盾，降低了村内亲上加亲的概率，阶层内婚中伴有少量外婚。通过进一步分析挤压下的剩余男性和女性的生育权问题，可以发现潜在的"非婚性行为"是农牧区及渔民群体解决婚恋问题的隐性路径，既没有冲破阶层间婚姻的限制，又满足彼此的需要，可结合农牧民和渔民间的隐性交往，凸显彼此生育制度上的互补性；同时，非婚生育子女在俊巴、陇巴社会得到包容和养育的协助机制，一定程度上降低了村内血缘内婚的概率。渔民的婚姻制度一显一隐，缓解了当地宗教和社会对渔民婚姻的限制，使人口得以繁衍；同时，此种制度也使外界对渔民的歧视因婚姻道德标准的放宽而加深。

渔民的社会适应系统中，蕴含互惠和交换网络，贯穿不同阶段的适应形态。渔民的制度文化和社会适应展现了渔村生产、交换的特点，包含了渔村内部与外部的联系，既有村内外的互惠协作制度，村民间的换工、互助和亲属网络的连接；也有区域交换与市场网络，使资源得以高效利用，皮匠和渔民间亲缘与业缘的互惠使市场交换得以最大限度延续。在地缘网络中，物物交换以渔农交换网络和集市贸易的形式存在，有交换的标准。渔民的市场交换既考虑经济利益，也考虑社会地位、宗教地位、村民纽带等因素，此种灵活、多元的互惠观念成为俊巴村村民适应不同历史时期整体环境的关键。应看到，农牧民对渔民存在歧视，彼此自觉规避。整体上，村内与村外的互惠和交换没有明显剥削，处于相对公平和等价的条件之下（经济帮助、劳力换工、婚姻协商均非常理性）。同时，渔民对寺庙等的贡赋是其换得合法身份、从事生计的前提，实物贡赋、差役的根本是一种非等价互惠（贡赋、依附、娱神）、大量的代金（现金）贡赋，一则显现俊巴物质生产的匮乏，二则使渔民和皮匠更加依赖市场，以换得生存与适应。渔民、皮匠与寺庙等之间的贡赋是在看似公平的面具之下，对渔民、皮匠剩余价值的剥削。

三、信仰体系与渔民宗教适应

渔民的精神世界、宗教信仰、丧葬和娱乐活动彼此联系。渔村的渔民虽然受佛教歧视，但依旧以佛教作为主要信仰，在日常生活、生老病死和节庆活动中，村民积极参与村中的佛教事务。村中拥有多元信仰体系。早期的涂红、网纹原始信仰和村中的祖先、藏王特许捕鱼等传说，在心理上使渔民认为捕捞具备合法性；山神、水神、出生地守护神和村庙层层递进，从个体到家户、出生地，再到村落、整体生态，渔民身处的世界完全沉浸于自身的信仰系统之中，弥补了佛教歧视对渔民心理的消极作用。

当地节日活动将制度文化与精神文化结合，渔民既践行佛教的仪礼，又践行村中人际和亲缘网络之下的规范，渔民的行为模式、价值观念、信仰体系、性格特点和评价标准是彼此联系、相互制约的。渔民的底层性使其更需要用节庆仪式来彰显和凝聚内部认同，在集体的祭祀活动中凸显村中亲缘网络或身份归属，通过饮酒、打牌、玩骰子等节日活动积蓄情感，使压抑的情绪得以发泄。渔民性格中也存在着对内寻求公平、对外依附以寻求资源的矛盾性，卑微与自尊同时存在于底层渔民的性格中。渔民的适应是与宗教、政府、地方社会之间的双向动态适应，渔民的存在是解决社会矛盾与满足社会需求的出口。

本书以历时性的视角，对改革开放后渔村的生计调适、转型与发展情况加以讨论。此阶段的适应已经不仅仅是生存方面的满足，还包括发展的需要。一是渔民群体内部职业多元，出现新的阶层分化；二是思考国家项目和扶贫工程介入民族地区的方式以及如何激发其内生发展动力的问题。生产方式的链接与延续及其背后的社会结构、社会关系网络和地方观念秩序，对渔村的转型起着重要作用。

本书所论述的是青藏高原渔民在漫长历史中利用自然资源求得生存，并与环境（生态、社会和宗教）相适应的真实表征。书中将渔村生计的延续置于整体性适应的框架之内，引入生产方式的概念，借鉴马克思的生产方式链接与选择理论，强调生态适应与社会和宗教环境的适应并存、物质生产与人口繁衍并行；同时，关注群体适应与个体适应差异，即个体与社会之间的关系形成结构动态中的张力，探究渔民整体适应的动力系统。渔民的生计实践具有能动性与选择性，渔民个体既受制于整体的社会结构，又作为中介影响着村落社会整体适应的形态，是村中内在选择与主动调适的影响者。藏族渔民社会具有生产方式的延续链条，从适应环境的生计到互惠交换体系的多元，一以贯之的脉络存在于渔村发展的历史进程之中。其虽然形成了逐渐适应社会主义市场经济的链条，但此种链条在现阶段可能并不是那么牢固稳健，还存在相对薄弱的部分，因此更需要渐进性的由内而外的适应整合以达到新的适应形态。生态适应与社会适应、群体适应与个体适应、生产方式的客观链接性与渔民主体选择性的张力是渔民社会整体存在并适应于青藏高原的内在机制。

本书是国内迄今关于藏族渔民的第一本民族志，突破"西藏没有渔民，藏民不吃鱼"的固有观念，揭示西藏渔民的捕捞生计是在青藏高原延续与发展的生产方式之一，是对藏区传统农牧生产方式的有效补充，展现了高原渔猎文化在藏传佛教挤压下延续的历史脉络，丰富了藏族经济社会与文化研究。面对当下西藏传统工具、技艺的消逝，本书既是对珍贵资料的抢救，亦是对西藏渔猎文化形态的有效保护。

张婧璞

2022 年 2 月于广东开放大学 2 号楼

目 录
Contents

绪 论

第一节　研究缘起

一、缘起

（一）书籍中的发现与思考

我最早接触的人类学著作是马林诺夫斯基的《西太平洋上的航海者》，书中的"船"不再是一个实用的工具，而是与航海旅行，与希望、期待，与水手们对它的挚爱、赞美和依恋的情感紧密结合，"好像这样东西是活着的、有个性的"①。通过介绍独木舟及其航行，马氏展示了特罗布里恩群岛土著们的贸易交换体系、社会组织、武术与神话，进而通过"库拉"联结岛民社会及其思想观念体系。此书中马氏的导论诸言一直指引着我的田野调查。而对我写作本书有重要影响的是何国强教授翻译的《利米半农半牧的藏语族群对喜马拉雅山区的适应策略》一文，文中讨论了利米在不同历史阶段的生计选择的影响因素，指出"环境与文化系统之间存在着一种动力学上的相互作用，可以把这种作用想象为一种向实在和变化的状态适应的过程，焦点是人们怎样理解、控制和使用资源来走完他们的生命历程"②。于是，生计、资源与文化适应逐渐成为我在后续田野调查中关注的焦点，上述文献也成为构建本书理论框架的起点。

我在检索文献时，发现大量的西藏文献记录了青藏高原丰富的水资源，记录了藏南谷地的河流、湖泊，雅鲁藏布江及其支流，纳木措，羊卓雍措等。根据《西藏鱼类及其资源》中的介绍，西藏地区有鱼类58个种、13个亚种③，鱼类资源非常丰富。我在对西藏文献进行梳理的过程中，不断发现在西藏方志中有对"细鳞鱼""牛皮船"的记载，并记录了藏民在雅鲁藏布

---

① ［英］布罗尼斯拉夫·马林诺夫斯基著，张云江译：《西太平洋上的航海者》，北京：中国社会科学出版社，2009年，第66页。

② 戈尔斯坦著，坚赞才旦译：《利米半农半牧的藏语族群对喜马拉雅山区的适应策略》，《西藏研究》2002年第3期，第119页。

③ 西藏自治区水产局主编：《西藏鱼类及其资源》，北京：中国农业出版社，1995年，第10页。

江及其支流泛舟运送货物，承担"乌拉差役"，但文献中多言"藏人不食鱼"，故"无人捕捞"。青藏高原如此丰富的鱼类资源一直不被利用吗？我从《拉萨曲贡》的考古资料中发现，青藏高原先民曾从事捕捞生计并且吃鱼，而且在遗址中发现了鱼骨和网坠。① 是宗教抑或政治力量使捕捞生计从青藏高原消失吗？比较历史上对西藏佛教影响深远、与西藏佛教联系更为紧密的古印度，其婆罗门教法典《摩奴法典》中就有低贱种姓"尼遮陀以捕鱼为业"② 的规定，说明古印度应该存在"渔民群体"，且属"贱民"阶层。古印度有渔民，难道西藏就没有渔民存在吗？如果没有，决定因素是什么？如果有，这群人是否依然从事捕捞生计，又是如何在西藏生存和适应下来的呢？对上述问题的探索，成为我田野调查和文本写作的目标。

（二）踏雪寻村接触渔民

循着文献检索中发现的疑问，我继续探究，查到确实有文章提到"在西藏的两大江河即拉萨河和雅砻（鲁）藏布江沿岸地段的渔村主要有四个，为拉萨河沿岸的俊巴渔村、羊湖沿湖的渔村、山南贡嘎县雅砻（鲁）藏布江北岸的渔村、日喀则雅砻（鲁）藏布江沿岸的渔村等"③，但文中主要讲铁匠户的职业身份与技艺传承，对渔民群体并没有太多的论述，只提及他们是被歧视的。后来，我又发现一些关于藏族食鱼禁忌的讨论文章④，还有一篇关于俊巴渔村传说的调查文章⑤。藏传佛教抵制杀生，藏民存在食鱼禁忌，看似鱼类资源在西藏被弃之不用，但缘何又存在渔村的传说？是否真的有渔村存在？层层疑问驱动我去寻找藏地渔村，求证这一文化形态是否依然保存；若真的存在渔村，捕捞技艺又是如何延续下来的？

2015 年 2 月春节前夕，我奔赴西藏，利用寒假与何国强老师去西藏踩点，寻找渔村。冬日的高原，氧气稀缺，加之我体态偏胖，耗氧更多。漫长的冬夜，我头疼得想撞墙，只能瞪着眼睛默默念经，以求减轻高原反应。大雪把我们困在了拉萨，老师同意休息 2 天。随着高原反应的缓解，第 3

① 中国社会科学院考古研究所、西藏自治区文物局编著：《拉萨曲贡》，北京：中国大百科全书出版社，1999 年，第 223 页。
② ［法］迭朗善译，马香雪转译：《摩奴法典》，北京：商务印书馆，1985 年，第 252 页。
③ 次吉：《职业身份·技艺传承·生产销售——西藏工布错高村铁匠户为中心的实地考察》，西藏大学硕士学位论文，2013 年。
④ 温梦煜：《藏族食鱼规避的成因与演变》，兰州大学硕士学位论文，2012 年；杨春华：《文化唯物主义视角下藏族不吃鱼饮食现象研究》，《贵州民族研究》2015 年第 7 期，第 128－131 页。
⑤ 次旺罗布：《传说中的圣地渔村——关于曲水县俊巴渔村渔业民俗民间传说的调查》，《西藏大学学报（社会科学版）》2010 年第 25 卷第 A1 期，第 142－144 页。

天，我租了客栈的车去曲水寻找藏地渔村。司机不认识路，加上自身还有高原反应，我捧着氧气瓶，对寻村之行的结果有些许忐忑。

往曲水方向开了一个半小时，新修好的路平坦而顺畅，一场大雪过后的路面闪着耀眼的白光，与蓝天和雪山交相辉映。路过曲水检查站时，我们询问工作人员：俊巴渔村在哪？他们指了指道路的左边、拉萨河对岸，示意我们掉头往回走。掉头后的第一个路口前方，一座巨大的牛皮船建筑出现在我眼前，估计快到了，兴奋掩盖了高原反应的不适，我举起了相机。从有牛皮船建筑的小路拐入，开了足足 15 分钟，山峦、林卡（藏语，汉语译为"园林"）、河水、广袤的湿地、山脚的沙地和小块的青稞田逐一映入眼帘，车外是湛蓝的河水（夏天水大，颜色是浑黄的），公路仿若一条丝带，穿梭于平静如画的高原河谷之中。河水与远处巍峨的雪山连成一片，近处盘山公路边的石头上刻着藏传佛教的法轮和字符，小树林中有牛羊悠闲地啃着地表的薄草。行至尽头，我们终于找到了隐藏在山水间的俊巴渔村。

俊巴渔村并不大，常住 80 余户，聚居。其位置在拉萨河南岸，三面环山、一面邻水，村庙立于山头，山上覆盖了厚厚的雪。进村后，是一个小广场，虽然不大，但有 40 多人在此聚会、打牌。对于我们的到来，村民并不感到惊奇，仍做各自的事。男性在村口的甜茶馆正门前打牌、玩藏族的骰子，旁边摆着几箱空的啤酒瓶，有人席地而坐，有人坐在长凳上，手边放个小茶杯，装着甜茶。女性在甜茶馆的侧门处聚会，分成四五个小组，有的打扑克，有的嗑瓜子、吃糖，年纪大多在四五十岁，也有年纪更大的。甜茶馆的旁边，有村卫生室和公共厕所。村道上，四五个十来岁的孩子在骑自行车。村子有横、纵两条小路，藏式民居排列在村路周围，整齐、规矩。沿纵向小路而上，去到高处，可见村子全景。再寻山路而上，有一条台阶路通向小山上的寺庙。山间摆满了整齐的牛粪，这是村民煮菜、取暖的天然材料。快过藏历新年了，村民们都忙着准备过节的货品，从拉萨回来的卡车上载满了给孩子们的礼物，大大的牛皮船立在院子里、树林里，晒着冬日的太阳。

短暂停留后，我了解了村中的基本情况，村中懂汉语的人不多，沟通稍微困难一些。接下来几天，我去了山南的杰德秀和泽当。2015 年的春节，我是在西藏和返程的火车上度过的，想来能找到渔村是新年最大的收获。在与老师沟通后，我暂将曲水县的俊巴村作为田野点，开始了对西藏渔村的研究。

除去踩点，我于 2015 年 7 月初至 8 月末、2016 年 1 月初至 2 月末、2016 年 6 月初至 10 月初，分三次进入俊巴村做田野调查，其间，2016 年 8 月在俊巴村的主要通婚村陇巴村调查了 3 周。陇巴村位于雅江北岸山南贡嘎县甲竹林镇，曾经也是渔村，后来全村中青年男性以开运输车、挖掘机为主业，女性耕种少量农田并畜牧。对俊巴村和陇巴村的多点调查有助于进行比较研究。2017—2021 年，我 3 次对俊巴渔村进行回访。本书全部田野调查时长为 7 个月。

（三）主题及田野点聚焦

渔村、渔民及其特殊的生计模式——捕捞自然成为研究重点，探究其与生态之间的联系也是本书最初的主题。随着调查的深入，我发现在历史脉络中，除了生态对生计的决定作用外，政权、社会与宗教对生计也有较强的影响。渔民群体以不同层次的应对策略去适应地方社会，使捕捞生计得以继续，使渔村文化得以存在和发展。渔村存在渔民和皮匠群体，彼此通婚，紧密联系，形成整体联动的社会网络体系。这决定了渔村的村民得以长久存在，从而有效地通过捕捞和皮具制作生存和发展。

捕捞生计的实质是渔民对青藏高原水资源和鱼类资源的有效利用，以维持自身的生存。但因捕捞生计的杀生属性与藏传佛教相悖，这种生计在西藏面临着巨大的宗教与社会压力。如何使生计延续，不再是解决生态资源与资源获取之间供需矛盾的问题，而是需要考察从事此生计的渔民群体如何在适应生态的同时，适应藏族整体性文化，得以延续繁衍，以及如何与周边藏民互动，并被藏族社会接受。我遂将传统生计研究置入渔民对青藏高原的整体性适应研究框架，遵循整体论的视角，对文化的各要素进行细致调查，从而发现渔民生计与文化适应的特点，将其整合于适应系统之内。

考古资料显示，青藏高原先民曾从事渔猎生计，随着宗教的发展，虽然渔村和渔民的数量、分布空间均逐渐减少，但少量渔民依然存在于雅鲁藏布江及其支流区域。如 1961 年岳佐和、黄宏金等在藏南 10 县做鱼类资源调查时记录的渔民户数为"日喀则 18 户、江孜 15 户、曲水 60 户、打隆 100 户、拉孜 20 户"[①]，除打隆为羊卓雍措附近的渔户外，其余均在雅江流

---

① 中国科学院西藏综合考察队编著：《西藏南部鱼类资源》，北京：科学出版社，1964 年，第 10 页。

域，曲水基本是俊巴村的渔户。

本书以拉萨曲水县俊巴村和山南贡嘎县陇巴村为田野点，既考虑到两村捕捞生计延续时间长、地处水域交汇处，具有代表性；也考虑到两村均属西藏腹地，其存在更能凸显渔民适应的特点。俊巴与陇巴在2000年之前均以捕捞为主业，陇巴对捕捞生计的依赖强于俊巴，但陇巴自2001年整体搬迁后，已放弃原有生计，两村的适应走向不同的路径，比较两者可以看到渔民在适应转型中所面临的矛盾和问题。将俊巴和陇巴作为类型化的可比较村落，以俊巴为主、以陇巴为辅，可以在有限的田野时间内深入微观社区，集中精力分析典型个案，避免田野点过多导致无法进行纵深研究；同时，对主点、辅点的选择注重类型比较，便于对比分析。

二、问题

（一）研究目标

在对西藏文献和渔村的研究过程中，很多问题开始涌入我脑海：西藏渔民是如何利用资源并得以延续的？渔民的捕杀行为与佛教教义相悖，他们是如何解释的？渔民与外界是隔绝的还是联系的？问题虽然琐碎但都围绕着一个主要的问题：西藏渔民群体是如何适应青藏高原的自然和社会环境的？适应自然则捕捞生计得以运用，适应社会则捕捞生计得以延续，适应机制则是渔村整体性文化得以发展的动因。

归纳起来，西藏渔民群体的适应研究包含以下五个维度：第一，青藏高原是否具有原生的渔猎技术，渔民怎样利用生态资源？第二，在历史进程中，渔民的捕捞生计是延续的还是断裂的？尤其是在苯教与佛教进入后，面对食鱼和杀生的禁忌与反对，他们是如何保存这一生计的，是否有其他生计共存？第三，作为底层群体的渔民，与周围共享佛教观念的农牧民是如何交往的，又是如何适应地方社会的？渔民如何保持自身的繁衍，通婚规则如何？渔民对佛教系统的认知及实践行动如何？渔民的自我认同与精神性格怎样？第四，渔民群体内部的社会结构如何？渔民个体在适应的过程中是同步的还是多元的？调适机制是什么？第五，适应本身是在动态时空之下不断整合和调适的过程，在不同历史阶段，渔民社会呈现出来的形态是不同的，那么是否有贯穿其中的主线，又是否存在促使渔民群体不断适应的内在动力机制？要回答这些问题，涉及生态、生计与宗教、社会的关系，底层群体与主流群体的互动，群体内部结构与个人选择等诸多因素。

（二）细化目标

欲找出适应机制及适应的内在动因，必须以整体论的视角将适应的相关影响因素整合到地方社会的整体运行系统之中，并具有历史的维度，如思考人如何以工具作为纽带链接青藏高原的自然生态和社会生态，渔村文化所链接的内部结构与外部结构如何在互动的系统中进行调适，各阶段呈现怎样的特点等。

若将渔民适应高原生态所形成的此种文化形态看作整体，该结构内部可细化为物质、制度、精神三个层次①，彼此间紧密联系、互相影响。其中，工具与技术和生态紧密联结，构成底层物质文化，牵连出渔村社会的生产关系与社会基本结构等制度文化。同时，物质与制度文化又影响精神文化，在宗教的影响下，形成生态观与文化观。物质文化是三者的基础，起决定作用，三者在历史的脉络下成为动态调适的整体。该文化整体又参与到地方社会或宗教力量与国家政权的运作体系中，以互惠、贡赋兼市场交换彼此链接。在不同的历史时期，各种力量的不均衡分布，使渔村文化结构呈现出不规则的动态变化，而渔村文化本身亦不是被动地接受各部分力量的挤压，而是在依附与交换的体系中不断为自身发展寻求空间，重塑地方文化与地方认同，也以特有的方式解决内外矛盾，呈现出适应形态的多样性特点。

因此，研究渔村适应系统需关注渔村生态、生产方式、社会组织及其与权力主体的互动、文化传承与交融、个人在适应中的主体实践等问题。具体而言，着重研究以下内容：

（1）生态影响文化：关注高原鱼群的鱼种、洄流、产卵等规律；关注拉萨河、雅鲁藏布江流域自然环境及气候的变化对渔村的影响。

（2）生产方式状况：关注渔民生计模式的历史变化，渔民捕捞工具、技艺、组织和产品交换；关注衣食住行、生育制度、社会分工、宗教信仰、节庆娱乐等；关注性别分工与代际分工的差异；关注生产方式与生态环境的动态适应过程。

（3）社会组织情况：调查生产资料的所有权与使用权，调查血缘、姻缘、地缘和业缘基础上的渔民组织及其与政治实体之间的运作规则；了解

---

① 参见［英］马林诺夫斯基著，费孝通等译：《文化论》，北京：中国民间文艺出版社，1987年，第11－12、43－47、92－96页。

地方政权如神权政府、宗豁政府等对渔民、生产、交换、运输的影响（如赋税、差役等）；了解中华人民共和国成立后对地方秩序的重构（如生产大队、合作社、分田到户、非遗申报和旅游开发等）；分析地方精英与地方权力的关系。

（4）文化传承和交融：关注交换活动及宗教（苯教—佛教）传播对渔村的影响；关注家族、村落、寺庙等在个人濡化中的作用；关注渔村文化精神与渔民文化认同（对平等的追求与自然乐天的情怀）。

（5）个人生命史：注重不同代际的渔民及渔村妇女个人生命史的记录，渔村非遗传承人的口述史记录；关注渔民个体选择及其内在原因。

第二节　文献综述

西藏渔民的特殊性在于，在时空相对确定的前提下，在同一族群内部，作为从事与宗教教义相悖的职业、受社会歧视的底层群体，渔民的生存适应及其对社会、宗教的适应。因此，在理论梳理时，我首先略去部分移民适应研究及心理适应研究的理论和模型，并对本书"适应"的内涵进行界定，进而从生态适应与互惠性适应网络、底层适应与适应动力的视角出发，梳理文化适应的相关理论。其次，西藏渔民研究归属世界渔业民族志范畴，于是我对国内外的渔村、渔民研究进行梳理，发现了渔民研究中的共性，如对资源与市场的依赖、底层身份和婚姻的特殊性、信仰的多元等，对渔民社会的转型研究更多关注制度与生产关系的调适。最后，我从微观上对西藏历史和社会研究文献进行梳理，涉及藏民适应与发展的相关文献。

一、"适应"概念的界定

（一）多元视角的讨论

达尔文的研究涉及人的生物适应，而斯宾塞是在社会领域中提出"适应"的概念。雷德菲尔德和林顿、赫斯科维茨在 1936 年的研究报告《文化适应研究备忘录》中提出：适应是"当具有不同文化的各群体进行持续的、直接的接触之后，双方或一方原有文化模式因之而发生的变迁"①。从此定义看，文化适应过程会影响到参与接触的任何个体或群体，适应是双向的。国内学者也曾将其译为"文化涵化"②。事实上，该报告中，在定义的下方还有一段说明鲜少有人提及：他们认为，文化变迁是文化适应的一个方面，文化吸收与同化是适应的某个阶段；适应也与传播不同，虽然所有的适应案例中都有传播的因素，但传播又包含"适应"定义中"未接触"的例子，传播仅合法地在适应的进程中确立了某一个方面的内容（此处应指物质文化的传播，但制度与精神文化未必是传播所得）。他们还提及了适应研究中的技术，分析了接触的类型、接触的强度、适应的过程、适应的结果，尤其在适应心理动机中提到适应者的种族、阶层、性别、职业等因素，认为接触的双方会形成相对平稳的整体运行的近似历史马赛克般的文化，但可能呈现出一些可以协调和解的矛盾和斗争。

贝利的"文化适应"定义强调适应过程与社会结构的关系，适应的阶段性特征与群体内政治组织的经济基础变化有关。个体的文化适应过程表现在行为、态度、认同和价值观等方面。③

《中国大百科全书·民族》并没有明确界定"文化适应"的概念，而《中国大百科全书·社会学》对"文化适应"的界定是："文化适应是反映文化特性和文化功能的基本概念。主要指文化对环境的适应，有时也指文化的各个部分的相互适应。文化对环境的适应主要表现为工具和技术适应、组织适应、思想观念适应三个方面。文化适应反映着环境的变迁要求文化做出相应的调整，这种调整可能是进步，也可能是退步。"④

宾福德将自己的观点与器物类型学以及把文化合并起来研究的传统考古学家和文化进化论者所使用的观点进行对比，提出文化是一个整合的系统，是"肉体之外的人类有机体的适应方式"的主张。宾福德指出，文化具有"适应人类有机体的功能，通常认为包括对自然与社会同构而成的总体环境的适应"。技术子系统与自然环境直接接触；社会子系统则"以存在

---

①　REDFIELD R，MELVILLE L，HERSKOVITS J. Memorandum for the study of acculturation. American anthropologist，Vol. 38，Issue 1，1963，p. 149.

②　黄淑娉、龚佩华：《文化人类学理论与方法研究》，广州：广东高等教育出版社，1989 年，第 222 页。

③　JOHN W B. Immigration，acculturation，and adaptation. Applied psychology ，Vol. 46，No. 1，1997，pp. 5 – 34.

④　中国大百科全书总编辑委员会编：《中国大百科全书·社会学》，北京：中国大百科全书出版社，2002 年，第 418 页。

于肉体之外的方式而起作用，把个体连接起来，结成有内聚力的团体，足以有效地维持自身活动和使用技术"；观念子系统由"表示和象征社会系统的种种思维经济原则的词语所组成，进而提供符号的社会环境，个人要在社会系统中取得功能性的参与者地位，就必须在这个符号化了的社会环境中接受濡化，使自己适应特定的文化"。①

在上述"适应"概念的讨论中，斯宾塞强调了适应的必然性与人的能动性；雷德菲尔德、林顿、赫斯科维茨对"适应"的解读更强调"接触"中对"差异"的适应，多在不同种群的接触范畴下思考适应的系统，有明显受传播学派影响的痕迹；贝利强调适应的内外层次性和阶段性，突出了个人适应过程中的主体实践和态度观念，具有心理学研究倾向；《中国大百科全书·社会学》的定义强调适应的内容，具有可操作性，关注适应结果评价的多样性；宾福德认为，文化是整体适应环境的系统，将适应的各部分置于系统之内，从生态、社会到观念有唯物主义倾向，既强调社会整体，又强调技术对生态的作用，但一定程度上忽视了人的主观能动性，没有涉及历史的视角。上述讨论从不同的方面揭示了"适应"的含义。

（二）本书的"适应"内涵

（1）本书的"适应"倾向于一种不断变动的可以称作"适应"的状态，是西藏渔民在漫长历史中利用自然资源求得生存并与环境（生态、社会和宗教）相适应的历程。这既包含作为"适应"结果的方式、过程与形态，也包含在历史进程中对动态调适的结构与机制的探究。

（2）本书的"适应"是根植于一个动态的运转系统之中的，具有相互独立又彼此联系的适应层次，既存在渔民之间的内部适应，也存在渔民与地方社会的外部适应；既存在生态适应，也存在社会与宗教环境适应；社会整体环境中包含政治、经济、文化的因素；群体适应与个体适应存在一定的差异，即个体与社会之间的关系形成渔民适应动态结构中的张力。适应过程带有历史的动态性，将渔民的底层身份纳入适应机制的视角，不论是渔民内部的结构调适，还是渔民与宗教、地方社会、国家之间的关系，均处于不断的变化中，各种力量互相牵制，表现出阶段性特征。分析适应特征的差异与原因就是寻找适应动因和机制的过程。

---

① ［美］帕特森著，何国强译：《马克思的幽灵：和考古学家会话》，北京：社会科学文献出版社，2011 年，第 94 - 95 页。

二、"文化适应"的研究范式

（一）生计、生态与适应

生计的选择与生态和资源有着密不可分的关系，生计更是利用资源的有效途径，以满足人类日常生存与发展的需要。传统生计研究从人与生态的关系出发，进而延续生态人类学的理论脉络，以生态适应为主线，从人被动受制于环境到人主动改造与利用环境，创造多元文化与文明。

1. 进化与适应

1862 年，斯宾塞在《综合哲学体系》第一卷中给出了"进化"的明确定义，强调社会是有机体，具有结构、功能和相互依赖性，认为其结构复杂并存在差异，各部分不同的功能维持着整体的生命。斯宾塞强调"力"的作用与结合，提及"结构"、个人与环境之间关系的调适。

迪尔凯姆（也译作"涂尔干"）是认同进化论的，认为人类的理性、概念范畴也是进化的，但他没有以历时的视角去拟构历史，而是从社会事实本身出发，并通过分析社会环境来解释个体适应的原因和功能。① 马林诺夫斯基将每一种文化都作为在功能上相互联系的系统，用生物学和心理学的模型解释文化。布朗认为"结构是关于人的配置，而组织是关于活动的配置"②。他强调社会关系及制度对个人行为的制约，否定从个体心理的角度解释社会现象。帕森斯的社会分层系统功能理论，将适应环境，目标获取、整合及潜在模式维持，整合在以需求为牵引力的 AGIL 模式中。

2. 生态、技术与社会

人类生存的主要方式是通过资源获取进而满足生物体的延续，必然涉及生态资源与生计选择。莫斯对因纽特人村社聚落与自然环境关系的研究，首次以个案的方式剖析了社会组织对环境的适应，进而关注礼物流动之下的社会秩序与社会关系。③ 社会需要这种互惠性制度，以保证社会活动的进行和社会规范的建立。互惠行为本身也成为个体适应社会变化、整合社会

---

① ［法］迪尔凯姆著，耿玉明译：《社会学方法的准则》，北京：商务印书馆，1995 年，第 34 页。

② ［英］拉德克利夫—布朗著，夏建中译：《社会人类学方法》，济南：山东人民出版社，1988 年，第 141 页。

③ ［法］马塞尔·莫斯著，佘碧平译：《社会学与人类学》，上海：上海译文出版社，2003 年，第 323 - 394 页。

关系的重要方式。

斯图尔德将文化适应与特定民族的生存环境联系起来，关注生态、生产技术与社会之间的整合关系，寻找规律性的文化模式。斯图尔德的"核心文化"概念与人类"同生存活动、经济格局最紧密关联诸特性的集合体"[①] 相关，将一部分受环境因素直接影响较大的文化特征称为"核心文化"，而将影响较小的称为"次级文化"。斯图尔德认为"以生计为中心的文化的多样性，其实就是人类适应多样化自然环境的结果"[②]，但他无视了文化与外界的联系和互动，缺乏历时的研究视角。[③] 卡勒弗·奥伯格、科林·伦福儒等把文化与环境的互动设想成推动进化的主力，放弃社会演化问题上坚持的单一因果模式，综合考虑诸如人口、环境、技术、灌溉和认知等多种因素及其相互影响。[④] 马文·哈里斯"调整了进化论的分析重点，把不同级别的文化单位看成系统，解释文化系统的适应性功能或维持系统的作用"[⑤]，但将生产关系与社会制度混淆，忽视了人的主观能动性。

以奥德姆为代表的生态学特征受系统论和控制论影响，具有把生态系统作为分析单位的特征。拉帕勃特等的研究用特定文化中特殊因素的适应或系统维护功能来解释这些因素的存在，转向社会和文化形态如何维持与环境的既存关系的方式，[⑥] 即把某地域内生存的所有生物与非生物的环境设定为一个系统，着眼于该系统内的物质与能源流向，以此来阐明物种的进化和适应情况。例如，拉帕勃特调查了新几内亚乘巴嘎的马林人，论述了他们在大量屠宰自己饲养的猪时举行的仪式，以及仪式结束后与邻近部族间进行的战争。当地各部族以战争来维持生态系统，战争起到调节人口的作用。[⑦] 对资源与社会层面的探讨，须田一弘比较了两个渔村的例子：库博

---

　　① ［美］史徒华著，张恭启译：《文化变迁的理论》，台北：远流出版事业股份有限公司，1990 年，第 42 页。

　　② 罗康隆：《文化适应与文化制衡》，北京：民族出版社，2007 年，第 17 页。

　　③ STEWARD J H. Evolution and process. In KROEBER A L. ed. Anthropology today. Chicago：University of Chicago Press，1953；STEWARD J H. Theory of culture change. Urbana：University of Illinois Press，1955.

　　④ ［美］帕特森著，何国强译：《马克思的幽灵：和考古学家会话》，北京：社会科学文献出版社，2011 年，第 178、198、214 – 217 页；OBERG K. A comparison of three systems of primitive economic organization. American anthropologist，Vol. 45，No. 4，1943，pp. 572 – 587；OBERG K. The marginal peasant in Rural Brazil. American anthropologist，Vol. 67，No. 6，1965，pp. 1417 – 1427.

　　⑤ ［美］马文·哈里斯著，张海洋、王曼萍译：《文化唯物主义》，北京：华夏出版社 ，1989 年。

　　⑥ 庄孔韶主编：《人类学经典导读》，北京：中国人民大学出版社，2008 年，第 624 页。

　　⑦ ［日］秋道智弥、市川光雄、大塚柳太郎编著，范广融、尹绍亭译：《生态人类学》，昆明：云南大学出版社，2006 年，第 148 页。

人面对国家的介入，即定居化政策和法律的实施，应对方式是灵活利用资源以及改变对死亡的看法，从而使平等原则得以保留；而奇瓦伊人不得不改变传统，在迄今为止的主要捕捞活动——鱼叉捕捞体系中引入全新的、以获取现金为目的的海参捕捞。如果按维达和迈克的观点，根据社会的韧性来衡量适应度的话，那么库博人就比奇瓦伊人更适应新的情况。而且，给两者带来差异的也许可以说是货币经济的渗透程度。但是，如果仅以对两个渔村的简单比较来论定某一方比另一方更有适应性，那就会忽略各自的历史社会关系。的确，库博社会与奇瓦伊社会不同，没有受到货币经济渗透的太大影响。但不能否认的是，这对平等原则的存续产生了影响。①

3. 生产方式、阶级与动力

生计与适应作用在特定的时空场域之下，对其动力的分析更应该将相关要素纳入结构与系统的框架之下。对社会结构的关注，从早期的"静态平衡"到埃文思—普理查德、利奇的"动态不均衡性"的探索，均涉及对社会转变动力的研究。结构马克思主义关注作为变迁动力的社会关系结构，通过社会关系过滤自然、技术和人口等因素，以形成分工、协作、再分配等生产组织或政治组织的次要因素，再进入分析框架。结构马克思主义学者批评文化生态学没有注意到物质现象后面的社会关系和象征符号②，把社会组织的表层符号当作社会结构的内在模型，忽视生产关系这一隐蔽的制度操纵者的倾向③。马克思主义人类学恰恰关注生产关系与等级制的相互作用，并以此考察社会阶级结构，关注因种族、民族、性别之间的差异而引起的社会文化认同和集体精神的本质及要素④。

人类对外在环境的适应根本是对资源的利用和利用资源过程中形成的人与人之间的关系，此两点整合为生产方式。马克思的"选择"和"链接"

① ［日］秋道智弥、市川光雄、大塚柳太郎编著，范广融、尹绍亭译：《生态人类学》，昆明：云南大学出版社，2006 年，第 155 – 160 页。

② FRIEDMAN J. Marxism, Structuralism and vulgar Materialism. Man, Vol. 9, No. 3, 1974, pp. 444 – 469.

③ BLOCH M. The moral and tactical meaning of kinship terms. Man, Vol. 6, No. 1, 1971, pp. 79 – 87；BLOCH M. The long term and the short term：the economic and political significance of the morality of kinship. In GOODY J. ed. The character of kinship. Cambridge：Cambridge University Press, 1974；TERRAY E. ed. KLOPPER M. trans. Marxism and "Primitive" societies. New York：Monthly Review Press, 1972.

④ WINANT H. The new politics of race：globalism, difference, justice. Minneapolis：University of Minnesota Press, 2004；MULLINGS L. Interrogating racism：toward an antiracist anthropology. Annual review of anthropology, Vol. 34, 2005, pp. 667 – 693.

理论关注前资本主义社会生产方式。"人类的特性是在特殊的社会历史情境中构成、再生产和转换的,历史上有好多种生产方式,同一种生产方式中又有不同的亚型。历史上诸种特定的社会都是不同的生产方式以不同的形式铰链般地组合在一起呈现出来的整体,即马克思的链接理论。"① 一个群体对于环境的适应方式具有选择性,它接受某种传播或拒绝某种传播也体现了选择性。马克思主义者侧重于探究不同权力体制下的生产方式,尤其是一些社会中存在的家庭公社式生产方式和朝贡式生产方式;注意剥削、阶级与国家形成的内在动力。他们还对各种生产方式的共存与联结表现出浓厚的兴趣。② 本书正是在此观点的影响下,将西藏社会民主改革前的多种社会形态认为是生产方式彼此链接而形成的"贡赋制"生产方式。

柴尔德认为,生产方式包括生产力和生产资料以及支撑政治上层建筑和意识形态上层建筑的生产关系。③ 他详尽地讨论了各种依靠掠夺型经济的社会如何为了适应不同的自然环境,推动"采集食物"的社会产生不同的"生活方式"。这些社会的成员通过使用工具、语言交流、彼此合作等来获取食物,把自然对象变为衣物、住所和其他能满足其需求的物资,同时对其居住的环境有了更深的认识。虽然他们在经济上自给自足,但社区之间并非彼此隔绝。人们的"社会组织形式超越了简单的家庭",后来这种形式不断扩大,大到足以承担社区举行有关活动的规模,例如,在某一年份的某一季节组织围猎。这些社区的成员还努力从事美学、巫术—宗教活动,艺术便属一例,虽然他们举行这些活动并非直接为了经济效益。④

对底层民众的适应研究,斯科特从农民日常的抗争性策略出发,认为随着资本主义商品经济的渗透,原有的依附性关系逐渐被解构,农民采取非对抗性手段与地主长期周旋,认为"贫困本身不是农民反叛的原因,只有当农民的社会公正感和生存道德受到威胁或侵犯时,他们才会奋起反抗,甚至铤而走险"⑤。但社会公正感和生存道德是与社会形态演变背后存在的

---

① [美] 帕特森著,何国强译:《卡尔·马克思,人类学家》,昆明:云南大学出版社,2013年,第 123、151 – 166、185 – 186、195 – 205 页。

② [美] 帕特森著,何国强译:《马克思的幽灵:和考古学家会话》,北京:社会科学文献出版社,2011 年,第 26 页。

③ CHILDE V G. Early forms of society. In SINGER C, HOLMYARD E J, HALL A R. eds. A history of technology, vol. I, from earliest times to the fall of ancient empires. New York: Oxford University Press, 1954, pp. 38 – 57.

④ CHILDE V G. Man makes himself. New York: The New American Library, 1983.

⑤ [美] 詹姆斯·C. 斯科特著,程立显、刘建等译:《农民的道义经济学——东南亚的反叛与生存》,南京:译林出版社,2001 年,第 322 页。

生产方式链条紧密结合的，农民的抗争形式之所以是非对抗的，是因为其农村社会中已经内生出适应资本主义生产方式的链条，"偷懒、装糊涂、偷盗"只是在新的链条上的有限反抗。因此，斯科特忽视了底层社会民众生产方式多样性链接的客观过程。保罗·威利斯阐明了在工人阶级日常反抗与"洞察"行为的背后，来自底层的洞察者如何在反抗中形塑自身的文化，进而产生新的社会形态与阶层体系，并在其中发挥重要的作用，[①] 强调了文化的延续性。

（二）互惠、交换与社会网络

1. 人神互惠：调适、结构、象征

西藏渔民的适应还涉及佛教对杀生的态度，讨论宗教的功能也成为题中之义。孔德认为："宗教缔造社会秩序。它永远具有使人类集体或个人之间和谐相处的特点。它具有人类人性的全部禀性：情感、精神和活动。……宗教可以调节人类内部生活。"[②] 马克思指出，"宗教里的苦难既是现实的苦难的表现，又是对这种现实的苦难的抗议。宗教是被压迫生灵的叹息，是无情世界的心境，正像它是无精神活力的制度的精神一样"[③]。上述观点强调，宗教的安慰功能不可能是反压迫的决定性因素。

马林诺夫斯基认为，宗教是文化整体的一部分，具有缓解矛盾和内心恐惧的功能；宗教还通过人类生活中的传统以及规范增加人类社会的凝聚力，强化了道德的约束力，变为最强有力的一种社会控制。布朗认为，图腾崇拜应被看成普遍存在于人与动物或植物之间的某种仪式关系的本质与功能问题，应被看作"总的仪式和神话的本质与功能问题的一部分"。宗教不同形式的仪式，其功能就是为了群体感情的维系，是某种社会团结的黏合剂，以解决与生存、死亡相关的问题。图腾标志和象征作用的相似性与差异性，反映了人类社会的友谊与矛盾、团结与对立的社会关系，表达了一种结构关系，即对立面的统一，本质上把宗教纳入结构或系统的整体中去分析其功能。

利奇延续了古典进化论关于神话、巫术和宗教的研究，引入符号的视

---

① ［英］保罗·威利斯著，秘舒、凌旻华译：《学做工——工人阶级子弟为何继承父业》，南京：译林出版社，2013 年。

② 侯钧生主编：《西方社会学理论教程（第二版）》，天津：南开大学出版社，2006 年，第 26 页。

③ 唐晓峰摘编：《马克思恩格斯列宁论宗教》，北京：人民出版社，2010 年，第 123 页。

角，关注具体仪式情境中人与社会关系的变化。利奇主张从特定的时空场合中考察文化细节，主张任何事物都与其他事物相互联系；他认为，"功能主义与结构主义两者是相互补充而不是相互矛盾的"。他强调，"象征只有作为一整套文化的组成部分，并与其他象征进行对比时，它们才产生含义"。① 特纳强调符号在社会展演中的作用，重视仪式的过程，寻求个人在仪式过程中的身份认知。他划分了仪式过程中不同的阶段，认为阈限期时空的颠覆、身份的错位、人的平等归根到底是对矛盾的释放，目的是回归新的平衡，在仪式的过程中，人的自主认知也在仪式符号的牵引下完成了再结构化的整合过程。② 格尔茨分析了宗教象征的意义系统，并寻找意义与社会结构和心理过程联系的诸多方面。③

2. 互惠与交换：地方社会的非经济理性

莫斯将互惠与巫术、身份、地位、权力相联系，展现了资本主义经济形态之外的交换体系；④ 马林诺夫斯基将库拉的经济交换与地方社会的宗教、情感、尊重、需求等因素结合，看到经济理性之外的交换逻辑；⑤ 萨林斯将交换置于村落社会的交往体系之上，以"亲属关系的近远、合群度及慷慨度"⑥ 三个变量论证了互惠的普遍性，并提出"一般互惠、均衡互惠和否定性互惠"三种交换类型，将人与人的距离作为交换价值的维度。利奇认为，"在实际中，人际交流与经济交易决不能分开"⑦，揭示了一种存在于象征体系之内的人与物的关系。"在南亚研究中，一些人类学家已经探讨了印度人不求物质回报的给予观念。V. P. 瓦图克（Ved Prakash Vatuk）和希尔娃·瓦图克（Sylvia Vatuk）观察了种姓等级情境中不对称的送礼关系。"⑧

---

① ［英］埃德蒙·利奇著，郭凡、邹和译：《文化与交流》，上海：上海人民出版社，2000年，第5页。

② ［美］特纳著，黄剑波、柳博赟译：《仪式过程：结构与反结构》，北京：中国人民大学出版社，2006年，第106－126页。

③ ［美］克利福德·格尔茨著，韩莉译：《文化的解释》，南京：译林出版社，2014年，第155－204页。

④ ［法］马塞尔·莫斯著，卢汇译：《论馈赠——传统社会的交换形式及其功能》，北京：中央民族大学出版社，2002年。

⑤ ［英］布罗尼斯拉夫·马林诺夫斯基著，张云江译：《西太平洋上的航海者》，北京：中国社会科学出版社，2009年。

⑥ ［美］马歇尔·萨林斯著，张经纬、郑少雄、张帆译：《石器时代经济学》，北京：生活·读书·新知三联书店，2009年，第214、227－232页。

⑦ ［英］埃德蒙·利奇著，郭凡、邹和译：《文化与交流》，上海：上海人民出版社，2000年。

⑧ 阎云翔著，李放春、刘瑜译：《礼物的流动：一个中国村庄中的互惠原则与社会网络》，上海：上海人民出版社，2000年，第9页。

阎云翔、杨美惠亦对中国农村互惠行为中的社会关系网络进行了分析。[①] 上述研究都为理解西藏地方社会的交换、互惠网络，乃至理解渔民社会的制度性适应机制，提供了重要的视角与理论基础。

上述关于"适应"理论脉络的梳理中，进化与传播理论强调了适应的历史趋向性和文化间的横向联系；生态人类学脉络下的适应研究，从对生态和资源的依赖路径转向融入技术、人口、社会的适应系统与生态的调适契合机制的探讨；结构马克思主义侧重生产方式在地方社会适应整合中的作用；互惠网络作为社会适应的重要途径，强调了互惠的非经济理性与社会关系制度化契合。本书借鉴了"适应"的相关理论，从生态、社会、宗教三个层次探讨西藏渔民的整体性适应机制，关注生态资源与生产方式的动态契合，关注渔猎生产方式的存续形态与社会关系网络的互动机制，从历史的链条中看西藏渔民群体文化适应的特点。

三、国内外渔民渔村和渔业研究

（一）经典民族志中的海岛

经典民族志不乏对渔村、渔民的关注。马林诺夫斯基的《西太平洋上的航海者》把库拉交换与渔民的生产生活、社会制度、远航贸易、渔业技术、巫术信仰等紧密结合，关注了岛屿居民的贸易交换体系，其对特罗布里恩岛内交换与岛外渔农交换的细致描绘，以及独木舟的制作、航行、巫术等论述，实际也为我们展示了渔民的多层次适应，这实质上是通过库拉交换满足渔民群体对物质资料与精神财富的需要，而交换本身用经济理性衡量可能是不等价的，但在地方社会中又是平等、有序的。[②] 拉德克利夫—布朗的《安达曼岛人》从结构的角度关注岛民的社会组织、仪式习俗、宗教和巫术信仰、神话与传说，认为宗教、仪式与神话都是维持其社会功能的重要部分。[③] 米德对南太平洋的萨摩亚群岛的研究关注了社会文化对孩子的青春期教育与人格塑造的作用，[④] 说明教育传承和性格形成对地方文化适

---

① 杨美惠：《礼物、关系学与国家：中国人际关系与主体性建构》，南京：江苏人民出版社，2009 年，第 286－288 页。

② ［英］布罗尼斯拉夫·马林诺夫斯基著，张云江译：《西太平洋上的航海者》，北京：中国社会科学出版社，2009 年。

③ ［英］拉德克利夫—布朗著，梁粤译：《安达曼岛人》，桂林：广西师范大学出版社，2005 年。

④ ［美］玛格丽特·米德著，周晓虹、李姚军译：《萨摩亚人的成年——为西方文明所作的原始人类的青年心理研究》，杭州：浙江人民出版社，1988 年。

应与延续有重要作用。

(二) 西方现代渔业研究

西方现代渔业研究的民族志始于 20 世纪 50 年代左右，兴盛于 60 年代至 80 年代。其注重渔业与海洋社会的依存关系，涉及现代渔业技术、管理、政府介入对渔村社会的影响。下文对一些重要的民族志及文章进行了梳理①，它们从不同角度展现了海洋渔民在生态变化、渔业捕捞技术变革和外力对渔业的影响下的适应问题。

1. 渔民生计、生态与历史的研究

弗斯以渔业经济为主要研究内容，包含了大量的细节描述，如渔获量、商品价格和市场组织、渔民收入、资本投入及借贷等，也关注了对渔业经济与社会文化联系的研究，如不同群体之间的互动关系及宗教信仰等。埃文·马丁·克劳森强调了技术引入对印度南部渔村的不同影响。斯瑞科姆讨论了移动通信设备嵌入渔业组织中所发挥的功能及其在组织协作、价格调节、安全捕捞中的作用。

《从海岸到海岸：北太平洋的史前海洋文化》收录的论文包含史前太平洋的渔业考古研究，如北太平洋早期渔业文化的起源、史前科迪亚克岛渔业的连续性和变化。其中，内森讨论了社会组织的变化，如土地所有权的变革导致了当地传统渔业技术的改变（独木舟的大小及使用方式）；波拉克利用马绍尔群岛的数据讨论了当地对本地食品和外地采购食品态度的变化及饮食行为的改变；安德森对比渔民在中国香港和马来西亚的捕鱼活动，以考量影响渔船和渔民生计的政治、经济及社会因素，加强政府对渔业的管理。

巴度通过对挪威博斯南海湾渔民生计的研究，认为在明显简单的狩猎和捕鱼社会中，生存和经济的显著变化很可能取决于在该地区内外操作的社会和经济因素（铁器的交换和俄罗斯经济的扩张）之间的相互作用，而生态决定性因素，如气候恶化和人口压力，通常不足甚至不适用。②

霍莉·梅·哈帕克、戴文·阿耶克对比了喀拉拉邦的穆斯林渔村和基督教渔村，讨论了印度东南部渔业经济（贸易）中的性别分工，并依据不

---

① 此部分的综述均由笔者从检索到的英文文献中翻译而来，在此不对相关文章的出处进行逐一引注，所有涉及文章的原文均在本书"参考文献"中列出。

② BAUDOU E. Forms of resource utilization within hunting and fishing cultures in Northern Sweden, 4000 B. C. – 1 A. D. Anthropologischer anzeiger, Jahrg. 50, H. 3, 1992, pp. 169 – 178.

同村落男女在贸易中的互动，分析此种分工观念如何对其日常生活和生计产生影响。他们关注了个性化的行为对社区的影响，强调个人生命历程对生计模式多样化选择的作用；同时，强调在经济转型中两性分工的调整及村落结构的重塑过程。

阿图巴·K. D. 探讨了孟加拉渔业生计的动力，基于生计与发展研究和可持续生计研究理论，对海岛和漫滩渔村日常生活、知识、信仰、教育进行分析，指出生计的复杂和脆弱性，从而证明其生计方式是对稀缺环境的有效适应；同时，对形塑村落结构的因素进行了探讨，亦有对女性劳动者的关注，点明了现代化和机械化对村落结构产生的影响。

珍妮特·克罗夫顿·吉尔摩的博士论文讨论了俄勒冈地区商业渔船的维修和保养传统，论述了渔船维修中的人与物的关系，渔船制作与使用的历史技艺，11 个渔民与船的生命史，船夫、渔民、维修匠人之间的合作与冲突。

《海洋民族：大洋洲的环境、认同与历史》从海洋史学的角度，展现了1770—1870 年太平洋岛屿在迅速变化过程中的多样化内外互动关系，涉及海洋与环境、海洋在地方社会日常生活中的作用、岛屿周边的连接与隔离、航海与殖民者的到来、海洋区域的争议空间、海洋与周边世界等问题。

孟什·K. 拉赫曼关注了孟加拉湾海岛渔业社区生态及社会的脆弱性，并从环境、经济、安全、健康等诸多方面进行讨论。A. R. K. 左白瑞对巴基斯坦渔业概况（如渔业资源、渔民、渔业贸易、工业化渔业生产等）进行了介绍，同时关注了河流、池塘、海洋等不同渔业形态的特点。

2. 渔业现代化发展中的反思

赛德·杰拉尔德对纽芬兰渔村的历史人类学研究着眼于商业资本与民间文化之间的关系，运用政治经济学与阶级分析的视角，关注渔民作为底层群体形成与变迁的历史；同时，阐述了文化、阶级、传统、意识形态、霸权、代理、社会再生产等在渔民家庭中的运行，认为商业资本渗透生产领域将降低劳动成本并加剧劳动分工，进而破坏家庭与村庄的习俗及礼节。

《人类学季刊》第 53 卷第 1 期的 8 篇文章，从不同角度关注了小型渔民合作组织的社会文化问题，并注意其运作过程中与周边社会环境之间的联系。例如，约翰·彼得森关注的是墨西哥恩塞纳达的一个传统小型渔业组织如何在发展中不断适应政治、经济的变化，调整组织形态，使其与政府之间的权力运作获得成功发展；詹姆斯·萨贝拉关注了秘鲁圣保罗渔业合作组织，用实例证明渔业合作项目对于目标群体、社会结构及组织的忽略导致其走向失败；理查德·B. 珀莱克、弗朗西斯科·卡尔莫对亚速尔群岛上参与合作组织的渔民与农民的不同态度进行了研究；杰克·斯塔克研究了加利福尼亚渔业社区市场的变化，并借由研究小型渔民与买家及政府之间的互动，发现存在于社区中的传统习惯和非理性动机对渔业买卖的重要影响决定着渔民的行为模式。

约瑟夫·韦伯斯特通过对苏格兰东北部的渔民进行研究，指出现代工业社会中的宗教信仰危机，讨论极端宗教主义、物质、经济性、语言对信仰的冲击，强调全球化进程中宗教影响力削弱及政治与经济危机等问题。

安妮塔·巴什、普锐斯威罗哲·杰哈对印度的渔业资源和渔业遗产的发展进行了研究，追溯了古印度教和伊斯兰统治者对鱼的符号化实践，强调随着人口增长、天然鱼产量的减少、人的饮食结构的变化，印度渔业养殖的规模必将扩大，并讨论了其发展趋势。苏尼尔·D. 桑沙对印度喀拉拉邦的两个渔业社区进行了研究，强调地方性生态知识在渔业管理实践中的功能，关注多样性的渔民组织在面对资源时的不同策略。

沙欣拉菲克汗、沙哈鲁克拉菲克汗讨论了巴基斯坦渔业的退化问题，质疑了常规分析框架中单一的过度捕捞和环境破坏因素，从渔业社区的内部运作中发现渔业信贷市场的问题是造成该地区贫穷和渔业退化的深层原因，还兼顾整体性环境的相关因素，强调地方性知识管理体系在渔业管理运作中的作用。

康拉德·科塔克所著关于巴西萨尔瓦多渔村变迁的民族志，关注了全球化冲击下阿伦贝皮渔村的变迁：既包含渔业技术演进和劳动分化，也包括社会结构的变迁和精神世界的整合；既包含政府和外来者的冲击，也包括村落自身的调适；既关注适应的性别差异，也关注适应的代际差异。

3. 渔民信仰与观念

普林斯对拉穆港的海上活动进行了细致描述，记录了渔船数量、名称、吨位，出口货物的性质，船舶所有权，平均船员数，航行期船员的主要或附属活动，商品运输的类型和重量。普林斯还在拉穆港步行约一天，记下了大型和小型传统工艺品的外观、买卖数量，以及水手的工作态度和他们在甲板或装卸货物时的争论、休息状态，还涉及船体、帆和索具、风向、潮汐规律等内容。全文在对海岛居民整体生活的描述之下，探讨了渔民精神与社会文化。

杰克逊研究了亚马逊西北部图卡罗族渔民，对该区域内渔民社会的居住、婚姻、经济生活、亲属关系进行了细致描述，关注其特殊语言外婚制

（该地区有 16 种语言社区，同种语言社区的男女不能结婚）下形成的认同差异。他通过研究不同族群之间的互动及态度，阐明了语言、社会文化结构与认同之间的多元关系，亦关注男女性别认同等问题。科尔·萨莉·库珀从女性的视角出发，记叙了五位女性的生命史，关注葡萄牙北部渔村妇女的财产关系、价值观和理想及其在社会中的作用。弗雷德里克·J. 斯姆思从历史和文化角度对印度历史上的食鱼禁忌进行了追述，指出印度食鱼禁忌的影响因素。

西方的渔业、渔村、渔民研究关注环境变迁、技术发展、渔村社会结构调适等问题，还关注地方性生态知识和女性在渔民社会中的作用。虽然对渔业尤其是海洋渔业而言，市场因素很重要，但在发展的框架之下，学者们更多是从制度、精神的调适等方面进行探讨。同时，上述渔业研究文献中缺乏对内陆河流的渔村、渔民的研究。

（三）国内渔民、渔村研究

1. 民族地区内陆河流研究

关于民族地区的内陆河流研究，以生态环境和水资源开发、水利资源利用研究为主，地域涵盖东北、西北、西南的少数民族。凌纯声从日常生活的各个方面对赫哲族的社会、文化、语言进行了细致的记录；对赫哲族主要生计之一的渔猎，从捕鱼工具到捕鱼方法都逐一涉及，并配有手绘图说明，还关注了渔猎生产方式与地方社会的适应问题。[①] 杨光从物质文化、制度文化、精神文化三方面研究赫哲族的社会文化变迁，注重史料解析并讨论变迁的动力与变迁中的问题。[②] 杨跃雄在历史脉络下，以国家对渔村的管理及大理新溪邑村白族渔民生产组织形式和市场环境的转变为主要内容，论述渔民与管理者之间的权力博弈，以及如何在动态平衡中达到"共赢"。[③] 赵亚辉等对西藏拉萨河流域鱼类种群资源进行了研究。[④] 杨汉运、黄道明对雅鲁藏布江中上游鱼类区系和资源状况进行了调查。[⑤]

---

① 凌纯声：《松花江下游的赫哲族》，台北：台湾"中央研究院"历史语言研究所，1934 年。

② 杨光：《赫哲族社会文化变迁研究》，东北师范大学博士学位论文，2011 年。

③ 杨跃雄：《大理新溪邑村居民渔获活动变迁研究》，云南大学硕士学位论文，2015 年。

④ 赵亚辉、张洁、张春光：《青藏高原鱼类的多样性》，《生物学通报》2008 年第 7 期，第 8 - 10 页；陈锋、陈毅峰：《拉萨河鱼类调查及保护》，《水生生物学报》2010 年第 2 期，第 278 - 285 页；洛桑、旦增、布多：《拉萨河鱼类资源现状与利用对策》，《西藏大学学报（自然科学版）》2011 年第 6 期，第 7 - 10 页。

⑤ 杨汉运、黄道明：《雅鲁藏布江中上游鱼类区系和资源状况初步调查》，《华中师范大学学报（自然科学版）》2011 年第 4 期，第 629 - 633 页。

2. 汉族渔民、渔村研究

汉族社会对渔民的研究侧重于渔民对发展转型的适应，关注了转型中的冲突与变迁，同时对渔民的底层身份给予关注。王崧兴的《龟山岛——汉人渔村社会之研究》从经济生活、社会结构、宗教活动三方面探究龟山岛的渔业组织与宗教生活之关系、渔业技艺的个人主义倾向以及渔村社区精神的冲突与整合。[①] 唐国建在对烟台市长岛县三个渔村的田野调查基础上，以南庄、东庄和牛庄为例，通过自然、经济、社会和文化这四个边界的发展历程来揭示工业化、城市化、体制改革等因素对渔村变迁、渔业发展和渔民生活的影响，探讨环境变迁与社会发展的关系。[②] 左岫仙对杭州湾以东嵊泗县渔民与迁入该县的少数民族女性的通婚现状，以及这种渔民家庭存在的问题进行论述。[③] 王俊敏将文化界定为"游文化"与"居文化"，对"游文化"中的捕捞渔文化与地区经济体系和人的活动的联系进行研究，探索太湖渔捞文化的变迁与湖泊生态重塑的互动机制。[④] 茆晓君对渔民生存伦理的研究关注了渔民在不同政治环境下的代际生存策略，从渔民的生命史中发掘其历史记忆与生命感受，透视渔民与国家权力和市场之间的多元互动关系。[⑤]

陈序经、伍锐麟关于疍民的研究，阐述了疍民的历史传说及来源，疍民的人口分布、民族歧视、阶级情况，疍汉经济关系，新中国成立后的经济情况等。[⑥] 黄新美研究了珠江口水上居民（疍家）种族现状，对广州莲花山、广东斗门县、珠江口虎门等水上居民体质特征及珠江口水上居民群体常见的翼状胬肉进行分析，关注广州水上居民的"疍艇"、珠江口水上先民"疍家"考。[⑦] 经君健、赖青寿对"九姓渔户"群体进行了研究，关注其历史起源、阶层、社会组织与社会生活、风俗等，对"艇妓"群体的生活、

① 王崧兴：《龟山岛——汉人渔村社会之研究》，台北：台湾"中央研究院"民族学研究所，1967年。
② 唐国建：《海洋渔村的"终结"——海洋开发、资源再配置与渔村的变迁》，北京：海洋出版社，2012年。
③ 左岫仙：《少数民族女性与渔民的族际婚姻——关于嵊泗县渔民与外来少数民族女性婚姻家庭的典型调查》，《黑龙江民族丛刊》2012年第3期，第127-131页。
④ 王俊敏：《居游之间：游牧、采猎、渔捞三型游文化变迁与生态重塑》，上海：上海三联书店，2014年。
⑤ 茆晓君：《风雨中的飘摇——渔民之生存伦理研究》，上海大学博士学位论文，2011年。
⑥ 陈序经：《疍民的研究》，上海：商务印书馆，1946年影印版；伍锐麟著，何国强编：《民国广州的疍民、人力车夫和村落：伍锐麟社会学调查报告集》，广州：广东人民出版社，2010年。
⑦ 黄新美编著：《珠江口水上居民（疍家）的研究》，广州：中山大学出版社，1990年。

心理给予关注。①

从整体看，国内对渔村及渔业的研究主要涉及渔村生态研究、变迁研究（技术、制度、合作组织）、生态保护、水利资源开发与利用、旅游发展、非遗保护等应用性议题，也关注发展中的渔民问题，如环境污染与渔民失海、渔民安置等。应用性研究、对策建议较多，对内陆渔民文化及渔民地位研究不够，对渔民变迁及适应系统机制研究缺乏整体联系的视角。其中，对疍民及"九姓渔户"的研究关注了渔民作为社会底层群体的特殊性，涉及渔民地位、歧视等问题，对本书有借鉴作用。

四、西藏社会的适应与变迁研究

（一）西藏历史文化研究

1. 西藏历史与社会

从清代到民国，西藏相关史志文献记载了当时西藏社会的历史风貌，对西藏历史、驿站里程、山水风俗、商贸、西藏与中央关系、驻兵、驻军等情况均有所论述。② 部分文献为发现牛皮船和摆渡船夫等提供了线索，且从有些翻译而来的西藏地方政府公函可知赋税、禁渔等政府行为及地方的反应。有学者对西藏历史进行梳理，如白眉初、洪涤尘、吴燕绍、任乃强③等。中华人民共和国成立后，有《藏族简史》《西藏通史——松石宝串》《藏族史略》《藏族史要》《藏族历史》《西藏通史》等，以及藏文史料如《红史》《青史》《西藏王臣记》《西藏王统记》《新红史》等。④ 历史典籍对本书中渔村历史的追溯起到史料参考及背景介绍的作用。格桑卓噶等编

---

① 经君健：《清代社会的贱民等级》，北京：中国人民大学出版社，2009 年；赖青寿：《九姓渔户》，福州：福建人民出版社，1999 年。

② 清乾隆果亲王允礼纂《西藏志》，黄沛翘撰《西藏图考》，许光世、蔡晋成编纂《西藏新志》，陈观浔撰《西藏志》，陈登龙等撰《西藏纪要》等，可以从《边疆史地文献初编·西南边疆（第一、二辑）》（中央编译出版社，2011 年），《边疆民族资料汇编：西北及西南民族》（知识产权出版社，2011 年），《中国地方志集成》（巴蜀书社，1995 年）中找到影印版原文。

③ 如白眉初的《西藏始末纪要》、洪涤尘的《西藏史地大纲》、吴燕绍的《西藏史大纲》、任乃强的《西康札记》《西康图经》《康藏史地大纲》等。

④ 很多藏文文献可以找到汉译本，如：蔡巴·贡噶多吉著，陈庆英、周润年译：《红史》，拉萨：西藏人民出版社，2002 年；廓诺·迅鲁伯著，郭和卿译：《青史》，拉萨：西藏人民出版社，1985 年；五世达赖喇嘛著，郭和卿译：《西藏王臣记》，北京：民族出版社，1983 年；索南坚赞著，刘立千译注：《西藏王统记》，拉萨：西藏人民出版社，1985 年；班钦·索南查巴著，黄颢译：《新红史》，拉萨：西藏人民出版社，1984 年；等等。

译的有关西藏差税问题的《铁虎清册》中，提及曲水宗的差税比例。①

　　早期西方学者的旅行游记注重记录西藏风俗与生活全貌。《入藏四年》对藏民的生计、婚姻、丧葬、娱乐以及奇风异俗有细致的描述，书中的手绘插图展现了当时藏民的生活场景，如捕鱼、渡船。② 孔贝的《藏人言藏：孔贝康藏闻见录》除自序外，转述了一个康区藏人智慧保罗对宗教信仰、婚嫁习俗、丧葬礼仪等的记录。③ 大卫·妮尔的《一个巴黎女子的拉萨历险记》以从云南到西藏拉萨的旅途见闻，展现当地的自然环境、风土人情、食物、居住环境、宗教仪式等，相对真实地反映了藏民的生活面貌。④ 20 世纪 50 年代以后，对西藏社会生活的研究涉及西藏现实问题，如西藏地位、南亚地区的逃亡难民社区等，尤其注重对宗教、历史、语言的研究。阿吉兹的《藏边人家：关于三代定日人的真实记述》以简洁的笔法描绘了三代藏族人的面貌，对 1885 年至 1960 年间的定日现代社会的历史、社会层次、宗教团体、经济、血统与居住形态、婚姻宗教生活等方面进行了描述，涉及定日的婚育情况和迁徙与贸易网络。⑤ 爱泼斯坦系统地对西藏从农奴制到社会主义制度的变迁做了介绍，涉及制度的变迁，现代工业的诞生，农牧业发展，西藏的领导干部，西藏文化、教育、卫生、科学研究和宗教等领域。⑥ 戈尔斯坦的《喇嘛王国的覆灭》及其对西藏村落、庄园奴隶制度和差役制度的历史性研究等，以及对高海拔地区生育力的讨论，涉及人类对青藏高原的生物适应性问题，⑦ 而其对利米族群的研究，提出了环境与文化之间的互动问题。海门道夫关注藏印边界及喜马拉雅区域的人类学分析，对夏尔巴人的贸易与社会网络进行分析，关注喜马拉雅山区雷迪人对戈达

　　① 格桑卓嘎等编译：《铁虎清册》，北京：中国藏学出版社，1991 年，第 1、109、306 页。

　　② ［印度］艾哈默得·辛哈著，周翔翼译：《入藏四年》，兰州：兰州大学出版社，2010 年。

　　③ ［英］孔贝著，邓小咏译：《藏人言藏：孔贝康藏闻见录》，成都：四川民族出版社，2002 年。

　　④ ［法］大卫·妮尔著，耿昇译：《一个巴黎女子的拉萨历险记》，拉萨：西藏人民出版社，1997 年。

　　⑤ ［美］巴伯若·尼姆里·阿吉兹著，翟胜德译：《藏边人家：关于三代定日人的真实记述》，拉萨：西藏人民出版社，1987 年，第 60 - 80 页。

　　⑥ 伊斯雷尔·爱泼斯坦著，高全孝、郭彧斌、郑敏芳译：《西藏的变迁》，北京：新星出版社，2015 年。

　　⑦ ［美］梅·戈尔斯坦著，杜永彬译：《喇嘛王国的覆灭》，拉萨：中国藏学出版社，2005 年；［美］戈尔斯坦著，坚赞才旦译：《利米半农半牧的藏语族群对喜马拉雅山区的适应策略》，《西藏研究》2002 年第 3 期，第 113 - 120 页；［英］安德鲁·埃贝尔森著，何国强译：《近同戈尔斯坦、查隆和比尔doctrine权》，《青海民族研究》2009 年第 3 期，第 17 - 18 页；［美］查理斯·霍夫著，何国强译：《生活在安第斯山区的土著是否明显地存在因缺氧而造成的生育力下降的问题：对戈尔斯坦、查隆和比尔的回应》，《青海民族研究》2009 年第 3 期，第 9 - 11 页。

瓦里河水资源的有效利用。[①]

《藏族社会历史调查》对西藏不同地区的村落、庄园的社会概况、生产关系、社会组织、社会阶层、婚姻家庭、节日仪式等做了记录，涉及农区和牧区，关注了西藏民主改革前的赋役、差税、阶级、家庭等内容，具有一定的史料价值，同时记录了少量渔民、皮匠的情况。[②] 格勒、刘一民、张建世等编著的《藏北牧民——西藏那曲地区社会历史调查》是关于那曲地区的社会历史报告，包括自然环境、历史沿革、生产方式、经济制度、社会组织、宗教信仰、生活娱乐等内容，关注农牧贸易和藏北存在的打猎情况。[③] 东嘎·洛桑赤列、吴从众、陈庆英、多杰才旦、次仁央宗等对西藏不同历史时期的政治、经济制度进行了研究；李坚尚、诺布旺丹、扎呷和龙西江等对西藏的商业贸易、手工业历史、行会等进行了细致的调查与梳理，关注了西藏社会底层的工匠。[④]

2. 西藏村落变迁研究

对西藏村落的研究以整体性的文化呈现为主要路径，体现民主改革后西藏农村的变化及改革对藏民生活的影响。徐平、郑堆对日喀则地区江孜县班觉伦布村的调研，关注不同历史时期村落变化的各方面，阐明了西藏封建农奴制的运行机理，有对典型人物生命史的论述；于长江从历史、环境、饮食、服装、精神生活、节日、婚姻、生死等方面对拉热村进行描述，同时关注了变迁中的日常生活，如炊具的变化、服装的变化、村落的生产组织、农具、村落空间等，对村落多元信仰体系亦有论述；徐君从基层组织、村落结构与社会发展、经济、民族、卫生教育等方面对西藏拉萨市曲水县达嘎乡其奴九组的村落概况做了较为全面的介绍，关注整体搬迁对藏民的影响；陈默以拉萨市曲水县茶巴朗村村落空间的变迁为主线，考察村落空间与村落历史、村落结构、村落现代化之间的关系，探讨村落生活空

① ［英］克里斯托夫·冯·菲尤勒—海门道夫著，吴泽霖译：《尼泊尔舍尔巴的经济生活（〈喜马拉雅山区的贸易者〉一至四章）》，未刊行本；［英］克里斯托夫·冯·菲尤勒—海门道夫著，何国强译：《在印度部落中生活：一位人类学家的自传》，香港：国际炎黄文化出版社，2009 年。

② 《中国少数民族社会历史调查资料丛刊》修订编辑委员会编：《藏族社会历史调查（1—6）》，北京：民族出版社，2009 年。

③ 格勒、刘一民、张建世等编著：《藏北牧民——西藏那曲地区社会历史调查》，北京：中国藏学出版社，1993 年，第 94 – 113 页。

④ 中国社会科学院民族研究所、中国藏学研究中心社会经济所编：《西藏的商业与手工业调查研究》，北京：中国藏学出版社，2000 年；李坚尚：《谈西藏民主改革前的手工业行会》，《民族研究》1991 年第 5 期，第 33 – 36 页；李坚尚：《藏珞贸易的民族学考察》，《西藏研究》1986 年第 3 期，第 19 – 26 页。

间、生产空间、信仰空间的变迁，其田野点与本书所提及的俊巴村一江之隔，是俊巴村的行政隶属村，但他对渔民的论述较少，仅提及田野点农民与渔民之间的一次打架事故，且在案例论述中掩盖了对渔民的歧视问题；且增伦珠关注"雪"村的历史及其社会化的进程，从政治制度、社会结构、人口婚姻、生活方式的视角，探讨了从"雪"村到"雪"新村的变迁历程及变迁动力。① 郭克范等以社会结构的变迁为主线，关注经济、生产、劳动分工、社会分层的变化，兼顾村落组织、教育、宗教文化等问题，其中有专门一章涉及"贱业"，关注铁匠、屠户和手工艺人所受的歧视，但没有涉及渔民群体。② 郝亚明关注拉萨城乡结合区域的现代化进程，讨论商品化对村落产生的影响，以商品的流通牵扯出社会结构、生活与交往模式的变化；③ 刘志扬通过对拉萨市娘热乡的微观研究，讨论了西藏乡村政权组织结构及功能、藏族农村家庭的现状及演变、农民洁净观的嬗变及影响因素等问题。④

陈波的《吉毒：巴村的记忆》对拉萨巴村的历史及其家户关系的记录，强调了藏族村落户际关系网络及互动形态在不同历史时期的延续性。⑤ 罗绒战堆等通过对西藏中部四个藏族社区毛驴数量变化的分析，展现了西藏农村社区的社会变迁，关注生态与农区经济的关系；同时对藏民工作量的变化与藏民心理的互联关系进行了讨论。⑥ 李何春探讨了藏东一个传统晒盐村落的盐业生产同权力之间的互动关系，考察了清末改土归流以来盐业生产同地方势力、国家权力之间的互动过程。⑦ 周大鸣、刘志扬、秦红增将参与式发展与西藏的现代化结合讨论，提出西部地区内源性发展的思维与策

---

① 可参见徐平、郑堆《西藏农民的生活——帕拉村半个世纪的变迁》、于长江《拉热村社区调查与研究》、徐君《狼牙刺地上的村落：西藏拉萨市曲水县达嘎乡其奴九组调查报告》、陈默《空间与西藏农村社会变迁：一个藏族村落的人类学考察》、且增伦珠《"雪"社区的社会变迁》等著作与论文。

② 《甲玛沟的变迁》课题组：《甲玛沟的变迁——西藏中部地区农村生活的社会学调查》，北京：中国藏学出版社，2009 年，第 101－111 页。

③ 郝亚明：《外力推动下的变迁——一个藏区城乡结合部的社区研究》，中央民族大学硕士学位论文，2004 年。

④ 刘志扬：《乡土西藏文化传统的选择与重构》，北京：民族出版社，2006 年。

⑤ 马戎主编：《西藏社会发展研究》，北京：民族出版社，2011 年。

⑥ 罗绒战堆、樊毅斌：《毛驴数量的变化与西藏农村的发展和变迁》，《中国藏学》2011 年第 2 期，第 70－78 页；罗绒战堆：《闲暇与幸福——西藏农户劳作投入量变迁研究》，《中央民族大学学报（哲学社会科学版）》2016 年第 6 期，第 82－88 页。

⑦ 李何春：《动力与桎梏——澜沧江峡谷的盐与税》，广州：中山大学出版社，2016 年。

略。[①] 现阶段亦有很多研究讨论村民自治、扶贫开发、安居工程、教育、医疗、新农村建设等议题，政策性的分析及指导居多，在此不作赘述。

从上述西藏村落研究的梳理中可以发现，20 世纪 90 年代以后，学者们的研究视角由宏观转向了微观，多数研究对村落的全貌进行了系统阐述。虽有学者探讨村落变迁的历史，但多归因于民主改革后政治、经济环境的变化，默认藏民对改革的适应状态，强调"变化"的喜人之处，忽视长久积累的习俗改变后的不适与自我调适的过程。事实上，西藏村落的变迁并不是一蹴而就的，是在多种力量制衡的基础上，在物质文化、制度文化、精神文化层层调适下，自内而外的渐变过程。村落内部亦形成与各种政治制度相适应的转换机制，对于这些问题，相关学者缺乏系统的讨论。总体上，学者们多关注农牧和城市生活，但对于在农牧夹缝地带存在的一些边缘性群体，如世代生存于拉萨市曲水县俊巴自然村的藏族渔民群体，大量文献都没有涉及。

（二）青藏高原的适应研究

现阶段，很多学者对生长在青藏高原的动植物的生物适应性及遗传机制进行了讨论。[②] 席焕久等从医学、生物学、体质人类学等角度对藏民适应高海拔环境的生物和遗传因素进行了探讨；[③] 沈兴菊、付瑶就农牧民对于气候变化和灾害的认知与适应性进行了研究。[④] 高星等通过高原考古对人类进入青藏高原的时间、路径进行探索，为人类对高原环境的适应、资

---

①　周大鸣、刘志扬、秦红增：《寻求内源发展：中国西部的民族与文化》，广州：中山大学出版社，2006 年，第 31 – 90 页。

②　樊若溪：《青藏高原家犬的高原适应遗传机制研究》，云南大学博士学位论文，2015 年；孙会婷、江莎、刘婧敏等：《青藏高原不同海拔 3 种菊科植物叶片结构变化及其生态适应性》，《生态学报》2016 年第 6 期，第 1559 – 1570 页；周建伟：《藏羊对青藏高原氮素营养胁迫的适应性研究》，兰州大学博士学位论文，2015 年；李启恩：《青藏高原濒危药用植物尼泊尔黄堇的生理生态适应性及种群动态研究》，兰州大学博士学位论文，2016 年；王莹：《鱼类适应青藏高原极端环境的遗传机制研究》，中国科学院大学博士学位论文，2016 年；叶志强：《青藏高原土著哺乳动物低氧适应机制的比较基因组学研究》，中国科学院大学博士学位论文，2012 年。

③　席焕久·《藏族的高原适应：西藏藏族生物人类学研究回顾》，《人类学学报》2013 年第 3 期，第 247 – 255 页；吕坡、范杰、席焕久：《EGLN1 基因两个位点多态性与藏族人群高原低氧适应的关系》，《解剖学报》2013 年第 3 期，第 419 – 422 页；乌仁塔娜：《高原适应遗传机制及藏族胎盘组织表达谱研究》，青海大学博士学位论文，2015 年。

④　沈兴菊：《青藏高原农牧民对气候变化和灾害的认知及适应对策研究》，《云南民族大学学报（哲学社会科学版）》2013 年第 6 期，第 15 – 19 页；付瑶：《青藏高原藏族牧民的气候变化适应性》，中国科学院研究生院博士学位论文，2012 年。

源的利用方式和在高原的生存状态研究提供了珍贵的考古资料。[①] 周甜等关注了内地藏族学生的文化适应情况及藏族扶贫搬迁和移民的社会适应问题。[②] 郭家骥探讨了云南藏族为适应其所处的自然环境而进行的文化调适。[③] 许韶明、何国强在对西藏村落社会的研究中引入稀缺理论，寻求资源、政治制度、宗教和文化之间的互动联系，进而分析整体性的适应机制，但是对藏民个体性选择与多样化适应状态的论述有限。[④] 西藏渔民群体因数量较小而被忽视，加之从事捕捞生计与宗教教义相悖，社会地位较低，因此，对其在西藏得以存在和适应的研究是对当下西藏村落研究与文化适应研究的补充。

第三节　思路方法

一、研究思路

本书借鉴文化生态学与马克思主义的相关理论，既遵从斯图尔德以生计为核心探讨人类与自然关系的思路，又关注人在适应自然与社会环境过程中的主观能动性，关注自然、技术和人口等因素。同时，本书引入马克思"生产方式"的概念，将人类对外在环境的适应界定为"对资源的利用与利用资源过程中形成的人与人之间的关系"，既关注作为生计的资源利用方式，也关注其背后的社会关系结构，并探讨分工、协作、再分配等生产组织或政治组织等制度因素。此外，书中对作为藏民日常信仰和规范

---

① 高星、周振宇、关莹：《青藏高原边缘地区晚更新世人类遗存与生存模式》，《第四纪研究》2008 年第 6 期，第 969－975 页；侯光良：《青藏高原的史前人类活动》，《盐湖研究》2016 年第 2 期，第 68－74 页；玠玉、吕红亮、李永宪等：《西藏高原的早期农业：植物考古学的证据》，《南方民族考古》2015 年第 0 期，第 91－114 页；陈发虎、刘峰文、张东菊等：《史前时代人类向青藏高原扩散的过程与动力》，《自然杂志》2016 年第 4 期，第 235－240 页。

② 周甜：《三江源生态移民的社会适应调查研究：以一个牧区藏族移民村为例》，西北民族大学硕士学位论文，2010 年；梁敏：《流动、迁移与适应：成都市武侯祠藏族聚落的个案调查》，西南民族大学硕士学位论文，2007 年；卢红娟：《藏族定居城市后的社会适应调查研究：以西宁市城南新区为例》，兰州大学硕士学位论文，2012 年。

③ 郭家骥：《生态环境与云南藏族的文化适应》，《民族研究》2003 年第 1 期，第 48－58 页。

④ 许韶明、何国强：《整体稀缺与文化适应：三岩的帕措、红教与民俗》，广州：中山大学出版社，2013 年。

的佛教信仰与捕捞生计的关系进行了讨论，展现了渔民主体的地方信仰逻辑。

综上，渔民适应研究思路最终整合为三个层次的适应分析框架，主要从生态、社会、宗教三个既分割又整体联系的视角出发，将其根植于一个动态的运转系统之中：生态适应解决资源有限的生存矛盾、社会适应解决贱民群体的地方融入矛盾、宗教适应解决捕捞行为与宗教教义之间的矛盾。

渔民适应既存在内部适应，也存在外部适应，这两种适应在地方社会的政治、经济整合中达到平衡。在不同历史时期，如在1959年民主改革以前的贡赋制社会，渔民主要通过与地方社会进行互惠和交换获得一定的现金，缴纳政权（宗谿、贵族、政府、寺庙）的代金贡赋，承担差役，同时缴纳规定的实物贡赋，维持合法身份并以此生存，融入地方社会。在不同政体之下，渔民群体作为结构性的整体具有物质、制度、精神三方面特质，既有生产与资源的交换、流转，又有互助、通婚的内部社会结构，并存在地方性信仰体系；交换和市场体系将物质生产（渔获）与地方社会（交换、贡赋、差役）和宗教（贡赋、信仰）相连接，成为历史脉络下村落整合的牵引力。同时，渔民群体适应与个体适应存在一定的差异，渔民个体的行为选择影响渔村结构，渔村结构又制约着个体的行为与观念，形成各层次间的联系及整合的动态适应模型。

二、研究方法

（一）方法概括

除了采用参与观察、入户访问等传统方法外，本书还有针对性地采用了以下方法论或研究方法：①整体论视角：把俊巴村置入一个普遍联系的地区体系中，从微观（村）、中观（地方政权）与宏观（国家政权）视角看待渔村内外的互动过程。下文会进一步解释此种方法。②"并举"法：一是历史研究和田野调查并举——梳理相关文献，了解当地社会历史发展脉络，把握不同渔民文化特点，参与社区居民的生产与生活，细心观察，掌握当地人的心理动机，从他们的视角理解问题；二是文本建构和话语解构并举——用理论把握历史和现实，排列群体或阶层占据的社会位置，确定不同位置的构成及其中人的活动，概括关系链，进行细致的深描，使假设、命题、参数、模型等建立在事实的基础上；三是案例分析和统计并举——收集口述史、个人生命史，通过深入访谈、小样本问卷调查等，获得一定数量的案例，并进行分析和统计。③跨文化比较法——主动寻找点（文化特质）、线（文化丛）、面（文化带）的相似与相异，将俊巴村与陇巴村置于时空序列中进行比较，注意历史与现实的关系，并和相关研究对话。

（二）人类学的整体观

文化是以整体的形态存在的，每一个文化要素都不是孤立存在的，各种文化现象之间都存在必然的有机联系。只有了解西藏渔民群体文化中各种制度如何互相配合运作，方能了解整个文化系统，进而分析系统的运行机制和动因。小到村庄研究，大到区域或全球化体系下的人与社会，都必须遵循整体观的视角。人类学的整体观在动态联系的基础上增加历史的维度，意为考察任何一种文化现象都是在它生成的地方历史和文化框架下解释。

（三）深描与阐释

格尔茨认为文化是意义结构，注重人的行为动机与主观情感，注重人与人互动中的意义阐释，其深描目的在于阐释意义与结构之间的关系。[①] 在他看来，文化是当地人背后由人类学家阅读的文本，它是一个象征体系，可以揭示文化诸要素之间的内在关系。格尔茨强调地方性知识，强调主位与客位之间的感受，用深描体现行动与文化的关系，解释行动的意义，揭示特定时空场域下的社会话语流。本书拟通过细致观察、深描与阐释，从主客位角度，体现行动与文化的关系，解释行动的意义，概括关系链，呈现地方性的文化适应形态。

"一个完美的田野报告应该包含六个渠道得来的调查资料。它们是描述性笔记和调查记录；图形（地图、平面图、图表、草图、照片等）；权威性的资料（如官方文件、公藏机构的证明或鉴定等正式的文本）；系谱资料；问卷资料；人口资料。"[②] 本书力图做到上述几点要求，通过对青藏高原的渔村进行田野调查，以历时的视角，在渔村、地域社会的互动网络中，将文献、口述史和田野材料相结合，从主客位角度，运用深描的方法，在渔村的时空环境下理解当地人的心理活动，进而进行阐释分析，在文化运作的系统中思考问题，应用人类学的整体观和比较方法，研究其适应系统的外在表象和内在动力。

---

① ［美］克利福德·格尔茨著，韩莉译：《文化的解释》，南京：译林出版社，2014年，第8页。

② 英国皇家人类学会编，何国强等译：《田野调查技术手册》，上海：复旦大学出版社，2016年，第33页。

第一章 历史的沉浮

本章拟对本研究的主要田野点——俊巴渔村做一整体介绍，包括原始的渔猎生计和组织，渔村的地理位置、行政隶属变更、可利用的生态和时空资源，这些是村民赖以生存的基础；同时，对建村的历史进行追溯，还原渔民生存历史与政治环境之间的联系，呈现影响渔民适应的一些宏观因素；此外，对村庄从无到有及其布局、民居结构、村民日常生活、劳作及不同历史时期村民的生计选择进行概述，以期将青藏高原存在的特殊群体——渔民和他们的生存环境、生计方式等适应基础做一概要勾勒，展现此种延续着的文化和适应方式。

第一节　远古记忆

俊巴渔村隶属于西藏自治区拉萨市曲水县，地处拉萨河南岸，三面环山、一面临水，处于雅鲁藏布江与拉萨河的交汇处（见图 1 - 1），山南地区与拉萨地区的交界地带。其位置处于青藏高原水系相对密集的东南部，在雅鲁藏布江中游"一江两河"① 水系的涵盖区域，基本处于中心位置（见图 1 - 1 右上小图）。该区域是青藏高原先民远古渔猎和农耕文明的发祥地，更是传统水路交通的重要通道，通过水路可达拉萨、山南、日喀则等地。

一、渔民原始生计的延续

（一）渔猎技术与组织

根据现有考古资料，"旧石器人群在青藏高原的活动方式很可能是季节性游猎，而不是永久定居"②。高星等指出，"末次冰期间冰段（MIS_3）后期，温暖湿润的环境使得狩猎—采集者首次出现在该地区（青藏高原边界地区）。他们的人数可能很少，留下的遗存十分有限，我们对他们的了解也

---

① "一江两河"中部流域（见图 1 - 1 右上小图），东起山南桑日县，西到拉孜县，南抵藏南河谷区，北达冈底斯—念青唐古拉山脉南麓，流域面积为 6.6 万平方公里，其中包括拉萨、日喀则、山南 3 个地市的 18 个县（市），人口约占西藏总人口的三分之一。该流域也是藏族文化的发祥地（雅砻王系发源于山南地区），历来被视为西藏的"粮仓"。

② 陈发虎、刘峰文、张东菊等：《史前时代人类向青藏高原扩散的过程与动力》，《自然杂志》2016 年第 4 期，第 235 - 240 页。

如盲人摸象一般。他们中有的群体可能拥有当时较为先进的石叶技术，可以用锋尖刃利的石叶工具狩猎捕食。他们的生存行为以湖泊为中心，因为这里富积着他们需要的水源和动植物食物资源。适宜的环境，缺少争食竞争者，应该使他们的生存变得容易。但是否有生理上的不适应或其他的自然阻力，我们疏于考证。随着末次冰期最盛期的到来，湖水退缩，生物资源减少，以湖泊为中心的资源带变小，之间的距离拉大。恶化的环境可能使得一部分人群消亡了，另一些人迁徙到相对暖湿、生物资源相对丰富的地域"①。

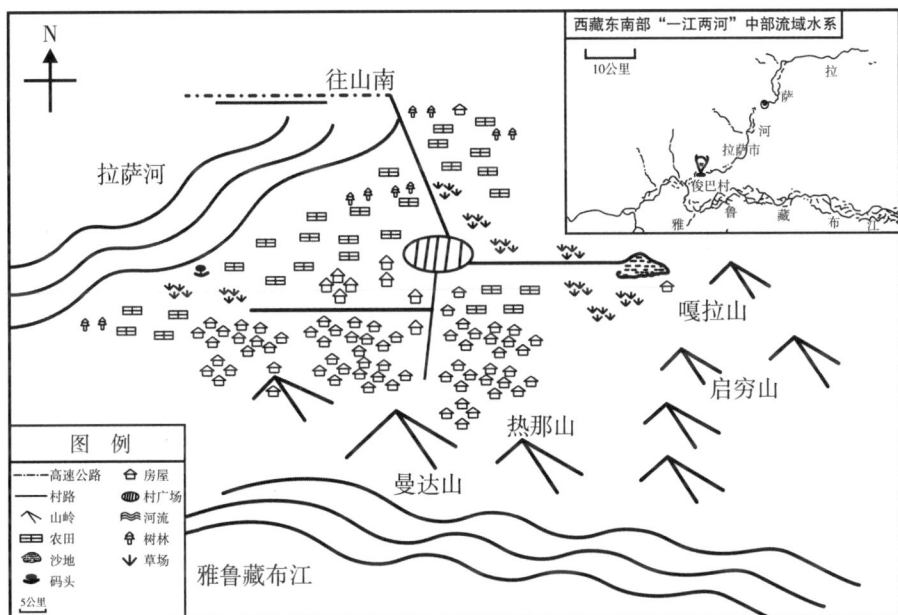

图 1-1　曲水县俊巴村的位置

学者根据西藏东部的昌都卡若（公元前 2700 年至公元前 2300 年）、西藏西部的卡尔东（3 世纪至 8 世纪）两个遗址的植物考古成果和已有的植物考古资料认为，"西藏高原最早的农业是基于粟作农业并另以驯养猪类为主的经济体系。这个较早的生业体系可能起源于中国西部，后来被一个能更好适应高原环境的麦作系统所取代，这与在中亚的发现类似。同时，以采

---

① 高星、周振宇、关莹：《青藏高原边缘地区晚更新世人类遗存与生存模式》，《第四纪研究》2008 年第 6 期，第 975 页。

集、狩猎和捕捞的方式获取野生资源也是这两个遗址居民饮食结构的重要补充"①。

雅鲁藏布江中部流域处于青藏高原腹地,拉萨北郊的曲贡遗址中存在石质矛头和箭镞,属狩猎工具。"在几座灰坑中还见到有鱼骨,当是曲贡人食用拉萨河无鳞鱼的证据,这表明渔捞也是当时的一个辅助经济手段。"②类似于曲贡遗址的文化遗存,在雅江中游河谷区的贡嘎县昌果沟和琼结县邦嘎村也有,皆属"一江两河"中部流域雅江南北岸的村庄。其中,昌果沟遗址所在地仅距离俊巴村15公里,位于俊巴的东南方,属雅江北岸谷地。

由考古资料可知,早期藏族先民具备原始的捕捞和狩猎技术,也从事原始农业耕作,以食物共享与两性关系维持生命的延续和种族的繁衍,为单位完成两种"生产"。随着人口的增加,先民获取食物的压力增大,外出打猎或捕鱼必然成为获取食物的重要途径,具流动性的捕鱼狩猎、简单采集群体零星分布在河流两岸。青藏高原气候寒冷,土壤相对贫瘠,不利于原始耕作,工具、武器、劳动力和食物共享显得尤为重要,面对野兽,集体捕猎与分食也成为文化适应的必然选择。对于狩猎和采集者来说,哪个成员掌握的知识和技能越多,生存的可能性就越大,③ 他们以队群形式松散地分布在渔猎和采集的地域,彼此平等。

（二）队群维系与半族组织

随着队群的壮大,亲属间的两性关系被禁止,去队群外寻找伴侣成为成年男女间的生存策略。根据俊巴村和陇巴村对祖先的记忆,俊巴村的祖先为"巴莱增巴",陇巴村的祖先为"薄阿耐",均为勇猛力大的渔夫,"薄阿耐"被认为是"巴莱增巴"的后代。至今为止,两村仍是重要的通婚圈,可以推测两村极可能是由拉萨河和雅江流域彼此通婚的队群发展而来,规模有大有小,婚姻缔结成为不同队群发生联系的纽带,队群间男女的规律性交换也成为劳动力分配与队群延续的重要因素。群体的存在与每个群内人员的生存息息相关,共有、平等与分享是观念的基础,队群内部彼此扶持,共享工具、武器、食物与知识。当然,利己的本性又使得完全的平等

---

① 玑玉、吕红亮、李永宪等:《西藏高原的早期农业:植物考古学的证据》,《南方民族考古》2015年第0期,第91页。

② 中国社会科学院考古研究所、西藏自治区文物局编著:《拉萨曲贡》,北京:中国大百科全书出版社,1999年,第223页。

③ 何国强:《政治人类学通论》,昆明:云南大学出版社,2011年,第52页。

成为空谈，因此队群会应用制度规训人的行为，存在长幼有序的观念，对发现猎物或鱼群的人给予奖励，对第一个抓住猎物的人给予分肉特权，等等，以此调适队群内的矛盾与冲突，维持相对的平衡。当然，也可能有激烈的矛盾与冲突，如果以武力解决即成为世仇，使队群面临解体或重组。拉萨河边的俊巴村在每年藏历10月农忙、冬小麦耕种完成之后，都会整村宰杀1—2头牛，以家族中年长女性的主要亲属关系为单位，集体分食牛肉，庆祝丰收。这种分肉习俗在西藏传统农区是不存在的，可视为远古队群组织的遗存习俗。

以渔猎为主要生计，追逐鱼群，必然形成漂泊散居的居住模式，从而在遭遇危险与战争寻求聚合的时候，亲戚间聚合成为主要类型。以亲缘网络所维系的队群不断壮大，血亲与姻亲的聚合形成半族组织。半族与半族彼此通婚，增强联系，力量不断壮大。

从散居到聚居再到定居，土地和农耕生计起到重要作用。拉萨河及雅鲁藏布江周边流域有充足的水源，追求相对肥沃的土地就成为半族组织发展的关键。对土地的争夺也会引发战争，逐渐强大的半族组织演变为氏族，占据优越的土地资源，发展农业生产，扩大地方势力，逐渐成为酋邦。7世纪，在拉萨河和雅鲁藏布江沿岸，存在力量不等的众小邦，曲水县当时也有一个邦国政权——"吉如江额"，行政中心在今南木乡江村一带，其在拉萨河北岸占有相对肥沃的土地，与俊巴村的距离仅为10余公里（相对位置见图1-2）。渔、猎、农混合的生计模式向农耕的转化是漫长的过程，农耕发展不代表渔猎消失，无地流民也可能依旧从事渔猎生计。

二、战争与渔民群体重组

"这些小邦喜欢征战残杀，不分善恶是非，一旦获罪便投入监狱。四边之王时常侵害……战胜不了他们，以至吐蕃地方兵员日减。欲迁往别处，各小邦又不允许，于是只好不住平坦大地而去占据坚实山崖，饮食不济，饥渴难忍，吐蕃地方陷入了极度的痛苦之中。"[1] 战争与对土地的争夺使很多败兵、难民加入渔猎民的行列。

氏族组织占据沿江两岸的肥沃土壤后，通过征战整合土地和资源，形成酋邦。最终，位于雅鲁藏布江南岸谷地的雅砻王系从第一代赞普开始，积极发展农业，促进生产，逐渐形成实力较强的酋邦，并统一全境，形成

---

[1] 班钦·索南查巴著，黄颢译：《新红史》，拉萨：西藏人民出版社，1984年，第129-131页。

奴隶制王朝国家——吐蕃王朝。其分封土地,迁都拉萨,设置行政管辖机构,以拉萨为中心的"卫茹"下辖"吉麦东迪"（万户府）,在今曲水境内,由吐蕃豪族韦氏家族统领,行政中心在今曲水县城和才纳乡一带。才纳乡在拉萨河北岸,与俊巴村一河之隔,距离仅20公里,在俊巴村东北方（相对位置见图1-2）。

在战争中落败、伤残的平民成为奴隶,部分丧失劳动能力或不堪奴役的人便会出逃,躲在拉萨河南岸或雅鲁藏布江北岸,以河水、山岭为屏障躲避奴役和追杀。这些地区土壤贫瘠、水患频繁,由于劳动力稀缺,无法开展农业生产,鱼类成为居民赖以生存的重要资源,他们以捕鱼和狩猎为生,从散居发展为小范围聚居,这便是俊巴村早期居民的生存状况。他们没有土地,无恒产、无固定收入,漂泊无依,地位低下,过着如游民、乞丐般的生活。拉萨河及周边群山成为渔民们隔绝外界的有利屏障,周边优质的土地资源均被占据,成为传统农区,渔民散落在该区域的夹缝地带。渔民群体的组成也因战争因素发生着变化,以不断适应地方社会,渔猎成为他们赖以生存的基础。

三、从隔绝状态到区域交换

(一)"不杀鱼"和"不吃鱼"观念的空隙

据藏文史料[1]记载,吐蕃时期山南地区雅砻部落赞普仲年代如（受癫病之苦）,娶来自达布的琛萨路杰为妻,此女后来变丑,（赞普）问其原因,妃答道:我家乡有一种食物,因无此物,是否由此之故? 于是,赞普遣人取之。随后女仆取回众多油烹青蛙,并置于库中。琛萨路杰因食蛙而复变美。仲年代如想道,我也食之! 遂以钥匙打开仓库之门,因见蛙尸,而生疑虑,遂之染疾。其时,吐蕃其他地方不食鱼,而称达布[2]为蛙食之乡。据谓,该地食鱼,并称鱼为蛙。上述史料表明,吐蕃时期山南地区受苯教鲁神崇拜的影响,存在食鱼禁忌,但仍与食鱼部落通婚。随着吐蕃发展,苯

---

[1] 巴卧·祖拉陈哇著,黄颢译:《〈贤者喜宴〉（ མཁས་པའི་དགའ་སྟོན ）摘译》,《西藏民族学院学报》1980年第4期,第37页;班钦·索南查巴著,黄颢译:《新红史》,拉萨:西藏人民出版社,1984年,第12页;五世达赖喇嘛著,刘立千译注:《西藏王臣记》,拉萨:西藏人民出版社,1992年,第12页。以上文献均记录了仲年代如及其妃一事。

[2] 石硕:《关于唐以前西藏文明若干问题的探讨》,《西藏艺术研究》1992年第4期。该文提及达布在今林芝地区,雅鲁藏布江中下游。王尧辑:《敦煌古藏文历史文书》,西宁:青海民族学院,1979年,第101页。该书提及达布在拉萨东部,雅鲁藏布江中下游。

教兴盛、佛教进入，视鱼、蛇、蛙等为禁忌物，认为触犯鲁神会得"癫症"（麻风、癫痫等）。藏文史料[1]还多次提到"多日隆赞以上均与神龙之女联姻。此以后始与属民联姻"，将鱼、蛇等物视为神龙的变体，不能食用。随着吐蕃时期佛教的进入，"不能吃鱼"的禁忌转向"不能捕鱼杀生"的观念。随着印度教等级观念与骨系观念的传入，从事捕鱼生计者普遍受到了歧视。在西藏，打鱼便成了与佛教的宗教观相违背的行为，渔民更被视为社会最底层（下下等人[2]）而遭受歧视。因此，雅砻部落的属民即使拥有原始的捕鱼技术，也不会明目张胆地捕鱼、吃鱼，而是更多选择从事农业生产和牧业生产。农区也就逐渐放弃了捕捞生计，山南地区也成为传统的农区和"粮仓"。战争与佛教的影响使渔民更加边缘化，处于山水交界处从事捕捞生计的少量渔民处于地域隔绝和文化心理隔绝的双重隔绝状态，渔民群体也不可能在数量上有很大的增长，零散的聚落规模十分有限。

佛教的兴盛，使原来支持吐蕃苯教的贵族势力减弱，于是赞普朗达玛对佛教采取禁绝措施，"散僧众团体，令僧人去狩猎，不从命者，一律处死。未译完的经卷亦令辍译，将所有的班智达遣返故里，使得佛教铲尽灭绝。拉萨的护法神吉祥天母驱令僧人拉隆白吉多吉弑国王朗达玛"[3]。"朗达玛有二子，一为维松，一为永丹。二人长大以后，因争权而不睦，分疆裂土为乌茹和优茹，互相征战达12年之久，既毁了佛法，又破了佛戒，使吐蕃大地成为一片黑暗世界"[4]。征战区域为拉萨河流域，俊巴村在永丹的势力范围内。

吐蕃王朝迁都拉萨后，佛教在拉萨周边区域的影响大于苯教，山南地区苯、佛同存，藏北和藏东苯教势力大于佛教，苯、佛间的争夺使"不吃鱼"和"不捕捞杀生"的观念并存，但"不杀生"不完全等同于"不吃"，在拉萨周边区域和拉萨河、雅江周边的农村存在着"不杀生"的佛教徒吃"渔民捕捞杀生"所得渔获的情况，尤其是战争和天灾造成收成欠丰的时期，吃鱼成了维持生存的有效补充。宗教间长期的冲突也使教义的解释多元化，于是渔民群体在宗教夹缝中生存成为可能，捕捞生计在此时期得以保存。

---

① 如《新红史》第99页、《汉藏文书·上册》第96页。

② 参见五世达赖喇嘛时期制定的《十三法典》。

③ 政协西藏自治区委员会文史资料研究委员会编：《西藏文史资料选辑（第10辑）》，北京：民族出版社，1989年，第47页。

④ 政协西藏自治区委员会文史资料研究委员会编：《西藏文史资料选辑（第10辑）》，北京：民族出版社，1989年，第47页。

（二）牛皮船的出现与出行需要

吐蕃时期（7 世纪到 9 世纪）的统治在一定程度上提高了劳动生产力，8 世纪后期，随着社会经济的发展和受唐朝封建社会的影响，出现了少量平民占有土地的情况，由此可见吐蕃已开始出现封建制的萌芽。[①] 随着吐蕃王朝崩溃，奴隶制瓦解，一些地方由于奴隶主逃散和死亡，奴隶和属民开始占有小块土地和牲畜，成了自耕农和个体牧民。政治上，10 世纪至 13 世纪，西藏一直处于分裂割据期，各地由地方家族势力统治。

俊巴村在此时期也处于自然发展的阶段，渔民利用皮子浮于水的原理制作了出行与捕鱼的重要工具——牛皮船，并得到广泛的应用。在桑耶寺的壁画中，就画有吐蕃时期的牛皮船，是圆形圆底船，可容纳 3—4 人。《旧唐书·吐蕃传》言："官设渡船四只，有水手 10 名。土人之渡河，用牛皮船，其形似龟，随波滚动。冬春水落之时，以船架浮桥；夏秋则为渡船。水势汹涌险甚……"[②] 生产的发展，政治上地方割据势力的交替统治，使物物交换成为可能，地方统治者和民众对出行的需求增加，善于驾驶牛皮船捕鱼的渔民也部分承担了摆渡船夫的职责，隔绝的状态得到了缓解。佛教在 9—10 世纪的沉寂，使歧视渔民的观念稍有改善，农区河边的少量农民与渔民通婚，渔民也逐渐摆脱漂泊的生活，以家庭聚落为单位寻求定居。据《唐东杰布传》记载，13—14 世纪，唐东杰布在雅江边建铁索桥时（铁桥遗址在今曲水县达嘎乡，现达嘎乡依旧有少量渔民与俊巴渔民通婚），附近的渔民和周边的铁匠、农民等都前来帮忙。由此可知，13 世纪中叶，拉萨河及雅鲁藏布江边的渔民群体已经稍具规模。牛皮船作为出行工具，使渔民对水资源的利用率得到了提高。俊巴村村民造船、摆渡，迎合了地方社会交通、交换和物资流转的需要，使自身得到了一定的发展，但速度依然缓慢。

---

① 多杰才旦、江村罗布主编：《西藏经济简史·上册》，北京：中国藏学出版社，2002 年，第 20 页。

② 本书编委会编：《边疆民族资料初编·西北及西南民族·第十三册》，北京：知识产权出版社，2011 年，第 233 页。

第二节 建村过程

拉萨市档案馆关于俊巴村的历史材料显示，"渔村最初产生于西藏吐蕃时期，形成村落大概可以追溯至公元 17 世纪末 18 世纪初西藏第五世达赖喇嘛时期"①。俊巴村从产生到形成村落经历了漫长时间，建村过程包含着村民的动态适应过程：有村民内部的职业分工、性别分工的明晰，有亲缘、业缘的互惠；有外村逃入者的适应与融合，有贡赋与市场的兼容。村落历史本身蕴含着结构化的因素，而建村与纳贡（贡赋与差税）成为俊巴渔民合法身份之始。

一、初步定居与建村

13 世纪到 17 世纪初，一方面，政治上西藏归元朝统一管辖后相对稳定，曲水地方先后经历了萨迦派政权、噶举派政权和日喀则贵族的管理与统治，佛教的影响力更为明显；另一方面，从 13 世纪的万户府到 14 世纪宗豁制度的全境推行，使封建农奴制得以确立，土地多集中到贵族领主手中，奴隶劳作与身份的附庸逐渐明晰，此时以生产发展为主，赋税相对较轻，农牧民自给自足兼缴贡赋，生产剩余较少。

俊巴村村民从游居到定居，在拉萨河与雅鲁藏布江交界的簸箕谷附近开垦荒地，进行少量农作物种植，向周边的农区学习生产技术、农具制造技术，不同的家庭聚落彼此通婚，开始有了村落的雏形。渔民一方面捕鱼，另一方面通过摆渡获得一些现金收入和实物报酬，与农牧民进行简单交换获得植物蛋白和肉类、皮板等。当然，由于草场贫瘠，牲畜的饲养数量相当有限。处于边缘地带的渔民有一定的人身自由，总人口也相对稀少，松散的行政管辖为渔村的发展提供了契机，使捕捞、农耕、放牧的混合生计成为可能。据俊巴村村民朗杰姆拉回忆，"听老人说，最早的时候村子仅有 6 户打鱼的人家"。

俊巴村的村庙（俊巴日追）属于藏传佛教中的萨迦派，按萨迦派的产生年代及影响年代推测，其应始建于 1073 年至 1450 年之间，至少有 700 年历史，被认为是 72 座萨迦派寺庙中最小但"风水"最好的一座。相传萨迦

① 拉萨市档案馆：《俊巴渔村历史资料》，归档目录 20080101—20081231，2016 年 8 月获得。

派的大师听闻俊巴村村民捕鱼，专门来此建庙以帮助他们消除罪恶，超度亡魂。至早在 11 世纪到 15 世纪，便有固定的渔民生存在俊巴村附近，他们为村中最早的村民；13 世纪以后，当时正是萨迦派鼎盛时期，村中兴建寺庙，可见村民已经有一定规模。

二、建村与缴纳税收

1652 年，清朝顺治帝封五世达赖喇嘛罗桑嘉措为西藏佛教的领袖；封固始汗为领有西藏封地、有政治权力的汗王，统治西藏，辅助藏传佛教格鲁派的发展。1656 年，固始汗卒，在清王朝的扶持下，藏传佛教教主五世达赖喇嘛的政治影响力日益加大，清查了格鲁派和其他教派的寺院，并规定寺僧人数，确立了寺院的组织制度和经济制度，对寺院属民进行清点，让每个寺属庄园向格鲁派寺院集团缴纳一定数量的实物地租。当时，西藏的土地和农奴分为三大部分，分给寺院和高级僧侣的称为"却熙"，分给贵族领主的称为"格熙"，分给西藏地方政府的称为"雄熙"。[1] 农奴向寺院、贵族和政府支内、外差[2]：内差是无偿的，是农奴向贵族、寺院缴纳的实物和担负的劳役；外差会有少量劳务费用，多为政府的长途运输差，也叫"乌拉差"，单次役差时间相对较长。

俊巴村在当时清查入册，按照规定归属拉萨的哲蚌寺，每年必须定期向哲蚌寺缴税，还需要向贵族领主和西藏地方政府支内、外差。俊巴村自此被正式纳入封建农奴制的赋税体系中。自 17 世纪中叶至 20 世纪 50 年代，曲水县俊巴村都归属噶厦地方政府[3]，归拉萨"雪列空"下辖的曲水宗协荣谿队罗塞林管理，也需向哲蚌寺缴纳摊派差税，成为在册属民。

三、皮匠从渔猎民中分离

渔民捕鱼本身存在一定的风险，加上佛教的挤压、周围民众和领主的反对，会遭到驱赶、殴打、抢夺及破坏工具等惩罚，甚至可能被领主打死。受害者因地位低，从事贱业，即使死亡也不会得到任何赔偿。

---

① 吴从众：《西藏封建农奴制研究论文选》，北京：中国藏学出版社，1991 年，第 54 页。
② 吴从众：《西藏封建农奴制研究论文选》，北京：中国藏学出版社，1991 年，第 56 – 57 页。
③ 这是清王朝在西藏确定了管辖权之后，即乾隆十六年（1751）以后，清政府命令诸噶伦在达赖喇嘛和驻藏大臣领导下办理西藏政务的官署名称。1959 年民主改革以前，西藏地方政府又称噶厦政府。本书中的"噶厦地方政府""噶厦时期"分别指清政府授权噶厦管理西藏事务的机构和时期。

渔民虽然从事捕捞，但水域属于领主，鱼类资源也属于领主，捕捞必须以沉重的赋税为代价；在特殊的宗教日期及山水禁令颁布之时，渔民是被绝对禁止捕捞的，如达赖喇嘛的生辰及特殊纪念年份等。生计的采借（如农牧）使俊巴村村民即使停止捕捞，也能承担赋税与差役，得以维持生存。

皮匠生计的产生可能源于早期渔猎后对动物皮毛的处理，以延长交换周期的需要。在日喀则等地有皮匠群体，使鞣皮技术的采借成为可能。同时，皮匠远离江河，人身相对安全，可满足村庄壮大和稳定的要求。少量的农耕扩大了食物来源与途径，皮匠的分出使通婚和业缘的互惠更加多元，提高了生产率（含物质生产和"种"的繁衍），使渔民群体（含皮匠）更能适应青藏高原的整体环境，也能够更加高效地利用有限的生态资源。

牛皮船对俊巴村村民尤为重要，是他们捕捞、出行、支差的重要工具。皮匠利用被牧民遗弃、无法食用的资源制作牛皮船，使牛皮船成本相对低廉。渔民随水域而行，活动空间相对较大，能接触更多的技术和匠人。接触屠夫，可以换回皮子；接触木匠，可以学习木工技艺；接触皮匠，可以提高鞣皮、制皮具的水平。例如，在雅鲁藏布江中部流域日喀则地区的谢通门，就延续着从原始狩猎时期流传下来的皮革制作传统，民众在利用打猎所得的兽皮防寒和保护躯体之余，发现将兽皮与植物一起用水浸泡，用烟熏或长期涂抹动物油，可以改变兽皮的性质，使兽皮变得柔软并能避免腐烂。[①] 文化的交流与采借丰富了俊巴村村民原有的技艺，他们制作皮船、皮衣、皮包、皮袋等，一方面增加了收入，另一方面便利了出行，丰富了资源利用的渠道。皮具生产也成为俊巴村的重要生计传承下来。

① 米玛拉姆：《论谢通门皮革文化》，西藏大学硕士学位论文，2014 年。

第三节　村庄布局

一、俊巴村与周边村落的相对位置

（一）不同时期俊巴村与其管辖地的相对位置

俊巴村的"俊巴"二字在藏语里原发音"迥巴"，意思是"捕手"或"捕鱼者"。该村位于西藏拉萨曲水县境内，处于拉萨河下游南岸与雅鲁藏布江交汇处，三面环山、一面临水，北距拉萨 60 公里，西距拉萨河对岸的曲水县城 3 公里，南距拉萨贡嘎机场 15 公里（见图 1 - 2）。从俊巴自然村沿村公路出村至拉贡高速公路（机场高速公路）约 8 公里，俊巴村与同为渔村的山南陇巴村相距约 15 公里，与远古时期发现农耕、渔猎遗址的山南昌果乡处于相似纬度，距离约 30 公里。

图 1 - 1 已经显示俊巴村在青藏高原所处区域，此处侧重介绍俊巴村及其周边交往较多或行政隶属的村落、宗豁的相对位置。如图 1 - 2 所示，协荣村是旧西藏时期俊巴村缴纳赋税的豁队所在地；茶巴朗村是现俊巴村的行政隶属村；陇巴村为俊巴村的姊妹村，曾经以打鱼为主要生计，是俊巴村重要的通婚圈，亲属间走动较为频繁。达嘎乡和岗堆乡是曾经有渔民散居但后来转变生计融入农区的雅江北岸区域。

达嘎乡附近的曲水大桥是农牧民交换的集镇所在地，也是通往日喀则、拉萨和山南的枢纽，与俊巴村水路连通，是俊巴村村民参与交换的场所。同时，从俊巴村经水路到达日喀则、拉萨和山南三地的距离相当，对于不同季节的捕捞和交换、皮板与皮具售卖路线皆可灵活选择。

（二）行政隶属[①]

俊巴村所处的曲水县古称"吉麦"，意为地处吉曲河（拉萨河）下游。7 世纪前后，西藏各地被十二小邦[②]统领，曲水境内的邦国政权为"吉如江额"，行政中心在南木乡一带（见图 1 - 2）。

[①]　参考拉萨市曲水县地方志编纂委员会编：《曲水县志（复审稿）》，2010 年，第 79 - 87 页。

[②]　《西藏王臣记》中记载了十二小邦的情况。

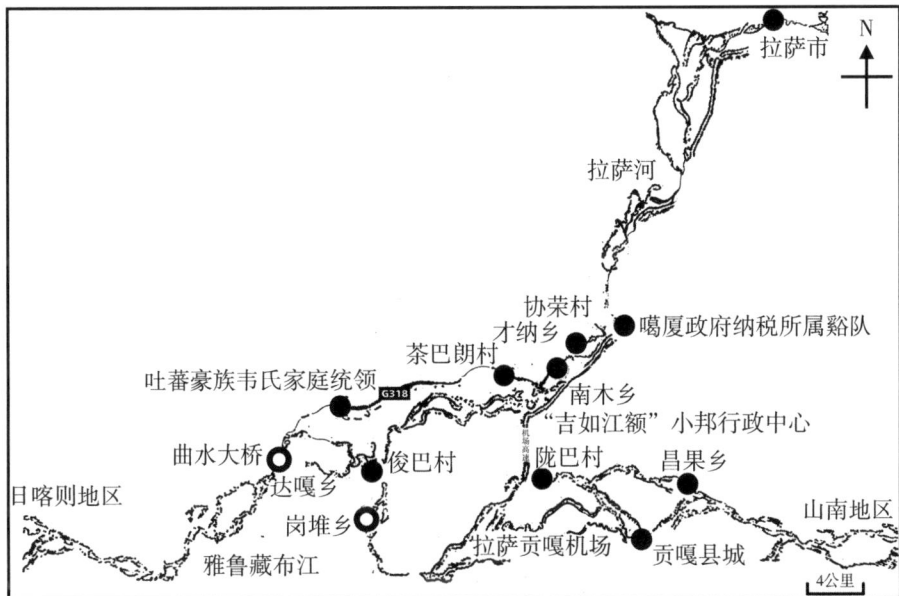

图 1-2 俊巴村与周边村落的相对位置

注：协荣村：旧西藏俊巴村纳税所属豁队。茶巴朗村：现俊巴村所属行政村。陇巴村：俊巴村的姊妹村，重要的通婚圈，曾经亦以打鱼为业。

　　吐蕃时期，以今拉萨为中心的"卫茹"下辖 10 个东迪（千户府，军政一体机构），曲水属于"吉麦东迪"，由吐蕃豪族韦氏家族统领。"吉麦东迪"下设"色曲水"和"昌布"两个"域参"，管理辖区内的民事和行政事务，"域参"治所分别为今曲水县城和才纳乡一带。869 年，因吐蕃平民起义，政权瓦解，末代赞普朗达玛的两个儿子维松和永丹争夺王位，互相征战，今拉萨河流域为永丹及其后裔辖境。10 世纪至 13 世纪为分裂割据期，各地由地方家族势力统治，如 12 世纪，杰热拉巴家族开始占据茶巴朗（见图 1-2）一带，成为地方统治者。13 世纪，萨迦派首领帕巴洛珠坚赞（汉称"八思巴"）建立萨迦地方政权，下设 13 个万户府，负责处理军政事务，曲水辖境由蔡巴（今拉萨市城关区蔡公堂村）万户府管理。14 世纪 50 年代，噶举帕木竹巴派首领以山南乃东为中心建立帕木竹巴地方政权，除保留原万户府外，在西藏全境推行宗豁制度，设立 13 个大宗，曲水地方设立了"亚松曲水伦布孜宗"（三水汇合之地、巍峨之巅），即取雅鲁藏布江、拉萨河、曲水普曲汇合之意。15 世纪中期，由拉萨乃巴家族出任宗本；1485 年，后藏仁蚌家族首领团月多吉占领前藏（含曲水），自任宗本。17 世纪初，曲水一度成为"吉雪第巴"（今日喀则市达孜乡境内贵族）的辖区。之后，又由噶丹南喀嘉布家族出任宗本，史称"第巴曲水"。17 世纪上半叶，以今日喀则为中心的藏巴第悉平措朗杰出兵前藏，占领曲水等前藏地区。

1642 年，五世达赖喇嘛在拉萨建立甘丹颇章地方政权，俗称"噶厦政府"，在曲水设宗。1675 年，其在拉萨设立"雪列空"机构，管理布达拉宫城墙内外的"雪"地方与近郊 18 个宗谿的行政、治安和赋税。至 20 世纪 50 年代初，曲水县俊巴村都归属"雪列空"下辖的协荣谿队罗塞林管理（见图 1-2 中的协荣村），还需另向拉萨哲蚌寺缴纳摊派差税。

1959 年 4 月，曲水宗军管会成立；1960 年 1 月，原宗谿合并设为曲水县，由拉萨市管辖，下辖曲水区、聂当区、才纳区等 5 区 17 乡，俊巴村隶属曲水县曲水区茶巴朗乡。1969 年 10 月，俊巴村归茶巴朗革委会管理，1970 年归曲水区革委会茶巴朗人民公社管理，属该公社第二生产队。1980 年 6 月，曲水县撤销革委会，设立 17 个人民公社管委会，隶属茶巴朗人民公社管委会；1984 年 11 月，全区政社分开，建立乡人民政府，俊巴村隶属茶巴朗乡人民政府；1987 年，曲水县撤区，设 1 镇、9 乡、118 个村委会，茶巴朗乡下辖 9 个村委会，俊巴村为第二村委会；1999 年，曲水县行政区划调整后，形成 1 镇、5 乡、17 个村委会，茶巴朗乡并入曲水镇，成为其下辖的三个村委会之一，俊巴自然村成为曲水镇茶巴朗村委会 2 组。

二、可利用资源

（一）生态资源

俊巴自然村处于念青唐古拉山西麓、雅鲁藏布江河谷区域，海拔 3 567 米。雅鲁藏布江由西南向东流，与拉萨河汇集后，转向南流。拉萨河由东北向西南流，经聂当乡、才纳乡，于俊巴村热那山后汇入雅鲁藏布江。该村地貌属冲积平原，可分为江心滩、河漫滩、一级阶地、二级阶地等地貌类型。

1. 气候

该区域属温带半干旱气候，年平均气温 7.6℃，夏季平均气温 22.5℃，冬季平均气温 -10.2℃。曲水县年平均降水量为 444.8 毫米，降水主要集中在 5—9 月，占全年降水量的 85% 以上。南受印度洋暖流、北受西伯利亚寒流影响，冬夏、昼夜温差较大，冬春干旱多风，风季从 10 月中旬持续到次年5月，年平均风速每秒2.1米，极大风速每秒32.3米。

2. 土地

（1）土壤肥力较差。

俊巴村含山地灌丛草原土壤和风沙土壤，亦有少量潮土。雅江北岸和拉萨河南岸的一、二级阶地至山体中下部为山地灌丛草原土壤，坡上土层浅薄、坡下土层较厚，质地粗糙，土壤保土保肥能力差，土体灰棕至灰白色，沙砾含量高，黏粒含量低，土壤呈中性至微碱性。河段两侧近岸山麓坡或低山坡面分布斑块状风沙土，山坡背面亦堆积大量流沙，大风季节易吞没农田、草场。另在拉萨河下游高河漫滩低阶地区分布有小面积潮土。植被以温性草原类植物为主，多为耐旱的根茎禾草、蒿类半灌木、灌木、直立杂类草。

（2）可用地类型有限。

俊巴村宜农土地量相对较少，少量阶地和洪水冲击滩地为宜农三等地，主要是灌丛草原土、潮土和草甸土，质地相对复杂，局部地势非常低，排水不良，易形成湿害。后在部分灌丛草原土壤区栽种防风固沙林，属宜林土壤。部分坡麓地带的草场为宜牧四等地，多做冬春草场，植被有紫花针茅、白草、沙生槐等，产草量50千克/亩。除此之外，大量的沙地也不利于作物种植。

3. 所处水域情况

（1）拉萨河。

拉萨河为典型的以雨水补给为主的河流，雨水占年径流总量的48%，融水占29%，地下水补给占23%。拉萨河曲水河口处年平均径流量约105亿立方米，年际变化不大。径流年内分配不均匀，1—3月径流量占全年总量的4.3%，4—6月占15.1%，7—9月占67.3%，10—12月占13.3%。与其他河流相比，拉萨河泥沙含量较低，年平均含沙量0.098千克/立方米，水质优良，适于农业生产与人畜饮用。在洪水期，由于雅鲁藏布江水的顶托，拉萨河水入江不畅，下游两岸的农耕地和草地常被淹没，有时亦淹没民房。

（2）雅江泽南沟口至曲水河段监测。

雅鲁藏布江泽南沟口至曲水河段，年径流总量230亿立方米，雨水占其年径流总量的45%，融水占20%，地下水补给占35%。丰水期在6—9月，占年径流总量的70%以上，枯水期在11月至次年4月，仅占年径流总量的20%—30%，径流量年变化小。泥沙含量较拉萨河高，年均含沙量0.6千克/立方米左右。

（3）水患及灾害情况。

常见的自然灾害有洪灾、干旱、风沙、冰雹、病虫害等。夏季雨水充沛时段，拉萨河泛滥，多水灾，淹没农田及部分房屋，甚至有人员伤亡。自1918年至1998年这80年间，曲水县有记载并导致农田、房屋、牲畜、人员损失的洪灾年份达21年[1]，洪灾发生频率为每3—4年就有较大的洪灾，严重影响拉萨河沿岸居民的生活，对处于拉萨河下游交汇流域的俊巴村影响更为严重。

4. 动植物资源

（1）植物资源。

木本植物有香柏、圆柏、杨、柳等，牧草植物有禾本科、莎草科、蔷薇科和豆科等。农作物一年一作，种植冬小麦、青稞、油菜、马铃薯、白菜、辣椒等温带作物。经济林木有少量苹果树、土桃树。

（2）动物资源。

野生动物资源主要有岩羊、野鸡、兔子、獐子、豹、狗熊、鹿、水獭、獾子、猞猁、旱獭等。主要饲养动物有牦牛、黄牛、犏牛、山羊、绵羊、猪、狗、鸡等。

拉萨河岸边的湿地及水域上的鸟类资源极其丰富，每到冬季，越冬的候鸟纷纷聚集在拉萨河岸边游弋。常见的鸟类有黑颈鹤、斑头雁、赤麻鸭、秋沙鸭等，也有老鹰、隼等大型鸟类出现。野生动物和禽鸟多为国家和西藏自治区的珍稀保护物种。

拉萨河曲水段的鱼类资源也非常丰富，主要有高原鳅和裂腹鱼类，如异齿裂腹鱼、拉萨裂腹鱼、拉萨裸裂尻鱼、尖裸鲤、西藏高原鳅等。4—6月为鱼类的主要产卵期。两栖爬行类动物主要有高山蛙、西藏齿突蟾、喜山鬣蜥拉萨亚种等。

（二）作息时间

本书所载村民时间资源安排取自2015—2016年的田野调查，记录的是当时俊巴村的时间资源在不同人群中的分配情况。在民主改革前，农牧业不发达时，捕鱼和皮具生产、售卖占据了村民的主要生产时间。

---

[1]　参考以下文献的统计数据：拉萨市曲水县地方志编纂委员会编：《曲水县志（复审稿）》，2010年，第73 - 75页。

1. 年节时间

俊巴村村民日出而作、日落而息，时间分配依节日、佛教特殊日子、农忙与农闲、打鱼与否等因素进行自然的调节。每月的初八、十五和三十日，村民会自觉不去田里拔草，也不打鱼、不杀生，即使是田里的生灵也尽量不踩杀。村民一般在节日期间会休息、娱乐，不从事农、牧、捕捞生产，但雪顿节期间会有皮匠去拉萨售卖皮具。村中主要节日时间及开展的活动如表 1-1 所示，公历 5 月的萨噶达瓦节期间，整个月村民都不外出打鱼，农耕（包含春播和秋收）忙碌期会减少捕捞活动。

表 1-1　俊巴村重要节日时间及主要活动

公历	节日	主要活动及禁忌
2 月	新年	祭拜、庆祝、娱乐
3 月	春播节	绕田、开耕、祈福
5 月	萨噶达瓦节	整个月不杀生、布施
7—8 月	望果节	祭拜、转田、祈福
8—9 月	雪顿节	去拉萨拜佛、卖皮具
11 月	丰收节	全村分肉、共食

节日成为村民休息、娱乐及亲友聚会的重要时间，形成劳作与休息之间的自然平衡，也是家庭、亲属之间进行沟通、凝结认同的重要手段。当然，节日期间的忙与闲也是相对的，每到年节，家庭中的主妇都是最忙的，迎来送往、准备食物、清洁用具、带小孩等，十分辛苦。

2. 日常作息

平日，每个家庭成员也会有不同的分工。青壮年女性主要从事与耕作、放牧、拔草、挤奶、收割相关的工作；年轻男性主要从事捕鱼或皮具生产，农忙时参与机器播种、收割、打谷等工作；老人主要是转山、转湖、煨桑、煮饭、制作奶制品、带小孩、梳搓毛线等。村中青壮年一年中的主要活动概况如表 1-2 所示。劳作时间遵循高原鱼类的生长繁殖规律，藏历 4—7 月为多数鱼类的产卵繁殖期，刚好节日和农忙使得打鱼的时间减少，保护了高原鱼类的正常生长，维持了生态的整体平衡。

表1-2　俊巴村青壮年12个月的主要活动概况

藏历	农牧等活动概况	捕捞活动概况
1月	喂牛、梳搓毛线、休息	藏历新年休息15天后出发去打鱼
2月	种树、给冬小麦浇水	普遍都去打鱼
3月	种青稞和油菜、拔草	普遍都去打鱼
4月	喂牛、鞣皮、浇水、布施、拜佛	不打鱼
5月	给农田浇水、拔草、放公牛去后山散养	主要捕捉藏鲶鱼，减少捕捞其他处于产卵期的鱼种
6月	囤草料喂牛、准备望果节所需物品、休息、娱乐	为望果节做准备不打鱼
7月	收青稞、油菜籽、小麦	因农忙、水大较少打鱼
8月	晾晒作物、雪顿节拜佛、售卖皮具、做帮工	雪顿节后去打鱼
9月	翻土、堆肥、加工农产品、收回散养的牛	去尼木、日喀则打鱼
10月	种冬小麦、过丰收节	打鱼时间较短
11月	宰杀牛羊、收购皮子	普遍都去打鱼
12月	喂牛、梳搓毛线、织卡垫、做零工、准备新年所需物品	捕鱼供应拉萨市场，满足放生信众需求

表1-3是村中64岁妇女拉巴每日的主要活动内容。因早年丧夫、儿子在拉萨打工、小女儿嫁去日喀则，平日只有她和大女儿、小外孙在家中，大女儿未正式招赘，所以她的工作量比村中其他老人繁重些。

村中老年女性的活动范围主要在家中及村口广场，即使是闲暇时间，她们手中的毛线卷轴也不会停，总是在梳搓毛线、卷毛线团。村中老人超过60岁后多不再从事特别繁重的体力劳动，拔草、喂牛、挤奶、煮饭、制作酥油和奶渣是部分老年女性的日常工作。老年男性则继续从事皮具制作的工作，在节日期间售卖，换得生活费用，以减轻子女的赡养负担。

表 1 - 3　俊巴村老年妇女拉巴一天的主要活动内容

时间	夏季活动	冬季活动
7：00—8：30	起床、煨桑、念经、转屋、挤奶、煮茶	起床
8：30—10：30	拔草、捡菜叶、喂牛、喂猪	煨桑、念经、生火、煮茶
10：30—12：00	煮中午饭、喝茶休息、煮奶渣	捡牛粪、喂牛、挤奶
12：00—13：00	吃午饭	吃午饭
13：00—14：00	卷毛线、看电视、休息	去村口广场卷毛线、聊天或去茶馆、亲戚家做客
14：00—16：00	拔草，喂猪，去村口广场聊天、卷毛线	
16：00—17：00	洗菜、找小牛回家、喂牛、挤奶	喂牛、挤奶、做酥油
17：00—19：00	去茶馆喝茶、休息	吃晚饭
19：00—20：00	回家吃饭（女儿下班回来做晚饭）	去茶馆或在家烤火
20：00—21：30	看电视或去茶馆	看电视、卷毛线
21：30—22：00	睡觉（不洗漱，让女儿擦背解痒）	睡觉

表 1-2 和表 1-3 均根据 2015—2016 年田野调查记录绘制，俊巴村此时段的生产方式为渔、农、牧、散工混合生计，主要时间分配也与生计相匹配。但民主改革前，农、牧生计占比较小，青壮年与妇人的时间分配有所不同，妇人承担领主农役、协助售卖渔获、编织卡垫、协助鞣制皮子等工作所占时间分配比例较大；青壮年则打鱼的时间分配占比较大。

（三）空间变化

1. 老村布局

俊巴村村民从吐蕃时期散落在拉萨河及雅江流域的数量极少的渔民，到以亲缘聚合形成小规模的聚落，再到聚落间彼此通婚最终寻求定居，经历了较长的过程。俊巴老村也不是现在见到的样子，现在我们见到的俊巴村是 20 世纪 80 年代以后逐渐发展起来的新村。

（1）上村和下村。

村里老人曾提到，原来的俊巴老村是有两个村子的。拉萨市档案馆中俊巴历史文献提及，"按照拉萨河流域分为'俊孜巴'（意为上村）和'俊雪巴'（意为下村），随着时间的流逝和自然环境的变化，'俊孜巴'慢慢移迁至'俊雪巴'，现在'俊孜巴'已经不复存在"①。旺堆是现俊巴村所隶属的茶巴朗行政村的村主任，他提到，以前俊巴老村的面积很大，但荒地多，现在拉萨河北岸的农田最早以前都是俊巴村的地，只不过是荒地。处于雅江边，与俊巴一山之隔，曾经也以捕鱼为业的陇巴村，在给噶厦政府的呈文中写道："近期新摊派的差费均同'雪沃'地方差民一样。"② 从呈文后面写的"雪沃地方的差税中含给拉恰列空的干鱼360个，给雪巴列空交鸡蛋差"可知，这里的"雪沃"不可能是拉萨的雪列空，也不是其他雪列空的属民，应专指位于曲水县的俊巴村，即"俊雪巴"。

由此可猜测，俊巴老村曾经由距离不远的两个小聚落组成，彼此通婚、相互交往。一种可能是，上村处于拉萨河北岸、下村处于拉萨河南岸。在12—13世纪，处于拉萨河北岸的上村与农区及贵族领主的统治中心（如图1-2中的南木乡、才纳乡等）距离较近，较下村更早采借农耕生计。尤其在12世纪，杰热拉巴家族占据茶巴朗村一带时，被收为辖地属民，渐渐放弃了捕捞生计，但私底下依然保留捕鱼、吃鱼的习惯，也和下村的渔民通婚。因此，现茶巴朗行政村1组里，依然有几户与俊巴村通婚的农户，据说其祖上也是渔民。另一种可能是，位于拉萨河下游的俊巴村与位于雅江中游、一山之隔的陇巴村（"陇巴"的意思是背山面水的较大区域，暗指靠水吃饭的人，即渔民）是以前的下村和上村，两村相对位置如图1-2所示，直线距离约15公里。在俊巴村建村之前，俊巴村和陇巴村极可能是两个彼此通婚的小聚落，如同原始社会中的半族组织，慢慢地两个漂泊的聚落定居下来，各自发展、通婚并形成较为紧密的亲属网络。随着村庄的发展和定居规模的扩大，两村遂被地方贵族和宗豁收归，需缴纳赋税。俊巴村在嘎拉山北麓，归属拉萨市曲水县；而陇巴村处于嘎拉山南麓，归属山南地区。行政隶属的差异，使两村的赋税缴纳地点、方式、数量皆存在一些差异，在拉萨的官方资料中，属于山南地区的陇巴村也就渐渐很少被提及，"俊孜巴"就"不复存在"了。当然，随着俊巴的发展，周边散落的渔民向俊巴迁移，最终形成了以渔民群体为主、主要居住地在俊巴下村即"俊雪巴"区域的俊巴自然村。俊巴村和陇巴村一直彼此通婚，陇巴村的可耕地面积较俊巴村更少，直至20世纪90年代，两村的主要生计依然是捕捞，可称为姊妹村。但陇巴村由于临近拉萨贡嘎机场，于20世纪90年代末

---

① 拉萨市档案馆：《俊巴渔村历史资料》，归档目录20080101—20081231，2016年8月获得。
② 《我等即将衰败的陇巴地方23户共同呈报》藏文史料复印件，2016年9月从曲水县原民宗系统退休干部处获得。

在机场建设发展中占得先机，以建筑运输为新的生计，全村基本放弃了打鱼捕捞生计，平时村民若馋鱼了，会自己打鱼来吃，不再卖鱼。后文会对陇巴村的情况做较为详细的论述（见第六章）。

（2）山麓下的小村。

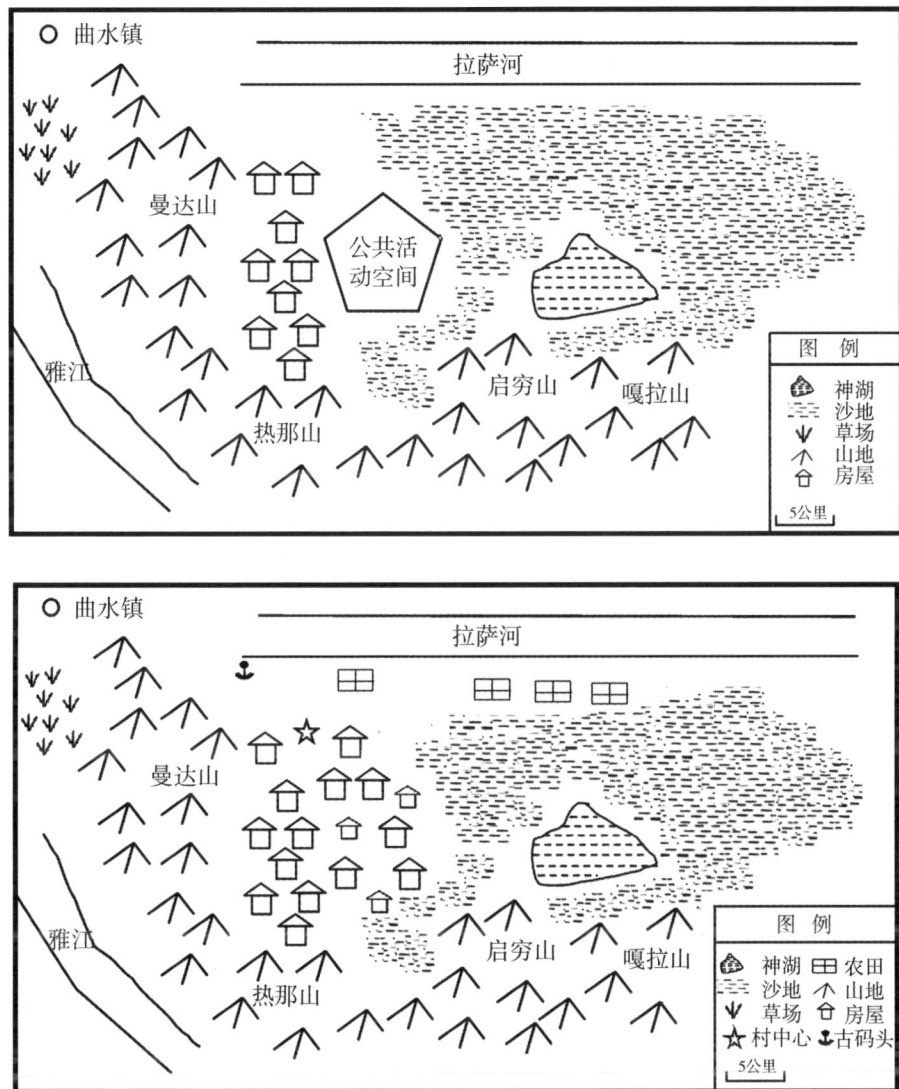

图1-3 俊巴老村布局与村中心的变化

建村后，村民主要聚居在地势相对较高的山脚下（见图 1 - 3 上图）。此处虽风沙较大，但可以减少水患的威胁。那时村子附近树木稀少，沙地居多，村中主要公共活动空间为山下一处较为平坦的沙地。村中有 7—8 户，如果按平均每户 8—10 人计算，全村人口为 70 人左右。随着人口的增加，到 20 世纪 20 年代，村中有 30 多户，其中有 21—22 户渔民、8 户皮匠。过来村子的有乞丐，为果腹会找活干，于是便住下来，与村里人结婚；还有出逃的奴隶、手艺人，在村里工作着就定居下来了。截至 20 世纪 50 年代，村中有村民 50 余户。1960 年，村中有 64 户，土地较少，其中 30 余户每户只有不到 1 亩土地；20 世纪 80 年代末，村中部分村民分户，户数维持在 80 余户，后部分人将户口迁至拉萨，村内继续分户，维持在 80 余户；21 世纪后，随着村内项目的增加，村民收入增多，开始有少量分红，部分外迁的村民又回迁了，村中有 98 户，但常住村内的户数仍在 80 户上下。从 2002 年至 2016 年，全村人口从 250 人增加到 321 人。

从图 1 - 3 中可以看到，随着人口增长、渔村规模扩大，牛皮船应用广泛并成为联结村内外的重要媒介，俊巴老村的中心由山下的沙地区域逐渐发展为古码头附近区域（即图 1 - 3 下图中的五角星位置）。村民开始在河边漫滩处垦荒耕作，有了零星的小面积农田。村中的公共活动场地也改在了古码头附近。水患对村民生命的威胁程度降低。另外，俊巴村热那山与启穷山之间的地域，村里人叫"豹子洞"，以前曾有豹子出现，自 20 世纪 60 年代工作队过来"清剿"一番后，就再没见过豹子了。人口的增加、荒地的开垦、对牛皮船出行的依赖和水患、野兽威胁程度的降低，使俊巴老村的布局发生了变化，村中心随之扩展迁移。其中，最重要的因素还是村民（渔民、皮匠）出行、纳贡和物物交换的需要。

2. 新村布局

俊巴村的土路是 20 世纪 90 年代才建设的，之前的出行全部依赖牛皮船。新路修建于 2007 年，在此之前从老路出村也不是首选，村里有车的人太少了，除了开拖拉机出村会选择走老路，其他时候大家还是觉得坐船方便。甚至有些拖拉机出村也是用两条牛皮船一起运出去的，到了拉萨河北岸的 318 国道再开。因此，在 2007 年以前，牛皮船和古码头都是村中沟通内外的重要渠道，村中心也在此处。2005 年，达瓦姆拉家在村里开了第一家茶馆——向阳茶馆，地点就在距古码头 500 米左右的村路上，村里人晚上会聚过来喝茶、聊天、打麻将、玩骰子之类。10 岁的达瓦也背个小背篓，卖她从县城进货的瓜子、花生、小糖块等零食。

　　2008 年后，随着出村新路和拉贡高速公路的建成，一部分人出村打工、外出开车，村中车子的数量也增加了，公路显得更为重要。村子布局和中心又一次发生了变化，如图 1－1 所示，村广场所在区域成为新的中心，为出村新路的起始点。每天清晨，村民在广场附近的茶馆集中，寻找出村的车辆；晚上，村民聚集于此，喝茶、聊天，孩子们在此处玩耍。新建民居逐渐向村公路方向拓展，随着人口增加，村中民居数量也有所增加。图1－4 是俊巴新村的鸟瞰图，拍摄于 2015 年夏季，可见一条公路延伸至村中；右上小图是 2016 年俊巴村的卫星定位图，可见这个处于山谷间、拉萨河畔渔村的基本规模与房屋布局。

图 1－4　俊巴新村鸟瞰图

　　相对于老村，新村的河边沙地更多被开垦为农田，20 世纪 60 年代后，政府鼓励植树造林，改善村中水土，提高土壤肥力，俊巴新村的土壤情况得到了很大的改善。村中住宅由南向北、由西向东扩展，很多沙地上的老房子建在了启穷山和热那山下的平地与出村公路两边。村庙自 20 世纪 60 年代被损毁后，于 90 年代重新修建在西北方的曼达山马鞍形山腰处（见图1－1），村内重要的祭祀活动会在此举行。村东南面的白马拉措被誉为神湖，与村民捕捞有关的传说和此湖有紧密的联系，村中集会、跳牛皮船舞等活动会在神湖西侧的草场举行。2009 年前后，村中陆续开了很多家茶馆和杂食店，都开设在入村公路的路口附近。入村公路尽头的小广场也成为新村的中心，下午和傍晚，村中男女老少会集结在此地聊天、打牌。村中还有两家鱼庄，其中嘎拉山下的鱼庄具备简单的住宿条件。皮具厂也从家庭作坊演变为政府扶持的皮具合作社，处在村口最显眼的位置，那里原来是村委会，2013 年让给皮具厂作为生产车间使用，新的村委会在启穷山下的鱼庄旁边。2013 年全村有 98 户、386 人，男女比例为1.01：1①，村民的主要身份构成是渔民和皮匠，基本生计是捕鱼、农耕、放牧和皮具制作。

导致新村布局变化的主要原因，除了人口增长外，依然还有交通出行的需要。随着村内车辆的增加，对牛皮船的依赖度降低，除了近距离捕鱼在江边码头下水之外，远距离捕鱼都先开车到捕鱼点附近，然后再在水域内捕捞。因此，是否有车也成为影响捕捞收入分成的重要因素。

3. 房屋布局及结构

最早俊巴村村民散居河边的时候，天为被、地为床，后来有了简易的帐篷，也用氆氇、动物皮毛等御寒。一直以来，俊巴人在外打鱼，还会带被褥、卡垫，夜宿江河边，生火、煮茶、烤鱼。直到有了车子，驾车出去打鱼之后可宿于车内。

西藏早期的民居多以土、石、木为原料，下层铺设石块，以泥或黏土填充，上铺碎石，以黏土砖堆砌房屋外墙，所用黏土黏性较大。图 1-5 是位于尼木县的老民居，属梁柱承重体系，底层柱是高 2 米左右、柱径 0.2 米的方柱。每根柱头顶有替木一块，梁与替木同一方向，梁木接头处与柱心垂直。以土石垒炕，上可住人，以柱区分空间，人亦可垫青稞秆睡卧于地上。当然，这样的房屋属农民中的大户所有，普通底层民众是不可能有如此坚固、结实的房子的。直至现在，村里建房的原理仍是如此，以梁柱承重，只是有些柱变成土石柱或水泥柱。图 1-6 为老民居的火塘，以土砖垒砌，如果与主人房合并，则位于中央，周边会有矮床或草垫之类，一家人都睡在周围。如果有单独的厨房，则位于民居的一角，也会设矮床于火塘旁，多为年轻夫妇居住。

---

① 2013 年俊巴村委会统计数据，98 户中含拉萨回迁户和分家新户，实际常住 80 户。

图1-5　西藏老民居的结构

图1-6　老民居内的火塘

普通村民房屋的样式极其简单，面积狭小，多为长方形和正方形，整家人都挤在约40平方米的屋内。据边巴老人回忆，"现在一家房屋的面积相当于以前的3—4户。解放前，条件最好的家庭，房间分配上有一个单独的厨房（内置火塘）、一个杂粮储物间（存储粮食、冬季晾挂牛肉干等）、一个主人房。差的就只有1—2间，火塘在房间里，家人都住在一起"。一般来说，藏区的普通藏民在1959年民主改革之后都会盖起自己的房子，以户为单位。农区房屋下面有圈养牲畜的底层设计，俊巴村的房屋也一样，下面由土石、木板围出牲畜圈，养牛、羊等，马是比较少的，有少量骡子。俊巴牛、羊数量较少，夏天除散养于后山的犏牛外，只有奶牛和小牛留于家中，冬天会找回散养的牛、羊，一同居于房中。圈内无窗，有小小的通风口，底层与二层以木质楼梯相连，二层为住人的区域。内设主人房、厨房和柴草间，也有佛堂，一般为房屋东边的里间区域，有单独的门。佛堂内的藏柜上供奉佛像，以果品、糌粑和清水敬神，每天早上呈供清水，下午5时将水倒入铜壶，将祭碗碗口朝下放置。佛堂会用卡垫铺设出念经的区域，供喇嘛等睡卧，佛堂的面积相对宽敞一些。房屋的总面积在50平方米左右。

图1-7为位于雅江边的山南陇巴老村的房屋样式，底部仍用碎石等添加黏土为基，墙体所用主要材料为土砖，用黏土加水搅拌塑形成砖状，垒墙后刷土、泥平滑墙面。房内的木梁以土砖梁替代，有明确的房屋区域划分功能。图1-8的房屋建设于20世纪80年代，已经改变人畜合一的居住方式，房屋外有院子，院中增加牛羊圈，但院子面积不大，部分院子有青稞秆等堆于院内。从大门进院子，再进入客厅，很多客厅与院子间以梁区隔，不设门，位于东面或西面，设置藏桌和床，白天客人坐在床上，晚上会睡人。很多老人喜欢睡在露天的客厅里，他们觉得房间内憋闷，喘不上气，反而没有外面睡得舒服。

图1-7　山南陇巴老村房屋

图 1-8　雅江边的山南陇巴老村形貌

房屋内设主要有卧室（主人房）、偏房、佛堂、储物间，与客厅相对的一角为厨房，单独设置。在屋外有简易的粪坑，每到秋收后，会将牛羊粪便与人粪便堆积于田上堆肥，因此平时会用砖石在大门外收集的牛羊粪便附近砌个小小的粪坑，人排便后撒上草木灰掩盖，经自然的干化处理，没太多熏臭味道，家中定期清理，秋收后将人粪便与牛羊粪便一起放于田中。房屋内设具体布局如图 1-9 所示，进门的西侧从北往南依次为佛堂、厨房和牲畜圈、柴草堆；偏房位于佛堂的东边，给重要客人或者成年的未婚男性居住；房屋的中区为主人房，家中老人、幼儿及年轻女性住在其中，有时老年男性喜欢居于露天的会客区；进门的东侧主要是储物间，堆放青稞、小麦、糌粑等，冬天储藏悬挂干肉。青壮年夫妻一般居住在厨房内，与家中老幼有一定的距离，起居相对方便一些。

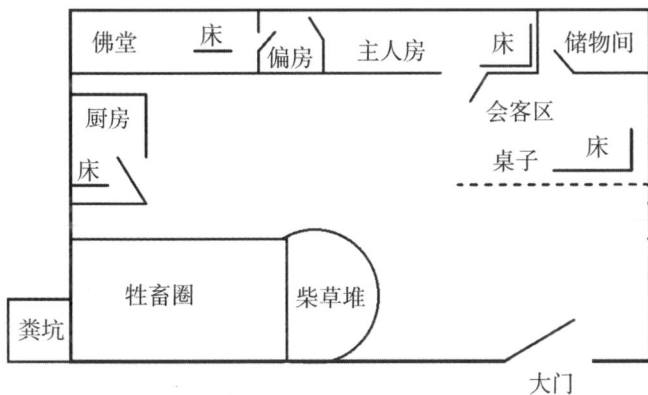

图 1-9　20 世纪 70 年代的俊巴民居布局

图 1-10 是俊巴村 2007 年实施政府安居工程后的民居布局,占地面积 300 余平方米,建筑面积 100—150 平方米。可见,住宅的总面积增大很多,尤其是院落的扩建,增设了鸡圈、猪圈等,但养猪的数量极少,主要养牛。羊给村中的一户专门饲养,各家不再单独养羊。院子中增加了 1—2 株桃树等经济作物。会客区并入主人房,客厅的面积很大。建房时,基本结构仍为石木或砖泥结构,以梁柱承重,也加入水泥等现代建材,玻璃等应用更为广泛。居住空间用途大致与 20 世纪 70 年代的房屋类似。如果家中的女孩子和男孩子长到 16 岁以上,中年父母会搬进主人房,把青少年男性和女性的住房单独隔开,有时年轻女性会住进厨房,其正式招赘婿结婚后,仍可居住在厨房中。

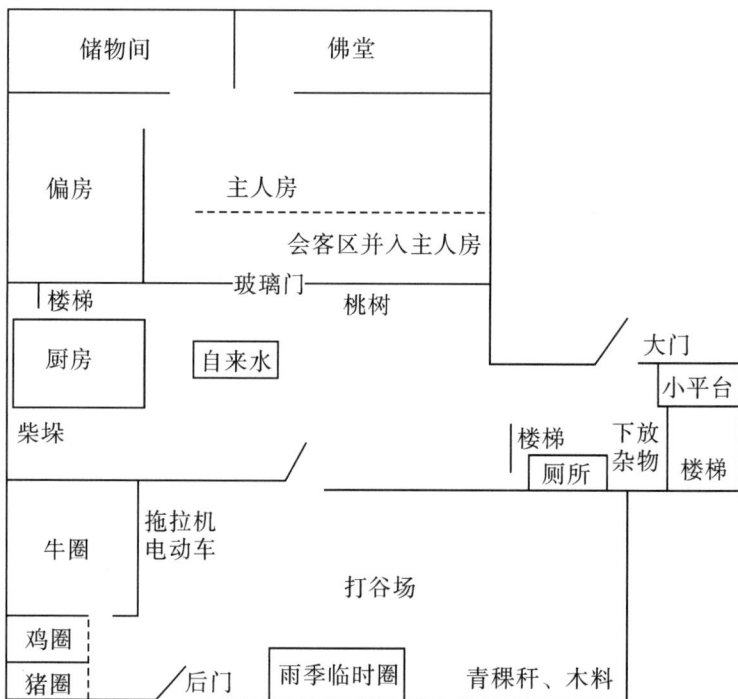

图 1-10　21 世纪初的俊巴民居布局

民居的结构变化在一定程度上体现着村民生活方式的变化,场院对于农耕生产尤为重要,打谷等都需要相对较大的区域,会客空间的调整也意味着房屋从单一的居住功能发展到增加储物功能并逐步融入社会交往功能。2015 年,村中每户经政府丈量确定宅基地面积,并获得宅基地土地使用权证(房屋产权证)。村民的居住用地被界定,同时,房屋又被赋予了财产传承功能。

三、各历史时期资源利用与经济收入变化

（一）吐蕃时期到 13 世纪

吐蕃时期，俊巴村附近仅有几户散落的渔户，既无耕地，更无牲畜，主要生计就是渔猎。当然，有些猎物的皮毛可以进行简单的处理后私下售卖、交换，获得一部分收入，但捕鱼基本占据经济收入的 90% 以上。10—13 世纪，俊巴老村附近的居民从散居发展到小规模聚居，再到彼此通婚，人口增加，规模小有发展，但生计转变的幅度不大；荒地虽有开垦，但规模有限，即使有早期的畜牧，但碍于草场的局限，数量也不多。此时段，基于出行需要的摆渡可以获得部分实物酬谢或少量现金酬金，不过占绝大部分家庭经济收入的生计方式依然为传统捕捞。

（二）噶厦时期到西藏民主改革前

噶厦时期，俊巴村正式成为王权属地，受寺庙和政府的双重贡赋体系制约，外差没有薪酬，依靠摆渡仅获得少量收入。农耕规模十分有限，80% 以上的收获上缴宗谿。畜养牲畜的草场是政府的，牲畜及副产品自然也要以赋税形式上缴。俊巴村村民依靠捕捞生计和皮具生产承担全部赋税，维持生存。

（三）民主改革后

1. 生产大队时期到 20 世纪 80 年代末

1951—1959 年，和平解放后的西藏社会维持原政权统治，处于调整适应期，主要生计未发生明显变化，但赋税减轻、欠账消除在一定程度上刺激了生产积极性。1959 年民主改革以后，直至 1969 年，西藏处于稳定政局、清查外逃人员及财产的时期，"四清"运动也在此时期进行。俊巴村处于社会的最底层，受清查运动影响不大，村中仅有外逃人员 1 名、改造人员 1 名，而且改造效果良好[①]，是曲水县各村中人数最少的。

1970 年，俊巴村建立人民公社，成立生产大队，村里的捕鱼和皮具生产、农耕、放牧均由生产大队支配，收入依然归生产大队，合计工分后，每月、每年按村中要求完成工分数的家庭可以获得一定数量的青稞、蔬菜并分得鱼、牛肉等肉类产品。

---

① 参见曲水县档案馆馆藏的曲水县委办 20 世纪 60 年代档案。

此时期，捕捞依然占全村经济收入的70%以上，中壮年男女皆从事捕捞生计，老人和孩子从事农耕和放牧，农忙时生产大队会统一调配人员补充农耕人力的不足，另外，60岁以上老人制作的皮具，收归生产大队后统一售卖，皮具制作人员以此获得相应的工分，但因相较捕鱼劳动量小，工分也按相应比例减少。

1983年，开始分田到户，耕作收获属于各家庭所有，各家对土地的需求量增加，农耕占比有所提高；从1984年解散生产大队到1987年改革开放，家庭的生产积极性依然高涨，每户家庭按性别分工和年龄分工从事不同门类的生产，农耕、畜牧、捕捞和皮具生产共同发展，捕捞生计依然是全村主导。

2. 20世纪80年代末至今

随着改革开放的深入，生计方式也日趋多元。村中少数村民去县里开茶馆、开车拉货或拉客，还有一部分人读书后去当公务员，在村中从事捕捞生产的人数下降，捕捞占全村经济收入的比重也下降了。农牧基本保持不变。随着西藏旅游业的发展，皮具手工艺品在市场上获得消费者喜爱，村中以次仁兄弟联合成立的手工作坊与拉萨企业合作，改进生产，收益可观。参与皮具生产的人数明显增加。

表1-4　不同历史时期俊巴村各项生计占全村经济收入比重

生计	经济收入占比			
	吐蕃时期	噶厦时期	1959—1987年	1987—2016年
捕捞	90%	65%	50%	30%
皮具生产	8%	30%	25%	39%
农耕	1%	3%	15%	12.5%
畜牧	1%	2%	10%	7.5%
运输（含务工）	0	0	0	4.5%
经商	0	0	0	6.5%
合计	100%	100%	100%	100%

注：噶厦时期的数据是根据村中老人对总户数及从事不同生计的户数之表述推算，那时渔民、皮匠生计彼此不重合，共同承担政府差税，有渔民20余户、皮匠8—10户；1959—1987年的数据是根据原茶巴朗公社会计的口述整理所得，家庭内部按年龄记工分；1987—2016年的数据是根据俊巴村一年每户的平均收入、俊巴村从事各项生计的家庭类型以及每项生计的年收入等数据计算得出。

表 1-4 显示了不同历史时期俊巴村各项生计占全村经济收入的比重。从表中可以看出，捕捞生计占比从吐蕃时期的90%下降到现在的30%，改革开放后，随着生计的多元化，此项占比下降尤为迅速；皮具生产相对平稳，但相对于捕捞生计，现阶段皮具生产的收入占比稍高；农耕占比自民主改革后大幅提高，现在也相对平稳；运输（含务工）与经商成为促进全村经济收入的重要力量，运输比重中含有部分外出打工者的占比。学生没有收入，因此未纳入统计当中。

皮具生产看似与捕捞生计平行发展，但在俊巴村，皮匠技艺是从渔猎的传统生计中分离出来的，在猎获皮质的处理和牛皮船的制作环节中分离出专职皮匠；皮匠与渔民之间存在生产与婚姻的普遍互惠联系；皮具生产依然是俊巴村传统渔猎文化的延续。

第四节　小结

本章对俊巴村的历史概况、物质资源情况，以及时间、空间资源进行了阐述，通过历史追溯可知，俊巴村的渔猎方式具有传承性和采借性，皮匠的分离既是内部提高生产率的需要，又是与外部交流的结果。土地、战争、贡赋均影响生计，促使生计产生更迭，少量农耕增加了渔民摄取食物的方式，交换也是转化食物的手段之一。通过时空环境描述可知俊巴村特殊的地理位置，其接近鱼类资源相对丰富的地区，与雅鲁藏布江和拉萨河均能保持区域联系，同时接近交换市场，长期依靠水路出行，虽有所不便，但也使其较为完整地保存了地方文化。在历史脉络中，政治上，俊巴村经历着从半族、氏族到酋邦、王朝和封建农奴制社会转为社会主义社会的过程；经济上，生计方式、生产方式也发生了巨大的变化，不断多元化；村域社会从无村到定居、建村，再到纳入贡赋体系，形成村内、村外的社会网络；宗教从苯教到佛教，在战争缝隙中留存捕捞生计。渔民与从渔猎民中分离出的皮匠，通过贡赋与差役得以延续发展，倚靠地方的互惠和交换体系获得社会适应性，虽然处于社会底层，但在生活上相对宽裕，并有一定人身自由，能抓住机会寻求发展。在漫长的时期中，俊巴村渔猎民（含皮匠）作为存在于青藏高原的特殊群体，凭借集体协作的捕捞生计和皮匠、渔民之间的互惠制度，包括食物共享、贡赋缴纳、出行交换的互补等，不断适应环境、地方社会与宗教，并延续着自身的文化。

第二章　渔猎生产方式的主导

在本章中，我们需要考虑一种历史进程中的动态渔猎类型。俊巴村的生产方式是纯渔、纯猎、渔猎混合还是渔猎加农牧？不同时期产生不同类型的决定因素是什么？天灾或战争对渔猎有何影响？鱼的捕捞方式、捕捞工具及储存时间、保存方式是什么？在佛教信仰下，如何售卖鱼，有哪些人买（换）？女性如何参与渔猎，有哪些禁忌？佛教话语外的地方话语如何解释渔猎？狩猎的工具是怎样的？对猎获（如肉类、皮毛等）如何处理？渔民与皮匠缴纳贡赋的方式及税役的内容、特点是什么？

第一节　鱼类与禽兽资源

一、高原鱼的种类及特性

青藏高原水资源丰富，河流、湖泊众多，如澜沧江、雅鲁藏布江及其支流、纳木措、羊卓雍措等。根据《西藏鱼类及其资源》的论述，西藏地区有鱼类 58 个种和 13 个亚种[1]，高原鱼资源非常丰富（见图 2－1）。有文献记载，"西藏迤东溪涧中多鱼，状如鲈鳊，番人以为佛戒未尝取之作脍也"[2]；1838 年，赫克尔的《克什米尔鱼类》开启了青藏高原鱼类研究的先河，后世学者的研究逐渐明晰了高原鱼的种类与特性[3]。青藏高原南部水域的鱼类资源主要有高原鳅和裂腹鱼类，如西藏高原鳅、异齿裂腹鱼、拉萨裂腹鱼、拉萨裸裂尻鱼、尖裸鲤等；还有西藏鲱科鱼类，但现在数量相对较少。4—6 月为鱼类的主要产卵期。下文主要从鱼的形貌与特性两方面来加以介绍。

（一）体貌外形和特点

1. 裂腹鱼

裂腹鱼腹部肛门和臀鳍两侧各有一排较大的排列整齐的鳞片（臀鳞），两排鳞片之间有一条明显的裂缝，初看起来像是肚子裂开一样，故

---

① 西藏自治区水产局主编：《西藏鱼类及其资源》，北京：中国农业出版社，1995 年，第 10 页。

② （清）黄沛翘：《西藏图考》卷六，清光绪甲午堂刊本，第 106 页。

③ 武云飞、吴翠珍：《青藏高原鱼类》，成都：四川科学技术出版社，1992 年，第 5 页。

名。裂腹鱼"体延长，略侧扁，腹部圆。口下位、亚下位或端位，口横裂、弧形或马蹄形。下颌前缘有或无锐利角质边缘。须 2 对。背鳍刺强或弱，后缘有锯齿。体表被细鳞，侧线鳞较其背、腹处的鳞片为大。下咽骨较狭窄，呈弧形；咽齿大部分为 3 行，个别为 4 行。鳔 2 室，腹膜黑色"[1]。裂腹鱼类与青藏高原的形成和发展息息相关，大量研究表明，裂腹鱼类是随着青藏高原的形成而出现的。伴随着高原的不断隆升和生存环境的变化，原始裂腹鱼类不断适应变化着的环境，逐渐形成了我们今天在高原上见到的适应不同生存环境的类群。[2] 一般来说，在高原边缘较低海拔地区生活的裂腹鱼类多为原始类型，这里生活的裂腹鱼除了有臀鳞外，周身还保留有发育相对比较正常的鳞片，口角生有比较发达的 2 对触须，反映出它们对食物的选择性还比较大。随着海拔不断升高，水温不断降低，它们可选择的食物种类也越来越少，触须的作用逐渐减弱，便从 2 对退化成 1 对，甚至消失[3]；鱼类的体鳞也变得越来越小，甚至很多在高原上生活的特化种类，除了臀鳞和胸鳍上方还保留有部分体鳞外，身体其他部分的鳞片已全部消失。

图 2 - 1　从拉萨河中捕捞的鱼类

---

　　[1]　西藏自治区水产局主编：《西藏鱼类及其资源》，北京：中国农业出版社，1995 年，第 76 页。

　　[2]　中国科学院青藏高原综合科学考察队编：《青藏高原隆起的时代、幅度和形式问题》，北京：科学出版社，1981 年。

　　[3]　赵亚辉、张洁、张春光：《青藏高原鱼类的多样性》，《生物学通报》2008 年第 7 期，第 9 页。

　　拉萨裂腹鱼和异齿裂腹鱼都是拉萨河及雅江上中游常见的经济鱼类（可食用），因嘴边有须，也被称为"普子鱼"（有须子的鱼），有些口下位偏尖状，被村民称为"尖嘴巴鱼"。"高原鱼类普遍存在着生长缓慢的现象，异齿裂腹鱼虽然是拉萨河中最大的鱼类，但 500 克体重的生长时间需要 10 年。"[1] 如表 2 - 1 所示，异齿裂腹鱼年均体长增长量为 1.5 厘米，年均体重增长量为 60 克，4—6 龄段的体长与体重均有大幅度增长，同时鱼的性成熟期刚好在 5—6 龄段。

表 2 - 1　异齿裂腹鱼的实测体长与体重[2]

年龄	样本数/条	实测体长				实测体重			
		范围/厘米	均长/厘米	年增加长度/厘米	百分比/%	范围/克	均重/克	年增加长度/克	百分比/%
3	2	16.9—20.2	18.6			63—99	81		
4	6	19.9—23.9	22.1	3.5	18.8	107—156	127	46	56.8
5	18	22.5—26.4	23.9	1.8	8.1	152—192	187	60	47.2
6	38	23.9—28.8	26.6	2.7	11.3	181—271	228	41	21.9
7	30	27.7—29.7	28.7	2.1	7.9	243—308	280	52	22.8
8	13	28.4—31.9	30.5	1.8	6.3	299—382	340	60	21.4
9	8	31.2—32.8	32.2	1.7	5.6	376—462	426	86	25.3
10	3	32.2—34.2	34.1	1.9	5.9	461—547	509	83	19.5
11	2	33.5—35.7	35.6	1.8	5.3	549—632	591	82	16.1
12	1		37.3	1.7	4.8		667	76	12.9
14	1		41.0	1.9	4.8		806	69	10.0
16	1		44.6	1.8	4.3		929	62	7.4
17	1		46.1	1.5	3.4		981	52	5.6
23	1		48.3	0.4	0.8		1 275	49	4.5
合计：125 条		平均每年体长增长量：1.5 厘米				平均每年体重增长量：60 克			

---

[1]　贺舟挺：《西藏拉萨河异齿裂腹鱼年龄与生长的研究 》，华中农业大学硕士学位论文，2005 年，第 44 页。

[2]　贺舟挺：《西藏拉萨河异齿裂腹鱼年龄与生长的研究 》，华中农业大学硕士学位论文，2005 年。

　　村民用于捕捉鱼类的网具有小、中、大三种网眼规格，最小的网眼为三指眼，网眼直径超过 10 厘米，所捕获的鱼一般鱼长在 30 厘米以上。最大网眼的渔网是抓大鱼的，鱼长在 50 厘米左右。短于 20 厘米的鱼即使捕到也会放生，尽量不宰杀食用。俊巴渔民会通过观察鱼腹上的臀鳞判断其是否已产卵及大概年龄。如普子鱼，臀鳞相对细密的年龄较小，排列规则，呈圆片或椭圆状，体长在 20 厘米以下的，多数没有性成熟；臀鳞呈不规则状、三角状或分叉状，体长在 30 厘米以上的，多为性成熟或产过卵的。年龄越大，鳞片越粗，不规则程度越强。裂腹鱼繁殖时要用臀鳍和尾鳍在河底掘出产卵窝，臀鳞的变化和鱼的繁殖有紧密的联系。

　　看鱼鳞、体线也可以知道水质的情况，如果鱼鳞紧密、硬度良好、有光泽，体侧的鳞纹线清晰，说明水质较好、生活环境富氧、水中供鱼类食用的生物或微生物较充足；反之，说明水体受到污染或鱼类缺乏食物，个头也会偏小。

　　图 2-2 和图 2-3 是裂腹鱼的两个亚种。图 2-2 的叫"普子鱼"，长须，腹部相对肥满，多切成鱼块煮食；图 2-3 的叫"尖嘴巴鱼"，肉质更细一些，可剁碎制成鱼酱生食。图 2-2 中两鱼身长在 28—37 厘米，属 10 龄以上的可食用鱼。图 2-3 中鱼长在 40 厘米左右，14 龄。村民是不食用鱼子的，认为会引起肚子痛和拉肚子，其实这是中毒的表现。裂腹鱼的鱼子有毒性，这也是鱼繁殖后代的保护机制。至于吃鱼子等同于杀害更多小鱼的说法，村民倒是没有提及。

图 2-2　普子鱼

图 2 - 3　尖嘴巴鱼

2. 裸鲤

裸鲤实为裂腹鱼裸鲤属，体表裸露无鳞，侧线清晰，仅有皮褶，体长10—40厘米。体长状、稍侧扁，头略大，吻钝圆，个别稍扁平。口端位或亚下位，马蹄形。下颌正常或下颌内缘具角质棱。无须。背鳍起点位于体中点稍前，背鳍最后不分枝，鳍条细长，下半部硬，上半部细软，其后缘有锯齿16—22枚。[①]

裸鲤多生活在青藏高原的各湖泊中，主要在江河的缓流区域（如拉萨河、年楚河等雅江的支流，在拉萨市曲水县和日喀则地区常见）。裸鲤较裂腹鱼体扁、体背隆起稍高，有黑褐色斑点。体背灰青色，腹侧银白或浅黄，背侧和鱼鳍有许多黑褐色斑点。据羊湖边的村民说，与拉萨河中的鱼不同，湖鱼属咸水鱼，生长周期更慢，体色偏暗，相对瘦扁。曾有湖边的村民小规模捕捞、售卖羊湖的高原裸鲤。裸鲤也是俊巴村村民较多捕捞到的鱼，被称为"图鱼""花鱼"，但他们多在江河中捕捞，不去湖泊尤其是圣湖中捕捞。

裸鲤鱼群在水深0.5—1米处多见，以底栖硅藻和蓝绿藻及小型浮游动物轮虫类为主要食物。每年6月为繁殖旺季，此时常见在江河岸边进行生殖游弋的鱼群。体长20—35厘米、体重200—500克的裸鲤一般绝对怀卵量为3 000—6 000粒，相对怀卵量为12—32粒/克。[②]

3. 高原鳅

青藏高原的鳅属鱼类有西藏高原鳅、细尾高原鳅等。体貌特征为：全

---

① 武云飞、吴翠珍：《青藏高原鱼类》，成都：四川科学技术出版社，1992年，第453页。
② 武云飞、吴翠珍：《青藏高原鱼类》，成都：四川科学技术出版社，1992年，第454页。

长 5.9—15 厘米，体长 4—14 厘米，属中小型鱼类。体延长，前躯高而扁圆，尾柄较低。头部侧扁，头宽小于头高。吻部较尖。口下位，弧形，口裂较小。唇厚，上唇缘多乳突，呈流苏状，下唇多深皱褶。下颌匙状，一般不外露。须 3 对，短小，无鳞。体背部和侧部多不规则扭曲的深褐色短横条，头部的短横条更密。背鳍、尾鳍多褐色小黑点，常排列成行。西藏高原鳅栖息于缓流、湖泊或沼泽地植物丛生的浅水处。以浮游动物如肠盘蚤和桡足类及蚊类幼虫为主要食物，兼食硅藻类。6 月为主要繁殖期，卵粒为黄色，至 10 月仍可见怀卵者。细尾高原鳅能适应流水甚至急流水体，常以蹿跳方式从一砾石缝隙游动到另一缝隙。以着生硅藻为主要食物，兼食寡毛类和摇蚊幼虫。[1]

4. 西藏鮡科鱼类

西藏鮡科鱼类，俗称"藏鲶鱼"或"藏鲢鱼"。此鱼体表裸露，无鳞或骨板（见图 2 - 4）。颅骨通常与上枕骨连接。口不能伸缩。一般体长为 4—8 厘米，头大、口大、体小。寒冬腊月多藏在石缝里，在河底淤泥烂草里冬眠，一般不游动。秋天会为冬眠做准备，不分昼夜觅食，此时俊巴村村民会去尼木县和日喀则地区专门捕捞此鱼。其因肉质细腻，无刺，具有滋补功效，还有助于去高原水肿，数量又相对稀少，颇受市场欢迎。这种鱼在市场上一斤会卖到 400—500 元，但这只是给水产批发商的价格，如果去饭店，会卖到 1 000 元一斤的天价。

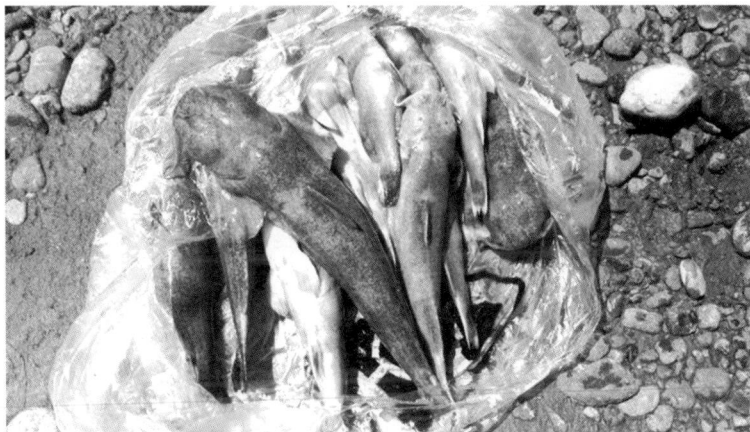

图 2 - 4　村民捕捞的藏鲶鱼

---

① 武云飞、吴翠珍：《青藏高原鱼类》，成都：四川科学技术出版社，1992 年，第 154 - 155、256 页。

"鮡科鱼游泳能力较差，生活环境多为激流河滩处的石面和石缝间，急流始终是它们生存斗争的主要矛盾，但急流中含氧量高、温度偏低，为非流线型且运动能力较弱的鱼类提供了良好的生存机会。有学者分析，鳅鮡鱼类在形态、生态上产生的适应特征，主要为身体扁平能抵御湍流的冲击，且发展了吸附能力。"[①] 这种鱼吸附时的姿态是头和胸腹部紧贴石面，腹鳍以后的身体及尾鳍斜向上翘，口部及颌须、胸鳍和腹鳍均变形，使鱼体能够有效地贴附在石头表面，防止被流水冲走。它们的运动方式很独特，利用身体的"S"形弯曲摆动，偶鳍同时配合，使身体匍匐前进或在强有力的尾部协调下做跳跃或短距离的急游。凭借这种运动方式，它们能克服溪流上一些近乎垂直的不高断面，出现在断面之上的溪流中。[②]

神湖的鱼原则上不能捕捞，玛旁雍措的裸裂尻鱼被认为对女性难产有奇效，被冲上岸死掉后，若被藏民或朝圣之人捡到，会认为是福报。据说，很多有孕妇的家庭会去河边捡鱼，以防止难产。也有部分村民会私下捕捞，售卖鲜鱼或鱼干。羊湖附近以前也有渔民[③]，俊巴村就有一户，是入赘过来的。祖上是羊湖渔民的藏民米玛旦增接受我采访时说："湖里的鱼与江里的鱼不同，皮为黑色，肉紧、偏瘦，属冷水鱼。虽然禁渔，但偶尔还是有渔户打鱼，民主改革前就去曲水大桥卖鱼，之后再去曲水县采购物品，而不去自己的行政隶属县浪卡子县。"我大概可以推测山南地区的农户会歧视祖上是渔民者。我问他现在是否还捕鱼，他说有时候捕来自己吃，不卖了。

（二）生长与繁殖

1. 生长周期

整体而言，青藏高原的鱼类生长周期较长，性成熟期较晚，5—8 年为其平均性成熟期，个头不大。主要以水中微生物、浮游动物和藻类为食，如鮡科鱼类生长于富氧的急流水域，利用口唇的乳突和吸盘稳定身体并刮取石壁的附着藻类及生物；而西藏高原鳅和裸鲤则生活在水流平缓的河流、湖泊中，产卵时会游到江河激流处。

---

① 褚新洛：《鳅鮡鱼类的系统分类及演化谱系，包括一新属和一新亚种的描述》，《动物分类学报》1979 年第 1 期，第 72－80 页。

② ［美］邦德著，王良臣等译：《鱼类生物学》，天津：南开大学出版社，1989 年；褚新洛、周伟：《分类性状的类别及其对探索动物系统发育的意义》，《四川动物》1988 年第 2 期，第15－19页；杨颖：《中国鮡科鳅鮡群的系统分类》，西南林学院硕士学位论文，2006 年。

③ 参见后文渔村贡赋部分的捕鱼纠纷史料。

2. 产卵时间及区域

裂腹鱼会以尾鳍和臀鳍拨挖水草及淤泥，产卵其上，其鱼子有毒性，可防止被其他种群食用而影响繁衍。有些选择在石头缝隙中产卵，有些沉于水底，有些游弋岸边。产卵时间为公历4—6月（藏历3—5月）居多，旺盛期为5—6月，此时正是藏族的萨噶达瓦节，整月禁渔、拜佛、布施，保证了鱼类的繁衍。

拉萨河与雅江的鱼有普子鱼、尖嘴巴鱼、花鱼、棒巴鱼等，根据嘴巴和皮色区分。这些鱼产卵时从雅江游到拉萨河，春夏之交为产卵季节，藏历4月不打鱼，秋冬雅江鱼多。渔民春天在拉萨河、尼木等地捕捞，秋冬去日喀则等地，因为鱼多且方便交换。鱼子、鱼肠不吃，鱼鳔有些种类吃，鱼头烤来吃。

二、动物资源

在众多的动物资源中，俊巴村村民主要猎取小型兽类，如旱獭和水獭，他们称这些动物为"狍猪""雪猪"和"水猪"，曾经也食其肉（称这些动物为"猪"是为了名正言顺地食其肉；有些地方所说的"吃鼠人"就是指这些人，因为旱獭是松鼠科的畜类），现在不打也不吃了。捕猎主要还是为了皮毛，可以卖钱，价格较贵。20世纪80年代以后，国家对林区管理严格了，村民便不再打猎。至于鸟类和野禽，村民是不捕猎的，用弹弓打小鸟只是孩子们玩一玩的游戏，最后会放生，不会食其肉。

（一）狩猎的资源

1. 旱獭和水獭

（1）旱獭（擦萨姆）。

旱獭属哺乳纲、啮齿目、松鼠科、旱獭属，为大型地栖啮齿类哺乳动物，体呈棕黄褐色，散布黑色斑纹，体型粗壮而肥胖，尾短。喜马拉雅旱獭为穴居、群居动物，洞巢呈家族聚居型。体长50—60厘米，尾长10—12厘米，体重3.5—9千克。头部短而阔，粗壮结实，略呈方形；上唇开裂，上门齿微向前方凸出；颈部又粗又短，耳朵短小，仅存皮褶。尾短而稍扁平。四肢短而粗壮，前足4趾，趾端具发达的爪，适于掘土筑巢；后足有5趾。身体背部为深褐色、棕黄色或草黄色，毛基呈黑褐色，上段为草黄色或浅黄色，尖端黑色。背部至臀部的黑色毛尖多而显著，常形成不规则的黑色细斑纹。尾巴末端呈黑褐色。四肢的足背均为灰黄色。多分布在河谷地带（阶地、山麓平原）向两侧山地阳坡伸展处，避开阴坡。旱獭是典型的冬眠鼠类，4—9 月活动，10 月开始冬眠。早春，在青草尚未发芽时，冬眠醒来的旱獭会挖食草根，继而常常偷食青稞、油菜、土豆等作物的禾苗、茎叶。夏季在早晨和黄昏最为活跃。

旱獭 5 月中旬后开始换毛，先从背部开始，继而扩展到身体的两侧和臀部，再延伸到头部、尾部和四肢。开始换毛时，毛变得稀疏，到 6 月中旬以后开始大片脱落。随着旧毛的脱落，新毛生出。至 8 月上旬换毛结束，新毛全部长成。此时，被毛显得毛绒平齐，光泽鲜润。

（2）水獭（曲萨姆）。

水獭是鼬科动物中营半水栖生活的种群，其身体结构已发生许多变化。头部扁平宽阔，耳朵小，位置很低。耳和鼻孔均生有小圆瓣，潜水时能关闭。四肢短，趾间有蹼。皮毛致密油亮，其他特征如躯体扁圆形，尾长而富有肌肉等，都有助于其适应水中生活。[①]

水獭体长 55—82 厘米，尾长 30—55 厘米，体重 5—14 千克，雌性较小。水獭拥有流线型的身体，体毛较长而细密，体表被有又粗又密的针毛，背部为暗褐色，腹部呈淡棕色，喉、颈、胸部近白色，底绒丰厚柔软，绒毛基部灰白色、绒面咖啡色，水不能渗进反而会被弹开。身体细长，呈圆筒状，头部宽扁，吻部短而不突出，鼻子小而呈圆形，裸露的鼻垫上缘呈"W"形，鼻垫上缘的正中凹陷。上唇为白色，嘴角生有发达的触须，上颌裂齿的内侧具有大型的突起。眼小，耳也较小，呈圆形。四肢粗短，趾爪长而稍锐利，爪较大而明显，伸出趾端，后足趾间具蹼。尾长而扁平，基部粗，至尾端渐渐变细，长度几乎超过体长的一半。水獭毛色呈季节性变化。

水獭多穴居，母兽哺育幼崽时定居。巢穴选在堤岸的岩缝中或树根下，自挖或利用狐、獾、野兔的旧巢加以修补。洞穴一般有两个洞口：出入洞口一般在水面以下，直径约 50 厘米；另一洞口伸出地面，为气洞，以利空气流通。洞道深浅不一，有深达数米甚至 20—30 米的。栖息的主洞宽阔，常铺有少许干草树枝。若雨后河水淹没洞穴，则迁移至地面浓密的灌木丛中。

水獭日隐夜出，尤其在有月亮的夜晚，活动更为频繁。听觉和嗅觉都

---

① 高耀亭等编著：《中国动物志·兽纲·第八卷·食肉目》，北京：科学出版社，2016 年，第 229 页。

很敏锐。眼睛具有特殊结构，以适应水和空气之间的不同折射性质，使它在水中仍能保持锐利的视力。它有惊人的游泳技术，四肢趾间具蹼，就像两支强有力的桨，使它能在水中以飞快的速度追捕逃遁的鱼类。扁阔丰厚的长尾巴，如船舵一样，主宰着它的潜游方向。所以，水獭在水中能忽前忽后、忽左忽右，翻滚自如；还能在水中一口气潜游6—8分钟，然后将鼻孔伸出水面换气。一般情况下，水獭的游泳姿态是前肢紧贴身侧，用后肢划动，使身体和尾巴做波浪起伏状前进。这样，它的后腿和尾巴能同时起推进和掌舵的作用，还可以直立身体踩泳，使头和颈部露出水面，以观察水域以外的动静。当发现水鸟在水面缓慢游动时，它会从水下悄悄潜近，然后一口咬住猎物，再慢慢吃掉。

成年水獭通常单独行猎，或母獭带幼獭出猎，它们喜欢在水清和水中杂物较少的地段活动，便于发现和追捕鱼群。生活于山区小河溪的水獭，活动范围较大，从上游到下游，不断巡回捕鱼。它们的活动路线较有规律，在它们经常渔猎的地方均有一两条"獭路"，路面布满足迹。[1] 由足迹的大小可以看出水獭的体重和数量，又可从足迹的新旧程度和方向辨认它们的活动时间和去向。多数水獭有在固定地点大便的习惯，新鲜粪便为黑色，有油亮光泽，陈旧粪便为暗黑色，无光泽。

水獭以鱼为主食，也食青蛙、蛇、水禽甚至各种小型哺乳动物（如鼠类）。水獭多在深水湾岩岸上静待捕鱼，一旦发现鱼游出水面，就会立即扑过去追击。咬住小鱼则在水中吃完，获大鱼往往拖上岸才慢慢地吃掉。饱食后的水獭就在河溪边的沙滩上或河岸石板、岩穴下休息。水獭在沙滩上选择休息地之前，有用爪在沙面上拨弄的动作，猎人称此举为"挂爪"。若发现前一天晚上有水獭"挂爪"，便可推断此獭可能仍在此地附近栖息。没有饱食的水獭多数不在当地留"挂爪"，会转移他地。冬天，水獭能潜入冰洞下捕鱼。水獭春秋季繁殖，妊娠2个月，幼獭多在春夏季可见。水獭一年可繁殖两胎，通常一胎有两崽，少数见一胎一崽或三崽。水獭皮是珍贵的毛皮，特点是外观华丽，手感轻柔，皮板坚韧，底绒丰厚，几乎不会被水濡湿，能御严寒。

---

[1] 高耀亭等编著：《中国动物志·兽纲·第八卷·食肉目》，北京：科学出版社，2016年，第232页。

2. 獾子、猞猁和石貂

（1）獾子。

当地主要有狗獾和猪獾。獾类体型肥壮，体被粗硬稀疏针毛，体重 5—19 千克，体长 50—70 厘米，吻鼻长，鼻端粗钝。耳壳短圆，眼小。颈部粗短，四肢短健，前后足的趾均具粗而长的黑棕色爪，前足的爪比后足的爪长，尾短。肛门附近具腺囊，能分泌臭液。体毛为褐色与白色或乳黄色混杂，从头顶至尾部遍被粗硬的针毛，基部多为灰白色或白色，中段为黑褐色或淡黑褐色，毛尖白色或乳黄色。体侧针毛黑褐色部分少，白色或乳黄色毛尖逐渐增多，有的个体针毛黑褐色逐渐消失，几乎呈现乳白色，绒毛白色或灰白色。栖息于森林、山坡灌丛、荒野、沙丘草丛及湖泊堤岸等。挖洞而居，洞道长达几米至十余米不等，其间支道纵横。冬洞复杂，一般为多年居住，每年整修，有 2—3 个进出口，内有主道、侧道及末端，主道四壁光滑整齐，无杂物及粪便，末端以干草、树枝、树叶筑窝。春秋季节在农田附近的土岗和灌丛处筑临时洞穴，白天入洞休息，夜间出来觅食，这类洞穴短而直，洞道粗糙，窝小，仅一个出口。有獾居住的洞穴，洞口光滑，泥土疏松，其上留有足迹，松土延伸远达 20 米左右，在松土尽端的两侧有卵圆形粪坑。[①] 獾子的毛针刺坚硬，可用来制作毛刷等，也可做马包（藏北牧民随身携带物品所装入的挎包），结实耐磨。以前的贵族常使用以此动物皮毛鞣熟制作的坐垫隔寒潮，该物也是俊巴村缴纳实物税的一种。

（2）猞猁。

猞猁身长 85—130 厘米，尾长 12—24 厘米，肩高 50—75 厘米，体重 18—32 千克。四足掌面长而宽，后足长常超过短尾的长度，是小型猫类中足掌最长者。背面的毛粉红棕色，背毛基部红棕色，毛尖黄白或灰白色。体背面及四肢上部具棕色或褐色斑点。斑点颜色或深或浅。头部下嘴边为白色。瞳为黄褐或赭褐色。眼睛上下有较宽的白色边缘。眼角后上侧有黑条纹。耳背面和边缘黑色，耳尖端有一撮直立的黑色毛，长 4 厘米。颊部的长毛色浅，具模糊黑纹。体腹面和四肢内侧白色，腹毛较长，具有少量灰棕色斑。短尾粗而圆，末端 1/3 段为黑色。猞猁毛色变异较大，个体变异和季节性变化均较明显。一般体色从灰棕色、草黄棕色到红棕色均有。体侧

---

① 高耀亭等编著：《中国动物志·兽纲·第八卷·食肉目》，北京：科学出版社，2016 年，第 215－218 页。

和四肢上部的斑点从浅红棕色至深褐色均有。①

猞猁的长耳和鼻毛能较准确地寻觅声源，鼻毛的活动类似接收电波的天线。在寒冷的覆雪地区，其长腿和长形足掌比短腿、短掌面的其他野猫类更能适应雪地生活。猞猁为单独活动。巢穴多筑在避风、防雨的处所，如林下岩石缝隙、树洞内等。猞猁活动领域面积的大小，主要依据猎物种群数量的多寡而定。在有较丰富食物来源的地区，其领域为 1 000—1 500 公顷，若缺乏，则可达 3 000 公顷，甚至扩大到 6 000—10 000 公顷。其领域范围为时常行走的路径，做标记的处所，以及生活、休息的驻地。若熟悉的路径被翻动过或呈现异样，则停止使用，另寻他路通过。猞猁通常在较为固定的地点排泄粪便，便后用爪向后扒土覆掩。若在岩石等显著处排便，则充作领域的标记。而在领域范围外排便，则不掩盖。成年兽有在固定某株树干上搔爪的习惯，以锋利其爪。被猞猁用爪抓扒过留有多条刻痕的树，俗称"挂爪树"，这种树更是其作为显示领域的标记。

猞猁在夜间活动，也在清晨或下午活动。白天睡觉。捕食的动物从鹿、鸟、兔类、大型鼠到两栖动物、爬行动物、鱼、大型昆虫均有，但不吃蟾蜍。主要捕食对象是该区域内数量占优势的动物。猞猁一般在其领域范围内活动，在 2—3 月发情时会离开领域寻找异性。猞猁皮是直毛细皮中比较珍贵的品种，因其背腹毛绒长短不一，制裘时常把背腹部分开。以冬皮为佳，初春时皮质优良，色纹更美。

（3）石貂。

石貂成体体长在 45 厘米左右，体躯粗壮，四肢粗短，后肢略长于前肢。尾长于后肢，略长于体长之半，尾蓬松而端毛尖长。四肢具五趾，趾行性，趾垫 5 枚，掌垫 3 枚，毛色为灰褐或淡棕褐色，绒毛洁白或淡黄，深褐或淡褐色的稀疏针毛不能覆盖底绒。头部淡灰褐色，耳缘白色，体背、体侧为深褐色，由于头部针毛较短密，至背中部针毛逐渐伸长，最长可达 55 毫米，使背脊中央的褐色针毛集聚，因而色调呈暗褐色。腹部淡褐色，四肢及尾部与背脊同色，喉胸部白色或浅黄色，形状为"V"形或呈不规则的环状，有的在环状斑块中带有棕色斑点，有的在喉胸部中央呈长条状块斑。②

石貂穴居洞内，多昼伏夜出，晨昏活动频繁，常在荒沟的灌木林边或

---

① 高耀亭等编著：《中国动物志·兽纲·第八卷·食肉目》，北京：科学出版社，2016 年，第 333－336 页。

② 高耀亭等编著：《中国动物志·兽纲·第八卷·食肉目》，北京：科学出版社，2016 年，第 128 页。

"渠"内活动觅食。冬季可看到石貂的足迹常从一"渠"翻越到另一"渠"中，夏季则沿水"渠"而行，喜穿水洞而过。石貂善攀缘，在洞穴陡壁上可见其攀爬留下的爪迹。石貂在仅容体躯而不复倒转的垂直立洞内可依壁向上退行，但偶于平地行动时奔跑较慢，常被猎狗追及，逃跑时常纵跳，距离约2米，最远可达4米。石貂的步态为纵跳式，在雪地及泥地上的一组脚印中常可见到相距4—5厘米的两前足印及相距20—25厘米的一后足印，另一组脚印仍复如前，不同的是另一侧的后足印会出现，因此一组脚印中可见到三个"点"。石貂在雪地及泥地上的掌迹，趾垫呈半月形环绕，循着这种印迹——"梅花点"，可以大概知其行踪。

石貂多雌雄成对生活，分散后常回原处寻找。石貂颇爱饮水，洞穴皆离水不远，若离水较远，常远道而去饮水。初雪后跟踪其掌迹，曾发现有石貂远至10千米以外饮水，封冻后则舔食冰块。石貂发情期为6—8月，孕期9—10个月，每胎2—6只幼崽，产崽的巢穴有洞口2—3处，多面向东南及南方。巢穴在入口1米左右的拐洞，拐洞为盲洞，巢内铺以鸟毛、干草。窝大小一般为40厘米×40厘米。有时亦于树洞中筑巢。石貂排便常在洞道外陡岩的凹陷处。[①]

（二）不狩猎的资源

1. 鸟类与野禽

俊巴村有众多鸟类，如黑颈鹤、斑头雁、赤麻鸭、秋沙鸭等，冬天它们栖息在河边滩涂、水域之上，有些会在春天飞走，有些一直在村中。秋收时节，麻雀会到田上啄食谷物，村民会用弹弓将其打飞；冬种作物刚刚生长时，鸟类若落于田上，村民会跑过去把鸟轰散，不会伤害它们。鸟类会以水中的鱼类为食，但村民不会猎杀鸟类，更不会食用这种肉类蛋白。

渔村没有如汉族农村在田边放稻草人赶走鸟类的习惯，村民的解释是"放了稻草人，鸟也不怕，照常吃谷子。只有去赶它、打它，鸟才会飞走"。我曾经在田里观察鸟类，人刚过去，鸟会四散飞开，静止不动很久后，又陆续回来，依旧停在田里、水边，直到人再次走去才会飞走。村民在河边洗衣，鸟类照样在附近的水中游来游去，根本不怕人。在俊巴村，没有受到生命威胁的鸟类并不畏惧人类，如主人般自由地在村内活动，偶尔被驱

---

① 高耀亭等编著：《中国动物志·兽纲·第八卷·食肉目》，北京：科学出版社，2016年，第131页。

赶飞起，但不影响其在村中的生活状态。

为什么可以捕鱼却不伤害禽类？有人猜测是因为天葬，认为鸟神圣所以不杀。但沿江河而居的藏民会实行水葬，那为什么可以吃鱼却不食用禽类？有人想到苯教中人类的"卵生说"，认为对"卵"的原始崇拜使村民奉鸟类为神灵；还有人认为是因为飞于天际的鸟类捕猎成本高于鱼类，但蛋白供给量较少，不符合食物获得最优选择的策略①。

对此问题的解释还需回到地方社会，村民确实认为村中的鸟类是具有神奇力量的，但对"卵生说"没有特别提及。村民吃鸡蛋，而且把鸡蛋作为礼物送给拉萨亲戚，有些老人不吃鸡蛋是因为村中胆结石、胆囊炎的患病概率很大，吃鸡蛋易引发疼痛，他们才说吃鸡蛋不好，同时，将得胆结石、胆囊炎的原因归结为拉萨河的水不好。拉萨河流经拉萨城区及郊区，藏民的垃圾排放除了作肥料就是投入水中，俊巴村也是如此处理。水中存在大量的生活垃圾和废物，确实对水质有影响，净化过滤设备的落后、直接饮用生水的习惯，都使水中的寄生虫易残留体内，寄生虫在胆囊内可能成为胆结石的内核，因此村民说因水不好而得胆结石、胆囊炎有一定道理。

那该如何解释俊巴村为什么不杀鸟类呢？村中的传说可能可以提供一些答案。达瓦老人在讲述村民为什么打鱼的时候提到这则传说②：

> 以前，江河中的鱼太多了，给田放水，鱼堵住了出水口，农田荒芜；鱼从水中跳到天空，挡住了阳光，世界黑暗；鱼长了翅膀（鱼两侧的鱼鳍就是翅膀变来的），飞到佛祖的墨水中，弄洒了墨水（鱼腹中的黑色部分是沾到的墨汁），佛祖派三兄弟来我们村打鱼。这打鱼的兄弟也是神，教授了村民打鱼的技艺，被村民奉为渔民的祖先。

在上述传说中，飞在天上的鸟被认为是"鱼"做了错事变来的，所以神开始捕鱼（捕鸟）。从"神从天降"等特征看，和早期苯教的传说具有相似性，大概跟雅砻王系崛起时开始发展农耕、引水灌溉有联系，那时虽然苯教的"卵生说"已经存在，但村中仍然打鱼、打鸟。这一传说在说法上认为神教会渔民技能，赋予其捕鱼权合法性；鱼因为做错事被惩罚，渔民

---

① 叶远飘：《藏区水葬习俗的饮食人类学解读：基于金沙江河谷的田野调查》，《广西民族研究》2014 年第 2 期，第 57 - 63 页。
② 此段传说在曲水县委宣传部拉巴次仁老师整理的宣传资料中亦有记录。

的行为被认为是正义的。村中还流传另一则传说，是关于渔夫救龙王的故事，发生地就在俊巴村内的神湖——白玛拉措湖上：

从前，南部王国的臣民生活艰苦，而北部王国的臣民丰衣足食、生活幸福。南部王国的国王夏布逊努听从巫师的意见，意欲攻打北部王国神湖龙宫，集结众多巫师作法，想夺走龙宫中的宝物。龙王得知此事后心神不宁，不知如何阻止侵扰。后来，无奈的龙王只能派遣一条长有翅膀的神鱼将此事告知天神并寻求帮助。几天后，神鱼返回龙宫，将神的启示告知龙王："解救之神就在龙宫之上。"龙王不明其意，便四处求解，后来得知湖面有一个一直以捕鱼为生，身材高大、身着鱼皮铠甲之人。龙王猜想此人就是启示中人，便去寻访。

龙王来到湖面四处寻望，发现有一人侧躺于湖边，走近细观，此人身长臂粗，虎背熊腰，身披鱼皮铠甲。龙王暗喜，此人超凡脱俗，定是解我大难之人。龙王上前唤醒渔人，渔人听闻唤声，便睁开双眼起身，问龙王因何事唤醒自己。在交谈中，龙王得知，这名在神湖边以捕鱼为生的渔人名叫"巴莱增巴"，他饿了食湖之鱼充饥，渴了饮湖中之水解渴。于是，龙王将南部王准备入侵龙宫之事告知渔人，并告诉他是天神启示自己来找他解困的。渔人答应帮龙王阻止南部王入侵龙宫，龙王问渔人有何宝物作为兵器，渔人拿出两样宝物：一为降魔金刚杵，二为劈魔斩恶刀。龙王见此，对渔人说自己也有一样宝物能助他，于是将龙宫中的湖光翡翠借予渔人，用来打磨劈魔斩恶刀，将此刀打磨得锋利无比。渔人告诉龙王："此战若不胜，我将不在此地捕鱼。"南部王如期而至，大战开始，双方的厮杀激烈而残酷，各自的魔法均威力无比。苦战之下，渔人凭借天界之神持降魔金刚杵附体，用劈魔斩恶刀将南部王首级斩下，并击退入侵的军队。

战事胜利，龙王怀着无比喜悦与感激之情，慷慨许诺赠送渔人龙宫宝物一件，并封渔人为江河中"鱼类之神"。渔人挑选了一件叫作"贵堆本琼"（意为"应有尽有"）的宝物，此宝物能使持宝人获得幸福的生活。渔人接受龙王的馈赠后便返回湖面继续过捕鱼的生活。

这则传说在藏戏中也有体现，就是《诺桑王子》中的前半段，后半段讲渔人如何帮助北部王国的王子娶得水中仙女并被赋予捕鱼特权。至今在茶巴朗行政村境内还有旧诺桑颇章的遗址，说是王子的宫殿，一河之隔的神湖就是俊巴村内的白玛拉措湖。

从对拉萨河流域南部王和北部王争斗不停的描述来看，这应该是对吐蕃末期朗达玛灭佛后拉萨河流域朗达玛儿子维松和永丹征战的历史演绎，大约在 10 世纪至 13 世纪，当时西藏社会正处于战乱与争夺之中。此时的"神鱼飞上天"传递消息解救龙宫就有了"鸟通神"的意思，认为鸟类是具有神奇力量的，与佛教天葬被鸟啄食身体并带入神地（天上）的隐喻有相似之处。"鸟"和"鱼"的区别在于，鸟是"鱼"中有通神功能的特殊物种，渔民无法主宰，故不能杀；但水中的鱼，因渔人被龙王封为江河中"鱼类之神"，因此具有主宰鱼类的特权，可以捕鱼。村中后续关于渔民捕鱼的传说还在继续，但跟"鸟""飞鱼"有关的传说再没有了。

综上可知，吐蕃早期狩猎者还会猎杀鸟类，但随着苯教、佛教关于鸟类神圣化观念的普及，猎杀鸟类就不再是渔猎民的生计了。从经济的角度看，猎杀鸟类的成本高、附加值相对较低，其肉没有市场；从文化的角度看，天与地、神与人、上与下在藏民潜意识中占据着清晰的位置，他们践行着一套等级森严的社会体制；从实践层面看，村中供佛的案台上的瓶子里，会放置孔雀尾羽或较长的鸟类羽毛以及粘有羽翎的法器，每到开展佛事活动时，村民会用羽翎蘸水点在糌粑坛城或拜祭物上，使供奉物与神之间产生联系，以达到拜祭的效果。

2. 岩羊和兔子

岩羊和兔子均属食草类动物。村民说食草动物和水獭那些动物不同，例如，牛、羊是食草的，可以将人不能食用的草转化为人可食用的动物蛋白，牛肉可以吃、牛粪可以用来点火，羊肉可以吃、羊粪可以堆肥，但水獭那些动物吃庄稼、吃鱼，跟人抢粮食。

俊巴村村民对动植物资源是否可利用有自己的逻辑，对可利用畜类的分类是从对自身有利的热量供给的角度考量的，同时又立足整体生态圈，有自己的生态分类观，如图 2-5 所示：

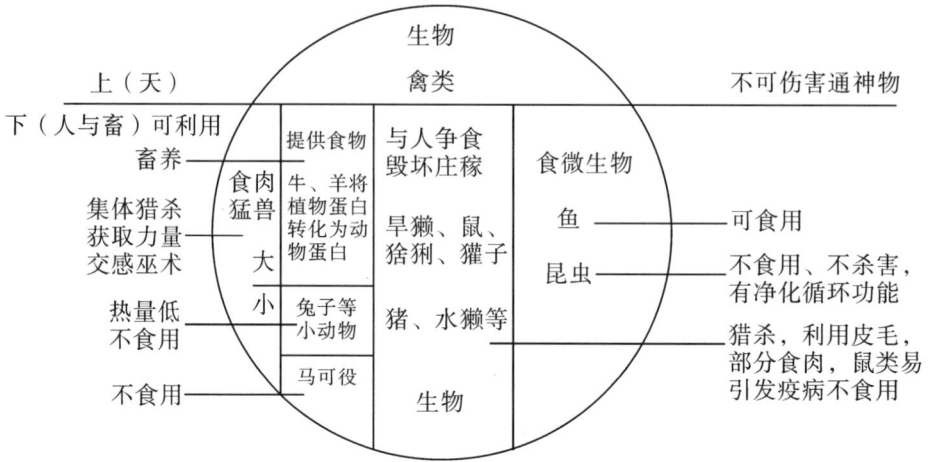

图 2-5　生态分类观

在图 2-5 中，上与下是利用与否的第一维度。在上部分，天上的禽类是通神的，不可捕猎；下部分的才可以捕猎利用。人利用畜类的标准为其是否与人争食，不争食的按提供热量多少来取舍，多的畜养、食肉，少的不食用也不伤害；与人争食的则猎杀，并高效利用，如皮毛可用、肉可食用，但一些易导致疾病的种类会被放弃，如鼠类易传播疫病，不食用；还有一类是食微生物的，可能在水域或土壤中参与生态循环，如昆虫等，不会被利用、不杀害；至于鱼类，因其曾经在水域中堵塞灌溉口，量太多会有害，会限量捕杀，可食用。由此看来，渔猎某种程度上有平衡地方生态的功能。有学者认为，藏民不吃鱼是因为存在水葬，怕吃祖先尸体。我专门询问了村中老人，他们说确实有一种身形较大、口非常大的鱼是吃尸体的，叫"卡巴鱼"，其丑陋且皮上有疙瘩，这种鱼村里人不吃也不捕捞，而其他鱼都不是吃尸体的，是吃水中的植物，所以俊巴村村民是否吃鱼与水葬没有太大关系。

第二节 捕捞与渔获

一、原生文化：原始捕捞技术

在青藏高原生存的早期先民，已经掌握了原始的渔猎和农耕技术，根据对拉萨曲贡遗址、山南昌果沟遗址的研究可知，渔猎是定居农业的重要补充，先民饮食中有食鱼的证据。由此可以追溯，在普遍定居之前，青藏高原依然存在以狩猎、采集、捕捞为主要生计的游居先民。原始先民以队群为单位，集体进行渔猎和采集活动，平均分配渔获、猎获和采集物，后来产生分化，部分人专门进行捕猎，部分人专门进行捕捞，部分人占有相对优越的土地，开始原始农耕生计，并以渔猎为辅助。生计模式的分化经历了漫长的过程。俊巴渔民无疑是由专属渔猎兼少量原始园艺的类型发展而来的。

（一）基本工具

石器是早期先民的主要工具，在独木舟、树皮船等尚未出现的时代，河流岸边的定点捕捞显得尤为重要。在西藏定日以南约 10 千米的苏热地方，发现了刮削器、尖状器、石片等旧石器时代中期先民的生产工具。在西藏林芝云星遗址和林芝县尼洋河西岸的居木公社遗址都有石质网坠，可以认为新石器晚期的早期先民已经在水域边进行布网。另外，拉萨市郊和林芝县尼洋河东岸约 1 千米的红光公社所在的山头，以及在尼洋河与雅鲁藏布江汇合处的北岸山坡台地上，都能见到同于前述各遗址的夹砂褐陶、红陶等，纹饰有绳纹。[①] 早期先民的网具以植物纤维或动物毛发所结，缚刺状、针状物，下绑石坠，用于阻挡河道或撒于水中进行捕捞。用牦牛尾和马尾结网在陇巴村村民对早期捕鱼技艺的口述中被明确提及。另外，简单的木质渔叉也可以成为捕鱼的工具。拉萨北郊的曲贡遗址中存在的石质矛头和箭镞，属于当时的狩猎工具。

---

① 王恒杰：《西藏自治区林芝县发现的新石器时代遗址》，《考古》1975 年第 5 期，第 310 – 316 页。

（二）团队组织

早期先民以集体渔猎的形式生产，过着游居的生活，散居在拉萨河和雅鲁藏布江边。生产单位估计是小型的队群，因固定食物获取数量有限，队群的规模不会太大。大型动物如兽类的捕获极可能是凭借集体之力，小型动物的捕获可能根据其活动轨迹由小型团队完成，鱼类的捕捞可以个体或集体的形式进行，因缺乏交通工具，水边的定点捕捞不需要很多劳动力即可完成。无论狩猎或捕鱼都应该有首领，负责安排分工、传授知识，长者可胜任此角色。大型动物狩猎，男性和女性原则上都是可以参与的，狩猎小动物如水獭、旱獭、猞猁、石貂等，依然可以男女协作。

阿格塔妇女参与狩猎活动，赖渔猎采集为生，在当地所有谋取生活资料的工作是不分性别的。阿格塔妇女经常参与男性的狩猎活动，有时与男性分开，女性结伴行动，她们还会造箭。女孩行成年礼后就可以参加狩猎，随着年龄的增长，只要她们愿意，就可以继续参加狩猎活动。有人类学家以为妇女参加狩猎活动与她们要分娩和哺育婴幼儿的行为难以相容。这个问题在阿格塔山区是这么解决的：年幼的孩子可以由年老的亲属（如祖父母）或其他亲戚照顾。有时父亲也会照料孩子。通常大着肚子的妇女不会去行猎，更不会在临盆前或者哺乳期的最初几个月去行猎。每个社区白天只有少数人看家，多数人四散觅食，参与狩猎的妇女人数相当多，也相当强悍，她们还经常参加用干肉交换其他生活必需品的活动。阿格塔人没有正式的或制度上的权威，团体的决定建立在多数人的意见上，包括妇女的意见。阿格塔人好像完全处于平等主义的文化氛围中。[1]

俊巴村早期的情形可能与阿格塔族群相似，并没有明确的两性分工，早期的渔猎采集队群高度灵活地利用了食物链的变化周期，在生产和消费之间建立了直接的联系，没有市场体制这一中介的干预，没有谁能控制或者保留资源。每个人都享受着自治的权利，每个人都对自己的行动负责。

---

[1] ［美］特德·C.卢埃林著，何国强、张婧璞译：《妇女与权力》，《云南民族大学学报（哲学社会科学版）》2015年第2期，第93–105页。

队群的每一个重大决定必须经过全体人一致同意，大家头脑中还没有出现公私两分的观念。妇女没有必要专门响应男人的要求，反之，男人也没有必要专门响应妇女的要求。[①]

(三) 渔获、猎获分配

无论是集体还是个体所得食物，都会在队群内分享。那时，个体无法独立在青藏高原生存，需依赖集体的力量获得持续的食物、共享工具、知识经验等。队群个体之间是平等的，没有阶级之分，共享食物。当然，知识或技术的提供者，发现猎物、第一个击中猎物或捕获鱼类的人，在产品分配中有优先的权利。在其他队群的地界捕鱼、狩猎，会留下部分渔获、猎获以示感谢。队群与队群之间彼此联系，进而产生姻亲关系，形成更为紧密的半族组织。

个案 2-1：原始分配的遗存——共食牛肉

猎获分配的主导权在于队群中的长者和力气最强壮的人，因为长者的知识和技术加上年轻人的力气和胆识更易成功获得猎物，这是原始队群的生存基础。现在组织共食的人就是推举出的村主任，其是村中权力的核心。至今俊巴村在每年全部农事活动结束后的藏历 11 月还有宰杀牛进行集体分食的习惯，最初就是全村人推选一名德高望重的长者和有能力的年轻人主持此事，负责牛的购买和分割，全村共享，不可带回家中。村中在夏季生产劳动后会提前扣除各户分食牛肉的采购费用，例如，2015 年夏，在村里各户参加玛卡种植项目的劳务费中扣除每人 30 元，作为共食活动的资金，不够的由村委会补足。

现在可见的共食活动在每年的藏历 11 月举行，青稞、小麦收完，冬小麦播种完成后，村中会集体购买 3—4 头牛（早先是 1—2 头），20 世纪 90 年代前还是集中于村口广场，将牛的各个部分分割好，各户妇女代表负责煮熟 7—8 口大锅中的牛肉。各锅中牛肉均等，为优质肉（牛腿、带牛骨精肉、牛心）、中等肉（牛腔、牛脊）和劣等肉（牛肝、牛肚等）的混合，牛蹄、牛肠

① ［美］特德·C. 卢埃林著，何国强、张婧璞译：《妇女与权力》，《云南民族大学学报（哲学社会科学版）》2015 年第 2 期，第 93-105 页。

剔除出共食范围，但不扔，共食活动结束后分给牛主人，牛蹄可食用，牛肠可作为肥料，也可丢弃。全村人会围在一起，各户都要准备一壶青稞酒倒入村里的大锅中，给大家分享。大家唱歌跳舞，开始迎接农闲和随后而来的藏历新年。2000 年前后，共食活动改为牛肉由各户的长者或户主按比例领回家中，与亲戚聚在一起食用。村民以亲属网络为单位，按家中财产继承的亲缘网络共同领取肉类并共食，如父亲为入赘，则以母亲的亲缘网络为主，如母亲为嫁入，则以父亲的亲缘网络为主。这是公开的聚餐网络，私下姻亲家庭间（虽然姻亲各户也会分得牛肉）会互相交换食物，这是彼此联结的象征。后来共食活动开始发生转变，以10 户居民为团体（部分有亲戚关系），由联户长（10 户居民的管理者）组织共同煮食分享。改用这种方式主要是由于村中基层治理出现联户制和联户长，同时也不能忽视生产方式转变后，生计的多元化使集体协作不再成为生存的必需条件，以及随着家庭规模的缩小，外出务工人员和公务员的出现，阶层分化对共食行为的影响。

村里所购买的牛会从牛数量多的家庭中选择，以现金形式给付，2015 年的成交价格为 370 元/头。即使是民主改革前，村中共食的牛也以现金形式购买。牛的交易不是强制的，因为有现金给付，很多户愿意卖，价格可以谈，当时达瓦家想以 400 元卖出，但没谈成，最后村里选择了别人家的牛。村中的牛交易价比市场价稍微便宜一些也有道理，因养牛多的家庭占用了较多的草场资源，会以此种形式部分回馈村落。宰杀完共食的牛后，有时会将牛皮给回牛主人或冲抵屠宰费。村里会请牧区的屠户来专门宰杀。总的来说，牛主人收支平衡。村里会在杀牛前举行仪式，日子由喇嘛算，这一天，村民会去村庙给牛点灯，尤其是牛主人家会多点一些，希望牛"转世投胎"、减少痛苦。在集体共食之前，会举行祭天、祭地、祭水、祭山的仪式，村民围成圆圈，往圈中放牛粪、切玛（含糌粑、藏麦、糖），煨桑，共同吟诵祝福语后撒糌粑，接着开始食用牛肉。

共食一直是学者较为关注的人类社会群体行为之一。博厄斯将夸富宴看作信任和荣誉的维系机制；夸富宴代表着给予、接受和回报的义务，是维系互惠的机制，与财产、阶级和巫术相联系，共享食物暗示着亲密的亲属关系，赠送食物暗示着社会距离①；南希·利维妮认为藏族最初骨观念的共同性是通过共餐习惯表现出来的，这一举动使他们共享着口中的分泌物，这种共餐只有在核心家庭范围内是适合的②。利维妮将共食行为与氏族内部的阶级平等和身份归属相联系。反观俊巴村的共食牛肉活动，应该是早期先民渔猎后分享食物的遗存，在附近其他农区不存在此种专门的集体活动。这代表了平等意识和分享的观念，也意味着身份的归属。当俊巴社会发展到家庭、私有观念产生后，通过家庭财产的给予而成为公共财产，进而通过权威人物或集体的再分配而成为共食的物品，此过程凝结了个体对集体的认同，又是集体权力的展示和象征。

（四）渔猎群体分化

随着生产的发展、人口的增加，队群组织会扩大，队群的狩猎范围也相应地扩大。在队群间，随着少量剩余产品的产生，形成了早期的交换。马克思和恩格斯提及，"市场交换开始于公社的边界地区，即同其他公社或社会的贸易"③。贸易是为了内部生存物资的流转，随着采集与交换，开始有了早期的农耕，如种子的获得与耕作方法的获知等，主要作物为玉米、谷物。从事土地开垦与农耕的人逐渐定居，部分人放弃了渔猎生计，随着狩猎而引入畜养，放牧占据了游猎的时间，游猎的规模逐渐缩小。此时，西藏先民的总体生计仍为混合生计，但不同生计占比发生了变化，不同于早期队群一致性的渔猎活动，队群已开始分化，以家庭为中心的氏族产生。

随着氏族规模的扩大，从事农耕者的比例增大，畜养的引入为先民提供了相对固定且充足的动物蛋白，他们从游居转为定居，渔猎逐渐被一些先民放弃。因逐草而居，畜牧也成为部分先民的生计选择。劳动分工出现了分化。

相对肥沃的土地成为氏族组织发展的关键，对土地的争夺会引发战争，占据优越土地资源的地区，通过发展农业生产，扩大地方势力，逐渐成为酋邦。虽然部分先民放弃渔猎，但战争与对土地的争夺使很多败兵、难民

---

① ［英］C. A. 格雷戈里著，杜彬彬、姚继德、郭锐译：《礼物与商品》，昆明：云南大学出版社，2001 年，第 57 页。

② ［美］南希·利维妮著，格勒、赵湘宁、胡鸿保译：《"骨系"（ᠷᠠᠰ）与亲属、继嗣、身分和地位——尼泊尔尼巴（Nyinba）藏族的"骨系"理论》，《中国藏学》1991 年第 1 期，第 141 页。

③ 马克思、恩格斯著，中共中央马克思、恩格斯、列宁、斯大林著作编译局译：《马克思恩格斯全集·第 19 卷》，北京：人民出版社，1964 年，第 541 页。

加入渔猎民的行列。他们相较其他农牧民属于无恒产的人群，自然纳贡能力差，地位较低。

二、次生文化第一阶段：混合渔猎

（一）战争与苯教

1. 技术交流与早期交换

史书记载，聂赤赞普被雅砻臣民从波沃迎来，建立悉补野王统世系[1]，后修建寺庙，其后代诸王发展农业、牧业，分封臣民，力量逐渐强大。收并各小邦后，小邦领主、贵族被囊日松赞委任大臣职务，引起原有贵族不满，遂发生内乱，各地纷纷发动战争，后囊日松赞被害死，其子松赞干布登基执政，平复战乱，统一吐蕃各地，迁都拉萨。西藏社会由酋邦转向封建农奴制的吐蕃王朝。

此时，散落在拉萨河及雅江流域的渔民主体已经发生了变化，战争中失地、战败、伤残的落魄散户加入渔猎群体，靠此维持生计。与之前氏族群体的共同渔猎、共有与共享、自给自足不同，此时的渔猎以联合家庭为单位，已有私有意识，猎获、食品和财物的分配也以家族为单位，但家族间的联系紧密，无论工具的分享、知识技能的分享还是抵御攻击与灾害，都在强调集体团结的力量，因此上文提到的共食活动得以延续也就顺理成章。战争中落败的伤兵和逃亡奴隶融入的渔猎户将农业技术带入渔村，提高了当地农业的生产水平，也使交换成为可能。这些村民虽然掌握早期的农耕技术，但临水而居，开垦的荒地数量有限，又因水灾频繁，食物来源以渔猎为主。

"赞普统治下的庶民分为豪奴和驯奴两种。所谓豪奴指臣民中拥有奴隶和财产者，是能组织壮士参加战争的人；驯奴是从事各种平凡职业的庶民的总称，其内部又分为小工、奴隶、再奴高中低三个等级。必须向赞普缴纳赋税，供献礼品，承担差役。其余一切如经营政府的牲畜，或者管理其他行业、承担政府事务者，均属于驯奴的范围。属于他们之下的人则被称为奴隶或再奴。"[2] 渔猎民应该属于贡赋纳税的奴隶或再奴阶层。另外，松

---

[1] 巴卧·祖拉陈瓦著，黄颢、周润年译注：《贤者喜宴：吐蕃史译注》，北京：中央民族大学出版社，2010 年，第 9 页。

[2] 恰白·次旦平措等：《西藏通史简编》，北京：五洲传播出版社，2000 年，第 13 页。

赞干布已统一度量衡，交换在当时应该较为普遍。

2. 苯佛争夺下的缝隙

吐蕃的原始信仰为"笃苯"，即众神信仰，后从象雄把"苯教法师"引入雅砻河谷，在吐蕃赞普拉托托日年赞时期，苯教依然居主导地位（国师、贵族崇苯教），所以他将佛教经书、宝塔说成从天而降的"神秘宝物"并进行秘密祭拜。苯教中存在关于"鲁"的禁忌，认为冒犯鲁神会患病，因此要远离水域、水中鱼类和水陆兽类。但拉萨河谷和雅砻河谷地区民众历来捕鱼，第一代赞普是从波沃（现在的林芝地区）请回的①（也有从印度请回的说法），那里更是捕鱼吃鱼。不同于藏东、藏北地区苯教信仰的浓烈，拉萨地区对食鱼禁忌并未完全践行。《红史》记载，7—12世纪密道修行的大成就者中有"餐鱼行者、猎人、渔人、打狼者、捕鸟者"，渔猎并未明令禁止。② 拉萨流域的先民食鱼，在苯教从山南进入拉萨谷地之前，地方统治者对当地影响较大。

朗达玛灭佛后，其二子因夺权而分裂疆土，长期征战，曲水县俊巴附近区域一度在永丹统治之下。

如此约过70年后，佛教再次兴起，其中尚有一段缘故③：朗达玛灭佛时，藏热赛、优格炯和玛尔·释迦牟尼三个僧人正在白钦曲沃山（此山在雅鲁藏布江南岸、贡嘎县境内，与俊巴村距离较近）上修炼，他们看见僧众被驱赶，便询问怎么回事，得知是国王下令灭佛。于是，他们三人使用骡子驮着律藏经典，一起逃往"朵甘思"④ 地区，进入那木宗的岩洞中静修。其时，生于湟中地方的苯教童子（姆苏赛巴）去牧牛，看见已倾圮的囊赛神殿里的壁画中有出家的比丘画像，犹如醍醐灌顶，心生无限欢愉。恰值近旁有位拄杖老妪，他便向老妪问道："这是什么人的画像？"老妪答道："我年轻时曾见穿着这种服装的僧人甚多。自朗达玛灭佛以后，便不复存在了。"随着崇苯、灭苯的更迭往复，不同的宗教阐释也为捕捞生计和食鱼留下存在的可能性。战争不断，使一些人加入渔猎行列以躲避战乱。

---

① 阿旺平措、杰布：《中君民世系起源明灯（门隅教史）》，见西藏自治区政协文史资料研究委员会编：《西藏文史资料选辑·第10辑》，北京：民族出版社，1989年，第45－50页。

② 蔡巴·贡噶多吉著，陈庆英、周润年译：《红史》，拉萨：西藏人民出版社，1988年，第155页。

③ 西藏自治区政协文史资料研究委员会编：《西藏文史资料选辑·第10辑》，北京：民族出版社，1989年，第48页。

④ 在今阿里地区。

（二）渔猎并行、交换产生

1. 初步定居

在吐蕃时期，农业得到了发展，铁器、耕犁、开渠灌溉、二牛抬杠等原始耕作工具和技术①应用其中。芒松芒赞 13 岁登基，辅佐大臣为噶尔·东赞，是辅佐松赞干布平息叛乱的功臣。其分配土地，使庶民拥有土地，从事农业生产并缴税。② 此时，庶民因赋税被固定于土地之上，散居在沿江岸边的渔猎民虽具备从农民处采借农耕技术的可能，但因缺乏土地而未被归入农业纳赋体系之内。此时的渔猎民从游居转为初步定居，选址在拉萨、山南、日喀则三界交汇之地，雅江和拉萨河交汇区域，周边群山围绕，以山、水与农区相隔。一方面，此地相对封闭并且鱼类资源较丰富，便于渔猎；另一方面，随着船只的使用，水域各地相连成为可能，捕捞范围扩大，也接近商品交换市场，同时，水域阻隔相对安全。

2. 渔猎工具的改进

（1）弓箭使用。

随着铁器和木器的使用，弓箭成为猎具。狩猎地点在拉萨河南岸的山林河谷附近，尽量不越界狩猎，否则需要给当地的领主及村民分享猎物的前腿、胸腔等部分。在有限的狩猎空间中，动物的捕获量会逐渐减少，猎获的数量有限。有文献记载，当时有 7 位勇士擅于狩猎，其中三人用箭，箭是重要的狩猎工具，猎人在当时是力量的化身，受人尊崇。③ 工具的进步使猎获量相对增大，储存食物也显得更为重要。

（2）网具与钓具。

渔民会利用植物纤维和木纤维编制的网笼，如竹篓、地笼（竹篾器具）等，夜晚置于水中，清晨来取，以获得渔获；用野牛尾毛编搓成绳，打结成网，用于撒网捕捞；用木、竹制作钩、针等结于网上，在埋网打鱼时，鱼类经过会被刺挂在钩上。

（3）船只的出现与功能。

在古老民谣中，文成公主入藏时是乘坐牛皮船渡过雅江和拉萨河的，

---

① 巴卧·祖拉陈瓦著，黄颢、周润年译注：《贤者喜宴：吐蕃史译注》，北京：中央民族大学出版社，2010 年，第 12 页。

② 巴卧·祖拉陈瓦著，黄颢、周润年译注：《贤者喜宴：吐蕃史译注》，北京：中央民族大学出版社，2010 年，第 42 页。

③ 夏玉、平措次仁著，羊本加译：《藏史明镜》，拉萨：西藏人民出版社，2011 年，第 43 页。

那时叫"黑舟"。① 舟筏的出现与使用扩大了捕捞范围，增加了渔获数量，渔民可以用无法消耗的剩余物品交换需要的谷物、盐类等。同时，地方政府的物资运输需要渔民的船只和舵手，虽然差赋繁重，但一定程度上给予了他们相对的人身自由。

（4）牛皮船的制作。

①船型特点。

现在俊巴村所见的牛皮船多为梯形船体（见图2-6）。相较于旧式的圆形圆底牛皮船来说，梯形船体的容载量更大，稳定性更好，但耗皮量明显增加，制作一条牛皮船大概需要四张牦牛皮，牛皮之间卷边缝合成平整的梯形皮面。图2-7是皮匠次仁制作牛皮船的图纸，清晰标明了各部分的长度。A代表的是顶部船框，为0.8米；B—F代表的是横向船骨，共有五根，从上到下依次渐长，分别为0.85米、1.05米、1.17米、1.27米、1.37米；G代表的是底部船框，为1.47米；J为船框，长2.37米；K为纵向带弯木的船骨，长2.3米；H为皮子短边，宽1.85米，与前面的A骨架相连；I为皮子长边，与G相连；L代表的是从船头到船尾的用皮周长，为3.4米。由内部来看，船高约0.8米，上面的船桨约为1.6米，晒干时为30—40千克重，而刚刚从水面出来的时候会有40—50千克重。船体可载7—10个成年人，载重量有1吨多。俊巴村内大大小小的院落中，随处可见晾晒的牛皮船。

俊巴村特殊的生态环境促成了牛皮船的生产与使用。村落旁边为一江两河中部流域，河道时宽时窄、时深时浅；内部多石，颠簸难行；水势凶险，水流湍急之处颇多。而牛皮船浮力大、吃水浅，相较于木船来说更加轻便；浸水的牛皮韧性好、富有弹性，一旦与水下礁石碰撞就会弹开，不会撞坏船体。因此，牛皮船适应于这边多弯的河道和石棱较多的水域。牛皮船顺流而下，返回的时候因缺乏动力，需人力在下游背船返回。渔民背船的时候会将一只船桨架于船体中部，然后手臂架于桨上，顺势将船扛于肩胛之上，便可负船行走（见图2-8）。背船时为了节省力气，需让船体的重心下移，与地面呈50—60度夹角，另一只船桨横放于船体的中下部，抵住人体的尾椎骨处，由腰部卸去部分重量，船体整个由两只船桨负载在后背之上。

---

① 拉萨市曲水县地方志编纂委员会编：《曲水县志（复审稿）》，2010年，第79-87页。

图 2-6　牛皮船

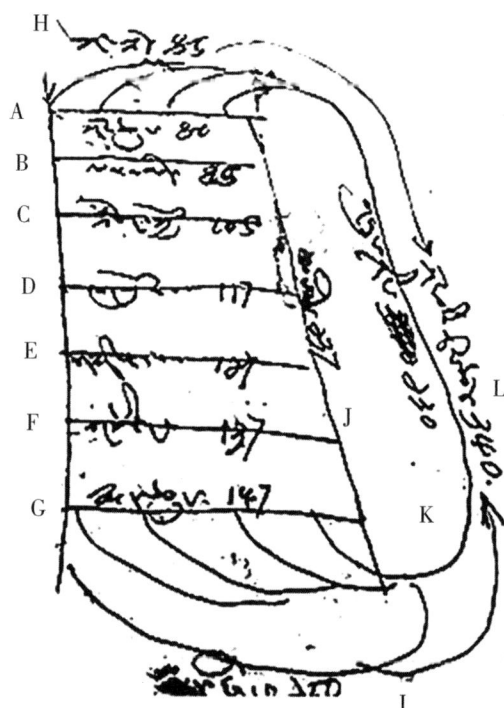

图 2-7　藏文描绘的牛皮船结构

图2-8　背牛皮船行走

②用材工具。

铁质材料易生锈、坚硬、尖锐等特质不利于牛皮船的制作和使用，因此制作牛皮船的材料只有木料、皮子和绑绳三类。制作牛皮船的材料基本为就地取材，减少了运输成本。如木材都是取自村口两侧栽种的红柳树，其木质柔韧性极好，易弯曲；皮子就是家家户户都有的牦牛皮，韧性强、厚度大、结实耐用（刚刚宰杀剥离的湿皮不易保存，易发霉腐烂，需尽快对皮质进行处理，做成干皮，之后再用于制作牛皮船）。加固缝合牛皮的绑绳分两种：一是用牦牛尾毛梳搓成的黑色绑绳，主要用来缝合皮板和捆绑不同骨架部位；二是皮子的边角料，以0.5—0.8厘米的宽度沿皮边一直剪，之后搓成皮绳，用于捆绑牦牛皮与骨架。

次仁详细地解释了不用铁质材料制作牛皮船的原因："以前西藏铁钉、铁螺丝等不易购买，找铁匠打磨费时费力；铁易生锈，有棱角，与牛皮接触易损坏皮面。"因此，即使现在出现了不锈钢、铝制品等无锈材料，制作牛皮船依然采取传统的方法捆扎、榫合，以保证牛皮船的安全使用。

吐蕃时期，牛皮船的制作工具主要以铁质与木质工具为主，但是随着时代的发展，工具开始多元化，其中包括画线、度量、砍削、锯割、刨削、缝合、鞣皮工具等。如图2-9所示，A为分割木料的框锯，B为磨刀石，C为硝皮时所用的去毛刀，D是砍削树枝、树皮的锛，E是剪皮条的剪刀，F是度量用的卷尺，G是用来刨净木料表皮的刨子，H是随身携带的工具袋，I是用于凿眼、挖空、剔槽的手工凿。图2-10是鞣皮时所用的硝皮架和刮削刀，用来反复鞣刮皮子，使其去毛、去脂、平整、柔软。此外，还有缝皮所用的粗针、画线所用的笔等，在此不做展示。

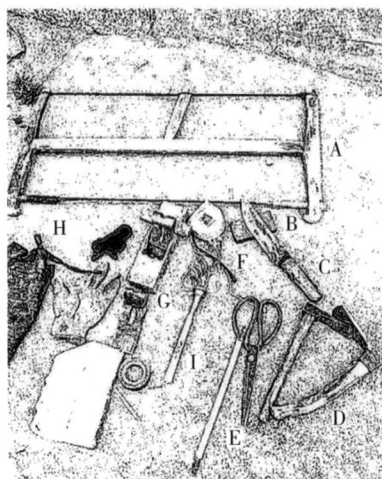

图 2 - 9　部分制作工具

图 2 - 10　硝皮的木架及刮削刀

（5）牛皮船制作工艺流程。

制作牛皮船大概需要耗时 1 个月，分为准备骨架、处理原皮、组装牛皮船、新船试水四个步骤，流程如图 2 - 11 所示。

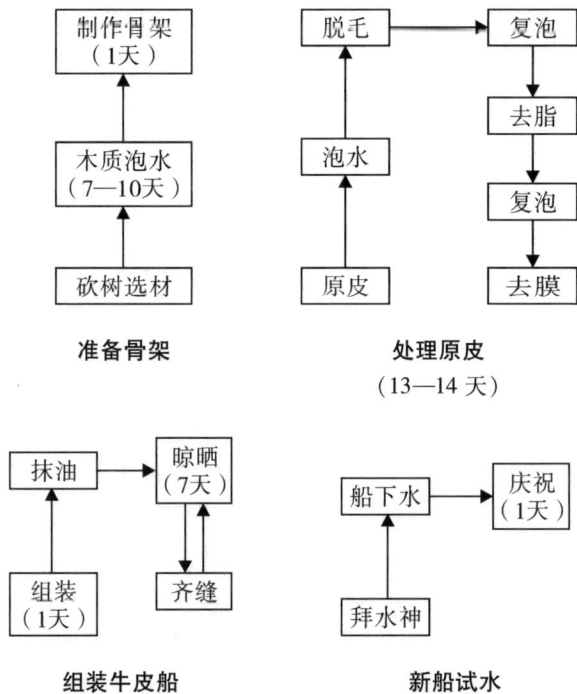

图 2 - 11　制作牛皮船的流程

①准备骨架。

制作牛皮船之前，首先需要选择相应长度的红柳枝约26条，把它们浸入水中7—10天，用刀子削皮待用（图2-12为待用骨架）。用4条较粗的做船框，构成整个船体，另外22条嵌于船底，撑起船腹。红柳枝吸水后会膨胀变形，更易弯成制作牛皮船需要的弧度。在骨与骨的交叉处，用牦牛尾毛梳搓成的绑绳将彼此捆绑固定。制作牛皮船骨架需要耗时1天。

图2-12　待用的牛皮船骨架

②处理原皮。

首先将原皮置于村边河里浸泡4—5天，其间要进行数次揉搓。制作牛皮船的皮子要求绝对韧性好，因此不同于制作普通皮具那样将皮面裹石灰泡水，而是绝不放石灰或其他酸、碱鞣剂；之后进行脱毛工作，将泡好的皮子平铺在木架之上，皮匠穿好防水裤和雨靴，拿去毛刀（图2-9中的工具C）进行硝皮去毛；然后是去脂工作，去毛后的皮子需要再泡水3天，这个时候皮板变得柔软舒展，适合去除上面的脂肪层（见图2-13）；最后是去膜工作，皮子再泡水3天后，用钝刀或小铲刀从皮子的尾部向头部方向揭去仅剩的脂肪与皮板之间的纤维膜，要避免揭破皮板。这时的生皮已经十分柔软，可以穿针缝合起来。整个硝皮的过程需耗时13—14天。

图2-13　在漫滩上硝皮去脂

③组装牛皮船。

把之前硝好的皮子用牦牛尾线缝合起来，应注意两张皮子的连接处需要折边缝补，以保证接缝处的紧密性和牢固性（图2-14为皮匠正在缝牛皮），整个过程要求针脚细密、平整。主要的四张皮子缝好后，要在整皮的上下左右四边每间隔10—15厘米打出1个小孔，用作牛皮和船架连接的穿绳孔。然后把四根船体主架榫接成梯形，将用边角料搓成的皮绳穿过边缘的小孔，绕于整个梯形船框上，在四角分别系紧，这个时候就完成了船体骨架的初步组装（见图2-15）。之后在皮面上间或洒一些水，使皮子湿润，将前面准备好的骨架按长短顺序依次嵌入船框中，撑胀船腹，船底四角处木架撑起的弧度关乎船的稳定和牢固，因此需要精确地把握；另外，梯形四角处木与木之间的嵌入处要榫牢，并用皮绳将插口重叠位置一圈圈包紧、系好。而横向与纵向船骨的交叉处，以牦牛尾绳绑紧就好（见图2-16）；最后在牛皮船表面涂抹油菜籽油，以保护皮面柔韧不易损坏。将牛皮船晾晒后在缝线的连接处涂抹羊油或牛油，弥合缺口，使其不易漏水。随后，又将牛皮船置于空地晾晒，不断涂羊油或牛油，让皮子充分吸收。待皮子表面变硬，开始呈深黄色、半透明状时，表示已制作完成。整个晾晒新船的时间在一周左右。

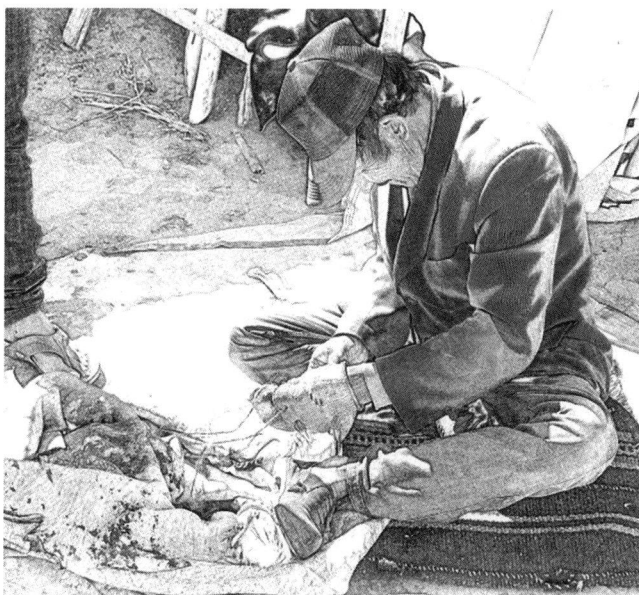

图 2 - 14　皮匠正在缝牛皮

图 2 - 15　用皮绳将牛皮与船架连接

图 2 – 16　横向与纵向船骨连接

④新船试水。

新的牛皮船做好后不可直接使用，需要在试水前举行仪式。首先主人家要在村中老渡口处祭拜水神，过程中需要煨桑、摆切玛、请村中喇嘛诵经等，并给新船献白色哈达，期望以后打鱼可以平安顺利；然后给所有参与制作牛皮船的工匠和亲友敬献哈达，感谢他们在此过程中的辛勤劳动，随后众人互敬青稞酒；接着，在码头将新船放入水中，驾船在水中转一圈即返回，之后大家一起吃饭、唱歌跳舞，不醉不归。试水仪式是家庭实力和匠人技艺的展演平台，聚焦了村民的目光。可见，该仪式包含了赞颂新船的平稳与坚固、匠人技艺的精良、主人家的慷慨款待、亲朋们的热心帮助等多重含义。

牛皮船的制作取材于村中常见的红柳，制作过程中需要多次经过水的浸润和重压，另外，在河边硝皮时留下的毛会被村中的姆拉①拣去梳搓成毛线，牛脂易降解，或成为土壤肥料，或被揉搓成涂缝专用的油脂块。可见，制作牛皮船、利用牛皮船捕鱼、摆渡恰恰是村民应对生态、利用资源做出

---

① 藏语中，姆拉是对祖辈女性的称呼，布拉是对祖辈男性的称呼，阿佳是对已婚年长女性的称呼，书中论述会涉及上述称谓，详细的亲属称谓见表4-4。

的必然选择。斯图尔德将文化的适应与特定民族的生存环境联系起来①，强调生产技术或工具与生态环境和人的行为方式三者之间互相影响、互相制约的关系。俊巴村的整体生态是牛皮船文化产生和延续的土壤。

3. 团队组织

（1）分工与分配。

以家族为主的渔猎团队，一般为几个扩大家庭或姻亲家庭中的男性组队。女性此时从事少量的园艺，照顾家庭内部事务，有时参与渔猎交换。渔猎工具为团队共享，如网具、猎具、船只。狩猎具有随机性，发现猎物或其踪迹，即进行围猎或诱猎。有时会几个人约定在凌晨一起寻觅水獭等小动物，尤其注意岩壁的脚印和河边的洞穴。捕鱼则需要团队合作，如划船、撒网、背船、背食物和用具等。一般划船的人不背船，由撒网人背船行走。划船的人要掌握平衡，尤其是风向，风会使牛皮船打转，要想前进需从风的反方向迅速大力划动，等风小后再两面均匀划动，以保持平稳，这一过程需要消耗很大的体力。女性会准备好一些简单的食物给渔夫和猎人携带，并负责拜祭神灵，保佑他们平安归来、收获丰富。早期的定居使女性逐渐固定在土地上，开垦小规模的荒地，获得少量谷物等。两性分工逐渐明晰。

早期渔网、船、人力、畜力均参与分配，按人数和生产工具的比例，对渔获、猎获进行等分。在手工编织渔网的时期，渔网也属于易损耗的物品，编制、修复均需要时间，所以属于一份；牛皮船为哪个扩大家庭所有，则该家庭将获得更多份的渔获；剩下的则均分，因都属家族间的团队，分得的渔获、猎获属于隶属的家庭共有。

（2）捕捞、划船技术与禁忌。

夏季夜间捕鱼最好，此时水温下降，水域平静，适合鱼群活动觅食，大小鱼都沿着水边慢游觅食。如遇大风就不适宜捕鱼，因为水浪较大，鱼很少游动觅食，一般都沉到水底，此时划船也危险。可在沟塘拐、梢、湾、凹凸处捕捞，夜晚在较宽阔的浅水区也有鱼群活动。水边石缝的间隙也是很多藏鲇鱼的藏身之处，尤其是冬季，它们会在水草处和崖缝间冬眠，但比较隐蔽，不易寻找。

遇到旋涡是很紧张的情况，下游水势大时，可以掀翻牛皮船，人顺流

---

① STEWARD J H. Evolution and process. In KROEBER A L. ed. Anthropology today. Chicago: University of Chicago Press，1953.

而下很快就不见了，尼玛的老公索朗就是这样被水冲走的。看船侧边的木头骨圈，由下到上有三层，吃水线在一道至二道圈之间最佳，超过二道圈载重量就很大了。行驶时，船夫双脚紧蹬船底的骨架，双膝微曲抵靠船围，双手执桨，左右拨水，遇激流险滩时，需逆风向奋力直插几桨。坐船必须形成对称，以保持平衡，脚只能踩骨架。到岸后，船夫会翻起船身，以桨为扁担，横撇于骨架上，沿岸肩负而行。上船也有讲究，必须与船夫面对面而上，这样双方可挽扶，安全保险。上船后，谁坐什么位置均由船夫安排，"坐着不要动"，这是乘坐牛皮船的规矩。

附近村民乘船时是收费的，牛羊也收，收来的钱归船夫（船主和划船人不同时平分收入），如是熟人就不一定收费，坐船者会定期送点东西回礼。旧日的西藏有码头船和牛皮船，码头船是官办的，高高在上，主要运送货品和官员，而牛皮船是平民主要的摆渡工具。两船或三船相连，由最有经验的船夫掌握方向，其他人跟着使劲划，会增加稳定性。

4. 早期的交换

随着吐蕃时期农业和牧业的发展，剩余商品的交换成为可能，逐渐形成早期的商品市场，以物换物，互通有无。虽然作为大传统的藏传佛教反对杀生，在藏地农村，此种文化多以"歧视"等形式存在，但杀生行为不一定绝迹。小传统中更多是地方性的诠释，是以个人或家庭为中心，以生存为目的，渔农交换真实存在，此时交换主要是生存所需。

交换也成为分散地点的存储形式，以减少食物腐烂的浪费。例如，男性在雅江打鱼，确定第二日早上在山南某处等待，见面后将鱼交予家人（家中女性）出售，进而再往墨竹工卡出发，在拉萨河捕捞后，顺流至拉萨卖鱼，换得物品后再回村。在一次捕捞行为中包含着两次间断售卖活动，使得鱼相对新鲜，可减少变质带来的浪费。除中途售卖外，还可进行及时处理，如撒盐腌制并晒成鱼干防腐，此种方式非常普遍，很多民居房檐下可见吊着的鱼干。这种鱼是整条挂着的，还有的会把鱼肠收拾好。晒鱼干时很多人会去房顶，将鱼平铺，用硬物压住，防止吹跑，为使鱼受阳光照射均匀，会翻转晒鱼。将晒好的鱼干拿去卖，买鱼者不用自己收拾鱼，不会觉得残忍，吃起来也就没有那么重的负罪感。晾晒还延长了贸易的交换时间，如夏秋季很贵的藏鲇鱼在冬季特别受欢迎，因为冬季寒冷，很多藏民的膝盖患风湿等症，有水肿，而藏鲇鱼鱼干有很好的去水肿功效，可减轻疼痛。村民说冬天附近的村子有人来要鱼干拿回去煮水，一小块就换得两方盒糌粑。

5. 技术传承

村民技术传承以多样性为原则，也与婚姻形态有关。民主改革前，西藏实行等级内婚制，渔民的通婚圈很窄，渔民和皮匠家庭通婚，一个家庭有两个儿子的，会一个学做皮匠、一个打鱼，或者招赘婿也可以。业缘和亲缘结合的技术传承模式使村民联系紧密，最大限度共享资源，减少牛皮船等重要工具的需求量。不存在拜师等仪式，大家都是亲戚，自己想学跟着学就行了，但学徒获得的酬劳不多，渔民在学打鱼的时候，分得的渔获份数也少一些。

三、次生文化第二阶段：贡赋与市场

（一）松散的贡赋体系

1. 相对自由的空间移动

从 13 世纪开始，西藏就开始征收贡赋，有万户府制度，归蔡巴（今拉萨市城关区蔡公堂村）万户府管理。当时正是萨迦派鼎盛时期，俊巴村的寺庙（俊巴日追）就是这时候修建的，被认为是 72 座萨迦派寺庙中最小但"风水"最好的一个。相传萨迦派的大师听闻俊巴捕鱼，专门来此建庙并帮助渔民消除罪恶，"超度亡魂"。所以 13 世纪以后，俊巴村已经有一定规模，但耕地较少，只得以鱼或换得的物品加上皮具进行朝贡并承担差役。14 世纪到 16 世纪，政权更迭，地方统治者更换频繁，以家族统治为主，开始按宗进行管辖，此时俊巴村承担较重的摆渡运输差，但地方统治者为了维护相对的"和平"，并不会让村民将家庭的全部收入用于贡赋，会让其留有小部分自己食用或交换，从而刺激了交换市场，摆渡也显得更为重要。掌握摆渡技术的渔民无疑比农牧民拥有更多的机会参与市场交换，皮匠们的皮具也会交由渔民换回物品，并象征性地给些礼物作为回报。渔民用摆渡和运输所得的少量收入买皮子做新牛皮船，用旧牛皮船的皮做成衣服、马包，最结实的马包就是用泡过水的旧皮做的。

2. 渔、猎、农、牧的混合生计：渔主猎辅，少量农、牧

狩猎在此时期相对较少，捕鱼、摆渡、市场交换主体为男性，女性负责售卖，主要在村子附近的农区进行，皮匠制作皮具时，女性会帮忙鞣皮，但更多是负责家中少量的农耕或畜养的牛、羊。捕捞依然以团队合作为主，有固定的路线，季节不同，路线也不一样。春季在拉萨河附近，鱼比较多；夏季拉萨河水大，可在岸边网捕。如图 2 - 17 所示，打鱼一般往山南方向

（水势相对小些），先去尼木或贡嘎，然后进雅江捕捞，回来时在贡嘎或曲水大桥附近交换，也可以继续去拉萨，从拉萨顺流回俊巴村。秋冬会去日喀则和尼木等地，那里有较贵的藏鲶鱼，一些贵族老爷很喜欢那种鱼，认为该鱼滋补。同时，鱼类冬季多在广阔流域的石缝和溪流中躲藏，减少活动，在中午太阳较大、水温上升时才出来短暂游动，有些甚至冬眠。因此，冬季的渔获量不大，俊巴渔民在去日喀则时可以带一些可交换的物品，在拉孜等地换回日用品，价格便宜一些，再随牛皮船运回村中，接着去拉萨卖鱼，因天气较冷，鱼没那么容易腐臭，一次路程要十几天。在贡嘎、泽当也有交换的集市，如果买皮子就多去山南，因牧民喜欢去山南换青稞，质量最好。村中有少量羊，在随渔民出行时会背驮渔民的随身物品或交换的货物。

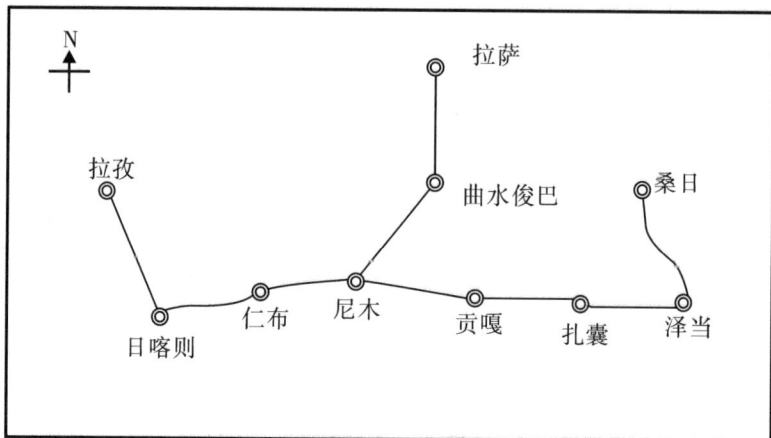

图 2 - 17　打鱼路线及主要渡口

由渔民的生产路线可知，在不同的季节，渔民的生产基地会在流域内发生变化，夏季的生产基地以拉萨河和尼木附近的流域为主，秋冬季则以日喀则、山南等地为主。捕捞伴随着物品的交换过程，渔民在某种程度上扮演了物物交换的中介角色。在山南、日喀则等地换回的物品会在村中或与附近农户进行交换，渔、农的物物交换不同于行商追寻利益最大化——压低价格买进后抬高价格售出，而是在等价、公平的交换范围内进行。

（二）依赖市场交换的渔猎

1. 交换形式

贸易交换除了渔民在拉萨、曲水、山南江边附近的农村交换之外，还有市场的交换，牧民会过来农区换青稞或糌粑，村民会拿皮具与牧民交换皮子、肉类、碱面和盐。达瓦布拉说，用藏北湖里土壤晒出来的土碱，既是鞣皮的重要材料，也是藏民洗头、洗脸、洗衣服的清洁剂，需跟牧民贸易换来。黑河（今那曲、安多）、聂荣等宗的牧民常去拉萨地区的尼木、堆龙德庆、当雄、曲水、林周和山南地区的桑日等地进行交换，巴青、索宗牛羊多的牧民则去山南，那里的青稞质好、量大，畜产品和盐巴的需求量也比较大[1]，在拉孜、昂仁和白朗、江孜等地有交换的区域市场。俊巴村刚好在从日喀则去拉萨的水域中心，离山南也较近，曲水县的曲水大桥市场在俊巴村附近的拉萨河对岸，距离较近，村民也会去那里交换，但价格不同，日喀则等地换皮板、碱面的价格要比山南、拉萨、墨竹工卡等地的便宜，所以村民宁可去日喀则换。渔民不会直接用鱼与牧民交换，而是用从农区换来的糌粑去和牧民交换碱面或盐。

俊巴村民会和周边的一些农户，尤其是需要运输的农户处理好关系，帮其交换一些物品。冬天的时候，会有牧民寄宿在农户家中，卖了牛羊后，就把皮子、牛头、羊头、牛羊下水（杂碎）赠予主人家，若主人家觉得太多，可以转送，若转送也没人要，俊巴村民会索来皮子，制成成品后回送一些给主人家。年复一年继续此种交易。嘎桑是边巴布拉（皮匠）的儿子，自小捕鱼，后入赘陇巴村，他和山南桑布日村村主任家关系很好，村主任家孩子考上大学时他还专门去祝贺。他说："两家人保持很久的联系了，以前边巴布拉家做皮具的皮子好多都是他家给的，现在得还回去，有事情也要去。"就是这样，渔民或皮匠与附近的一些农户形成了要好的关系，互通有无。桑布日村村主任的儿子说："我以前还跟俊巴学摆渡船，出行方便一些，但不通婚，村里也不吃鱼，主要生计是农牧。现在有车了，联系少了，但每到9月去找牛的时候，有时会跟渔村（俊巴、陇巴）借船，免费的，村里宰牛羊时给他们些皮子就好。"

---

① 格勒、刘一民、张建世等编著：《藏北牧民——西藏那曲地区社会历史调查》，北京：中国藏学出版社，1993年，第98页。

2. 及时交换与存储

（1）女性售卖者。

表面上，村民会说村中女性并不从事捕鱼等相关工作。但夏季，男性从山南捕鱼回来，会在俊巴附近把鱼交给女性。为防止鱼腐臭，女性会尽快交换他物或晒干处理。女性会用鱼与附近农户交换青稞等，并且学习氆氇编制技巧。俊巴村的很多妇女都会织氆氇和卡垫，因此有时会换一些羊毛（绒）回村。俊巴村的妇女还会交流种植知识，带回一些种子，学着使用农具，干农活很利索。

（2）肉质的存储。

鱼肉的存储有吊干和晒干两种，前文已经述及。除用于交换的鱼外，村中很多鱼是自己食用的，尤其是5—7月，农区的青稞未熟，只能让农户先赊欠交换的青稞，待成熟再还回来。鱼是村民动物蛋白的主要来源。村中打鱼的人会随身带盐和糌粑，饿不到，有鱼就行，石头垒灶，沿江取水，自己煮鱼就糌粑吃，味道鲜美。以前做鱼有十几种方法，现在没以前的多了。以下是村中几位布拉回忆的制作鱼的方法：

①纳馍（鱼饺子）：面加水和好，擀成圆饼状，加入剁碎的鱼肉（去皮不去骨），包好即可。用热水煮熟来吃，蘸辣椒极好吃。

②蒸鱼：剁块，放锅上，沸水蒸，加盐就行。

③煮鱼：用盐腌一下，剁块，放入水中，煮好后把水倒掉。煮鱼时不能放太多盐，放太多盐对胃不好，容易引起胃疼，也可省盐。

④凉拌鱼丝：鱼肉切丝，拌辣椒和野葱，生食，用棒巴鱼较好，柔滑。

⑤生鱼酱：鱼含骨剁碎，选择刺软的种类，加水拌辣椒、野葱和糌粑吃。

⑥将鱼从肚皮切开，整条蒸着吃。

⑦麻椒、辣椒加鱼干，用锅炒着吃。

⑧将鱼剁小，鱼皮不剥，一起蒸，蒸熟后盖好，等形成鱼冻，将鱼切成片，蘸辣椒粉吃。

⑨将鱼干切片，炸一会儿，再放到另一个锅蒸，酥软。

⑩烈路：将鱼干剁成一块块的，放入面粉，拌成团，蒸。

⑪先晒，再投入火中烧烤，鱼头也可以烤。

⑫将一块晒干的鱼磨碎，去掉皮，加茶（砖茶）和辣椒，当茶饮。

帮我翻译的丹增卓嘎，一边听一边说好久没这么馋鱼了，但现在一些做法麻烦，就不做了，常见的只有纳馍、生鱼酱、烤鱼、煮鱼。在村中的鱼庄也吃不到纳馍，因制作麻烦，也卖不高价钱，就不卖了。

真正好吃的还是捕鱼间隙在林间的午餐——纳馍（见图 2 - 18 和图 2 - 19）、烤鱼（见图 2 - 20）、煮鱼块（见图 2 - 21）。面粉是从家中带来的，用冷水和，鱼就地取材，棒巴鱼、普子鱼、尖嘴巴鱼、白鱼、花鱼，打到什么就吃什么。比较大的鱼如普子鱼，肥一些的，切成块，用水直接煮，放了盐，不容易坏，也便于携带；一般大小的，尤其是尖嘴巴鱼和普子鱼，可用来包纳馍，小刺没有那么硬，大刺硬的就一根脊骨，吃的时候吐出来就行。剁馅时把鱼去头、去皮，去皮时在鱼肚侧面划一刀，然后用手撕开皮，整张鱼皮就可完整撕下来；鱼肠不食，在江边洗鱼的时候可拿去喂鸟或鸭子，人吃了会肚子疼。相对小一些的鱼较嫩，易熟，先以脊骨为中线展开，撒盐和辣椒，晒后放入火中烤，鱼头也一起烤，烤熟的鱼外面稍微有些黑，但里面的肉又香又嫩，保留了原有天然的味道。鱼肉馅一边剁一边加入白白的羊油（脂肪），剁一点鱼放一点油，使之完全混合，再加上山上的野葱，把腥味完全遮盖，增加了清香，吃的时候完全不会腥、膻，突然顿悟"鲜"字的真正含义。在小麦稀少的时候，纳馍是比较珍贵的，此种饮食受汉族的影响。

图 2 - 18　剁鱼肉馅准备包纳馍

图 2 - 19　煮熟的纳馍

图 2 - 20　点火煮鱼并烤鱼

图 2 - 21　盐水煮鱼块

食物烹调方法的多样化，代表着村民对鱼的熟悉程度的加深和存储的智慧。当以鱼为食成为艺术的时候，食物的魅力绝不仅仅是制作方法的简单复制，还凝结着智慧与记忆。纳馍、鱼块不是随便分享的，是参与劳动的人才能享受的食物，有朋友可以一起吃，但不能拿走，剩下的食物只属于那些打鱼的人，有几个人就分成几小份，可以带回家中。如果村中有老人、病人是捕鱼人的亲戚，只要提出来，大家就会从自己那里拿出一点，多分给他们吃。对于那些不打鱼的老人，吃鱼是幸福的回忆，村中年轻的渔民尊重那些掌握捕鱼知识和摆渡技艺的老渔民。

（3）皮质的保存。

鲜皮板是需要及时处理的，否则容易发霉腐烂；干皮板则要堆在院子或房檐下，不要暴晒，否则易开裂。鞣好的羊皮用于制作糌粑袋前要保持湿润，但又不能洒水，可放在淋水后的土壤中，方便加工，也不变形。

防腐剂和鞣剂是从山上或交换得来的，均为土法提炼，没有化学工艺，不会对水源造成污染，还可以增加土壤养分，但鞣皮区域会有些腥臭味。

土碱是最常见的鞣剂，与牧民换得。将碱面溶于水，煮沸，放置温热后将生皮放入浸泡，不可过热，否则做出的皮具韧性不强。浸泡时需间断揉搓，约 2 天后拿出，进行后面的鞣制工序。用煮过奶渣的酸性水浸泡生皮也可以，但颜色没有碱面鞣过的白净。草木灰和炉膛灰也被用来鞣皮，其中含少量土碱。

山上有一种白色的植物叫"甘打"，将根部白色的部分捣碎煮水可提炼出白色粉末，是清洁剂，可以鞣皮、洗氆氇，都比较干净。洗脸可用另一种叫"浦东"的东西，就是从日喀则换回的那曲河里的碱面，做饼子也可放碱面。村里没有化学染色剂，给皮子染色依靠植物和矿物原料，如红色的"么籽"、黄色的"吉布"、蓝绿色的染色石、棕色的核桃皮。次仁说："以前染色的皮具会越用越亮，不像现在用化学染色盒染的会掉色。"

秋冬收来的皮板一般初春就鞣好了，晒在场院，有些保留毛的要防止腐烂。如果要染色，夏季前要染好，否则夏季雨水多，皮子没干透，会存在霉点。没染的皮板放到 9 月秋收后天气干燥再染也可以。俊巴春季的鞣皮量大，现在还有人开车来村里卖碱面，一袋青稞换一包碱面，皮匠们会换。其实，青稞一斤 3—4 元，碱面 1 斤 1.5 元，一袋换一袋，村民肯定亏了，但村民不愿用现金出去买，运回来也需要油钱和车费，倒不如在家门口买 2—3 袋，反正青稞吃得少，有一点存粮就够了。

3. 生产组织与单位

图 2-22 是 20 世纪 30 年代俊巴村只有 30 余户时，村中 8 户皮匠中果夏家男性后代（含儿子和赘婿）从事的职业。[①] 由该图可知，果夏家四代家庭成员中均共存捕鱼和从事皮具制作的人员，皮匠可独立出来，但税由全村统一交。第二、三代的捕鱼团队也由儿子和赘婿组成，收入归扩大家庭所有，如果儿子入赘他户，则仍旧一起捕鱼，但儿子的收入在正式入赘前归自己家，入赘后归妻子家。因为俊巴村丈夫正式入赘前好多年孩子会在妻子的家庭中长大，所以舅舅的技能很多都传给外甥，父子倒未必从事同一种职业，但家中总是会有一个孩子继续此种职业，招赘婿也算传承。20 世纪 60 年代入赘的外村男性就有随岳父学皮匠技艺的，现在一直在做皮具。到第四代，有的出去读书、打工，留在村中的则从事捕鱼和做皮具的祖业。

---

① 图中，△代表男性，○代表女性，画斜线表示此人已去世。下同，不赘述。

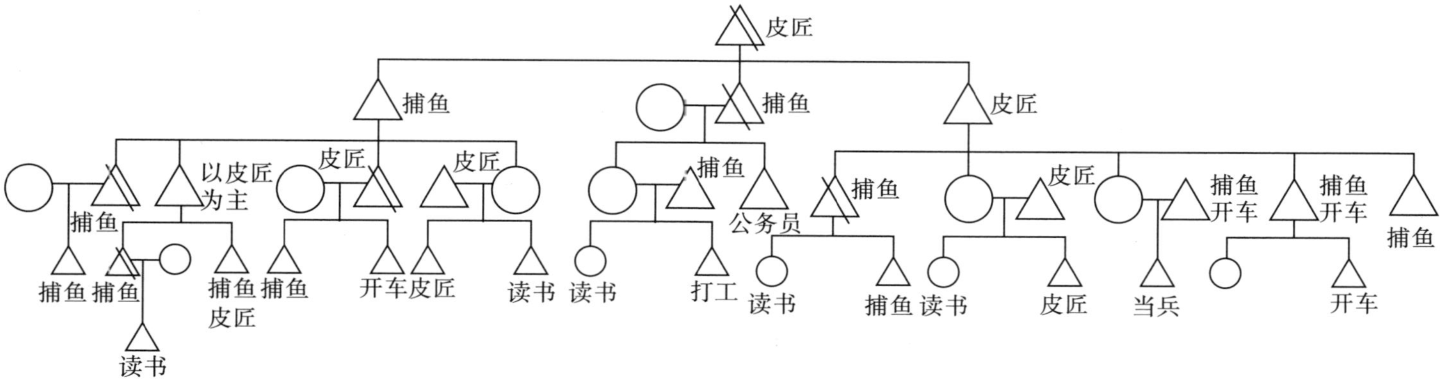

图2-22 果庶家男性后代从事的职业

捕鱼团队的渔船出自不同的扩大家庭，如赘婿跟自己家的兄弟们去打鱼，刚好兄弟们的家庭无船或去支差，那入赘家庭的船可以共同使用，不会出现无船打鱼的窘况。若真的两边都没船，也可以跟其他家凑，村里要求帮助出劳役差的家庭，但分收入时，该家庭因无船，只有一份劳力，分得的渔获不会太多，可能刚够糊口。幸好支差有时会有些摆渡收入能补贴家用。

皮匠和渔民亲缘的紧密结合直接影响扩大家庭的收入。20 世纪 30—50 年代，分家情况很少，各家集体劳动，渔民的鱼除了作为食物，还可换得糌粑和其他肉类，皮匠的皮具可换得糌粑、肉类、少量现金、羊毛、皮板等，他们可以及时购买或更新牛皮船（3—4 年需更换新船）。到 20 世纪 60 年代，出现少量分家，第三代中部分家庭分离；到 20 世纪 80 年代以后，第三代中留一家与祖辈同住，剩下的分户，形成核心家庭和主干家庭。

（三）集权的贡赋体系

17 世纪中期，噶厦政府实行政教合一的封建农奴制，将农奴捆绑在土地上，集权、税重。俊巴村土地少，但实物税、差役和代金税更重，所以更加依赖市场以获得代金交税。政府对水路交通的依赖使渔民一方面需提供支运输差的乌拉，另一方面有一定的捕捞自主权，一些服役人家庭的差税也得以减免，但渔民的社会地位明显更低了。即使地位低，渔民也不愿放弃原有生计，仍希望以捕鱼为生，有破产农奴逃出来后进入俊巴村，入赘渔民家庭。

1. 缴税系统

（1）差税和徭役。

民主改革前，西藏的赋税系统可分为不同的层次。张江华将西藏封建农奴制度的类型按地区分为三种：卫藏地区以领主庄园制为主，康区主要是土司、头人制，藏北以部落首领制为主。[1] 领主庄园的赋税徭役体系又有内、外之分，内差包括奴役性地租、劳役及人身依附费[2]等，外差以政府认定占有或使用的土地面积（牲畜数量）为依据，征收实物（或货币）赋税及征派乌拉劳役。

内差主要负责份地的耕种、各种乌拉差役，以农耕收获的作物和畜

---

① 张江华：《试论西藏封建农奴制度的基本类型》，《民族研究》1988 年第 6 期，第 29 - 37 页。
② 没有耕种庄园土地的手工艺者或流浪者，需缴纳人身依附性质的人头税（一般为货币）。

力、劳力支出为主要的完税内容，承担内差的主要为差巴。大差巴可以把份地租给堆穷耕种，收取租金。堆穷除耕作、服劳役外还需为庄园做零工等。如日喀则的杜素庄园，"差巴按差岗地大小，向庄园和官府支应差役，向官府支应的称外差，向庄园支应的称内差。无论内差或外差，都是混合租形式，含有劳役、实物和货币，其中又以劳役为主，内外差役项目繁多、内容庞杂。以内差的劳役计，就有近五十项；外差主要是为运送持有噶厦牌照的人员和货物，并招待官府过往人员"。差巴和堆穷部分居住在庄园内，部分为居住在庄园附近的农奴户。囊生就寄居在庄园内，无承租土地，以手工业和帮佣服务为业，属家奴，人身自由程度相对更低。乌拉外差主要是为政府和寺庙支长途运输差、驮夫差、夜宿差等。不同的差户，其承担差税的侧重点也不同。有些户土地较多，被固定在土地上，以实物粮食缴税为主，兼有其他实物税、劳役等；有些户土地少，就以劳役承担赋税为主，实物税少些；有些烟火户（交人头/役税）从外地逃亡或婚配而来，属原庄园，但常住在现庄园内，他们的完税形式多为货币和劳役。"交人役税的农奴有两种情况：一是庄园根据需要可将差巴和堆穷家的劳动力长期调出使用，农奴为避免承担这种劳役，想继续留在家中，就向领主申请，以交人役税代替劳役；二是经庄园同意出外自谋生路的农奴，他们也要定期向庄园交纳人役税，表示庄园贵族与这些人有领属关系。人役税的税额不等，多的每人年交20藏克（每藏克约28斤）青稞，少的仅交数两藏银。"[①]

拉雪（俊巴属雪沃地方管辖）差民需"完成五顿的路差、与此相关的兵差和修渠差后，再有做佛事私人奉献及传召磨糌粑差为主的炒青稞、榨油，以石坝、沙河坝为主的筑坝差，土石工，听差，高质酥油、凑集的粮食运输差，汉藏官员的养马差，鸡蛋、猪、泥土、石板、草、木、塘苇、秫秸、刺柴等大小砍运差，炭差，传大、小召用奶和麝香、骰子（占卜用）、硬木橛、七寸子粉（一种洗涤剂）、紫草（作红染料）、五灵脂等以前所支过的差，以及制作染料、传召时的古装兵人选和皮船差等该怎样就怎样，对于卖茶和到西宁经商的差、马驴临时支差、山川河流地区的牲畜（牛、羊）要交纳牲畜税和乳制品，包括扫帚在内的实物和劳役的差类，任何一种，根本不要承担，因已给了固定执照。至于新开垦的土地、投靠来的奴隶、冬夏灌溉用水等事，须按以前判决及水约条文来办。总之，凡上

---

① 张江华：《试论西藏封建农奴制度的基本类型》，《民族研究》1988年第6期，第31页。

述在规定中不明确的支差、免减，不能违犯历次总纲领的精神，同样，不能做不合理的征派、借故生端、依仗权势及后台等违犯事等等"①。

俊巴村主要在拉萨市曲水县与山南地区的交界处，处于拉萨河南岸，归属雪列空下辖曲水宗协荣豁队罗塞林管辖，实行领主庄园制。俊巴村村民居于与协荣豁队相距20多千米的拉萨河南岸，单独居住，每年定期向豁队和哲蚌寺交税，收税的官员（拉萨和豁队都有）有时会来村里。村中老人记忆中的主要税种为长途运输乌拉差、粮食差、皮具差、饲草差、鱼税等。根据《我等即将衰败的陇巴地方23户共同呈报》②的公文，陇巴曾一度与俊巴（雪沃地方）缴相同的差税，并详细列出俊巴的马册（水兔年清册）差担如下：

> 马匹乌拉差1/3岗；拉萨皮具税（收皮张官员）代劳役脚夫4人；传召法会的糌粑差2/3岗；汉馇税（供差汉族官兵）、柴薪代金；给拉恰列空（税务核定机关）干鱼360个；给雪巴列空鸡蛋差；杂篾列空（柴薪征收机构）支付饲草代金；驻藏大臣去后藏时，承担帐篷代金；给孜恰列空缴纳干煸牛肉、牲畜差；每户承担驿站马匹和赶驮夫差1人；饲养马匹和厨房服务差、饲草和柴火差；达赖喇嘛前往边境县三个寺庙途经的坐骑饲料、柴火、沿途修路役夫差；过江摆渡的船夫差；另大小活动的卓巴差（跳舞人）；曲水县特贡糌粑代金；杰德秀的氆氇代金；支谷地方的肉食代金；给宗豁的酥油、肉食代金；土宗的林木代金；措宗的草场代金；敏珠林寺的佛寺代金；多吉扎寺香灯师傅的祝寿佛事沿途费用代金；昌果地方收成代金；政府骡子往返时的服务、饲草和柴火税等；贡嘎协珠林寺僧人和多吉扎寺双方来回走动时畜驮运输差和背皮张人役（牛皮、马皮）1人；传召法会的经幡用材料、运输时劳役差；制作铜制品的劳役1/2人；军差1/8岗；皮具差和皮具服务差（江面运输）4岗；冬天江面牛皮船运输差服务量大（堆龙附近、铁桥拉扎支付相应的费用），需支长途运输差。上述大量代金均由缴纳50藏克的鱼税并且以捕鱼为生计去完成。

---

① 中国社会科学院民族研究所、西藏自治区档案馆编：《西藏社会历史藏文档案资料译文集》，北京：中国藏学出版社，1997年，第49-50页。

② 从2016年8月田野调查中获得。

由上述公文可知，渔户主要以缴纳50藏克鱼税获得捕鱼资格，并以劳役差、实物差及大量代金、皮张税等完成赋税缴纳，粮食的上缴量有限。俊巴村的牛皮船在政府水路物资运输中非常重要，因此乌拉差税最重。交税单位有一岗差、一克差、一顿差等。一岗差相当于50—60藏克，按每藏克约28斤计算，则一岗粮食差最少相当于1 400斤粮食；同时，一岗差也可能是乌拉差或者皮具差及运输差，如俊巴村的皮具及皮具服务差就按岗来计算，共4岗，若以杜素庄园一岗差含人役436.5天计算[1]，4岗人役差需1 746天，而俊巴村的乌拉差数量应在杜素庄园一岗内差天数之上，因粮食差、牲畜差相较杜素庄园少，必以乌拉差补足。同时，俊巴村的50藏克[2]鱼税和大量税役代金，促使其以捕鱼为生计并以交换所得粮食或现金完成缴纳，所以俊巴渔民相对于固定在土地上的农奴差巴、堆穷而言，有一定的人身自由，可以在水域内捕鱼并交换。

（2）实物税收和代金。

对于实物税收，1959年之前，门牌第33户的达瓦负责给哲蚌寺和拉恰列空交税，从18岁到22岁都去，民主改革后就不再去拉萨交税了。据他回忆，"村中做皮具的人家就交皮具差，有藏族特有的皮垫、鞋子（给拉萨三大寺庙的僧人做鞋子）、皮包等。打鱼的人家交鱼干，给拉恰列空的，经手的税官都得给些，所以实际缴纳的比核定数目要多很多。有时候协荣黧队会派人来收，收税官也要层层打点，否则会说数量不够，若欠下来，再补就补不上了，利息好重的。所以，能村里自己送去就自己送，可以省些打点官员的钱"。

因村里可耕地少，都是开荒地，糌粑差也就不怎么算，但还是要交一些。糌粑差主要是给庄园的，交差有一个标准，一年按这个标准交一次。达瓦说："一户种四亩地就交五亩地的差，丰收年交完差有时候能剩点自己吃，灾涝年淹了，就什么都没剩下了，有时候连交税都不够。但是真的淹了会跟政府说减税，如果幸运，能减少一点，但来年的种子还得借，种田时借债，秋收还回去，债是还不完的，越积越多，债也越重。俊巴地少，借的债还不算太重。我们打鱼的还有些吃的，那些农户就连吃的也没有，只能跟我们换鱼，而且要在秋天才能还我们一点青稞或糌粑。也有活不下去的时候，但都坚持下来了。"交税很重，打鱼的人家就只打鱼，交鱼税和乌拉差；皮匠家庭就交皮具，再支差。以前一个西藏家庭不会从事两种职

---

① 刘忠：《从若干具体庄园看西藏领地经营与农奴负担》，《中国藏学（特刊）》1992年第S1期，第8页。

② 50藏克为1 400斤（50×28）。

业，因为交不起税，仅交一种税都吃不饱饭。

此外，还有很多生活中所需用品的实物税。达瓦列举："如煨桑税，庄园或寺庙需要烧，所以要上山拔这种草交差，给吉娜庄园；也交牛粪差；还有染料（朱砂）差，宗教仪式中用来染在糌粑上的，需拔这样的染料植物交过去；村里有一点羊毛也被要求上缴，或者织成氆氇、卡垫等交税；牛皮绳都要用于交税，用来捆绑东西牢固。不定时就会有体力差，就是盖房子、批石头之类，去庄园，男女都去。"

达瓦还说："代金税就是给庄园或寺庙交钱。村里打鱼、做皮具的，就去换或者卖，才有代金去交税。去拉萨卖皮具，主要是藏式皮垫、皮鞋，那时候僧人都会买村里人做的鞋子，保暖。鞋子价钱是15—20大洋，可以物物交换，比如用粮食，有些也给钱。钱的币种也有很多，有'手杠''卡杠'等。僧人还喜欢村里人鞣的皮子，用来做僧衣，保暖。"

实物税和代金税给皮匠参与市场创造了条件，使其一方面依附于领主和寺庙，另一方面获得一定的交换自由，减少了劳役的负担。交换过程中的物资流转带来新的皮板、碱面等生产资料，通过劳动再次转换为纳贡的产品和市场的商品，物物交换本身承载着皮匠的劳动价值，形成政治、宗教、市场的适应循环。同时，也应该看到贡赋缴纳中的剥削关系，看似贡税是对杀生的补偿，换得宗教和政府的宽容，实则是对渔民剩余价值的无偿占有，以供养寺庙僧侣和统治机构的日常开销。

2. 物物交换

（1）渔农互换。

苯教有鲁神崇拜，对吃鱼有忌讳；佛教反对杀生，吃鱼又不怎么光彩。卖鱼行为有时候是隐蔽的，买鱼也如此，尤其是藏历5月，青稞还未收割、冬储的牛羊肉亦吃完，真的没什么吃的，能吃到鱼肉就是很大的满足了。买卖的人心照不宣，山南、曲水、尼木县附近的农户没有现金买鱼，青稞未成熟时，也就没有青稞交换，便向渔民赊账，等到收获后再以青稞、奶渣、盐等归还。那时候卖的都是死鱼，有人说吃死鱼也不算杀生了，过了自己心里的关。在行为上会多去念佛、拜佛赎罪，终究是因为没什么吃的才吃鱼，所以也觉得可以原谅。俊巴村村民秋天与农户换来青稞、糌粑等，再去曲水大桥附近或拉萨，与日喀则、阿里等地来交换物品的牧民交换盐、碱面、少量肉类或皮子。

（2）现金买卖。

每到节日，村民还会把皮具产品拿去拉萨的八角街、布达拉宫和哲蚌寺、色拉寺附近贩卖。皮质的衣服御寒，很多僧人喜欢，便买来鞣好的皮子自己制作衣服。还有藏靴，也有僧人买。他们会付现金，一双鞋 15—20 银元，一件皮衣 10—15 银元。如果要求用青稞、糌粑换，他们也同意，寺庙的糌粑质量好些。以前，打完鱼去拉萨走街串巷，买卖的是死鱼，吆喝时不能说卖鱼，只能说卖"水萝卜"①，有人就心领神会出来买。在拉萨卖鱼也会有些现金收入。这些现金多数用来冲抵各种代金税，每年渔民自己手中能剩下的现金很少。即使有剩余，也多会买质量好的牛皮，做一条新的牛皮船使用。

有村里的布拉说，还有一种买卖是很隐蔽的，但是会得到较多现金。村里有人打"水猪"等小动物，保留皮毛，这些小动物的皮毛有人收，因经常有禁令，禁止捕杀，所以不敢明面买卖。在拉萨老城有几家屠户，他们会收，然后再卖给贵族老爷，有些人会用来做衣服的毛领和袖口的毛边，还会用来做帽子。收购价一般是牛皮的 5—6 倍，也就是 60 银元左右，特别好的、绒毛很柔软的有 70—80 银元，足够家里生活好长时间。因为是偷偷卖的，还得给中间人好处，有时是衣服、鞋子之类的物品，有时是吃的。村民说"水猪"之类的小动物也不好打，数量不多，很多在凌晨出来，要专门寻找踪迹，设陷阱围堵，一个人不行，得 2—3 人一起抓。它们跑得很快，爬岩石一下就不见了，有些钻去水里的岩洞，这样一晚上就白干了，天亮了又怕被别人发现，就不能再抓了。被抓过的地方就不会再有这些小动物了，它们很聪明，会躲到其他地方去。抓了小动物，得去拜寺庙、点灯，卖皮的钱也得给寺庙买东西，卖多少钱按人数平分，不敢声张。

（3）度量中介与转换标准。

20 世纪 30 年代前后，曲水地区流通的金属货币有"藏圆"，为四川打箭炉铸造的纯银币，如"川卢"，后有银币"雪阿"（按不同含银量有 3、5、10 两等规格）、铜币"卡杠""雪冈"，甘丹颇章政府发行有银币"章嘎"。

20 世纪 50 年代，物物交换与现金交换均存在，市场上农、牧、渔的交换以农产品（如青稞）计量，渔民或皮匠可以先跟农民换得青稞后再跟牧民进行交换。在拉萨等地的现金交换有不同的币种，藏银"久廓"或"章嘎"、有袁世凯头像的银元、铜币"卡杠"及印度币种（有东印度公司的卢比和英印政府的卢比②，在民众中应用不多）皆流通。"藏银计价：1 品 = 50 两；1 品 = 2.5 银元；1 两藏银 = 40 卡杠；1 章嘎 = 4 两；1 银元 = 15—25

---

① 廖东凡：《藏地风俗》，北京：中国藏学出版社，2014 年。
② 图片见朱进忠：《中国西藏钱币》，北京：中华书局，2002 年，第 141 – 142 页。

两。青稞计价：1 克 = 20 升（赤）= 28 市斤 = 12 波；1 升 = 1.4 市斤。"①
在墨竹工卡，1 克青稞卖 200 两藏银，即 10—12 银元。

不论是私下的渔农交换还是集市交换（时间一般为冬季，藏历 10—11
月），主要的等价物是青稞和金属货币，拉萨城区以货币交换为主，农牧区
以青稞计量为主。

如表 2−2 所示，不同交换地点的物物交换价格有差异，如在日喀则交
换碱面或在堆龙交换盐，价格会比在山南交换便宜一半，俊巴村村民会在
农区交换好青稞后进而沿水路去堆龙或日喀则等地进行交换；生牛皮和生
羊皮（大的绵羊）的价格相差不大，但经过俊巴皮匠鞣制后拿去拉萨售卖
的熟皮价格是生皮的 3—4 倍，制成皮衣、皮鞋后价格更贵。

表 2−2　20 世纪 50 年代物物交换的标准

物品	单位	青稞数量	货币	备注
普通鱼	2—3 条	1—1.5 藏克	0.8 银元	换装于 15 厘米长宽、10 厘米高盒子的青稞一盒，大概有 2 斤
藏鲶鱼	1 条	0.6 藏克	6—7 银元	1/3 条鱼干换约 6 斤青稞，鲜鱼售价在鱼干之上
盐	1 藏克	1 藏克	10—12 银元	当雄 3 袋盐换 1 袋青稞；堆龙 2 袋盐换 1 袋青稞；山南、日喀则 1 袋盐换 1 袋青稞
碱面	1 藏克	1 藏克/0.5 藏克	10—12 银元/5—6 银元	日喀则 2 袋碱面换 1 袋青稞；山南 1 袋碱面换 1 袋青稞
牛皮（牦牛皮）	1 张	0.8 藏克/1 藏克	藏银 150 两/8.5—10 银元	从屠户和山南农户处获得的牛皮便宜，以皮衣、皮鞋回礼
羊皮	1 张	0.5—1 藏克	5—10 银元	一张绵羊皮换 1 藏克青稞；一张山羊皮换 0.5 藏克青稞
皮衣	1 件	1.5—2 藏克	10—15 银元	皮衣作为礼物赠予牧民，在第二年交换时以低价换得生皮

① 此处以 20 世纪 50 年代日喀则交换的主要标准换算，但即使同为日喀则地区，不同豁卡间
的计价标准也会不同，如牛豁卡 1 两藏银约兑换 0.5 银元，但杜素庄园 7.5 两藏银约兑换 0.5 银元。
参见西藏社会历史调查资料丛刊编辑组、少数民族社会历史调查资料丛刊修订编委会编：《藏族社
会历史调查（六）》，北京：民族出版社，2009 年，第 251、337 页。

（续上表）

物品	单位	青稞数量	货币	备注
皮鞋	1 双	2 藏克	15—20 银元	分僧人鞋和农牧民鞋，僧人鞋稍贵，在拉萨市场卖得很好
马包	1 个	2 藏克	15—20 银元	牧民喜欢买，也是用皮板进行交换，2 张皮板换 1 个马包
水獭皮	1 张	6—10 藏克	60—80 银元	在拉萨市场交易时会给中介人青稞或皮具作为礼物，卖给贵族或行商

注：每藏克约 28 斤，约 12 波，1 波约等于 2.5 斤。

俊巴村村民与屠户或接待牧民的农户交换屠宰后的生皮几乎可以算免费，只需带少量青稞（1—2 藏克），便可换回 10 余张皮和少量牛蹄、羊蹄、牛内脏等。当牛皮鞣制好后，皮匠会以皮鞋、皮衣等皮具回赠皮子的赠予方，进而延续彼此间的交换，此种交换基本等价，10 张牛皮大概 10 银元，以 10—15 银元的皮鞋、皮衣回赠。若猎得水獭、旱獭、猞猁等皮毛，在拉萨找中介销售，可能是外国行商收购，也可能是贵族或驻藏大臣买来制作服装或转卖，收购价格因成色不同而有些差异，总体价格都偏低，给中介的好处大概是售卖价格的 1/3。

（4）渔获消费人群的类型。

一般认为，藏族信奉佛教，不杀生、不吃鱼，同时，水葬风俗会让人觉得吃鱼亵渎了祖先的尸体，阻碍祖先"转世"。试想，若真的没有渔获的消费市场，渔民怎么可能延续捕捞生计如此长久呢？那么，渔获消费人群有哪几种呢？在此进行集中归纳与阐述。

①农区和城市的消费者。

前文对渔民的历史追溯提到，渔猎在吐蕃时期之前是江河沿岸居民普遍采用的生产方式之一，后随着生产力发展，受苯教与佛教的影响，部分人转而选择农耕兼畜牧，统治者以土地所有者自居，将大量劳动力束缚在土地上，还以贡赋形式要求他们上缴剩余价值。农民只有少量自给自足的粮食作为劳动所得，这些人中的一部分人的祖上就是渔民，所以青黄不接时会选择和渔民交换（赊换）渔获食用。这也是渔民能够在农区进行交换的原因，一般渔民会去农区和拉萨等地贩卖渔获，过来村中的较少。

吃鱼的人并不认为会亵渎祖先，他们认为鱼有食草和食肉两大类，食肉的"卡巴鱼"会接触尸体，有协助祖先"转世"的功能，对于这种鱼不捕捞也不食用；大部分雅江鱼和拉萨鱼是食水中岩壁植物的，不会接触尸体，可以食用。同时，不杀生和不吃鱼之间存在解释的缝隙：吃鱼并非直接杀生，渔民已经将鱼宰杀，就如屠户宰杀牲畜，吃鱼肉并非直接杀生，杀生的直接罪孽由渔民承担，当以金钱购买或物物交换时，罪孽已转嫁，吃鱼的人不算杀生。当然，在有足够的糌粑、肉类食用的情况下，很多农区的人会遵守禁忌，少食鱼类，这也是民主改革后出现的情况。

阿里、日喀则的部分农牧区，苯教进入较早，对鲁神的崇拜与畏惧感更强，整体上食用鱼类的人群较少；山南是雅砻王系引入苯教后佛教才进入的，彼此不太和谐，存在禁忌松懈的时期，因此雅江边的部分人吃鱼；拉萨周边区域是吐蕃王朝以后才兴起佛教的，一度灭佛又影响了此信仰的延续，加上本身受外来文化的影响较大，吃鱼的人相对多一些。拉萨市民、部分贵族和外国人会买鱼，贵族会在宴会中烹煮鱼类请外国人食用，他们也成为渔民的主要售卖人群。

②藏鲶鱼消费者。

有些鱼类常被当作药物而非食物。如前文提及的鮡科鱼类，俗称"藏鲶鱼"，体小、野生，数量少。村民认为该鱼的鲜鱼具有极强的滋补功效，干鱼对去水肿有奇效。

藏鲶鱼秋季会四处觅食，准备在水里的崖缝中冬眠，此时处于农忙刚过，大概在藏历9月。该鱼集中于尼木县及雅江支流，村民会去尼木和日喀则等地捕捞，再拿到拉萨售卖，价格较为昂贵。如有剩余，为防止浪费，会制成鱼干，延长保存期。每年的藏鲶鱼捕获季节就一个月，鱼期过了就很难捕捞到，因此显得更为珍贵。藏历11月，高原气温明显下降，很多藏民患有风湿病，关节水肿严重，为了去水肿减轻疼痛（治疗水肿以鱼干切块煮水饮用），会在冬季来俊巴村索买，村里有藏鲶鱼鱼干的人家就会卖1块，但未必每次都能如愿。平日秋冬季其他鱼类的交换价格为3条鱼换装于约15厘米见方盒子的青稞一盒，藏鲶鱼的交换价格为1块长5—8厘米的鱼块换装于约20厘米见方盒子的青稞两盒。

3. 生产组织与分工

（1）生产单位与规模。

最早村里有6户渔户，到20世纪30年代，全村共有30多户人家，其中皮匠有8户、渔户有20多户。渔民和皮匠彼此通婚，男性正式入赘后就要替入赘的家庭缴税，承担乌拉差。还有一些是逃难和出逃的奴隶，一开始是寄居在村民家里，一起打鱼或者做皮具，后来就入赘了，成了村里人。

交税是以村为单位的，村中各户需完成全部税收。那时候户的规模比较大，每户有8—10人，很少分户。为了完成缴税量，全家人均参与劳动。每户会固定选出提供牛皮船和参与乌拉差的人员，他们为农奴主和政府运输，以船运为主。冬天，水量小，拉船过江，三天可以回；夏天4—5月，雨水多，路途远，出行很危险，过雅江等运输物品1个月也回不来。每户家中的青壮年男性轮流承担乌拉差。村民除了完成乌拉差，还要打鱼和制作皮具。渔户和皮匠家庭各自缴税，实物税分配按各户平均值缴纳，同时还得完成庄园或政府临时摊派的各种劳役差。

渔户打鱼时会几家联合，多为亲戚，一次出去10多天，远途会去日喀则、尼木县、拉孜县那边，主要是雅江附近，那里有大鱼；近途则去拉萨河流域，4—5天回来。回来时，家里会酿好青稞酒，大家一起在自家院子里跳牛皮船舞庆祝。以前的牛皮船就像现在的小车，很重要。但是，不是每家都有牛皮船，没有船的家庭，出行会请别人带一程，自己村里人不用付钱，别村的人要付一点钱。如果家里的船被派去承担乌拉差，没有船出行，村里其他人家的船出行时都要帮忙捎带这家的人，不能收取任何费用。打鱼要先缴50藏克鱼税以获得捕鱼资格，其他的差税通过捕鱼所得一一完成缴纳。

皮匠户的差税主要以定量的皮和皮制品缴纳。在《曲水县志》中记载，向哲蚌寺总管支付獐子毛藏式厚垫60对、牛皮藏式厚垫10对、高僧用藏靴100双，厚垫布料由总管提供，其他均由村民自行解决。[①]

（2）性别分工。

家中的各种工作均由女性承担，如拔草、喂牛、煮饭、带孩子、卷羊毛、织氆氇或卡垫，在家里没有男性劳动力的时候，甚至农耕、收割等工作也由女性承担。女性还负责日常的拜祭、家中的煨桑、拜寺庙、点酥油灯，男性捕鱼出行前的拜寺庙、绕湖祈祷，都由家中女性承担。一些临时摊派的劳役差，如盖房子、批石头、庄园劳动等，女性也要去参加。朗杰姆拉说："那时候妇女干很多活，磨糌粑要背去外面，还要带小孩、种地。"

男性主要承担乌拉外差、出门缴税、捕鱼，制作皮具也多为男性，女性可以给家里男人帮忙，但也只是帮着鞣皮。制作牛皮船更要男性，女性不能参与，不能在船骨上跨过，认为那样不吉利，会翻船。在男性做船的

---

① 拉萨市曲水县地方志编纂委员会编：《曲水县志（复审稿）》，2010年，第317页。

时候，女性要准备丰盛的食物，如牛肉包子等，也是非常忙的。

尼玛姆拉的老公和爸爸都会跳牛皮船舞，还是领舞的。每年寺庙和政府指派的差中，包括跳牛皮船舞的差，服装准备也叫服装差，村民需自己准备，跳舞表演必须为男性。尼玛姆拉的老公后因打鱼去世，那时她还很年轻，之后她一直一个人，没有小孩。后来她爸爸也去世了，领舞和领唱的技术就传给了她哥哥，也就是现在村里的非遗传承人——扎桑布拉。跳牛皮船舞时唱的都是历史，不能随便唱。

女性有时候会参与买东西或者换工，民主改革前，协荣村的差巴会来俊巴村请人帮忙，多给一份差，去帮忙收割、打谷，也都是村中女性前往。要到曲水县邻近村子里去换鱼，也有女性背着背篓前往。一方面女性没那么显眼，去家里坐坐，就完成交换买卖，熟悉了也就很默契；另一方面价格也好商量。当然，价格是有一定标准的，装于13—15厘米长宽、10厘米高盒子的青稞一盒（约1.5升青稞，重2—3斤，按鱼大小稍微调整青稞量）换2—3条鱼；装于30厘米长宽、10厘米高正方体盒子的青稞一盒换7条鱼。

（3）年龄分工。

每户家庭中的人员会按年龄不同从事不同的工作。中年男性和女性承担主要的生产劳动，其中，中年男性更多承担远途、体力消耗较大的差役，中年女性则在村庄附近从事农牧生产、卖鱼、换工、支服务差等临时劳役。老年男性（60岁及以上）不再打鱼了，而是放牛，放羊，帮忙收割、打谷等，老皮匠则继续去拉萨卖皮具补贴家用。老年女性更多在家庭内负责帮忙带孙辈、煮饭、挤奶、打酥油、做奶渣、酿酒等，农忙时都参与收割劳动。老人多拜神，去寺庙祭拜、转山、转湖、煨桑，祈祷全家平安、健康。

村中孩子6—7岁就开始放牛、放羊，爬山摘野葱、染料植物。女孩10多岁就帮助妈妈或姆拉做家务，照顾兄弟姐妹；男孩13—14岁就随父亲或舅舅学习手艺，或者捕鱼，或者缝制皮具。十几岁的孩子也要参与农活，男孩逐渐成为家中主力。

（4）禁渔令与禁令代金。

在西藏佛教信仰盛行以后，尤其是形成政教合一的地方政府后，对于渔猎就有更多禁令。尤其是在达赖喇嘛诞辰、圆寂及新喇嘛坐床等重要宗教时间点前后，政府更是颁发山水禁令。如《噶厦关于禁止打猎之命令》言：

喇嘛求神预示：为了西藏怙主及僧众最佳之护持者达赖喇嘛长寿，广大地区的所有山川河流，要严格禁止打猎，命令已不断下达，对于此事，每年的"日垄法章"规定很严格，不仅连续补发了补充令，特别是去年，此处也动员要进行全面管理。但各宗豁头目们，不严格执行命令，接受贿赂，与行贿人同流合污，不加管理，重要大事，没能尽职。为了使鸟兽、鱼、水獭等水中与陆地栖息的大小生物的生命得到保护，日喀则、仁孜、南木林、拉布、甲错、领嘎等地方，年厄（达赖喇嘛转世确定，举行坐床大典后，由生辰年开始，每十二生肖为一年厄，每逢年厄连同前后各一年计三年，依法禁止兴建土木和打猎）依法禁止打猎，要继续加强管理，此重任交于尔等。为此，各宗豁和地方政府、寺庙、贵族三者，要认真宣读法令，使全体往来的农牧民知晓，索取共同管理之甘结。违犯者无论轻重，不偏不倚，立即抓起，进行惩罚，并将情况上报。凡借故向百姓进行勒索或失职者，进行内外查明，严加惩处，否则悔之晚矣。因此，为了恩赐者达赖喇嘛，勿忘所负之职责，应宣告于他人。[①]

在《协荣豁队洛塞林代表呈文》[②] 中有：

根据孤主摄政京师达扎班智达呼图克图卦示所说，为了孤主达赖喇嘛永远健康长寿，需要进行佛事，最主要的内容就是禁止杀生，这是非常要紧的事。为此，我等今天专文呈报此事，已给辖区各地发放山水禁令，虽然政府在铁蛇年和水羊年各发过类似的禁令，但藏历火狗年，上述两个禁令才到协荣豁队的手中。此后，我等在自己的辖区山川河流进行严格管辖，特别对俊巴地方下达指令，严禁供应鱼和鸡蛋。到目前为止，没有看到违背禁令行为的事情。豁队洛塞林代表按山水禁令马上对属民进行传达，渔具经过没收和焚烧，另外铁蛇年和水羊年的禁令保证书尚未载入交接文书清册之中，特此呈文。

---

① 中国社会科学院民族研究所、西藏自治区档案馆编：《西藏社会历史藏文档案资料译文集》，北京：中国藏学出版社，1997 年，第 140 – 141 页。
② 从 2016 年 9 月田野调查中获得。

在上述呈文中，山水禁令在铁蛇年和水羊年并未真正实施，谿队说得到禁令已是三年后，从表面上看禁令并未及时下达地方是无法完全禁渔的原因之一，事实上，在特殊的宗教年月，上缴供奉的内容必与往日不同，也会在往来公文中做特殊说明，作为谿队的管理人员应该清楚禁渔令，时间延误只是一种托词。如上述呈文所言，不严格执行命令，存在贿赂现象，可能是无法禁渔猎的原因之一。渔民承担着大量的差赋，包括政府内外差税、实物贡赋，寺庙贡赋和谿队或庄园的劳役与代金，而庄园的劳役与代金是庄园体系运行的重要部分。若断了渔民的生计，大量的差赋无法转嫁到其他人身上，将严重影响庄园的正常生产和收入。这是地方贵族和宗谿的管理者所不愿看到的。因此，税贡差役和宗谿的地方性管理体系使禁令即使存在，渔猎等生计依然暗地得以延续。

在《我等即将衰败的陇巴地方 23 户共同呈报》公文中，渔户写道：

> 从我们的祖辈开始，为了生计，打渔（鱼）为生，以打渔（鱼）收入承担差役和赋税。近来，雪巴列空每年颁发的山水禁令越来越多，而且逐年严格，加之热振摄政时，专门颁布禁渔令，对此，我等即将衰败的打渔（鱼）户不得不向政府呈文诉说苦衷……我等交这么多的差、这么重的差①，由我等 50 藏克的鱼税和捕鱼所得支付，请上级各官员考虑我等的问题，特呈此文，要求我等衰败的渔户，因无生计用耕地，所以请求保留这种打渔（鱼）的传统。

即使渔民地位低下，赋税沉重，他们仍希望延续祖业继续捕鱼。出于推行运输差和皮具税的需要，政府除在山水禁令规定的时期内严禁捕鱼外，其他时间均默许渔民打鱼。在上述呈文中还提到，孜康列空责问渔户：因呈报禁渔使其生计困难，故政府发放了禁渔补偿款——50 藏克青稞，渔户却至今未取。孜康列空还重申不许有违背禁令的行为。渔户回应说，政府裁定有补偿款的事，谿队的官员并未跟他们讲，他们根本不知道这件事（更不可能去取了）。由上文可知，禁渔期的渔民无法从事捕鱼生计、无法缴税，呈文上报后政府决定给渔民一定的生活补偿，给 23 户一岗青稞补充基本生活所需。但渔民并不知此事，也没有拿到补偿，无生计可依的渔民

---

① 具体赋税内容详见第 109 页。

极有可能违背禁令冒险捕捞。作为支差民，渔民捕捞在非禁渔期合法，而在禁渔期政府会给予一定的代金或青稞补偿，其实也是一种交换，以补偿换生计权，保留差民的差赋，虽然交换本身不可能等价。

《卡达边区总指挥催促粮饷令》（藏历阳土鼠年，公历 1888 年，清德宗光绪十四年）载：

> 今年，在我属之帕里、亚东边界，反动分子向我猖狂进攻，已派神兵部队前往消灭敌人。所派之官兵的军饷，应于 6 月 17 日发放。因此，须按时将所有粮饷送到。日喀则已于 6 月 9 日运出，但至今不仅一点粮饷未收到，而且连消息也没有。对于延误的地区之宗豁头人、长老、居本、监驮者等将按军法严惩。现应日以继夜，于本月 17 日送到。再延误，两次合起来加倍惩罚。现正值雨季涨水，驮驴不能过大河，各个地区应迅速准备新皮船及水手，一定要派人力差徭，对忽视延误者，同样惩罚，为此各自应视其利害，决定取舍。[1]

派军差有专门的军岗田，但渔民的摆渡运输差属豁队的应差，帮军队运输等于减少自己所在庄园或豁队运输的差力，所以，地方不愿派人去，拖了很久。这也是地方与上层政府利益不一致时所采取的策略，作为差民，多听豁队指挥。地方有更加灵活的处理各种事务的权力。

4. 捕鱼纠纷裁决方案

由《噶厦关于林所辖地区政府差民次陇巴和林头人所辖"顿"差户董热瓦两家纠纷案的裁决方案》[2] 可知，政府差民中的渔户不仅来自俊巴村，羊湖附近也有，村中 20 世纪 60 年代曾有一户人家与羊湖附近的村庄通婚。羊湖附近物资匮乏，此地村民经常到曲水大桥附近换取日常所需。附近两户渔民因争夺资源而产生纠纷，关键在于河道的更改导致一方无法捕鱼，于是提请裁定。具体内容如下：

> 根据你等双方提供的供词，再依照政府的法令，做如下裁决：
> 事由：根据政府差民次陇巴代表玉杰和次旺南杰、索那顿珠

---

[1] 中国社会科学院民族研究所、西藏自治区档案馆编：《西藏社会历史藏文档案资料译文集》，北京：中国藏学出版社，1997 年，第 238 页。

[2] 从 2016 年 7 月田野调查中获得。

等呈报供词里表述，其承担着半顿又五分的差地支差任务，再依照政府的指令要求，以打渔（鱼）为本措巴（次陇巴）的生计，并向拉恰列空缴纳鱼税，此事以往没有什么是非纷争的。

"在藏历土狗年，由于湖水水位突降，历史罕见，鱼类无法经过江道，因此，我等不得已挖渠开河，以利湖鱼游动，对此，董热瓦借故作难，故意堵塞鱼道，为此我等不服，与其产生纷争，并向林黺卡呈递了报告，要求为我等落败无奈的差民给予扶持和帮助。以往，未下达山水禁令的时候，每年6月15日前交付2两鱼税后，兹从湖口到江水流域，由次陇巴按旧例进行打渔（鱼），到藏历木虎年4月又湖水特别下降时，我等又不得已挖了部分江道，董热瓦再次阻挠，并立属地界标，无奈又于土龙年2月向林黺卡呈报情况。自古到今年（土狗年），我等利用牛皮船划船并撒网捕鱼，在这件事情上，如若能查阅以往颁发的文书，想必会给予谅解。再者，董热瓦对我等即将衰败的政府差民不持丝毫的怜悯，进行违法之事，我等请求对其给予相当的处罚。"

林头人"顿"差户代表罗布次仁、顿珠巴珠等供词反驳上述次陇巴差民陈述："本措巴拥有对'湖水'权属方面颁发的铁券文书，而且至今对地域毫无争议，自藏历土狗年，政府差民次陇巴故意引发纷争后，数次向林黺卡呈递文书，对其所说理由，我等无须进行更多解释。此后，藏历木虎年4月，次陇巴又以湖水水位下降为由，在我属地范围内随意开挖江道，并修堤坝，我等认为，他们的做法是对以往颁发裁决令的误解。"

政府裁定内容：关于这一事件，起于藏历土狗年，你二地因打渔（鱼）而发生纠纷，并向林黺卡呈递文书，调解裁决，做如下裁定：一是，根据以往铁券文书来看，"荣那湖"显然属于"噶措"地方，无可非议。但在户籍册里显示，此地（董热瓦）有6户划牛皮船的人家，所以无论划船捕鱼或在岸边撒网捕鱼，在湖边流域树立标界或阻塞河道，使次陇巴无法捕鱼的事情，是确实存在的。以往，在允许打渔（鱼）的时段，按上述要求，向董热瓦缴每年的鱼税后，表面或暗地里阻止捕鱼的事情是决不允许发生的。而次陇巴按正常捕鱼之外，不能借捕鱼之事，引发纷争。很显然，若不能捕鱼，这些衰败的百姓没有生计可依靠。再者，次陇巴在原来的河道内按惯例捕鱼时，向土地所有者交付冬季和禁渔令时段的鱼税外，还向宗府缴纳鱼税，这是必须的。在此基础上，他们打渔（鱼）是不许阻挠的。

然而，今天为了孤主达赖喇嘛的祈愿，佛事之际或者为了所有生灵的安定来考虑，此地打渔（鱼）者必须摆脱恶业，免于无数鱼类生命的终结，不使自己堕入地狱，使自己永远获得善业的眷顾。政府专门向众打鱼人发放禁渔补偿金，具体数目有：

给董热瓦本应承担的鱼税 6 岗（转为青稞为 49 藏克 10 升 4 分）、次陇巴本应承担的鱼税 9 岗（青稞 74 藏克 7 升 3 分）来平均计算你等的补偿金。给董热瓦每年发放青稞 60/65/70 藏克，给次陇巴每年发放青稞 95/100/105 藏克。

此事，将给双方悉数发放，双方领属官员在征收百姓的差税时，务必依照所承差额大小合理征收。

在双方向宗府和拉恰列空依照税册缴纳的鱼税以及次陇巴在冬季和禁渔期向土地所有者依照裁令支付的江河代金，供养并向董热瓦支付的 2 两鱼税之事，兹今日起不必支付，全部废止。此后，双方必须各自寻找适宜生计，不许在"湖"和河道捕鱼，若发现捕鱼者，必将抓捕受审，有牢狱之灾。此事，必将严格管理，由地方官员和林黪队来承担责任。同时，由浪卡子宗官员、贡嘎宗府官员双方拟发严厉的指令，杜绝再发生捕鱼事件，若有违背者，将处罚金 10 两—15 两—20 两，必须继续依照此裁决令的要求执行。

文件下发日期：藏历土马年。

由噶厦政府下发一式二份此裁决令为妥，特此成文。（喇嘛亲批裁定）

上述裁决方案提及，次陇巴给黪队交差、给政府交鱼税，以"即将衰败的政府差民"自居。此争执的实质在于水域所有权和使用权的矛盾，次陇巴只有使用权，却做出修堤行为，不合常理。"在允许打渔（鱼）的时段，按上述要求，向董热瓦缴每年的鱼税后，表面或暗地里阻止捕鱼的事情是决不允许发生的。""很显然，若不能捕鱼，这些衰败的百姓没有生计可依靠。再者，次陇巴在原来的河道内按惯例捕鱼时，向土地所有者交付冬季和禁渔令时段的鱼税外，还向宗府缴纳鱼税，这是必须的。在此基础上，他们打渔（鱼）是不许阻挠的。"文中两次重申不能阻挠，没有偏向黪队头人，最后对二者同时提出转变生计的要求，减免部分税收，言明若再违背裁决捕鱼将被处以罚金。根据裁文，在相当长的时间里，在册渔民在缴纳鱼税后是具有官方允许的捕捞权的。

四、再生文化：生产队与集体经济

民主改革之前，因贡赋获得一定渔猎权力，可依赖市场交换完成实物与代金缴纳获得一定人身自由的渔民，依旧要时时小心，生怕被水域领主抓住，扣船、烧船、殴打甚至威胁生命。民主改革后，这一情况得到了改变。虽然在社会心理上，渔民知道自己和周边的农牧民存在身份差异，但是从事捕鱼生计再也不需要偷偷摸摸。

村民们虽然不大认字，但很多基层的联户长们很喜欢对村中经历的重要政治事件进行讨论，以此表明其政治觉悟之高和知识之丰富，不过有时候他们对具体的时间说得不那么准确。边巴说："1960年之后就不用再给协荣交税，归河对面的茶巴朗乡管了。曲水县有三四户贵族逃跑了，很多帮他们收税、管理的工头也逃跑了。后面几年也清查过，俊巴村打鱼，没什么代理人，好像有1户出逃了，工作队来问过情况。村庙后来给拆了，20世纪60年代末，开始组建生产队了，村里面主要进行渔业、农耕、皮具生产，俊巴村属于茶巴朗乡第二生产大队。"

20世纪70年代中期，曲水县建设大寨式社队，整个曲水县下辖五个区（相当于现在的乡镇），区下辖公社（乡或行政村），公社下辖生产大队（自然村）。1976年，俊巴自然村成为曲水区茶巴朗公社2队，归属茶巴朗人民公社。1976年公社内建成的生产大队有1、2、3、4、6队，1977年建成的有7队，还有5、8、9队没有建成，主要是处于山沟里的牧区，人少，很难形成生产规模。西藏没有其他地方的复杂管理层级，直接是"公社"到"大队"建制，政令下达的中间环节减少一环，政府更容易直接管辖基层，执行政策的速度也较快。

（一）捕捞生产方式

1. 工具、任务及人员分配

茶巴朗公社2队的主要捕捞生产工具（如牛皮船和网具）全部收归大队所有，牛皮船的所有者会获得80元补贴。据村民回忆，20世纪60—70年代，全村有50多户，有些是新分户的，有牛皮船30余条。村里把青壮年男女按户分成生产小组，有男性小组6组、女性小组2组，选出生产组组长。生产小组中每3—5人组成捕捞团队，全部小组成员统一行动。每次捕捞前，各户派代表进行统一的祭拜活动，然后组长去大队领船，每组 15—20 人一起出发。每组的捕捞方向不同，有些去拉萨河上游的堆龙和墨竹工卡方向，有些去雅江下游的区域，有些去日喀则、拉孜方向，有些去山南桑日方向，还有些去尼木县等地。男性一般会去远一些的地方，来回 20 多天的也有；女性会尽量在附近捕捞，3—4 天来回。门牌第 66 户的拉巴姆拉是女性渔业生产小组组长，会带全组的妇女去打鱼，刚开始学习划船、撒网时非常危险，大队不会派她们去太远的地方，以确保安全。男性小组路途远近的决定方法有时是抽签，远的地方、危险的地方大家轮流去，队里就没什么意见了。当然，远途捕鱼工分赚得多，也算是补偿吧。

2. 买卖与交换

从 20 世纪 60 年代初到组建生产队时期（60 年代末），全村都捕鱼，各户自己组队捕捞、自己卖，每户从事多种生产，那时要向队里交定量的公粮和鱼、皮具等，作为集体的物资上交，年底的时候会分回一部分粮食、肉类。卖鱼最高价就 1 毛钱一斤，80 年代卖鱼也才 5 毛钱到 1 块钱一斤，价格很便宜。如果物物交换，就三条鱼换一大碗糌粑，还换茶、盐、小麦等。

到 70 年代中期，生产大队和人民公社时期，就必须全生产队一起劳动赚工分，统一分配。年底才发粮食、肉类，也有少量的糖果。平时，大队统一供应糌粑、土豆、萝卜、白菜、鱼、盐和少量的茶。1976 年以后，鱼的售卖归大队统一安排，皮具等物品的交换也由专人负责。这些专门进行买卖与交换的人要稍微有点文化，会算术，有些能说一点汉语。

60—70 年代，很多部队汉族军人进藏。他们的米、油、罐头之类的肉类（午餐肉、酱牛肉等）相对丰富些，但鱼类是无法运上来的，所以部队食堂人员会购买鱼（拉萨鱼、雅江鱼）回来烹饪，作为副食。70 年代中后期还有很多大型的工厂、企业、学校兴建起来，一些汉族技术人员和教师进藏，单位食堂人员也会买鱼给这些人食用。俊巴村村民就跟他们进行买卖与交换。

陈默对茶巴朗村的调查也涉及渔农的交换情况："2008 年 3 月 31 日，俊巴渔村的村民来卖鱼，5 元一斤。如果交换，小麦 7 碗换一斤鱼，青稞 5 碗换一斤鱼。每碗大约 7 两。不少人买鱼去放生。不过吃鱼的人还是越来越多。如果买了活鱼，都要等到鱼死了之后才吃。房东家买了 5 斤，夫妻俩没吃，不过他们要求正在读小学五年级的女儿多吃一些，说对她身体好。"[1]

扎西说："当地汉族人多吃活鱼，不愿意吃死鱼，死鱼价格也低。村民没有车，但有的单位有车队，于是每个捕鱼小组就派一个人去拉萨通知有联系的单位，由单位派车载着这个人带路去他们约好的打鱼点，计算好时间，大概在打鱼收网的地方装车。有的单位的车上带氧气装置，能保证鱼活着，多数是在车里放大大的塑料膜，装水，让鱼能在水里，到拉萨还能活，吃不完的再养几天。交换的东西或钱就随车带过来，由小组运回去交给大队，也有单位会帮忙把东西运回村里直接交给大队。"

跟部队换的东西，很多是稀罕物，买都买不到，有棉大衣、罐头、压缩饼干、油菜籽油、午餐肉、盐、糖等，村里人很喜欢，年底时每户能分到一些。大队还跟藏药厂、皮革厂、汽车修配厂、技术学校等食堂人员有联系，会与他们交换物品或卖鱼给他们。

3. 工分计算

工分关系到全家的全年分配所得，是大队最重视的，也尽量保证公平。打鱼的工分在全村各种劳动中算是最高的，一个青壮年男性劳动力捕鱼一天的工作量为 1 工分，捕鱼过程中尽量维持工作量的平均，如背船行走的人不参与划船，背行李炊具或赶羊驮运的人负责撒网及运鱼。一个青壮年女性劳动力捕鱼一天的工作量为 0.8 工分。完成每月每户固定的工分量后，可以获得每月固定发放的公粮，若要求增加肉类需多扣工分。如若不额外要求公粮食品，多余的工分会积攒下来，年底的时候按不同的工作种类，将工分兑换成人民币现金，如：男性捕鱼劳动累积 10 工分，相当于 1 元钱；收割累计 10 工分，相当于 7 角钱；制作皮具累计 10 工分，相当于 5 角钱。女性工分量大概是男性的 80%，老人工分量大概是壮年男性的 40%。渔民家庭的工分总量一般比皮匠家庭的多，各户为了完成总工分量都会积极参与多种类型的工作。在生产大队和人民公社时期，从事皮具生产的多为中老年男性，年龄多在 40 岁以上，多数年轻小伙子会去打鱼，可多赚一些工分。也有 20—30 岁的年轻男性进行皮具生产，他们不愿从事捕鱼生计，选择制作皮具，如俊巴村传统皮具制作的非遗传承人次仁兄弟就一直从事皮具生产，并没有参与捕鱼生计，次仁入赘的达瓦家是传统的渔户，家中有

---

[1]　陈默：《空间与西藏农村社会变迁：一个藏族村落的人类学考察》，北京：中国藏学出版社，2013 年，第 128 页。

其他人从事捕捞生产。

从事皮具生产的人员会被大队分配任务，皮匠技艺是传承的，一代一代传下来。在20世纪70年代，想学皮具制作的人就跟着技术好的布拉一起做，不用学费，学徒期也没什么工分。记工分的皮匠都是熟手，制作熟练，定期向大队交皮具。后来大队把皮匠集中起来工作，统一签到，年底统计，签到多的，得到的工分多，获得的钱也多。早年打鱼的人，年纪大一些了也可以学习制作皮具，得到技术好的师傅认可后，就可以向大队申请按皮具制作记工分了。熟手皮匠一天的工作量记为0.5工分，不分年纪、等级，按时间算，早9点到晚7点算一个完整的工作日。皮具制作好后，统一由生产大队派人拿去卖。皮具的种类主要有牧区的糌粑袋、马包、马鞍、盐袋，也有些皮衣、皮鞋之类。村里做的皮具质量好，有不少农牧民来大队订或者买，剩下的就拿到集市上卖，跟牧民交换的主要拿去曲水大桥附近或山南贡嘎县等地，或者在拉萨八角街附近摆摊卖，有很多市民来买。皮具是针对藏民制作的，样式简单、传统，但非常适合日常生活使用。

（二）年终分配与日常所得

1. 分配标准①

从1966年到1984年是生产队时期，20世纪70年代生产队生活最困难。60—70年代，按人头发放粮食，一年1个成年男性劳动力可分得12藏克（约336斤）粮食，但每月每人最少需赚够10工分，村里年终分配粮食的标准会结合家庭的总工作量（工分数）。

一个家庭，按劳动能力的大小设定工分总量。如一户家庭共7人，含中年夫妇2人、未婚兄弟1人、55岁以上老人2人、10岁以上小孩1人和10岁以下小孩1人，其中10岁以下小孩不算工分、不分配公粮，随养育人生活，剩下家庭成员的工分总量计算标准为：成年男性劳动力2人，每月最低20工分；成年女性劳动力1人，每月8工分；55岁以上老人2人，每月10工分；10岁以上小孩1人，每月4工分。该户每月最低的总工作量（工分数）为42工分。但事实上，老人和孩子能参加的劳动有限，有轮流放牧、捡牛粪、拔草等工作，也不可能干完整的一天，所以累计的工分很少，只有在收割的时候会有所增加。因此，成年劳动力是获得工分的主力。若每

---

① 在2016年8月田野调查中通过与原茶巴朗公社会计访谈获得相关数据及较完整的计算方法。

月工分完成，年底可分得粮食，按参加劳动 6 人则工分记为 1 411.2（336 × 2 + 336 × 0.8 + 336 × 1 + 336 × 0.4）斤青稞，肉类等再用青稞折合冲抵。

实际工作中，成年男性劳动力工作完整一日（早 9 点至晚 7 点，含午饭和午休、下午加餐时间）记 1 工分，成年女性劳动力每日记 0.8 工分，55 岁以上老人每日记 0.5 工分，10 岁以上小孩每日记 0.4 工分，10 岁以下小孩不参与劳动，不计工分。按职业种类划分也有不同的工分计算标准，如捕鱼、耕种、收割算强体力劳动，工作完整一日记 1 工分；制作皮具、卖鱼、放牛等劳动强度较低，工分也低，仅有 0.5—0.8 工分。因此，年龄组成为职业选择的一个重要维度，年轻力壮的选择强体力劳动，不分男女参与捕鱼活动，尽量多赚取工分，老人和孩子只承担少量工分就好。如 55 岁男性做皮具一天记 0.35（0.5 × 0.7）工分，每月至少工作 15 天，可完成 5 工分的月工分量。

若家庭男性劳动力多，所完成的工分超过规定的数目，超过的工分数可按每工分 0.2 元换取现金收入。如成年男性每月参与捕鱼劳动 20 天，赚取 20 工分，减去每月最低工分数 10 工分，还有 10 工分剩余。全年多出的 120 工分如果不转给家里人，就可以多换 24 元现金。全家有标准粮，再加 50 元左右现金，就可以过很充裕的藏历新年了。

如果家里小孩多，达不到每月 4 工分，就需要大人补足才能拿回供应的标准粮，如果实在补不了，需要给生产大队现金。例如，1 户女性劳动力（丧夫）加上 2 个 55 岁老人、2 个 10 岁以上孩子、1 个 10 岁以下孩子，全年工分量为 312〔（8 + 5 + 5 + 4 + 4）× 12〕工分，但实际拿到的工分量为 252〔（9 + 5 + 3 + 2 + 2）× 12〕工分，相差的 60 工分需要补偿现金。10 工分对应 1 藏克青稞，60 工分就是 6 藏克青稞，等于 168（6 × 28）斤青稞，按每斤 0.5 元计，需补 84 元才能领回全额标准粮，即 873.6 斤青稞。

还有一种情况，村中有在乡里工作的干部，工资由公社发，但粮要生产大队分，所以要给生产大队交钱补工分。20 世纪 70 年代，乡文书和会计工资为每月 15 元，交回 7.5 元，换 10 工分；1979 年后，文书需交回工资的 70%，公社全年有 100—120 工分的奖励补回①，等于保证基本粮食分配数量后，减少了文书、会计等的现金收入部分，缩小了贫富差距。

若家中没有劳动力，劳动后全家没有 365 斤粮的，由生产大队补足。当时鼓励生产大队多种经营，扩大收入，并留存集体基金（15%—20% 为生

---

① 曲水县档案馆政府文件，农牧类 1979 - 19《1979 年曲水县粮油征收和人民公社收益分配工作安排意见》。

产基金、5% 为公共基金、3% 为公益基金、0.5% 为管理费，增产大队可提 5% 的农用机械折旧费），社队总收入减去农牧业税和留存的集体基金，剩下的为可分配部分，占 60%—70%。[①]

2. 日常所需的获得

20 世纪 70—80 年代，部队在拉萨有很多食堂，村里生产大队会用鱼跟食堂换生活用品。据扎西顿珠介绍："20 世纪 70 年代，打鱼团队会和西藏驻军食堂以鱼换食品及生活用品，也有卖给藏药厂的，钱物交回生产大队，统一分配。若卖给藏药厂做治疗风湿去水肿的药引，每斤 0.75 元。"那时候的压缩饼干、军大衣、军用罐头、军用油在城市也是稀罕物，村民因此能吃到、用到，至今村中对部队的军需用品都格外喜欢，煮面都爱放军用罐头调味。

扎西顿珠说："那时用鱼跟部队换午餐肉，三斤鱼换一罐罐头，一次至少有十多罐拿回村里。部队食堂的人喜欢换，因为汉人爱吃鱼，如果没有我们，他们就没鲜鱼吃，或者要从内地运鱼罐头上来，鱼罐头肯定没有鲜鱼好吃。只要有鱼，他们都会跟我们换。"

生产大队每月按户供应糌粑、土豆、萝卜、白菜、鱼，2—3 天有一次肉、盐、茶，可以用小麦跟公社换鱼，用青稞换也可以，大概一大碗糌粑换三条鱼。把供应的萝卜和白菜晒干，拿去那曲换盐巴、肉干，这样就有肉吃了。

次旦说："生产大队时期，白天工作记工分，晚上可以自己做皮具，想打鱼没工具，便在河边用网固定捕捞，清晨去扎网能有几条鱼，给家里解解馋，但不能多，否则队里会批评。所以，那时皮匠比渔民收入高，但吃的方面渔民好一些，彼此换，好多都是亲戚，互相帮助。"

虽然是集体经济，但也会允许农牧民间的非商业物物交换，反对投机倒把，规范私营商业。俊巴村村民的外出交换只限于农牧民和手工业者范围，政府规定不准放弃农牧从事商业贩卖，可以购得自养淘汰牲畜的肉类自食或自用，手工业者可以自产、自售、自购原料。[②]

---

① 曲水县档案馆政府文件，农牧类 1979 - 19《1979 年曲水县粮油征收和人民公社收益分配工作安排意见》。

② 曲水县档案馆馆藏的 1962—1978 年西藏自治区军区文件（1966 - 2），第 15 份，第 41 - 49 页。2016 年 9 月田野调查所获。

（三）捕捞规则的模糊

1. 两性分工的模糊

渔民家庭中，20 世纪 50 年代前捕鱼一直由男性参与，女性也间或负责鱼的交换、售卖。有民间的说法是，制作牛皮船的时候，女性不能从牛皮船骨架上跨过，否则会翻船，不吉利，女性甚至不能触碰正在制作中的船骨，尤其是处于例假期的女性，若碰船骨会歪。男性做船和出行前都要拜神，不能与女性同房，否则不吉利。所以，女性是不去打鱼的，这一工作由男性承担。女性更多负责照顾家庭及农牧相关工作，进行鱼干晾晒和短途的卖鱼，还负责每日家中的念经拜佛等事情。

生产大队和人民公社让女性也参与到捕捞生产工作中，划船、撒网、杀鱼都是男性教给女性的，一方面显示了女性的能力，另一方面也破坏了老渔民所认为的规矩。很多当时参加女性捕鱼组的组员，因体力消耗过大，进入老年后身体都不太好，这些女性多是丧偶或老公没有正式入赘的，带着孩子，需要养家糊口，在经济上只能依靠体力赚工分，以获取家中基本口粮。

2. 职业分工的模糊

在噶厦及以前的社会制度下，皮匠和渔民是两种各自纳税的职业，在村中互相通婚、互助互惠，职业的边界清晰。但人民公社时期推行的工分计算方式使家庭全员参与劳动，老渔民学起了皮具制作的手艺，皮匠家庭的年轻人也可以参加捕捞小组，打鱼赚工分，使家庭收益相对充足，也可满足交公粮的要求。职业的界限逐渐模糊。

3. 捕捞方式的变化

内地捕鱼和西藏不同，捕捞方式相差很大。西藏高原地区寒冷，鱼类生长周期长，又因当地信仰佛教，传统捕捞皆用渔网，渔网都是 4 指宽的孔，小鱼可以逃脱，便于鱼类繁衍。生产队时期，追求产量，内地采用电鱼的方式快很多，捕获量大，藏民也学着用此方式捕鱼。一段时间后，拉萨河和雅江的鱼明显少了。后来便不再追求产量，恢复了原有的传统捕捞方式。

第三节　狩猎与采集

俊巴村原生的生产方式——捕捞与狩猎，在原始社会早期是紧密结合的，从工具到组织、人员分工和渔猎获分配都以队群为单位。随着猎物资源的减少和佛教观念的影响，单纯的狩猎逐渐衍生出皮匠这一独立的专职生产类别。皮匠与渔民在通婚网络、互惠体系中又彼此链接，尤其是建村后，在缴纳赋税制度下，渔民、皮匠的互助与共生成为俊巴村得以延续的重要因素。本节分析并非对这两种职业进行简单的割裂，而是将皮匠产生的历史作为线索单独梳理，明晰其与渔猎之间的延续性。

一、狩猎生产弱化与专职皮匠

（一）可供狩猎的资源减少

李永宪依据考古学的证据认为，"卡若文化"生业模式在晚期发生的根本性变化，不是畜牧业的发达，而是狩猎业占有重要地位。[①] 吐蕃早期，猎人受到推重，狩猎范围相对广泛，会猎杀兽类及鸟类。拉萨北郊的曲贡遗址中存在的石质矛头和箭镞属于当时的狩猎工具。

早期先民以集体渔猎的形式生产，过着游居的生活，散居在拉萨河和雅鲁藏布江边。生产单位估计是小型的队群，因固定食物获取数量有限，队群的规模不会太大。大型动物如兽类的捕获极可能是凭借集体之力，小型动物的捕获可能根据其活动轨迹由小型团队完成。大型动物狩猎，男性和女性原则上都是可以参与的，狩猎小动物如水獭、旱獭、猞猁、石貂等，依然可以男女协作。猎获在队群与氏族内共享。

随着苯教、佛教关于鸟类神圣化观念的普及，猎杀鸟类就不再是猎民的生计了。从经济的角度看，猎杀鸟类的成本高、附加值相对较低，其肉没有市场；从文化的角度看，天与地、神与人、上与下在藏民潜意识中占据着清晰的位置，他们践行着一套等级森严的社会体制，于是猎杀鸟类逐

---

① 李永宪：《卡若遗址动物遗存与生业模式分析——横断山区史前农业观察之一》，《四川文物》2007 年第 5 期，第 50 - 56 页。

渐被放弃。人类利用的畜类资源随着农牧业的发展，逐渐由野生变为家庭畜养，野生岩羊、牦牛数量减少。大型野兽在农牧区的数量锐减。对于小型哺乳动物，藏民的利用以是否与人争食及提供热量多少来取舍，会猎杀与人争食的小型兽类，并高效利用，如皮毛可用、肉可食用，但一些易导致疾病的种类会被放弃。水獭、旱獭等兽类随着猎杀逐渐减少，村民说这些动物很聪明，奔跑速度非常快，3—4人专门在夜间围堵也未必有收获。猎获的不确定性使人们逐渐舍弃狩猎这种生产方式，其重要性逐渐不及捕捞。

（二）猎获、皮匠与市场

1. 资源处理与存储的循环

狩猎资源的减少直接影响着劳动力资源的剩余状况，部分猎人转为捕鱼。部分猎人猎获较少，便尽可能最大限度地利用猎获资源，珍稀的皮毛资源有一定的市场，如13世纪后在拉萨的蒙古商人收购水獭皮等，还有拉萨及地方的贵族使用皮毛作为冬装的配饰，以增加美感并作为身份的象征。皮毛的处理需求促进了鞣皮技术的产生并减少了资源的浪费，剩余的劳动力得到转化，皮匠对资源的利用不再限于狩猎得来的皮毛，宰杀牛羊剩下的废料皮板也成为他们可以利用的资源。

如果大量的动物因为皮毛而遭猎杀，那么就会导致大量食用肉类的浪费。所以，对资源的利用就变成定性的，而不是定量的。青藏高原不具备大量猎杀而放弃食用肉类的条件。佛教反对杀生恰恰是对此种取向的遏制。固定区域猎获的减少使捕猎所得随机且量少，如果没有皮毛处理技术，皮毛腐烂意味着资源的浪费。存储是资源延长交换期限和寿命的关键，成为贸易和交换的前提。即使没有猎获，此技术也可将大量废弃的皮子转化为皮衣、皮包等牧民需要的物品。皮衣和皮包可以换回未处理的皮板和鞣皮所需的碱面、防腐所需的盐粒。处理皮子需要接近水源，刚好俊巴村附近有拉萨河水，可以用于皮子的浸泡、脱毛、去脂。

肉类的存储越发重要，晾晒、撒盐等防腐技术延长了肉类的保质期。如果每个家庭都能自给自足，存储的需求会下降。与此相反，社区间的贸易可能促进存储，不仅是因为交易活动和公众庆祝活动往往伴随着村民生产活动的中断，还因为一定数量的物品必须在有限的时间内分配。① 由此看来，俊巴的共食牛肉习俗还带有尽量不浪费肉类蛋白的作用。同时，废物可以存在于再循环系统中，如废料、牛粪；一些腐败的食物可以作为资源枯竭后畜养动物的应急食物，所以，垃圾也成为存储的一种形式。俊巴村村民不会随便丢弃任何一件自己花钱买来的东西（对别人赠予的东西的处理相对随便，但对购买的非常珍惜），也不会浪费资源，即使是剩了两天的菜也会倒给牛吃，腐败的果蔬也成为牛的食物。牛将植物资源或垃圾资源转化为肉类资源，成为人类可以食用的动物蛋白，在资源转化中起到重要的作用。皮匠的产生也是资源利用链条上人对无法直接利用的资源（牛皮、羊皮）的转化形式。

2. 皮匠从渔猎民中分离

猎获的皮毛相对珍贵，但极易腐烂、发臭，有些毛不可浸水，需将其埋在湿土中保持湿度，使之不被晒坏。鞣制和晾晒的技术使皮资源的交换期得以延长，不用专门派劳动力出门交换，提高了资源利用率。皮匠逐渐从早期的渔猎民中分离出来，专门从事皮毛处理和皮具制作的工作。出行和制作牛皮船的需要使皮匠更加职业化。当制作牛皮船中产生剩余皮料，并且猎获的皮毛需要处理和缝制时，有些渔猎户就转为专门从事处理皮子和缝制皮具的皮匠。村里皮匠说，1950 年以前山南、曲水等地会有农区或牧区宰杀牛羊后专门请他们去工作，一天的工资以青稞计算，除白天的饮食外，还会给每人 2 盒糌粑（约 2—3 波，约 50 斤青稞）。还有请他们做牛皮船的，山南雅江边的村落去找牛和出行都需要用到，会派年轻人来俊巴学习摆渡技术，牛皮船的所有者和船夫可得到摆渡费。做牛皮船需要先准备 2—3 天，还需要帮工，雇请费用在 20—30 银元，或者以两张牦牛皮抵扣工费。皮匠从渔猎民中分离后，在噶厦时期作为村中赋税的重要索取途径，承担皮具实物税，每年给哲蚌寺和噶厦政府交獐子毛藏式厚垫 60 对、牛皮藏式厚垫 10 对、高僧用藏靴 100 双，还需承贷一定数量的代金。实物税和代金税给皮匠参与市场创造了条件，使皮匠一方面依附于领主和寺庙，另一方面获得一定的交换自由，减少了劳役的负担。交换过程中的物资流转带来新的皮板、碱面等生产资料，通过劳动再次转换为纳贡的产品和市场的商品，物物交换本身承载着皮匠的劳动价值，形成政治、宗教、市场的

---

① INGOLD T. The significance of storage in hunting societies. Man. New series, Vol. 18, No. 3, 1983, pp. 553 –571.

适应循环。以贡赋形式的交换实质上是对皮匠剩余价值的剥削，每年实物税的价值按 20 世纪 50 年代的市场价格折算，约值 4 000 银元。

3. 皮匠的生产循环

皮匠外出换皮子及售卖皮具并非即时性的，冬季用皮具换入皮板、青稞等，皮板经制作后在节日期间或第二年的冬季集市上再次售卖。皮板的购进非常重要。20 世纪 40 年代，一张普通牦牛皮的价格在 6—7 元，大的要 10 元左右。除了牛皮船制作的需要外，皮匠们制作皮包、皮衣、皮裤、皮鞋等皮具也需要大量的皮子，村民有自己的交换网络和渠道。

屠户在每年冬季最忙碌，他们会去各庄园、农户家里宰杀牛羊，获得现金和糌粑等酬劳。需屠宰牲畜的主人家管饭，还会将牛皮、羊皮、牛蹄、羊蹄、牛羊下水等送给屠户，这些东西可以抵一点宰杀费用。但歧视的存在使农户和屠户之间的距离感较强，屠户家庭一般没什么朋友。

俊巴皮匠则会与几家屠户交好，双方的地位都不高，也无所谓"脏"与"干净"了，交往起来反而更自然。皮匠从屠户那里购得的鲜皮板既便宜又厚实，很多都不要钱，而屠户不会鞣皮技术，皮子放在家里易腐烂，正好皮匠能带食物、皮衣等来交换，并与屠户保持长期的来往，非常受屠户欢迎。与曲水县相邻的尼木县有 2 家屠户，在茶巴朗 9 组的山沟里也有 1 家屠户，俊巴村村民说他们是朋友，会过去收皮子。屠户过来俊巴宰杀牛羊都很便宜，一头羊才收 10 元，还不要皮子之类的东西，就是帮忙价。每次换皮子，屠户还会给村民带回些牛羊下水，农区有的藏民不吃这类东西，嫌下水脏，尤其不吃羊下水。俊巴村村民会把屠户赠送的牛羊下水带回家，认为牛心、牛肝是好东西，把新鲜的牛心、牛肝冻起来，想吃的时候稍化开，切薄片，蘸辣椒末和糌粑吃。他们认为这是美味，说辣椒遮盖了血腥味，冰冰滑滑的感觉像冰激凌，能补血。我也吃了一块，真的不觉得腥，但不敢多吃，怕拉肚子，也怕有寄生虫。还有羊肠和牛肠，洗净灌入血、糌粑粉、肉、油脂、盐、香料等，蒸煮后凝固成血肠，切片后蘸辣椒末吃，也是冬日里的美食。

在收购皮子回来的路上，若天寒地冻，村民会在山脚下用石头垒灶，点火煮水，把新鲜的羊杂放入随身带的水壶或小锅里煮，煮熟后撒盐，喝汤吃羊杂，暖身壮力。村民不称其羊杂汤，会称为羊肉汤。不会有外人想吃渔民和皮匠的食物，所以他们一般自己享用这一美味。他们坐在山脚、路边，晒着冬日的太阳，喝着羊杂汤，旁边晾着叠好的整齐的皮板或鲜皮，可以满载而归，也算幸福快乐。

俊巴皮匠还会经常和山南贡嘎县的农户往来，大家都属于雅江边生活的人，很多是吃鱼的，尤其是在青黄不接的藏历5—6月。山南的农户家中有不少牲畜，俊巴皮匠就预先在夏季以鱼或皮具赊换农户冬季宰杀牲畜留下的皮子，或者为农户摆渡去寻找散养在雅江边的牛，不收费用，保持联系，为的是获得相对廉价的皮子。在山南，还有些农户家在冬季为藏北前来交换的牧民提供借宿，俊巴村村民会与这些农户联系。牧民在农民家中卖牛羊，会把皮子、牛头、羊头、牛羊下水赠予主人家，若主人家觉得太多，可以转送，若转送他人没人要，俊巴村村民会索来皮子，制成成品后回送一些给主人家。年复一年继续此种交易。俊巴村村民会以较低的价格交换到牧民宰杀牲畜所剩的皮板，还有盐、羊毛等物品。

藏北牧民前来交换青稞，多是以藏靴、糌粑袋、背囊、马鞍等作为交换物，其中干皮最受村民喜爱，因干皮易于保存，可不用急着做船或皮具。牛皮船损坏后剩下的皮子亦可用来制作衣服和包，由于长时间在水中浸泡，皮子柔韧性好、耐磨，附近茶巴朗村山沟里的8组和9组的牧民最喜欢过来买这样的衣服，他们通常用皮板或牛肉干、糌粑、酥油等与俊巴村村民交换衣服。若是给皮板不收钱，就约着做好皮衣、皮裤后送过去，礼尚往来。

二、皮匠与渔民的互惠

皮匠与渔民作为早期渔猎民衍生出来的彼此分离的独立职业群体，在身份上均属于"贱民"阶层，皮匠处理动物尸体上的废弃部分，渔民捕捞水中的鱼类资源；业缘外婚和等级内婚的原则，使这两种职业群体彼此通婚，扩大了人口繁衍的范围；皮匠职业使不愿从事捕鱼的人（因捕鱼更加危险、渔获的数量不稳定、需要部分生产工具等）可以留在村中，选择皮具制作为生计；外逃而来的奴隶可以自由选择这两种职业中的一种，易于其长久在村中生存。

在俊巴村，因牛皮船、缴税而紧密联系的渔民和皮匠彼此依靠，互惠而生。通常，渔民多是穿白氆氇，皮匠多是穿黑氆氇，根据衣服就分得清职业。这两种职业间的互惠关系是亲缘与业缘连接下的普遍互惠。这两个职业间的互惠动机最初源于生存的需要，渔民需要皮匠制作的牛皮船才能从事生产；皮匠出行、采购皮子、运输、卖皮具、缴税等都需要牛皮船摆渡。围绕着生计，这两个职业群体因互惠而共生。由于每种职业都要交沉重的赋税，一个人不可能从事两种职业。20世纪60年代以前，在繁重的赋税之下，皮匠和渔民家庭常换工互助。每年4—5月，因陈粮吃尽、新粮未收，村里的渔民在打鱼归来后会送皮匠一些鱼，皮匠亦会做些皮具或帮忙补鞋、做工等作为回报。皮匠出行、卖皮具，也需要渔民摆渡。皮匠和渔民因牛皮船而紧密联系在一起。此外，婚姻形态及亲缘结构亦将皮匠和渔夫连接在一起。牛皮船在某种程度上亦可视为皮匠和渔夫大家庭的共有财产，由此连接彼此生计。俊巴社会存在紧密的亲缘与业缘关系，两者的互惠不仅体现在物质层面的帮助或情感层面的赠予与回报上，更多是建立在姻亲制度上的互惠机制，彼此嵌入，紧密联系。渔民将从农区换来的糌粑与牧民交换碱面或盐，再将一部分碱面赠予皮匠作为鞣皮的材料，皮匠会回赠皮衣等物品并为渔民免费修补牛皮船。皮匠亲戚、邻居冬季宰杀牦牛时常将皮子赠予皮匠，皮匠无须支付任何费用，但会回赠礼物或换工抵偿。青藏高原物资匮乏，物物交换是获取资源的重要手段，而交换亦依赖牛皮船出行，因此拥有牛皮船并学会驾驭它亦成为生存的必要条件。

边巴和达瓦是亲兄弟，分别从事渔民和皮匠两种职业，职业互惠并结合亲缘关系，使他们的联系更加紧密。这种亲缘与业缘的互惠，体现在牛皮船的制作和使用、皮板交换、皮具售卖、差税缴纳、食物分享等诸多方面。噶厦时期，赋税缴纳以村为单位，皮匠及女性多从事内差，渔民多从事乌拉运输外差，并捕鱼售卖；皮匠外出售卖皮具所得现金用来缴纳俊巴村赋税中大量的代金（本村不直接生产的贡品，折合成货币数量代缴）。民主改革以后，以大队为单位进行生产，这两种职业分离的情况弱化，一个扩大家庭中，年轻人捕鱼、老人制作皮子，以最大限度积攒工分获取家庭必需的粮食，并少量鞣皮在私下交换，作为补充，皮匠与渔民的身份并不是固定的。20世纪80年代之后，俊巴生态环境改善，分田到户，老人在家中耕地、鞣皮，年轻人打鱼、售卖，农忙时年轻人参与农耕，外出务工（开车、打工）的人数增加。总体上，渔民和皮匠依然以牛皮船作为出行的主要渠道，联系紧密。

2008年以后，俊巴村修土路并且开始修进村公路，对水路出行和牛皮船的依赖度降低，旅游的发展增强了皮匠们参与市场的程度，现金累积较多，皮匠与渔民间的业缘互惠程度降低，更多为亲缘网络的维系。俊巴村的皮匠和渔夫以彼此独立的职业路径发展。

三、零星的采集

俊巴村周围的生态环境相对脆弱，民主改革前荒沙地较多、林木稀少，背靠的石头山属背风坡，植物资源有限。零星的采集以野葱、"甘打"、干树枝、桑枝为主。野葱是制作生鱼酱的辅助材料，可去腥、提味。山上有一种白色的植物叫"甘打"，将根部白色的部分捣碎煮水可提炼出白色粉末，是清洁剂，可以鞣皮、洗氆氇。村里染皮子依靠天然的植物资源或矿物资源。例如：红色的"么籽"，拜神时用来涂糌粑，是把植物的根部捣碎取汁而来，也可染皮；黄色的"吉布"，是一种树根，可用作田里种豆子时打洞的杆，树根里面是黄色的，泡在水中煮会出色；用核桃皮煮水呈棕色，浓淡不同，可用于染色。桑枝用于祭奠仪式和日常煨桑敬神。村民会采集少量野果和核桃等食用，多为孩子们从事，村中孩子们对爬山非常擅长。

第四节　小结

本章主要论述了俊巴村以渔猎为主，混以早期农耕和畜养的动态生产方式，从生态资源分析渔猎民的生态适应，并置于历史线索中探讨渔猎选择与放弃的影响因素，生态、战争、贡赋分别在不同阶段起主要作用。尤其在贡赋制社会，渔猎民依靠差役和贡赋获得捕鱼权，与分离出的皮匠群体互惠合作，维持着渔村的运转，并广泛利用各地的交换市场，通过水路交换取得生产、生活物资，市场在渔猎群体的社会适应中起到重要作用。肉类与皮质的存储延长了交换时间，扩大了交换范围，男女协作分工共同适应市场的变化。在民主改革之后，俊巴村扩展了交换的范围，满足了部队汉族军人的需求，以鱼换得充裕的物资，参与生产与分配。同时，皮匠作为手工业者参与市场交换。相较农区，俊巴村村民更多地参与市场，有一定的经济基础，此时可以看到存在于计划经济生产方式之内较为隐蔽的商品经济萌芽。渔猎民和皮匠建立在业缘与亲缘网络之上的互惠行为联系紧密，对渔猎民和皮匠的职业选择以增加家庭的集体收入为目标，长期的协作生活使他们更注重集体意识，生计、市场、生产关系与观念紧密结合。同时，渔猎民通过地方性话语过滤来自苯教和佛教的压力，部分践行佛教的义理，使自身的生态适应没有脱离地方社会与宗教体系，在差异中共存。除捕捞和皮具制作的生计外，少量的采集为俊巴的皮具生产提供鞣剂和染色剂，为日常的佛事活动提供煨桑的材料，为渔获的烹调提供辅助调料，并逐渐成为低年龄段孩子们接触俊巴环境的入门工作。

第三章　农牧生产方式的介入

刀耕火种的园艺曾是渔猎的补充，随着农业从渔猎中分离，农民在酋邦社会得到少量土地后进行种植，并初步对剩余产品进行交换。俊巴渔民小规模采借农耕技术，使性别分工发生变化，部分村民开始应用原始农具。总体而言，俊巴村在民主改革前的农耕规模有限，一部分渔民承担内差，参与农牧民的农耕活动。民主改革后，随着水利等设施的完善，农耕逐渐发展，捕捞劳作时间也随农耕时节的变化而变化，农耕中存在普遍的互助制度，展现了村中的亲属网络和互惠体系。俊巴村的早期畜养建立在交换基础之上，有限的草场资源限制了畜养的数量，但牛、羊等畜力应用于渔农混合生计之中，节约了劳动力，提高了劳动生产率，改善了饮食结构。畜类的副产品在村中得以高效利用，成为生活必需品。

第一节　土地、牧场和水源

农耕应建立在定居的基础之上，家庭中有可以从事农业生产的劳动力，并且有种子、农具等生产资料，知晓耕作的知识和基本方法。吐蕃王朝中后期，即8—9世纪，从渔猎分离出的农牧业得到了发展。政治上，9—13世纪，西藏一直处于分裂割据期，曲水由地方家族势力统治，地方势力争夺中虽然会有战争，但会努力发展生产，权力未完全集中，佛教和苯教也存在争夺之势，贡赋的严苛程度并未将百姓完全捆绑于土地之上。此时期的农耕应以家庭自给自足为主，用于交换的剩余生产资料不多，交换规模较小。

一、土地的有限性

（一）有限的土地资源

俊巴村早期的捕捞游居生活伴随着少量的刀耕火种的园艺，随着猎源的减少和制皮技术的发展，在建村定居过程中，形成有6户散居渔民的小村，虽与传统的农区有一定的阻隔，但随着牛皮船的使用，彼此渐有联系。农区剩余产品在队群边界的交换使种子、农业技术逐渐被认识，应该说早期的耕作是在从游居向定居过渡的时期发展起来的，虽然土地拥有量有限，但少许稳定的谷物蛋白收益补充了渔猎民单一的食物结构，妇女从渔猎劳动中分身出来，进行少量的耕作。不断扩大的家庭需要相对稳定的农业所得，女性劳动力从事农耕劳动，使俊巴的农耕估计在 10 世纪前后有了初步的发展，但规模非常有限。

俊巴村村民正式通过贡赋获得合法的身份是在噶厦时期，以贡赋、纳税和支差换得部分人身自由。从俊巴在噶厦时期没有多少差岗地与粮食税的情况来看，土地的使用量非常少，村民口述中提到交粮食税，每户每年大概上缴一袋 80—100 斤的青稞，为约 2 藏克的土地收获量。据村民回忆，20 世纪 30 年代俊巴村户数总量为 34 户，仅有 2 岗耕地。村内男性劳动力要从事捕捞、皮具制作和支乌拉交通差，并没有更多劳动力从事大规模的农业生产。因此，即使俊巴村通过牛皮船与外界有一定的接触，农耕技术的采借具有可能性，但土地的有限性和劳动力的固有分配模式却限制着俊巴村农耕的发展。村内有限的农耕生产由妇女和部分老人来承担。

（二）早期作物和生产单位

西藏早期的考古资料均提及"粟"与"麦"[1]，估计是最早的种植作物。而耕作方法则从刀耕火种利用石锛、石斧、石锄、石镰进行种与收到使用木质耕犁和铁器，此时吐蕃早期雅砻部落因农业发展迅速崛起，开始出现征战与阶级分化，处于氏族向酋邦过渡的阶段。在松赞干布统一吐蕃之前，雅砻河谷"智勇谋臣七人，为首者即如莱杰，其聪睿之业绩是：烧木为炭；炼矿石而为金、银、铜、铁；钻木为孔，制作犁及牛轭；开垦土地，引溪水灌溉；犁地耦耕；垦草原平滩而为田亩；于不能渡过的河上建造桥梁；由耕种而得谷物即始于此时"[2]。俊巴村村民采借农耕的生产方式，但因土壤贫瘠，开垦量少，收获有限。同时，水灾、旱灾等也限制了农业的发展。此时期，从事简单农耕生产的估计是以少数初步定居的扩大家庭为单位，男女同时参与种植与收割，但女性更多从事田间的工作。

---

① 黄万波、冷键：《卡若遗址兽骨鉴定与高原气候的研究》，《昌都卡若》，北京：文物出版社，1985 年，第 160 – 166 页；王仁湘：《拉萨河谷的新石器时代居民——曲贡遗址发掘记》，《西藏研究》1990 年第 4 期。

② 巴卧·祖拉陈瓦著，黄颢、周润年译注：《贤者喜宴：吐蕃史译注》，北京：中央民族大学出版社，2010 年，第 9 – 10 页。

二、农具及耕作

（一）传统作物种类

曲水 1952 年的农作物统计中，仅种植青稞、小麦、豆类和油菜四种作物[①]，杂类有土豆、萝卜、白菜、辣椒等。那么从 13 世纪到 20 世纪上半叶，在整个贡赋制的生产关系之下，农作物种植不会比上述四种多。

青稞是主要的种植作物，分冬、春两种，俊巴主要种春青稞，藏历 2 月播种，亩产相对较低，一般是 50—80 千克。小麦也为春小麦，于半高山地带种植，稍喜旱、怕涝。油菜耐寒、耐旱、耐贫瘠，适应性强，为主要油料作物。豆类耐寒，混播，有蚕豆、黑豌豆，山南有白豌豆，还有麻豌豆。村民说没有糌粑吃的时候，豌豆也是主要的充饥食物。另外，会少量种植土豆、萝卜、辣椒等。

（二）传统农具及所有权

据俊巴村村民回忆，给庄园主干活的时候，好多工具都是自己带去的，只有住在庄园里的奴隶才使用庄园的生产工具。不仅工具要自己带去，有时候伙食连糌粑都没得吃，只给清茶喝；如果送监工一点鱼干之类的东西，那干一天活后就能吃饱肚子了，有糌粑吃。如果糌粑准备得多，村民吃剩了，庄园主是不要的，直接让村民拿回村里。每年去庄园帮忙收割的差不算多，到后来，协荣谿卡的人找村民帮忙收割，一个人算两个人的差，等于减少了劳役差的数量。此时虽然大家都忙着收割，但俊巴地少，有人闲出来能去帮忙，多数是妇女去，带着镰刀等工具，用人力收割。

1. 工具类型

（1）土地平整工具。

青藏高原东南部江河边的土地干燥，土壤含水量较低，很多为沙砾土，松土是耕种之前很重要的环节。因此，土地平整工具就显得尤为重要。这些工具主要为人力和畜力所用，以木—铁结合器具为主，柄部为木质，器具的头部为铁质，直接接触土壤。村民会按不同的用途对器具的头部进行改造，所以会有弯、直、方、扁等不同的形状。俊巴村的土地离江河较近，接近滩涂的潮土和山脚下的风沙土并存，除松土外，夯土与固沙也很重要，

---

① 拉萨市曲水县地方志编纂委员会编：《曲水县志（复审稿）》，2010 年，第 228 页。

还有些工具是用来挖沟、垒坝的。居于拉萨河下游的渔民，防洪也依靠自己垒的简易水坝。

西藏的很多农耕工具相对原始，也有受中原、南亚等文明影响的痕迹。木坯是夯土、平整土地、修渠等的常用工具；耒为一种古老的翻土农具，形如木杈，上有曲柄、下有尖头，用以松土、点种，可看作犁的前身，藏民也叫其"点播棒"；耟为曲柄起土的农器，即手犁。耒耟可用于翻土和除草；木瓠、木糖可用于平整农田、打埂筑畦等。锄头类的工具，为木—铁结合器具，有不同的铁质头型，如鹰嘴、鸭嘴、马嘴、鹿嘴、牦牛嘴等。藏南谷底多鸟类过冬，很多锄头以鸟类和牲畜的嘴巴命名，如牦牛嘴锄呈方扁状，鹰嘴锄则尖细弯曲，具有松土保墒、除草、收割、平整农田、点播等多种用途，此类锄头把柄大小、长短方便别于腰间，携带起来不会太重。还有铲类、镘类、镢类等均属此类农具。

（2）耕种工具。

耒、锄等工具具备松土、点播和收割等多重功能。藏区松土、清杂草多用藏式木犁，有人役和畜役两种形状。人力耕犁的柄短，下端如尖状镘形。播种前的犁耕若用耕牛，会以"二牛抬杠"式耕作。畜为役犏牛，以公牛为主，西藏"二牛抬杠"的特点是二牛并排，将一木质横杠的两端分别系于并列的二牛牛角上，犁架与横杠连接，以牛角拽犁。一人在牛后把持耕犁深浅，一人随后播种。此种耕种方式延续很长时间，直至20世纪50年代后，解放军从汉地带进铁耙等，当地才用畜力进行大规模开荒。俊巴村在90年代才有拖拉机等带铁质犁头的工具进行耕种。

（3）收割、打谷工具。

收割时的做法是：将镰刀别于腰间，弯着腰，左手抓麦秆中下部，右手从手抓处的下方20厘米处砍断，把砍下的麦穗堆于手边，再继续上述动作。不论任何土壤环境，均可用镰刀按时收割，如遇涝季，青稞田全是水，机器开不进去，就需依靠镰刀和人力，只要肯花力气就行。即使有收割机，一些人也不喜欢那种整齐切下带有少量秆的麦穗，因为从中间拦腰截断麦秆，浪费了下部分可喂牲口的麦秆草料，若想再去割麦秆，一来辛苦，浪费劳动力，二来秆部太短，不好抓，很容易划到手，只能把牛赶过去吃。木杈、木耙犁有2—6个叉头（见图3-1最左侧农具），可使晒干的带穗谷秆疏散、蓬松，便于打谷时谷粒受力均匀、散出均匀，最大限度出谷。在冬季喂牲畜麦秆时也会用木杈刨下顶部的草秆，不至于把大大的草垛打散。

图 3 - 1　部分农具模型

在农区打谷一般采用马、牛等畜力踩踏谷物使谷脱离，但俊巴没有养马，打谷多为人力，常用的工具是连枷（见图 3 - 2）。连枷由木柄及敲头组成，木柄和敲头以皮质细绳联结，细绳嵌入木中，敲头是 40 厘米 × 20 厘米的长方形扁木块，包一层皮、布或毛质的套子。工作时上下挥动木柄，使敲头绕轴转动，敲打麦穗使表皮脱落。随着肩膀和腰的协作，身体一屈一抬，有节奏地敲打铺好的谷穗。打谷的姆拉会一边唱歌一边把握手和脚的节奏，连续敲打固定面积的谷物 1—2 小时，敲打次数要均匀，面积不能太大，然后收谷。现在农区已经用上柴油脱谷机了，但捡回来的 1—2 袋麦穗不值得借一次脱谷机，就用传统的方法打谷，一人一个下午能打出半袋青稞，有 30 余斤。

图 3 - 2　用连枷打散谷粒进行脱谷

打谷后，要用竹筛把谷和散穗、麦秆分开，竹筛如圆盘状，有大、小竹孔不同规格。把扫起来的谷粒放入筛中摇动，大孔会筛去青稞和散穗，麦秆留在筛中；再筛小孔，把细穗和谷粒摇散，在迎风处筛谷，细穗随风吹落，谷粒留在筛中。有时需两人合作，一人拿袋子接着穗和秆，可以用来喂牛。

扫帚是重要的清扫工具，在收割后的打谷、脱粒工作中非常重要。在打谷、脱粒后，把分散在周围的谷粒扫成一堆一堆的，反复筛出谷粒，除了扫干净谷粒外，谷壳和穗、秆也必须清扫收集起来，这些是冬季牛的重要口粮，一点都不能浪费。制作扫帚时，一般是以干藤条、草秆或木枝按40—50厘米的长度并列整齐排成一把，以单手抓握方便判断捆绑的直径，用羊毛或牦牛尾毛制成的线绳在中间捆成圆柱体，抓握时握着线绳可增加摩擦力，不至于划到手。长时间的扫握会把手掌磨出厚厚的茧，但村民对老茧根本不在意，手上全是茧。用各种毛线织成的袋子、线绳等，可用于装粮食、捆绑晒干的青稞。

2. 农具获得途径

俊巴村的农具数量并不多，各户均有简单的农具，以村中自制的木质农具为主。皮匠们除了鞣皮技术之外，其中一部分人还会木工手艺，尤其是技术好的老师傅，会负责牛皮船的制作，牛皮船木质骨架便出自他们之手。农具的制作也有赖于这些经验丰富的皮匠。还有部分农具是与农区交换或在拉萨买来的，因为俊巴附近没有铁匠，所以并没有直接请铁匠制作农具的传统。

（三）耕作方式

1. 散耕与轮耕

民主改革前俊巴的可耕地面积小，土壤贫瘠，产量较低。如20世纪30年代俊巴村户数总量为34户，仅有2岗耕地。村内男性劳动力除从事捕捞、皮具制作和支乌拉交通差外，并没有从事大规模农业生产的可能。村民只能较为分散地开荒种地，作为捕捞、皮具制作生计的补充。

为了保持土壤的肥力，村民会对土地实行轮作，先烧出一块地种植，休耕后，再烧一块地种植，这种地如果不施肥，收成微薄。一般耕作单一作物，一年一作，以青稞、藏麦为主。耕作方法为：松土后，先将少量草木灰等撒于土间，作为基本的底肥，以改善土壤的肥力，再把麦类作物和豌豆类作物种子撒于土间，通过犁地翻耕，把土肥和种子同时埋在土中。

俊巴村村民会将草木灰燃烧后提取土碱，将皮子埋入其中进行揉搓，使皮革相对柔软，略发酵后变为土基肥，在春耕时将其放入农田中。最后打碎土块。对于蚕豆种植，会采用跟犁沟播种一样的方法，即先耕一犁，撒种子入犁沟，再耕第二犁，盖住第一犁种子后，在第二犁沟内再撒种子，如此反复。秋收后，有些田翻耕，有些田不耕，直至春天。

2. 开荒与协作

20 世纪 50 年代，俊巴不过 40 余户，随着生产工具及耕作条件的改善，各户开荒种地，但每户不过 1—2 亩，多为河滩边沙地，出谷率低。皮匠户的土地略多于渔民户，男性外出捕捞，女性在收割期采取协作的方式集体收割。

以户为单位，亲戚间相互帮助，一起收割、打谷。男性入赘的家庭，以女性亲属联合收割为主；娶外村媳妇的家庭，以家中男性的兄弟姐妹联合为主；分家户可随丈夫或妻子的亲属一起收割。协作需考虑彼此间的家庭关系和青壮年劳动力的比例，劳动力水平相当的亲戚家庭为首选，这样搭配干活最快。协作户的土地不分彼此，全部人员先收第一家，收完后再收第二家，直至全部参与的家庭收割完成，对待各户土地的认真程度一样，都当作自家土地一样出力收割，收谁家地就由谁提供餐食，要把最好的饭菜拿出来共享。

村民互助行为是在完成自家收割之后的无偿劳动参与。例如，赘婿自家完成收割，其母亲、阿佳家中的男性劳动力缺乏，此时还没有完成收割，赘婿和妻子都要过去帮忙，直至完成收割工作。嫁进来的媳妇在完成自家收割后，如果娘家的地没收完，也应和丈夫一起去娘家无偿帮忙收割。此时，村中的弱势群体或男性劳动力较少的家庭就会得到帮助，以争取最快完成收割。被帮助方和帮助方一般有亲缘关系或者是关系较好的伙伴，在农事活动的帮忙会被视为感情好的表现，彼此感情的维系常以被帮助方主动承担帮助方家中的各种重要任务为前提。如 A 家庭帮助 B 家庭收割，B家庭接受帮助，那么，村里人会认为 A 家庭与 B 家庭关系好，A 家庭有什么事情或工作多的时候，B 家庭也应派家里的成员过去无偿帮忙；如果 B 家庭因有事没去，那么彼此感情的维系就中断了，A 家庭也就不存在去帮助 B家庭的义务。当然，被帮助的家庭还需要给一小部分农产品作为劳动补偿，可能是青稞、土豆、小麦等，数量多少不重要，重要的是要存在赠予形式。彼此通婚的村庄，帮助收割也是加强联系的重要时机。

（四）收获与农产品加工

1. 收割与打谷

一起协作的家庭会一起收割，一般没有太大矛盾的，也会选择一起打谷。在农用机械进入俊巴之前，打谷也是体力活，需要花费较长的时间。从收割后的晾晒到打谷，再到将谷粒、麦秆等收集好运回家中，没有车、马，都是靠人力背驮，有的家庭有骡子，那就非常省力了。粮食除去缴纳赋税的部分，基本所剩很少，每天的食量都要细致安排，不能超出。

麦秆看似是废物，却一点也不能浪费。粮食产量不高，麦秆更是村民珍惜的生产资料。麦秆晒干后，混合牛粪可制成易于燃烧的牛粪饼，是冬季重要的火源；将麦秆与少量青稞谷壳混合，或者和油菜籽皮混合，可作为牲畜冬季的饲草；麦秆与干草、山草、树枝等焚烧后形成的草木灰可作为鞣皮用碱的原材料，其稍发酵后可变成春田的肥料。所以，麦秆也可作为礼物送给家中牲畜多的家庭。作为捕捞生计补充的农耕，除食物外，为俊巴村村民的生存提供了必需的生产、生活资料。

2. 水磨糌粑

由青稞变成糌粑需要水磨加工。石磨在西藏从原始社会一直沿用至今，拉萨曲贡遗址和今琼结县邦嘎村新石器时代遗址都发现有磨石和磨盘[1]，谷地主要是水磨。俊巴村没有水磨，要去协荣、达嘎或者曲水县借用。磨糌粑是集体去的，一家先磨，大家帮忙，接着下一家再磨，女性多结伴而行。去才纳可步行，去达嘎要先坐一段牛皮船再步行前往，一次背100斤青稞，从肩头捆住青稞袋和身体，身体前倾，背去青稞，背回糌粑。

加工糌粑前，要用鼓风机和炒锅将青稞炒熟，再放入水磨磨成面。青稞炒制之前要先淘洗干净、晒干（工作量不小），再挑出杂物等，然后在炒青稞的锅里放入沙子，待沙子热后，倒入青稞，不停翻动，使之受热均匀，爆花即已炒熟。再把炒熟的青稞装入吊斗内，随着磨扇转动，斗内的青稞在振动杆的作用下均匀下落，漏入磨眼，被磨制成面，有粗有细，很多有两层，越细越好。磨坊有主人，可以付费给他，也可以拿物品充抵，俊巴村的糌粑羊皮口袋是很好的抵费物品，很多来磨糌粑的人喜欢买，不用碗揉糌粑，就用羊皮口袋加酥油，系上口，放在手掌揉搓口袋，然后打开，

---

[1] 中国科学院自然科学史研究所、中国科学院传统工艺与文物科技研究中心编：《鉴古证今——传统工艺与科技考古文萃》，合肥：安徽科学技术出版社，2014年，第611页。

捏成团抓着吃。村民说羊皮与酥油混合糌粑有浓浓的香味，而且无须洗糌粑袋，酥油沁入皮中，即使不放酥油，糌粑也有油香，不会造成浪费。若吃不了可放袋内，易保存。

三、水源及水利设施

民主改革以前当地没什么灌溉设施，旱涝多是听天由命。俊巴村处于拉萨河最下游，水大的年月会引发涝灾，河水会淹过古码头附近的散田。那时村屋多在山脚，地势相对高些，一般还不会被淹到。一旦有灾害，青稞、藏麦的收成就极少了。

俊巴村的差岗地少，发生水灾也不会得到宗谿的重视。水灾年月，曲水宗向噶厦政府呈递的公文中会对宗内农区水淹情况有所陈述，由此可知当时的水患情形。《曲水宗堆等为田地遭水灾事呈达赖喇嘛暨司伦噶伦文》言："卑等命薄福浅，土地、房屋处于两河之间。'膝盖经不起坐'，低处约三百克种子地，连年遭水冲、沙石淤压，致使原有政府差民户数不断减少，现仅存雪巴①五户及达甲四户，其他皆已流散。……尤需申述之要旨如下：卑等只有寥寥几户，但从四方而来各项内、外、文、武差赋，像波浪般，接连涌来，如今仍需支应，因此无力修复水利，将河水引归故道。所剩少许土地不断遭河水冲刷，如'老鸟脱毛'。"②

即使曲水宗向噶厦政府申报灾情，也未必能如愿得到赋税减免。1848年，在《噶厦就曲水地区庄稼遭受雹灾请求减免差税事给宗堆批复稿》中，曲水宗呈报："本地区忽于七月二日到处遭受雹灾，庄稼一半被毁；七月十二日山川平原各地再次发生雹灾，水害极为严重，辖区上下人等不知所措，且宗府上缴谿卡粮食之各谿卡自营地亦遭雹灾水患，秋收毫无希望。最好请亲临灾区勘查。若此有所不便，就请减免今年谿卡上缴之粮。其内部百姓中有功德林寺庙谿卡拉玉，塔林政府差民雪巴、扎西孜、改洛、柯玛等，亦无收成。今后对被水冲、砂石覆盖之农田，请赐给生计所依，或者减免差税……"③但噶厦政府回复："该区若确实遭受雹灾，当即呈报原委，即会派人实地踏勘。现今随心起意谎报，甚至有人编造辖区漫山遍野都下冰

---

① "雪巴"应指今曲水镇所在的雪村农户。

② 西藏历史档案馆、西藏农牧科学院、西藏社会科学院等编译：《灾异志——水灾篇》，北京：中国藏学出版社，1990年，第68页。

③ 西藏历史档案馆、西藏农牧科学院、西藏社会科学院等编译：《灾异志——雹霜虫灾篇》，北京：中国藏学出版社，1990年，第11页。

雪。实际上除自营地和部分有名字之百姓外，其他大部皆能忍受。尔等头人同部分百姓煽风点火，所呈实属不当。而且今年以拉萨为首之许多地区，皆遭受雹灾水患，呈诉疾苦者甚多，均未作雹灾减免与差税减免。若对尔等减免，则引起别人效尤，甚为不妥。为此，需按豁卡粮簿如数完纳。同时对差民之赏赐、减免差税等，亦不便照准。切记。"[1] 在上述批复稿中，政府怀疑地方谎报、头人煽风点火，又偏袒自营地和贵族，认为差民、农牧之土地被淹在可承受范围内，无须补偿，不可减免差税。

我于2016年夏秋之际在俊巴村经历过下冰雹之事，藏历一般比公历晚一个多月，藏历7月相当于公历8—9月，正是秋收时节。俊巴村的老人都会在藏历7月前（雪顿节之前）抢着把庄稼收完，因为一过藏历7月，气温突降，傍晚时分会下冰雹，青稞、油菜被冰雹砸后，青稞很难脱谷，油菜籽基本无法出油，一年的辛苦就白费了。2014年夏，藏历7月10日左右，拉巴因病住院7天，家中女儿陪伴医治，没有及时收青稞和油菜，虽有亲戚在忙完自家田地后帮忙抢收，但还是被冰雹所打，油菜全部没有收成。

四、有限的草场和劳动力资源

俊巴村早年土地类型多为滩涂、荒地和沙地，一直以来农耕规模不大，都是村民在滩涂地带散耕，受水患和风沙的影响较大，收获有限。民主改革前的草场和水源均属于领主，饲养牲畜要缴纳酥油、羊毛、肉类等副产品的税收。渔民和皮匠的劳动力资源无法承担更多的农牧生产，规模自然很小。20世纪60年代后，大面积荒地开垦、植树造林、水渠灌溉工程使农业的垦殖面积大幅度增加，农业生产有草和秸秆等副产品可以利用，少量的畜养可以与农耕相依赖。因此，俊巴村农耕和畜牧的发展在获得土地、草场使用权的前提下，需要有一定的生产力从事此种劳动（支差的劳动力回归可以从事农牧生产），并有水利和农机、技术等保障。

---

[1] 西藏历史档案馆、西藏农牧科学院、西藏社会科学院等编译：《灾异志——雹霜虫灾篇》，北京：中国藏学出版社，1990年，第11页。

第二节　民主改革后农耕的发展

一、以所有制变化为前提条件

（一）民主改革与土地改革

1959 年 3 月，西藏叛乱平息后，中共拉萨市委、市军管会组成工作组开展民主改革工作，开展"三反双减"，组织农奴开展反叛乱、反乌拉差役、反人身依附和减租、减息的群众运动。对未参加叛乱的领主和代理人实行和平改革政策，土地等生产资料由政府赎买；对参加叛乱者的全部财产进行没收。废除差役和人身依附，废除在此之前的一切债务，契约文书一律销毁。将没收、赎买的土地等生产资料按人口进行平均分配，在农区实行"谁种谁收"、不交公粮的政策，促进了农耕生产的发展。为分得土地的农户发粮贷、种子贷等，并无偿发放农具和救济粮款。同时，还逐步成立农业互助合作社。

1959 年 9 月，曲水县实行土地改革，废除农奴主土地所有制，解放农奴，实行农民土地所有制。叛乱农奴主（旧政权、寺庙、贵族）土地、房屋、牲畜、农具、山林、水渠、林卡、水磨、油坊等一律没收，浮财等除生活必需品外，其他没收，分给农民；未叛乱农奴主的多余生产资料由国家赎买，浮财一般不赎买，用作安家部分；保护中等农奴和富裕农奴的财产，对于参加叛乱的富裕农奴，除对个别民愤极大的进行政治斗争外，经济物资一律不动；未叛乱的农奴主兼营工商业的，不赎买，不没收；革命军人、烈属、工人、医生、小商贩、孤寡老人及其他职业者若因缺乏劳动力而出租少量土地或雇佣他人种地的，不得以农奴主及其代理人论。具体分配标准为，全县 16 个乡农民协会，在原耕地基础之上，按土地数量、质量、远近，依抽签调整的方法，按人口统一分配。农民自己所有的土地和民主改革前开垦的荒地不得抽分，仍归原主，但若属叛乱农奴主剥削乌拉开垦的一律没收，未参加叛乱的则赎买；回农村的喇嘛、尼姑等，与农民一样可分一份土地和生产资料，在寺庙的喇嘛、尼姑酌情分少量土地供使用；本人在外而家属在农村的，若其在外收入不能维持，酌情分一份土地，动员外地农民回原籍参加土地分配，实在不愿回原籍者，取得原籍的证明信后，可在外分得一份土地和生产资料；被逮捕关押的叛乱者及破坏民主改革的现行犯罪分子不分，其家属未参与犯罪行为的，同样分给与农民一样的土地和生产资料。大荒山、成片荒地、河流、渡口、公路、桥梁，均为国家所有，不得分配；水磨、油坊分给原使用人，水渠所有权归国家，使用权归民众，加强保护；若地户死亡，土地资料由其配偶和子女继承，也可自由买卖。俊巴村属茶巴朗乡，土地较少，荒地居多，村民被划为贫苦农牧阶层，首次分得土地、农具、生活用品等。[1] 此后，农耕成为俊巴村村民尤为重视的生计方式之一。

1964 年，俊巴村户籍人口 64 户，未达公粮起征点的有 33 户，计征户 31 户。相比茶巴朗乡其他四个自然村，未达公粮起征点的户数总和为 8 户，可见俊巴村土地占有相对稀少。当时俊巴全村总人口 296 人，土地总量 452.1 亩，粮食总产量 66 049 斤，人均土地面积仅 1.527 亩。全村上缴公粮 5 440 斤。[2] 据巴桑回忆："最早村里土地改革分 1 亩多，再后来是 2 亩、5 亩，直到现在有 8 亩、12 亩。不是按现在的人口数分，而是按 20 世纪 50 年代每户人口定的地，人口多，地也多。现在有 12 亩地的，那时候都是十几口人的大家庭。"边巴布拉说："早期分地的时候，渔民地少、皮匠地多，很多渔民虽没法给公粮，但可以上缴鱼货，卖得的钱或换来的东西归大队，也分了公粮。渔民在外打鱼，家中田多了照顾不来，土地收成差；皮匠在村里干活，可以按时收获、堆肥，田也多些。现在有 12 亩地的家庭多为皮匠户。"

2015 年，俊巴村村民拿到"中华人民共和国农村土地承包经营权证"，承包方式为家庭长期承包，66 户共承包土地面积 12.36 亩，承包地块 7 块，均为基本农田。每块地按东、西、南、北四面划分边界，7 块地的面积分别为 1.01 亩、2.14 亩、1.44 亩、0.86 亩、2.97 亩、2.02 亩、1.92 亩。除了种国家固定的征收粮青稞和藏麦外，其他土地可自由种植作物，有些种冬小麦、油菜、萝卜、土豆，还有些种饲料玉米（叶多，玉米很小），专门解决冬季牲畜的饲草问题，储存发酵的玉米秆冬天喂牛，增加牲畜的维生素摄入。

（二）水利设施的完善

从 20 世纪 60 年代开始，国家陆续完善水利灌溉设施，修建玉曲饮水渡

---

[1] 拉萨市曲水县地方志编纂委员会编：《曲水县志（复审稿）》，2010 年，第 310 页。
[2] 《曲水县 1964 年公粮汇总统计表》，曲水县档案馆，1965 年第 48 卷，第 83 页。

桥、永达干渠、热堆沟、曲浦沟、茶巴拉等沟系，全县建成14条土渠灌溉渠道及进水设施。60—70年代，国家在拉萨河及雅江修建临时进水口8座，引水流量达每秒8.5立方米，形成德吉、才纳、江村、茶巴朗和达嘎土渠灌溉区，推动了农业的发展。70年代末到80年代末，聂当、入江、白堆、才纳、协荣、茶巴朗和"335"干渠共七大干渠完成，采用梯形黏土防渗措施，解决了拉萨河周边主要农区的控灌问题。

曲水县在20世纪60年代中期逐渐建成热堆、南木、茶巴拉水库，当时提高了蓄水能力，但现在这三个水库或成垮塌或成为病险水库，不再发挥作用。小水塘等设施建设有助于农田抗旱、保收。当地还针对水患和洪灾进行了防洪工程建设。国家投资，村民出力，兴建了拉萨河河堤，如聂当、才纳、协荣、其奴、南木、茶巴朗等处堤坝，其中茶巴朗河堤长14千米，保护人口5 000人、耕地7 500亩。俊巴村的农耕发展得益于拉萨河水域的治理。

（三）土壤改善

1. 水土保持和植树造林

俊巴村的地，山脚下沙地居多，贫瘠，秋冬漫天风沙。种蕨类植物，并以近距离圆木嵌入沙地，能起到固沙的作用。同时，从20世纪60年代中期开始，在河边滩涂上植树造林，植株主要有高山柳、柏树、槐树、红柳、西藏杨等，现在已经初具规模，但80年代前，植株一亩以上归乡镇，散木才归各村，并且要将伐木所得二八分与管护员和乡镇财政。并乡建行政村后，林木管理和收益归村里，砍伐使用也自由些，很多木材轮种，隔2—3年砍伐部分村林用作冬柴、用于房屋建设等，砍伐当年要补种同等数量的新树苗，由村中统一购买。这样做既改善了水土，又增加了冬季的柴薪量，使饲牛量不大的俊巴村不会因缺少牛粪燃料而无法取暖。2015年，政府还发放了林木所有权证，把集体所有的林木分归个人，成为村民个人财产。现在，种经济林木还有补贴，每户仅有1—2株果树也可以领补贴。

经济林木有苹果树、核桃树、土桃树等，但由于村民不善于管理，没有推广种植，每户家中的1—2株果树都是自然生长。每到夏秋季，土桃便是家中的待客水果，大人舍不得吃，会留给孩子们。土桃个头小，皮薄、汁多、味甜。有拉萨的亲戚来，主人家会装好土桃让其带回去给小孩，是颇受欢迎的礼物。

2. 肥料的使用

最直接的土壤改良方法还是增肥。1960年以后，增加土壤肥力的措施得到了农户的响应，增产增收明显。"西藏的肥料工作几乎是以有机肥和无机肥齐头并进开始而区别于其他地方的先有机肥后无机肥的特点。"[1]

20 世纪 70 年代，出于增产的需要，土肥、草木灰肥，还有旧土坯房的土基，皆可发酵为基肥。有研究结果显示："人尿与泥炭配制成的腐殖酸肥亩施 6 公斤做基肥比不施腐殖酸肥增产 35%，腐肥用作基肥比浸种和根外喷肥增产效果显著。80 年代，还搞了城市人粪下乡、城市垃圾堆肥等方式扩大肥源。"[2] 但是，藏民不愿用别人的粪便做肥料，他们更愿意用自己家里的粪肥来积田，对厩肥如牛羊粪更是喜欢。他们还会挖臭泥坑，尤其是河滩边鞣皮后沾满羊毛、脂肪的泥坑，上山捡牛羊粪，打扫烂草、烂土地等，以扩大肥源。80 年代中后期，俊巴各户会在碉门外用砖头专门垒起一个可以上厕所的厕坑，用背篓将风干后的粪便结合土灰背去田间作为基肥。"风干的粪便是没什么太大味道的，粪便在田里有水时才闻起来有些臭。"达曲解释田间积人粪肥的情况。现在，收割完成后，在冬小麦下种前，松土堆肥是重要的工作，俊巴选择用厩肥，把牛粪或羊粪在田间按一定间隔堆成小粪包，放置 15—20 天后，重新翻地，在土与肥结合发酵一段时间后再播种；人粪堆肥是从厕所中把风干的粪便掏出后，拌麦秆和土灰施肥于藏历 12 月的冬小麦田间。女主人会注意在每天早上排便高峰期后在厕所内撒些炉灶灰，使粪与灰结合，在堆肥时方便掏卖，也没有太多气味。

20 世纪 60 年代，化肥是紧缺物资，农村化肥的使用始于 80 年代，由国家发一点，找技术员来讲解怎么用，村民再试验。后来化肥就要买了，2014 年后，俊巴村有一部分青稞是上缴的种子粮，国家来收，按产量每公斤 3 元回收，种子也是国家给的，化肥一定要用，可以增产。村民种来自己吃的地，则能不用化肥就不用，虽然青稞谷粒不大，但村民吃着放心。

绿肥是豆科植物，又叫"雪布扎"，是豆科绿肥饲料作物，在收青稞后复种，产草量较高，可作牲畜饲草，也可养地，增加土壤肥料，尤其是绿肥压青后能给土壤增加一定数量的有机质，进而促进微生物的繁殖。对于村民而言，增加饲草也是解决牲畜喂养问题的大事，轮种绿肥可以解决牲畜冬季的饲草问题，得到村民的支持。

3. 农牧平衡与资源互补

农耕与牲畜的饲养是紧密联系的，不是各自孤立的。在农区饲养牛羊

---

[1] 关树森：《西藏土肥工作的四十年》，《西藏农业科技》1991 年第 2 期，第 48 页。
[2] 关树森：《西藏土肥工作的四十年》，《西藏农业科技》1991 年第 2 期，第 50 页。

的多少会根据耕地量、伴生的鲜草量、可存储的干草量、村中的草场量、家庭劳动力分配综合考量，尽量不让有效的资源浪费。如种田就有草，有草就可以养牛羊，牛羊的粪便可堆肥、点火，畜力可帮助耕种、运输，牲畜可转化为肉类、衣物等生活必需品。前提是，全部资源要达到一个平衡，是良性的循环系统，一旦平衡被破坏，就会产生剩余和浪费。所以，西藏农区的真实情况是，牧民多少会有点耕地，农民也会养一定量的牛羊，采用混合生计，高效利用资源。高效不代表数量上的最大化，而是质量上的利用程度。

才纳乡一直是农业大户，但近年搞生态旅游，种经济作物，如花卉、烟叶，进而提纯生产产品，具体产量和技术研发成果暂无权威公布数据，但乡民的地给征收了，乡民不种地而给产业园打工，每天100元。乡里每天根据产业园的工作量派固定数量的人员进行工作。耕地没有了，最大的问题是牛羊夏季饲草量也随之减少，更别说冬季的口粮问题了，进而使牛羊数减少，村民食物结构中的动物蛋白也直接减少了。虽然有了现金收入，看起来增收，但外面市场上的牛肉30—40元一斤，乡民靠每月的现金收入2 000多元能买多少肉来吃呢？舍不得买，就只能减少牛肉的消费量。俊巴村村民中午集体在田间吃饭，各户都会准备一些肉，吃得不错，有些一起劳动的就一起吃；才纳乡的乡民中午围在一起吃饭，各吃各的，菜肉都比较少，虽然才纳乡也算附近扶贫增收的先进典型了，但生活状态没有俊巴村那么好。为了尽量给牛羊增加饲草，乡民会拔产业园里花卉田边的杂草，觉得草烂在田里是浪费，但产业园觉得杂草属于园内财产，不能拔走，乡民就偶尔偷偷地拔些拿回去。

二、农机推广与耕作技术的提高

（一）农用机械购买

曲水县第一辆10马力手扶拖拉机和另一辆55马力拖拉机是1967年达嘎乡其奴村购进的。俊巴村在1985年采购了第一辆拖拉机，花费3 300多元，是古嘎日家（丹增）和桑珠次仁家两家皮匠户从拉萨供销社买的，要找关系才能买到。当时从茶巴朗用牛皮船将拖拉机运回村里时，大家都聚在老渡口等待，桑珠次仁回忆起当年的情形，言语中还充满着骄傲。一开始是使用柴油手扶拖拉机，拖拉机有犁地的铁头，也有收割的替换头，用于播种、秋收都是节省人力的。有了拖拉机后，村民会用牛皮船将其运送出村，再上 318 国道驾驶。俊巴村的土路 2002 年修好，2008 年以后村民才直接驾驶拖拉机从村路进出。拖拉机的购入对渔民的捕鱼路线和时间也有影响，一定程度上缩短了每次捕鱼的时长，降低了对纯水路捕捞的依赖。

村中的柴油脱谷机就是用淘汰的手扶拖拉机改装的，加上了铁质的进粮口、出风箱和出粮口，柴油机和马达均是拖拉机的旧件。村中没有购入联合收割机，因为村民意见不统一，主要是老年人不太支持村里统一购买，认为各户都有拖拉机，可以收割，部分家庭共用脱谷机，也可以完成农活，没必要弄一个又收割又打谷的机器，使用还得花钱，而且联合收割机会浪费秸秆，打谷时浪费谷粒和小麦穗，出谷量少。

（二）农机的使用

1. 拖拉机的普及

政府发放农具成为调动农民开荒种地的重要方式，铁器农具的需求量增加。1960 年底，在曲水大桥附近的达嘎乡成立了四个铁工队，主要生产铁锹、锄头等铁质农具，俊巴垦荒的很多农具是从达嘎乡换回来的。随着土地的分配、农具的丰富，农耕成为各家各户重视的工作。农用机械的普及使男性和女性在农耕中的分工更加明显，男性一定要学会开拖拉机，女性还是负责常规体力劳动的收割。各家组装和维修拖拉机也成为男性的工作，若年轻小伙子读过书能看懂说明书，热心帮村里各户装装拆拆，会收获很多赞誉和礼物。

个案 3-1：旦增的口碑

旦增是山南贡嘎县雪村人，他祖辈从俊巴村入赘到贡嘎县，入赘的家庭早年也是渔民，后来务农了。旦增阿佳嫁去茶巴朗 1 组的农户家。2010 年，旦增在达瓦家盖新房子时过来帮忙，他和弟弟分别负责墙体绘画和打造木质家具，住在达瓦家，达瓦妈妈对其勤劳能干的品质很满意。后来旦增和达瓦在一起，生了儿子旦达，但至今没有正式入赘。每到干农活时，达瓦和母亲两个人干活，村里人会对旦增有些想法，觉得他应该过来帮忙。

2015 年 7 月秋收前，旦增过来达瓦家帮忙收割，收割前要安装拖拉机的前置收割装置，他很快安装好了。村里还有一些亲戚家没装上，就跑来找他帮忙。他从早上到晚上帮四家人装了收割装置，晚上回来时饭都吃好了。别人见到达瓦妈妈就夸她的女婿热心，帮村里人忙，不错。旦增也感受到了村里人对他的好感，平日比较沉默的他，话一下子多起来，还有点骄傲的样子。随后两天，又陆续有被帮助的人家送些土豆、萝卜之类的食物到家里表示感谢，旦增把东西留在达瓦家，收割完就回去山南贡嘎县了。懂机械、能安装拖拉机，能干农活，成为男性聪明能干的标准之一。

20世纪90年代中后期，拖拉机已在俊巴村普及，机器收割成为大家普遍选择的方式。但机器收割有几个前提：首先，家中已经购入拖拉机；其次，家中有驾驶拖拉机的劳动力；再次，对于机械故障可以排除、维修，并有足够的柴油驱动机械；最后，土地条件适合机械操作。只有上述几个条件全部满足才能顺利进行机器收割。

1990年前后，拖拉机算是金贵的东西，虽然有国家的农机补贴，但几千块的一辆车，出点问题就很紧张。学开拖拉机在那时候最时髦，也最实用，虽没有驾校，但县里有培训班，可派代表免费去学。还有些人在村里用亲戚的拖拉机先学，大概得练习三五天，学后会给拖拉机主人一桶柴油，还要给些农产品作为学费，因为大家都是亲戚，就不收钱了。学会开车后才张罗买拖拉机，再用自家的拖拉机练习。柴油属于管控物资，不是随便能弄到的，要开油票，在村里、镇里派出所盖章后拿去县里油站购买，不仅价格昂贵，还可能买不到。有些家庭和拉萨亲戚关系好，拉萨属城市，有供销油票，可买2公斤、5公斤柴油，有单位的人容易获得票，便去拉萨买，带回村里。即使有的家庭没有拖拉机，只有柴油，也会有家庭愿意帮这家收庄稼，共用柴油。桑珠次仁家最早买的拖拉机就帮了不少村里人，被帮助的家庭会提供油费、饭食、茶等，收割后送些青稞、土豆等，有些还会给些钱。2003年以后，俊巴村村民陆续开始买拖拉机了，拖拉机除了方便种地方便出行，虽然土路不好开。此时对牛皮船的利用率相对降低一些。

表3-1为俊巴村2016年各户拖拉机拥有情况，总数为85台，总户数按全村占有农田的70户计（部分迁出拉萨的挂靠户不在计算范围之内），拥有1台拖拉机家庭占比57.14%，拥有2台拖拉机家庭占比30%，拥有3台拖拉机家庭占比1.43%。但仍有11.43%的家庭没有拖拉机，主要原因是男性劳动力缺乏，他们需要使用时会向亲戚寻求帮助。

表 3-1　俊巴村 2016 年各户拖拉机拥有情况①

拥有拖拉机数量	家庭数	占比	备注
0 台	8 户	11.43%	这 8 户分别是门牌第 62、34、72、16、31、19、75、52 户。其中，门牌第 34 户原为村寺住持，还俗后仍在村中从事佛事和祭拜活动；门牌第 31、19 户丧夫无子；门牌第 75、52 户未婚无子
1 台	40 户	57.14%	
2 台	21 户	30%	
3 台	1 户	1.43%	门牌第 13 户父亲为皮匠；儿子为渔民，已娶妻

用拖拉机收割的同时，还要有人跟着拾麦穗，一般是妇女和孩子拿着袋子跟在后面捡。田垄边的地机器收割不到，还需要用镰刀割。机器收下的青稞和藏麦整齐散在一边，还需要人工去捆扎，搭成可晾晒的粮食垛。从节省人力的角度看，机器快很多，一家 3 个壮年劳动力收割一天的工作量等于拖拉机小半天的工作量。

2. 联合收割的尝试

2016 年夏天，村中有三户家庭没有按时收割，他们是门牌第 33 户达瓦家、第 21 户边巴家、第 22 户格桑卓嘎家。起因是这三户选择从茶巴朗 1 组借联合收割机收割，并支付租金。第 33 户达瓦家的女婿次仁、第 21 户边巴家的女婿尼玛、第 22 户的女主人格桑卓嘎，他们三个是亲兄妹，是皮匠桑珠次仁（已过世）的子女，桑珠次仁家是全村第一户买手扶拖拉机的人家。

次仁、尼玛和他们的弟弟土旦群培（入赘茶巴朗 1 组）在村里合资开了手工皮具合作社，现在生意红火，有固定员工 10 余人。由于茶巴朗 1 组统一买了联合收割机，俊巴的收割时间比 1 组早半个月，他们兄弟就跟 1 组借来机器统一收割，每天成本 300 元（含油费），由土旦群培开。这样他们三兄弟就可以继续赶工做皮具，不用去地里干活。其他员工因为秋收不来上班，影响了皮具交货。但 2016 年，俊巴农田被水淹了，车开不进去，那就只能等，过了 10 天田才稍微干些，但 1 组这时也要用机器了，不能外借，就又过了 10 多天才能借给俊巴收割，比正常收割晚了近一个月，他们三户

---

① 本表由笔者根据田野调查所得数据统计后绘制。

便成为全村最晚收庄稼的。但油菜籽不能等,他们家中其他人已提前把油菜籽收掉了,不然遇到气温突降,过了藏历7月再下冰雹,可能颗粒无收,全家吃油就得买了。

联合收割机是把庄稼从地里拦腰卷起,直接将谷物脱粒、将秸秆打碎的一体机,从出口拿到的直接就是谷粒,也省去了脱谷的工作。但秸秆浪费了好多,出谷量也少一些。这三户人家的耕地均为12亩左右,距离较近,大概3天就全部完成了,共花费900元,每户各承担300元。

(三)耕作技术的改进

1. 推广、换种和回收良种作物

青稞有藏青320、藏青80、藏青85等品种,一般年份,藏青320亩产320千克左右,藏青80亩产347千克左右,藏青85需在中上等土壤种植。1970年以后,冬小麦引进肥麦品种,对土壤和保墒保灌条件要求高,最高亩产500多千克,俊巴村种藏冬2号或4号,亩产350—400千克。油菜主要推广曲水大粒和藏油1号、3号、5号等品种,亩产105—200千克。豆类有拉萨1号蚕豆、青海9号蚕豆、黑豌豆、山南乃东白豌豆等。

国家为回收地提供种子,国家给什么当地就种什么,按政府价卖归国家。对于自己吃的,村民会希望拿最饱满的谷粒留种。2016年秋收打谷后,次果拉家的青稞谷粒非常大,次果拉父亲用的种子跟村里的不同,是从山南带回来的。脱谷后,最靠近脱谷机的谷粒最饱满,稍微远点的次之,最远的谷粒最小。最饱满的会作为留种青稞,次果拉家把这些最好的青稞装在写有村中其他人名字的编织袋里,装了7袋,自己留1袋,剩下的青稞才放入仓储间留着吃。次果拉说:"村里亲戚看到自家的青稞好,都提前拿袋子过来要求换,一袋别人家的换一袋自己家的,有的亲戚还拿一袋小袋的来换一袋大袋的。来换种的有父亲的两个姐妹、布拉的兄弟,还有邻居等,都在村里住着,爸妈就把最好的种子换了,不然不好意思。对于来家里帮忙的人,也会给些最好的青稞带回去,还要给些秸秆。"

随着水渠设施的完善,土壤优化,俊巴村农耕地数量也大大增加了。现在全村常住80多户,有耕地的大概70户,按七成8亩、三成12亩耕地算,总耕地约650亩,分别种国家育种青稞、自食青稞、油菜、冬小麦、土豆、萝卜、辣椒等。

2. 混种与轮作

青稞和豌豆混播,青稞与油菜、豌豆三种混播,这些情况在曲水都很

常见。雪莎作为绿肥的一种，可增加土壤有机质，20 世纪 60 年代后也与青稞和豆类混种。60 年代末，冬小麦播种得以推广，增加了追肥，又因为改善了灌溉条件，苗期灌溉顺利。在热量条件一季有余、两季不足的情况下，会增种一季绿肥或饲草作物，以提高地力，增加牲畜饲草量。一般以轮作恢复地力，以混播减少土壤肥力的下降速度。土地轮作 3 年的有青稞、豌豆（蚕豆、小麦混豌豆均可）、青稞混豌豆；轮作 4 年的有青稞混豌豆、小麦。70 年代，冬小麦种植增产，1974 年曲水县冬小麦收获量为 365.9 万斤，1976 年为 1 299.51 万斤，1978 年为 1 663.79 万斤。麦类的增收也影响着曲水县的饮食结构，以前藏麦磨成面粉后，制成面条的口感不好，村民又没有高压锅，有一段时间很抵触种冬小麦，觉得吃了面条会肚子疼。80 年代以后，拉萨亲戚给村里带来了高压锅，煮东西快了、软了。90 年代以后，高压锅和高压电饭锅开始在村里普及，面条能煮熟了，不再是硬硬的一坨，面条也成为各村农牧民喜爱的主食，后来往面条里加入鸡蛋，口感就更好了。每到秋收季节，小麦打谷、磨粉后，村民会拿到县里加工成面条，带给拉萨或在外地工作的孩子和亲戚。

（四）收获与储存

1. 人力收割

有些村民虽然有拖拉机，但如果家里的男性劳动力不在（如女性丧偶；家里男性务工未归、在外读书、打鱼未归；外村男性未正式入赘，家中只有女性），就只能完全依靠人力收割了，图 3 - 3 为在田间收割的妇女。

图 3 - 3　在田间收割的妇女

村民一般早上 7 点去到田里，身上会裹一层塑料膜，否则清晨雾气大，一下就把衣服全部打湿了，再戴帽子、穿棉衣，现在还有戴口罩和遮阳帽的，主要为了防晒。早餐是喝点酥油茶，不再吃其他东西。收割的主要工具是镰刀，尽量从根部一刀截断，不浪费秸秆，收割一部分后将带穗带秆的青稞聚拢、打捆，然后放在地上。午餐会带糌粑、饼子等简单的干粮充饥，还会拿个水壶去，可以用石头垒灶点火，煮点酥油茶喝，以补充体力。方便面也是易于携带的粮食，打开袋子，用袋子当盛具，往里面加点热水，用手摇一摇就可以直接吃。现在会携带可乐、雪碧、冰红茶等饮料，放在田间杂草、土坑下，即使太阳很大，被草盖着的饮料还是冰凉的，喝起来解渴。没有带杯子的就把饮料倒在手心，嘴贴于手腕处，饮用顺手腕流下来的液体，饮毕在衣服上擦一下或用草揩一下，接着干活。下午 4—5 点再吃些东西，然后就一直干到晚上 9 点才回家。如果两名女性劳动力按上文所述的时间干一天，可收割 0.8—1 亩青稞（含完成打捆的工作量）。

还有一种情况必须人力收割。水淹田地的时候，若拖拉机开进去轮子会陷于淤泥，开不动，还可能使发动机泡水，更无法将机器移出田间。所以，水涝严重的时候，除了等待水干一些再用机器收割，便只能用人力了。2016 年是涝年，水很大，各家装好收割装置的拖拉机只能放在家里，有两家开出来试着进了田里，但轮子还是被糊住了，无法驾驶，其他人看到就不再冒险尝试了，只能乖乖地用人力收割。等待不是最好的选择，一来怕继续下雨，误了收割时间，二来即使等到好天气，麦子等作物在水中泡久了，一旦发谷芽就没什么收成了，没人愿意冒这个风险。曾经大家都是人工收割，比较依赖家中男性劳动力，多的速度快、少的速度慢。现在用机械收割后，也需要男性劳动力驾驶，只是人数没那么重要了。可是终究有天不好的时候，靠自己的双手吃饭不会饿死，就是累一点，没有什么依靠的村中女性对于自己要人工收割并不抱怨，但真是太累了。

2. 晾晒、垒垛

联合收割机虽然方便，但如果青稞、麦子在水中浸泡时间过长，青稞还好一些，麦子则会谷穗发黑、瘪谷，一旦出芽，就很难出谷了。因此，及时收割、晾晒，对于希望最大限度收获粮食的家庭还是首选。晾晒主要是让谷粒尽量脱水，在存储条件下，相对干燥的谷粒不容易发霉、发芽，很多优质的谷粒有留种的功能，更要干燥、通风保存，否则来年播种时种子不好，就直接影响收成。晾晒时间为 15—20 天，晒于村路和山脚等地势较高的区域，各户垒垛有自己的记号，有些会系根区别于谷粒颜色的绳子，有些会在垛顶插些小花，每到秋收后，金黄色的粮垛像卫士一样守护着村庄，非常壮观。

打捆不是个容易的活，一般是从一捆青稞中挑出 2—3 根最长的青稞秆，作为直径 25 厘米左右青稞捆的捆绳，从青稞中间偏上部位捆绑，顺时针转两圈，用力系紧，再把青稞穗别在捆绳上，不能留缝隙，否则晾晒后捆会散开，打谷和运输都麻烦。更大的青稞捆则会用田边的杂草捆绑，将两根杂草从根部打结，系成一股绳，结为死结，再捆绑青稞。垒垛时，挑最粗的垛做基，即用大概 3 捆青稞立成圆锥体，根部向下，青稞穗向上，用力夯实。然后中捆围在大捆四周，错开摆放，即新青稞捆摆在前面两捆的缝隙处，最后将一些小捆嵌入缝隙。可垒 2—3 层，自下而上，逐层变小。垒好后要给

垛戴"帽子"，即将最大的一垛青稞穗朝下，根部朝上，给根部系好捆绳，盖好垛基，在接缝处系长捆绳固定（见图 3-4）。

图 3-4 垒好的青稞垛

3. 打谷

现在打谷由脱谷机（见图 3-5）完成，可将秸秆和谷粒分离。动力为柴油，使用淘汰的旧式手扶拖拉机（见图 3-6）的发动机，皮带转动时带动风箱运作，借助风力完成秆穗分离。带秆穗的青稞从进粮口送入，在风机中转动时被切碎，轻的随风吹到秸秆垛处，重的落到筛台上，经过两次过筛，从出粮口送出，有专人蹲在地上接青稞谷粒，装满后及时更换袋子。柴油机温度不能过高，要及时给其加水降温。

图 3 - 5　脱谷分谷机

图 3 - 6　柴油手扶拖拉机制动装置

将谷粒分离后，还有一道工序是分谷粒等级。在家中的场院里铺上一层塑料布或麻布，调整鼓风机风向，谷粒从入口送进，从出风口鼓出，大粒的落在与鼓风机距离较近的区域，中粒的次之，小粒的落在最远处（见图3-7），然后用不同的袋子装谷，做好记号，最好的谷粒用于留种，需格外悉心保存。完成分谷装袋后，场院里塑料布或麻布内的散谷要专门收起来，用簸箕一点点筛出谷粒，借助风的力量把细小的谷穗吹走，不浪费粮食。

农活全部完成之后，村民会在场院内摆放祭祀用的祭品——主要是由牛粪、青稞糌粑、酥油搭成的塔状物，用糌粑在祭品四周撒一圈，并煨桑完成仪式，感谢神灵保佑收获顺利，并祈祷来年收成更好（见图3-8）。该项仪式由家中年长女性主持进行。

图 3 - 7 分谷粒等级

图 3 - 8 收割完成后的院中祭神

4. 农产品加工

（1）青稞。

从背青稞走路去水磨坊磨成可食用的糌粑背回村里，到如今在村口的电磨坊（见图 3 - 9）就可磨青稞，吃多少磨多少，无疑方便很多。村里的电磨坊是茶巴朗驻村工作组建的，大概使用了 6 年时间。秋收后到藏历新年之前是磨糌粑的高峰期，村里各户要排队轮流磨，由村主任协调，以联户（每 10 户）为单位安排时间。

磨糌粑不只是自家的事情，一般 3—4 家一起磨，以一家为主，其他家帮忙，帮忙的顺便少量磨一些。磨的前一天就要准备干柴，树枝、干草最好，易燃。图 3 - 10 中用来点火的是刚打出油菜籽的油菜秆。火势要压一些，若一下子太旺，炒青稞时可能受热不均，或者有的火大、有的火小。一般由有经验的姆拉负责点火。

图 3 - 9　磨糌粑的石磨

图 3 - 10　点火炒制青稞

清早 7 点各家就聚在电磨坊了，一起磨的有拉巴家、拉巴阿佳家，还有与拉巴家关系很好的扎桑阿佳家。拉巴姆拉负责点火，每户家中的女性都过来帮忙。图 3－11 是拉巴姻亲（老公阿佳的儿媳妇）在将炒好的青稞扫出。图 3－12 是扎桑在筛谷子。拉巴的阿佳和儿媳妇在一边挑选谷粒。没有男性参与磨制糌粑的工作。拉巴说："现在糌粑磨得少了，很多年轻人不吃糌粑，在内地上学的回来要吃米饭和炒菜，大米得买，糌粑反而是老人们吃得多。"

图 3－11　将炒好的青稞扫出

图 3－12　将青稞内的沙子筛出

（2）油菜籽。

俊巴村各户的油菜有 1—2 亩，一般是收取油菜籽榨油自用。常是 2—3 户人家集体乘一辆车去县里的油坊榨油菜籽，炸油后的干油菜籽皮放在土豆地里可驱虫，或拌着其他饲料给牛冬天吃，热量高，可耐寒，含维生素。榨油的费用为每公斤 5 毛钱，一般两袋油菜籽按 200 斤算，加工费 50 元。西藏油菜籽出油率一般在 40% 左右，200 斤油菜籽出油 70—90 斤。

措姆和丈夫开车送女儿去县小学，顺便榨油和加工面条，我跟着他们去县里，后来又上来两户，也是去榨油的。一户是措姆婆婆的阿佳，她没有儿子，女儿在拉萨打工，家里没有车；另一户是和措姆的女儿一起上小学的同学妈妈，说来也算亲戚，是措姆丈夫姑父阿佳的儿媳妇，论起来叫表嫂，两家常一起搭伴送孩子。

措姆婆婆的阿佳上车的时候，见措姆的女儿在车上，赶紧给孩子手里塞了20元钱，说给孩子去县里买吃的。平时快开学的时候，若家里有在县里上学或在外上大学的孩子，亲戚们来访时会给点钱，50元左右，让孩子们买些吃的，有时还会拎瓶饮料或带2包方便面给孩子，但学期中间给孩子钱的情况不多。措姆没推辞，让女儿收下并谢谢姆拉。这时，措姆丈夫赶紧下车帮姨妈把油菜籽袋子搬上车，然后两人都回到车上。这20元钱其实是给措姆家的油费，毕竟要拉着去县里一天来回。措姆表嫂倒没什么表示，带着女儿上车，一路到县里。大家先去榨油菜籽，前面已经有两户俊巴的人在排队了，他们一起来的，是入赘的儿子老婆家和自己的妈妈、阿佳家，已经在榨油了。措姆提议去吃藏面，我没去，想看榨油，其他人一起去了，据说措姆表嫂给措姆家付了藏面和甜茶的钱。

油坊的女主人是藏族人，丈夫是汉族人，普通话说得好。她说以前榨油都是用小机器，很慢，出油率低，她家已榨了十几年油，俊巴村油菜籽收得早，每年都是早早来榨，再过半个月曲水镇就收了，那时候更忙。她丈夫在旁边开加工面粉的店，也在忙着。榨油时，将油菜籽倒进铁皮箱里，先加水搅拌一下，再放进榨油机，这样容易出油，不能太干。刚榨出来的干油菜籽皮很热，像粗粗厚厚的饼，第一次出油后，饼皮深绿色，洒些水还要再榨第二遍，第二次出油后，饼皮浅黄色，干干的，散成小块。榨出的油呈深棕色，有些许泛绿，上面有一层黄色的泡沫，随后被倒进油桶里。哪家的油菜籽会分得很清楚，即使是母子，也分属两户，不能混，赠予是另一回事了。第一家榨完便榨第二家，再接着忙下去。收钱的时候，也是各收各家的。

（3）藏麦。

藏麦加工分不同的步骤：粗加工是带糠皮的，给牲畜吃，再加少许饲料粉就行了；细加工是脱糠脱皮的，给人吃，可以烙饼子、炸卡塞等；再加工是做面条的，需要按比例加鸡蛋、水混合压制、切割，形成一柄柄略潮湿的藏面捆，拿回家自行晾晒后保存起来。自从高压锅普遍使用后，面条成为方便的晚餐，随煮随吃，用牛骨煮汤下面，再加上自己种的萝卜，是不可多得的美味。这种自家压的面条很有韧劲，不容易坨，煮久了也不会烂成片汤，所以晚上煮面的时候经常多煮一些，能吃完最好，吃不完的就第二天早上热一热接着吃，不会倒掉。第二天再吃不完，就倒进桶里作为牛的饭食，即使面吃完了，汤水也倒给牛吃，增添滋味和营养。藏民拿来作早餐的藏面是圆柱形的，多在茶馆里吃，跟家中加工的面条不同。

（五）农耕中的换工与联合

从事春播和秋收从来都不是单打独斗，更别说在从事捕捞生计的渔村，渔民结伴打鱼、售卖、交换，都是群体行为，是家户、亲戚间的互助行为。在农耕这件事上，合作与互惠也体现得很明显，牵动着村中各种各样的人际关系、社会网络和整体性的村庄结构。村中干农活的联合有时会与捕鱼的团队重合，同时，女性私下的互助又蕴含着各自的逻辑，有姐妹间的互助，有依附性互助，还有父女、母女间的互助，也有姻亲的互助。

1. 联合类型

村中联合收割的主要类型有兄弟联合、姐妹联合、父女或母女联合等，看起来近似于血亲联合，实质上却包含着血亲和姻亲的双重联合，有时是姻亲间对青壮年劳动力的再分配。

表3-2中的兄弟联合型：第1例，第63户和第10户均属入赘后分户（入赘在妻子家，后来分出来单独过，分得田地），这两兄弟联合把自家的地收完后，还要负责把妻子家中的地也收完，即血亲联合与姻亲联合同时存在。第2例是娶妻分户型，第67户女儿坐家、女婿入赘，第68户儿子留家娶了媳妇，家中劳动力较多，收割速度非常快，属于强强联合型，收完后赘婿单独回去自己母亲家帮忙。第3例，第33户和第21户是亲兄弟，两家的赘婿也是亲兄弟，刚好赘婿联合负责收割，同时赘婿的阿佳家也一起收割，既有血亲又有姻亲。

表3-2中的姐妹联合型有强弱之分：第1、2例均是较强者帮助较弱者，如第38户劳动力多，帮助丧夫的第66户，第66户只有女儿，赘婿未正式入赘，儿子入赘达嘎乡不在身边，劳动力少；第7户儿子娶妻，家中劳动力多，而第14户丧夫，只有一个未婚儿子，还有丧夫的阿佳同住，便主要由第7户承担收割工作，两户联合。第3例体现了姻亲间协调劳动力，第69户是娶妻分户，本应在自家劳动，但其自家有妹妹和妹夫，而妻子母亲家第28户家中只有两位老人，儿子、媳妇在拉萨，所以需要他收完自家地后帮妻子家收；第3户也一样是单分户，回去帮妻子母亲家收，姐妹联合的背后是母女联合。第4例，这四家男主人的妻子是亲姐妹，有娶妻的，也有入赘的，老人不在了，地也分给各家了，其中第39户和第34户家中妻子已经去世，但这四位姐妹的丈夫们还是继续联合在一起。

表 3 - 2 中的父女联合型这个例子是第 73 户父亲在丧妻后续弦，生下两个女儿，但均不在村内，大女儿嫁到第 26 户，负责丈夫家的地，丈夫常年在外经商不能回来，家中就她自己和女儿、老人，于是与父亲联合，收割两家的地，既是血亲联合也是姻亲联合。

表 3 - 2　俊巴村秋收时的亲属联合类型①

类型	序号	联合 1	联合 2	联合 3	联合 4	备注
兄弟联合	1	第 63 户巴珠	第 10 户米玛			姻亲联合
	2	第 67 户巴桑	第 68 户尼琼			
	3	第 33 户达瓦	第 21 户边巴	第 22 户格桑卓嘎		姻亲联合
姐妹联合	1	第 38 户白玛曲珍	第 66 户拉巴			
	2	第 14 户巴果	第 7 户普布			
	3	第 69 户旦增	第 3 户果果	第 28 户边巴		母女、姻亲联合
	4	第 23 户拉巴次仁	第 30 户扎西	第 39 户次旦	第 34 户巴桑	
父女联合	1	第 73 户旦巴坚才	第 26 户顿珠卓玛			姻亲联合

村中独自收割的家庭有两种情况：一为家庭规模较大，劳动力充裕；二为家中只有老弱，合作条件实在太差，会选择先自己收割，若收不完再由家中的亲戚帮助，就不属于上述的联合类型。

2. 联合原则

从上述例子中可以看出一些联合的原则：第一，联合类型尽量顾及血亲和姻亲两家的劳动力分配，在可调节的时候，分出去部分照顾姻亲。第二，有强有弱的家庭联合多在姐妹间存在，姐妹互助明显，但弱的一方需提供饭菜、茶水、饮料和烟等消耗品，有弱方依附强方的倾向，而且虽提供了上述消耗品但仍然欠人情，强方若有事情弱方应主动前往帮忙。第三，强强联合是为了追求效率最大化，一般两家的男性壮年劳动力人数相当，

————————

① 本表由笔者根据田野调查所得数据统计后绘制。

农用机械数量相当，烟酒、饮料、饭菜轮流负责，收割不分彼此，收完一家再收另一家，认真程度相同。第四，先己后人，把自己的地收割完后，再去帮助其他亲戚的家庭。兄弟联合型中的第 2 例和姐妹联合型中的第 1 例，四户是亲兄弟姐妹，选择却不同，他们没有选择都帮助第 66 户，而是强强联合，先收完自家地后，由兄弟联合型第 2 例中的男性去帮助第 66 户（姐弟关系），女性则回自家帮忙，如尼琼妻子去帮自己阿佳，巴桑妻子去帮自己姐妹。

联合家庭间互助为彼此义务，对待田地态度一致，不分彼此，农用机械和饮食均需各自分摊，如果是强方联合弱方，弱方应承担更多财物消耗，并且要在强方有所需要时给予帮助，否则会被认为没有良心，协作关系可能终止。

对于俊巴村村民来说，劳动力少的家庭选择等待帮助是有风险的。2014年 8 月末，因为拉巴病了（做胆结石手术），大女儿去照顾她，儿子在拉萨打工，小女儿在日喀则当公务员，家里田地没人收割，遇上一场降温加冰雹，油菜籽全被冻坏了，损失了 5 亩油菜地，按亩产 400 斤算，有 2 000 斤油菜籽，按出油率 40%—50% 算，损失了 800—1 000 斤油菜籽油，她为此哭得很伤心。村里亲戚都先自顾自家，忙完了才去帮忙，收了一些青稞和小麦，但没收完就降温了，青稞、小麦不怕降温，只是谷质差些，但油菜籽一冻就全完了，不出油。后来，很多亲戚陆续送来一小桶油，劝拉巴别哭。拉巴说："我们家现在还得买油，这是第一年买油吃。"为了减少损失，拉巴把冻坏的油菜籽加工后留下的皮喂了牛，在冬天可为牛增加营养并御寒。

3. 对特殊群体的帮助

（1）丧偶、离异家庭。

第 62 户的丹增玉珍为离异女性，前夫在拉萨再婚，她自己抚养儿子，儿子正上大学。丹增玉珍与弟弟（未婚）同住，弟弟是羊倌，主要靠养羊维持生活，并与丹增玉珍一起供她儿子读书。弟弟因负责全村羊的饲养，便很少管土地，收割由母亲（去世）姐妹家帮忙。在收割后堆肥的时候，他会把家里的羊粪全部拿出来作为两家堆肥的底料，劳动力仍归母亲姐妹家负责，饭食由丹增玉珍家提供。村民说："所有用于堆肥的动物粪便，羊粪的效果最好，肥力最强。"

第 16 户和第 72 户男、女户主没有正式结婚，但生了孩子，男孩归父亲、女孩归母亲。后来第 16 户另外娶了妻，所生子女均分家单过，但儿子、媳妇和再婚生的女儿、女婿均帮助他收割。第72户所生的儿子因在父亲家长大，收割时没有帮助母亲。第72户的女儿与母亲的妹妹家（姨妈、女儿和赘婿）联合收割，她免费给姨妈家织两条藏毯（她织得很好，村里请她织每天工钱100元，管中、晚饭和茶水），需要7—8日才能织完。

（2）无子女家庭：寄居家庭子女帮助。

无子女的男性和女性多选择一个家庭寄居，形成扩大家庭，也有些像"卫星家庭"。寄居家庭是直系血亲亲属，多在有相同父母的兄弟姐妹间产生。一般会在姐妹家中，因为在俊巴村婚姻正式缔结前两性就可以生育，孩子多在女性家中抚养，孩子在成长过程中和舅舅、姨妈长期相处，他们也有帮助抚养，因此感情更深。所以，最终无论是入赘婚还是嫁娶婚，幼时的情感联结始终维系着亲缘体系。当寄居家庭中的平辈亲属去世，其子女继承家产或分家时，分出去的孩子也会帮助舅舅、姨妈。

如第53户户主是入赘进来的，妻子早年去世，两位妻妹没有结婚、无孩子。户主的孩子年幼时在妻子娘家生活，由未婚的妻妹代为抚养，户主搬出去单住（怕与妻妹共住不方便），收入共同使用。同时，户主的妹妹与妻子的弟弟结婚，分户单过，但收割时，第53户和妹妹的分家户会联合收割。第53户的儿子是公务员，回家时仍然住在母亲家中。第51户是母亲的妹妹与外甥同住，共同种地、共同收割。第19户尼玛姆拉结婚后单过，丈夫去世，无孩子，她就和自己阿佳家的孩子一起种地、一起收割，收获分给阿佳家。尼玛说，她本来想再过两年干不动了（当时72岁，仍参加收割）就把地给村里，等村里重新分配。但2015年发了土地经营权证，阿佳家小孩想多承包一些地，不让她把地交回去，她觉得这事得跟村主任商量，怕一家占田多了，村里不同意。

（3）残疾家庭：亲属与联户共同帮助。

第65户洛桑江村布拉腿脚不好，大儿子娶妻分户，为第63户，小儿子有点智障，未婚。他家有6亩地，平时很少照看，种收都是大儿子帮忙，但大儿子家也有8亩地，儿媳妇身体不好，靠大儿子自己收也收不完，于是村中联户们收完自家的就会去帮忙。布拉负责大家的午饭，把好吃的都拿出来了，在帮忙者临走的时候，还给他们青稞、土豆等。被帮助的家庭有义务拿出部分收获的产品与帮助的人分享，不一定用金钱，土产等物品含有同等意义，更有乡土气息，更有人情味。

村中对特殊群体（弱势群体）的帮助制度以亲属网络为基础，但这种帮助并非无偿付出,给予帮助与获得帮助的人之间存在互惠的逻辑。男性劳动力在收割中的作用较大,出力与获得的食物、物品补偿相抵,同时,彼此间的互惠纽带在重要的事情上进一步显现,被帮助的家庭要积极参与施助家庭的活动,需要女性劳动力的时候要积极承担工作,否则,互惠关系破裂,会被村中舆论认为不懂得回报。杨美惠认为,"关系"实践是基于花费和给予的权力体系,在礼物经济中,在物质损失和象征性获得之间,在给予者和接受者之间,有一种向内的关系。[①]

(六)春播节:文化采借

俊巴渔村进行农业生产的方式及习俗同其他农区基本一致,但没那么隆重。农区过春播节有"试套"的意义,给第一次学耕地的小牛套上轭木,让其试耕土地。请喇嘛选定播种吉日,然后举行迎接仪式,即在春播节尚未到来的前3—4天就要大量酿造青稞酒,并且给牲畜准备好"穿戴"的装饰品。

在俊巴村村民普遍拥有土地并从事农耕后,便从农区采借了春播节这一节日。俊巴村过春播节前,会按属相和生辰选出童男和童女(不能是残缺家庭的小孩,要双亲俱在,最好祖辈也健康),让他们负责推轭和撒种。还要选出几对小牛,装饰它们。到了春播节那一天的日出时分,需要一个属相契合的妇女和几个老农民穿上藏族传统节日盛装,在村民们到来之前,将事先准备好的茶酒、祝愿用的经幡、祭祀用的香炉带上,到村中收成最好的土地上摆开,求福祈祷,以此祝愿庄稼长势旺盛。在祭完土地神之后,村民们陆续来到准备开耕的那块耕地上,由耕牛户主妇用手指蘸酒向天敬酒三次,又在耕牛脑门上抹三道酥油,以示吉祥。在每对耕牛的轭木上插上经幡,新耕的第一犁,男童推轭,女童跟着撒种,小牛在前面犁地。随后向开耕的方向烧香祭祀,竖经幡,高唱颂词,祭祀神灵。其余的耕牛一对跟着一对进行耕翻。象征仪式过后,很多男性开着拖拉机来到田间,开始用拖拉机耕地。

---

① 杨美惠:《"关系"的韧性及其新运作空间:对新近"关系"研究的批判》,《中国农业大学学报(社会科学版)》2009年第2期,第61-70页。

第三节　畜养与生态、渔农的联系

畜养选择和方式与草场资源密不可分，同时，畜养与村民生活、饮食、服装、出行之间联系紧密，通过畜养中的饲草交换可以看到草如何影响着村民之间的交往，如何作为礼物用于交换。牛的喂养、宰杀、分食过程也是村中亲属网络互动的过程，从中可发现放牧生计与生态、渔村村民互惠体系之间的关系。同时，牛、羊副产品的处理也成为皮匠和妇女彼此联系的纽带，促使女性分工进一步细化。养牛在藏民的生活中是感情的延续，是人牲共存生态观的体现，村中的牛认路、认人以及因偷偷喝奶被罚去后山，都是有灵性的生动画面。

一、草场类型及轮放规则

俊巴村的草场很有限，早年村中多为滩涂、荒地和沙地，一直以来农耕规模不大，都是村民在滩涂地带散耕，受水患和风沙的影响较大。20 世纪 60 年代后，开始大面积开垦荒地、植树造林、建设水渠灌溉工程，使农业的垦殖面积大幅度增加，俊巴村附近的土壤质量也有所改善，村中草场资源较以前茂盛些，但面积依然有限。如图 3－13 所示，现在村子主要有 3 块草场，草场 1 和草场 2 在村内，草场 3 在翻过山后雅鲁藏布江和拉萨河交界处附近的空旷草地上，沿山路步行约 40 分钟。图 3－14 为村民扎桑牵黄牛去后山草场散养。后山的草场夏季草量较为丰富，冬季草量很少，植被埋土较浅，没有任何灌溉措施，属天然草场。从俊巴村到草场 3 需翻越石头山，非常艰难，山脚下的拉萨河在涨水的时候可以没到山腰处，人在山的中部行走，抬头看是陡峭的山，低头看是滔滔江水，危险之处，需身体贴着崖壁一步步地向前挪，还要照顾手中牵着的牲畜，难上加难。好在俊巴村村民都是爬山好手，背着 100 斤的牛皮船依然可以爬石头山。有时水大，需要划牛皮船找牛，牛识水性可以渡浅河，找起来费劲。牛对藏民家庭来说就是财富，一般都会找到，俊巴村有拉萨河和雅江的阻隔，牛不会丢，有时候村民找牛时看到别家的牛走远了，会帮忙往回赶。对于牛是哪家的村民都清楚，会根据皮色、体型、牛角、耳饰、乳头颜色、叫声等区分。

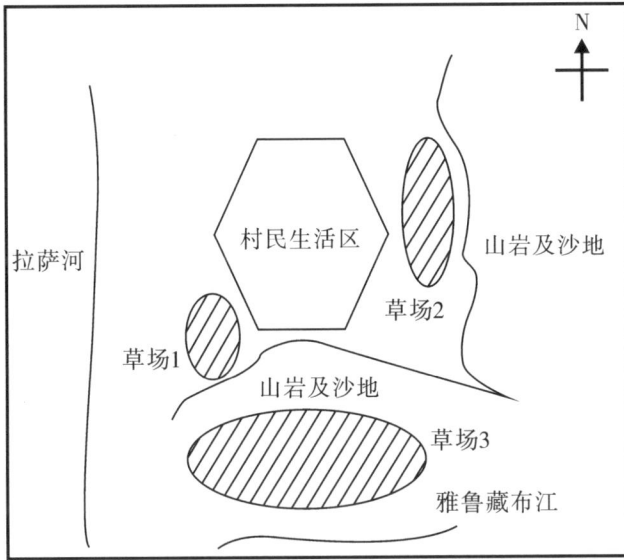

图 3 – 13　俊巴村草场分布

图 3 – 14　牵牛送去后山草场散养

在以贡赋为主的社会制度下，山、水、草场等资源都归领主和寺庙所有，大部分的生产所得都需以纳贡的形式上缴，多养牛羊并不能满足肉类蛋白的需求，而且需要承担牲畜差，饲草需自己解决，属于入不敷出的生计。虽然奶牛可以产奶，但同时产生了酥油税，加上草量不足根本无法满足贡赋的上缴。同时，村内有限的草场资源无法承载一定规模的畜养，少量的耕地一方面对畜力的需求不大，另一方面无法在冬日提供充足的麦秆、青稞秆等干饲草料。可想而知，贡赋制下各家养牛羊的数量不能多。最安全的方式就是白天在村中有限的草场处放牧，集中管理，夜晚赶回家中圈养，村中各家轮流放牧，这样既节省劳动力，又可确保牛羊的安全，当然，前提是牲畜数量不多。至今，村中仍始终遵循此种轮流放牧的方式，由各户出人统一放牧。在村中需要畜力、驮差等情况下，有牛（役牛）的家庭要承担，各户按所养牛的数量来轮值放牛天数。

二、畜养与捕鱼、农耕的关系

（一）协助捕鱼的山羊

青藏高原的早期畜养由来已久，从捕猎到家养已具备一些条件。在农、牧、渔分工之前的原始社会，游居与散养是可能存在的。随着西藏酋邦社会的到来，农业和牧业均有所发展，对草场的利用率以牧业为主导，虽然有些牧民兼猎，但渔民在牧民的牧场散养牛羊是不被允许的，限制了渔民畜养的可能。

早期家庭畜养牛羊估计是在俊巴定居后，也就是吐蕃中后期，存在小规模的聚落，有两性分工和小规模的散耕，一方面可提供夏季饲草，另一方面可提供秸秆等冬季干饲草料。羊可提供畜力，作为运载工具，随渔夫捕鱼。吐蕃后期牛皮船的使用扩大了捕捞的范围，出羊为畜力的家庭会获得一定的渔获回报。

羊被认为是神圣的，善于攀岩，耐力强，还认路，是渔民的好伙伴。"苯教的神羊——拉哇泊钦，是根据创始祖什巴叶曼钦波的意愿创造出来的。羊与藏族的灵魂不灭传说思想密切相关，出现了对自己守护神献羊的传统仪式。即从羊群之中选出一只体壮健美的公羊，用清水洗干净（俗称洗礼），然后煨桑诵经，宣布此羊从此献给神灵。于是，这只'神羊'从此不准剪毛，不准屠宰，直到自然老死。献神羊，反映了神灵永久占有羊的愿望，并昭示藏族公众对丰衣足食的期望和渴求。"① 在节日里，有的家庭会在门框上放一只羊头，羊头上缠有五色羊毛线。厅堂摆彩色羊头，门前悬挂配哈达的羊头。放生羊也成为藏民的一种庆祝方式，如丹增家的小孩考上大学，他家在房顶举行祭拜仪式后，就会选出一头小羊作为放生羊，感谢神灵保佑孩子考试成功。

（二）畜养与饲草

在西藏的广大农区，农耕与畜养同时存在，以养牛羊居多。饲养的前提除了以交换方式获得牛犊、羊犊之外，更重要的是解决牲畜的口粮（如草料、菜叶等）问题。如果承担不了草料的供应，畜养的数量会减少。因此，草是饲养的核心。

俊巴村在民主改革前并不具备规模畜养的条件，草场有限，耕地稀少，无蔬菜种植业。少量的畜养在于解决役力缺乏问题（除捕鱼和承担差役外，留在村中的壮年男性数量有限）。民主改革后，耕地资源的改善为畜养提供了可能，役力因农机的普及也不再重要，对动物蛋白的摄取补充成为畜养目标。俊巴村村民的农牧产品均以自给自足为前提，如养牛，有动物蛋白补充，不需要花费大量现金购买肉类，同时也会有酥油、奶渣等副产品，可满足日常生活所需。因此，在草料充足的情况下，会以户为单位饲养牛等畜类，毕竟牛肉可以吃，牛皮可以用来制作牛皮船或衣服，牛粪可以点火取暖，牛奶可以制作酥油等，没有任何部分是浪费的。当地所养的牛从 4 岁开始产崽挤奶，基本一年一胎，可产奶十来年，一头奶牛一年可产奶 10 个月。改良牛食量大，虽然产奶量也大，但饲草的供给是大问题，因此村民更喜欢养本地的牛。

2012 年前后，俊巴村有了扶贫项目，建起了蔬菜大棚，招了汉族人承包种菜，有部分剩余的菜叶作为饲料供牛，有的村民利用了这些资源，菜叶便成为联系村内外交换体系的中介。村民间互助，可以饲草、秸秆、菜叶等作为礼物回报。

个案 3−2：牛与菜的交换

旦增将小牛从山南带过来给达瓦（旦增家牛够了，当时草场管理较严，少养有补贴，而且公牛不产奶），达瓦把它送给了村里承包蔬菜大棚的一对汉族夫妇。这对汉族夫妇是四川人，因达瓦和措姆普通话说得较好，夫妇二人一有菜叶就会打电话让他们来拿。烂菜叶、菜梗

---

① 郝毅、张小莹：《拉卜楞寺文化与艺术》，兰州：甘肃文化出版社，2001 年，第 86 页。

之类，对于俊巴村村民来说，就是很大的财富。牛最喜欢吃萝卜的叶子、烂白菜帮，也可以吃莴笋叶，一些城里人吃的空心菜，他们不懂吃，也拿去喂牛。有了跟菜棚的联系，意味着四季都可以来免费要烂菜叶、菜梗，达瓦以牛作为礼物就是维系此种联系，只要菜棚夫妇养着牛，就会给达瓦烂菜叶、菜梗，她家就不用那么辛苦去拔草，冬天也不用为囤草料发愁了。

达瓦送给菜棚夫妇小牛是在2015年初（见图3-15），但2016年6月小牛因误喝农药死了，后来菜棚夫妇再没有向村里人要过小牛来养。达瓦还是每星期去菜棚拿些烂菜叶、菜梗回来，有时会带点家里酿的青稞酒过去，每次都载满一电动车的烂菜叶、菜梗回家（见图3-16上图），还有卖相不好的萝卜（见图3-16下图），萝卜拿来自己吃，可做汤、腌制、拌凉菜。2016年9月，菜棚大叔说不能定期给她家烂菜叶、菜梗了，因为村主任交代：菜棚是村民的，各户可拿回自家菜棚的烂菜叶，不能只给特定的人，不公平。达瓦可以理解，但仍争取道，其他家如果通知了不来拿就通知她，她来拿。大叔同意了。达瓦知道很多村里人听不懂普通话，没法来拿，但这是村里的规矩，又得照做。于是，她又专门给大叔送了一大桶青稞酒。

图3-15　用于赠送的小公牛　　图3-16　从菜棚捡回的烂菜叶和萝卜

在市场上作为废品的烂菜叶、菜梗，在牧草缺乏又少量饲养牛羊的俊巴村成为宝贵的资源。对饲草的重视，使废品具有了价值，成为村民利用资源的焦点。对资源的使用也是有偿的，交换是村民间很重要的逻辑，给予不是简单的相赠，本身涵盖着给与取的逻辑，只接受而不回赠，那么关系就无法继续。有些时候给予和索取从物质上看是不等价的，但是实际价值相对较低一方满足了较高一方的某种需要，可能是心理情感的，也可能是权力等附加价值。交往和互惠延续的基础是，两方都觉得取舍相当，不会太吃亏。

（三）畜养与劳动力

畜养的数量也和家庭的劳动力相关，养牛意味着拔草、囤草料、挤奶、制作酥油等劳动，如果家庭中女性劳动力缺乏，则不具备养牛的条件。饲草部分源于农田的杂草，为保证牛羊冬季的饲料，耕田也成为必需的选择。劳动力的时间分配必然要根据农牧的闲忙进行调整。原捕鱼的渔户在家中进行耕种和畜养后，需要在农忙时节暂停捕捞。当然，夏季雨水大，捕捞风险高，也使农牧成为重要的生计补充，可高效利用时间资源和人力资源。

三、民主改革后牛的畜养类型与方式

（一）黄牛、犏牛

西藏农区饲养的传统黄牛个头不大，产奶量也不多，村里人说种不好，所以 2010 年专门买了两头用来改良配种的公牛，个头很大。一般在藏北高原草甸区牧养的是牦牛，广大农区饲养的是藏黄牛，皮色有黄色、棕色、灰色、花色不等，在称呼上，也统称为牦牛。据茶巴朗村的兽医丹增介绍："1970 年以后在西藏逐渐推广良种奶牛，即让雌性藏黄牛与外地运来的雄性奶牛结合后怀孕产下的后代。雄性奶牛来源有些是我国内地的，如内蒙古高产牛，有些是国外的，如荷兰种牛，不同地方推广的品种不一样，一般繁殖到第 2—3 代的时候，基本的生物属性就比较稳定了。曲水县引进我国内地西麻达尔品种的牛，从 1985 年开始黄牛改良工作，此品种既能较好地适应高原地区的环境，又能获得较高的产奶量和产肉量。"

之所以在农区进行黄牛品种的改良，主要是因为 1980 年以后，随着农业机械化程度的提高，传统黄牛的畜力应用范围缩小，更多是家庭中对奶制品和肉类的需求。藏黄牛个子相对矮小，脂肪含量低，产奶量低，奶中的脂肪量也较低，在改良品种后，雌性黄牛日产奶量从以前的6斤增加到现在的15—16斤，雄性黄牛的产肉量也明显增加，个头高大，有些是黑白混合花色。犏牛是牦牛与黄牛杂交种，外貌介于双亲之间，躯体高大，整体结构匀称，公牛多有角；被毛短，绒毛较少，适应海拔高、气压低、冷季长的生态；乳、肉生产能力和役用能力均优于牦牛。犏牛的性格相对温顺，易于畜养和管理。在青藏高原，很早就开始饲养犏牛。公犏牛无法繁育后代，除满足役力所需就只能供宰杀食肉；母犏牛产奶、产子均可，多与黄牛交配后产子。1992年，曲水县黄牛改良1 800头，其中冻配1 300头、经济杂交500头，幼畜成活率86.5%，成畜死亡率3.7%。[①]

为了让良种牛和村中的母牛顺利交配，同时节约村内的草场资源，村民会在藏历3—4月将村中的公牛赶往后山草场（见图3-13中的草场3）散养，等到藏历9月后陆续把牛赶回村中饲养，有近半年的时间公牛是不在村中的。藏历6月以后，村中满一岁的小牛（不论公母）都会被赶去后山草场，村民开玩笑说"小牛上幼儿园了"。此时的小牛还没有性成熟，不会受孕，但有可能会被公牛欺负。一般2—3年后，小母牛才性成熟。这半年中，村民会去找牛3—4次，给牛喂饲料，看看牛的情况，如有没有生病、有没有丢之类。

喂牛的食物是青稞粉加饲料和水混合成的糌粑团，每头牛一次喂2—3斤糌粑饲料。给小牛喂食时，会用家中喂养的盆装着水和少许母牛的奶，再混合糌粑，这样可以给小牛补充一些营养。对于成年牛，则把糌粑团掰成小块，喂到其口中。喂牛时，会有别家的牛过来抢食，主人会把别家的牛赶走，只给自家的牛吃。主人会不时抚摸自家牛的毛，牛会非常乖。找牛喂食，其实是牛与人互认的过程，草场上有很多牛，可能有牛会走去偏僻的角落，如何寻找？可借助声音，牛是认声音的。一般喂食者多为家中女性，从牛出生开始就是她们来照顾，比较熟悉，在平时喂食前，她们会"曲曲曲"地叫，牛就过来吃奶或吃饲料了。因此，在后山草场找牛时，也会伴随这样的叫声，吸引牛自己出来找主人。有些家庭会把牛装扮一下，戴上自己认识的饰物，或给牛涂点特殊的颜色，使之区别于别家的牛。其实，喂牛也是牛与主人互动，感受爱与需要的过程，主人给牛喂食的过程中会尽量抚摸牛的头部、躯干，和牛说说话，牛会用眼睛看着主人，饱含依赖与不舍。拉巴姆拉说："常看看牛，牛是不会忘记主人的。"

---

① 《1992年黄改、12种草、畜量控制计划表》，曲水县档案馆。

（二）产奶的牛、孕牛和小牛

产奶的牛、孕牛和小牛在藏历4—9月是在村中牧、圈结合饲养的。早上7—8点，各家的牛被赶到图3-13中草场2的位置，村中各家会轮流放牧。在秋收前，白天主要的放牧地点在草场2的位置，下午5—6点，集中把牛赶回去，各家出来接牛。一般一天会挤两次奶，一次是早上7点左右，另一次是晚上从草场回来后。刚产完子的奶牛会护犊，把奶收住，不给挤奶，只有小牛吮吸后才会有奶出来，这时，就要先把小牛牵去，吸两口后再牵开，系在一边。主人挤奶时会先抹酥油再挤，起润滑作用并防止牛的乳房疼痛，挤得差不多了，会留一些给小牛，毕竟它小时候还是需要一些母乳营养的，此时，再将小牛放到母牛下方，让小牛自己吮吸母牛的乳房，喝剩余的奶水。有些人家是挤奶前就喂草，然后挤奶，说"有得吃，牛会愿意放松乳房"，而且牛吃草会伴随着排尿，排尿后再挤奶；有些人家是先挤奶，再喂草或饲料。主要看喂养习惯，先喂食再挤奶的家庭居多。孕牛的食量会比其他牛大一些，主人会多给一些菜叶之类的食物，还会加些糌粑饲料。小牛则是多补充些奶水和糌粑饲料。

牛认路，还认声音。每天被赶回村的牛会自己找到家门，主人只需在自家后院开门即可，牛会自己跑回牛圈中。如果开门的不是自家人，牛会在门口站着叫，不进门，拿东西给它吃，它也不吃，直到听到熟悉的"曲曲曲"声，才肯进门。当牛熟悉陌生人之后，不是主人开门，它也会自动进门了。

个案3-3：偷偷给小牛喂奶的母牛

母牛会偷偷给小牛喂奶。平时挤奶时，母牛和小牛会被分开，小牛只能喝到一点点奶水。母牛会在回家的路上放慢脚步，用"哞哞"的叫声让小牛过来，小牛也会"哞哞"应和，它们一起走到树下，母牛偷偷给小牛喂奶，喂完奶再回家，回家的时间会比平时晚，挤奶时母牛乳房瘪瘪的，没有奶了。这样的事情发生几次后，小牛面临的命运就是被牵往后山草场，与母牛隔离，隔离的这段时间，母牛习惯了小牛的离开，小牛也戒奶了，即使冬天牵回小牛，也不会发生偷偷喂奶的情况了。这有些像人类给孩子戒奶时，让妈妈离开一段时间，强行断乳。

在秋季收割后，放牛的地点会从草场 1、2 转移到收割完的青稞田里。因为收割后，田中会散落麦穗、青稞粒等，收割部位较高的青稞会剩余相对多的秸秆在田里，这些都可以成为牛的食物，不会浪费。牛在青稞地里踩踏，也是一种松土的方式，便于后面冬小麦种植时的铲土；牛粪在田中也成为一种堆肥的方式，可提高田地的肥力。家庭中的剩饭、剩菜汤、腐烂的果蔬等，只要是人不能吃的食物，都会放入饲牛的桶中，给牛吃了就不算浪费。

个案 3-4：舍不得吃的西瓜

2016 年夏天，拉巴家中有几个西瓜，家里人觉得很珍贵，除了有时给孩子吃，大人都舍不得吃。后来放着放着就坏了，于是切碎了给牛吃。拉巴和女儿不觉得可惜，认为给牛吃了也一样，既省了草料，又增加了营养，挺好的，一点儿都不觉得浪费。我则惋惜了好久，觉得好好的东西自己不舍得吃，等烂了只能给牛吃。

村民养牛承载着情感，认为自己不舍得吃的东西给牛吃很正常，自己宁可饿着也要先给牛喂饱。对牛的重视也使牲畜交换成为情感的传递纽带，带有互惠的性质，使彼此间的给予和获得合理化。个案 3-2 中作为礼物的牛，就成为联系双方的中介，获得牛的一方需对赠予方给予感谢和补偿，在俊巴村的语境下就是长期赠予烂菜叶、菜梗作为回报。村中的牛生崽后，若草量和劳动力有限，家庭无法分离出专门照顾牛、拔草、挤奶的劳动力，牛犊就可能被送人。牛犊的交换意味着感情很好，是财富的交换，需要一定的回礼，不一定是金钱，可以换工或送草料、秸秆等，还可以送家中的土产。措姆嫁进俊巴村的时候就带了一头林周县的牛陪嫁，这头牛吃得好，给剩饭菜都不吃，陪嫁牛在村里算比较高贵的。

（三）交配与产子

黄牛的发情期一年四季都有，每 27—30 天一次。村民说，夏天发情多，在天气暖的时候，一般为藏历 5 月后，气温在 10℃ 以上的时候，夏秋之际也多。每次发情的时间为 2—3 天，时间并不长，也不是在这 2—3 天内交配都会产子，一般前 10 余个小时看不太出来。黄牛发情前会产奶减少、厌食等，还会有尿频、摇尾巴的迹象。发情最显著的时候会乱走、哞叫、接受他牛爬跨、拱腰站立不动等，此时交配最易受孕。一般母牛会在半夜至凌晨的时候有上述表现。

村民会观察母牛，如果上午出现阴部红肿、尿频、厌食之类的情况，晚上会牵牛回圈里，引来公牛交配；如果晚上哞叫厉害，有爬跨情况发生，就会在凌晨引来公牛交配，从爬跨到排卵一般有几个小时延迟，会稍微晚一点交配。但不会晚过一天，母牛的发情激烈期过去后，阴部会流出少量的血，此时配种也不会受孕。一般母牛产后 10 个月内奶水质量较好，产后 80 天可受孕，但此时奶水较多较好，不需要配种。一般在产奶 8 个月后配种，奶牛会持续产奶一段时间，在临产前 2 个月停止产奶，生产后继续产奶。奶牛的妊娠期为 260—300 天，产前会有一些征兆，如乳房肿胀、有奶水渗出，头弓向腹部，伴随低声的哞叫。此时可以叫行政村的兽医过来帮忙，村民也会准备好奶牛产前的用具。

（四）轮流放牧

一直以来，农牧区都把牛视为财富的象征，俊巴村村民也一样，很重视牛的饲养。但与农牧区自家放牧或圈养牲畜不同，俊巴村白天奶牛的放牧由村中集体安排，各户轮流，养牛多的人家次数轮得多。村中每天放牧的人数是 4—5 人，从早上 8 点半到下午 6 点结束，中午带饭在草场吃，不能回家。全年放牧时间大概 7 个月，约 200 天，参加轮牧的常住家庭为 72 户。2016 年，全村有 347 头牛，平均每户畜养约 5 头牛。其中，有 2 户最少，各 1 头；最多的一户有 9 头（门牌号 8）；13 户有 7—8 头。每家有多少头牛，每年轮流放牧的次数就为多少次。

村中不会杀小公牛，夏天会将 2 岁龄的小公牛放去后山草场散养，冬天再牵回家中圈养，还给它们盖棉毡等。5 月雨水多，会专门在院子外面搭通风的牛圈，使水易于排出，也用来区分公牛和母牛。冬季会对 4.5—5 岁龄的公牛进行宰杀。藏民当下更喜欢母牛，因为可以产奶，公牛主要饲养来吃肉，役牛也很少。轮流放牧制度也是为了满足村内劳动力无法分离出专人负责畜养的客观需求，从根本上解决了劳动力缺乏的问题。

四、牛的宰杀与存储

（一）宰杀行为

杀牛都是在藏历 11 月农忙后，请茶巴朗村 9 组的屠夫来操作。杀牛的价格是一头 50—80 元，有时皮子或牛头给屠夫的话就不需要付钱。虽然渔民打鱼也是杀生，但他们不会自己杀牛，一定是请人来杀，不然会觉得太残忍了。毕竟是自己养大的牛，承载了很多感情，不想亲眼看着牛痛苦死去。宰杀前的饲食会比平时多些，也丰盛些，有些主人还会和牛说话。藏民宰杀牛的方式是，在牛的心脏上端开一个口，屠夫把手伸进去，迅速拉断它心脏上端的动脉，牛很快就死去了，血流在了牛的腹中。主人会在牛死前给它喂水，并且会在杀牛的清晨去村庙点酥油灯祈福，家中的佛堂也会为牛点灯，希望牛能早早"转世投胎"。

（二）皮毛存储

1. 及时存储

待牛咽气后，会从牛肚子处开始剥皮，由主人家的男性动手，2—3个人一起，尽量保持皮子的完整。以前做牛皮船的时候，厚实的黄牛皮也是没有牦牛皮时最好的替代材料，但必须够大、够完整才行。

鲜皮毛必须及时处理，否则很容易腐烂，皮就不值钱了。所以，宰杀牲畜后，若数量不多，家中有皮匠的，一般会马上给生皮去毛、去脂，进行硝皮的步骤。还有一种保存方法就是在鲜皮板上撒盐，铺开后放在场院内晾晒，使其尽快晒干，以减慢腐败的速度，然后将干皮板一张张叠好，统一放在通风、干燥处，这样一般是不去毛的，毛的存在也保护了皮面。大批量购入鲜皮板时，会采取这种方法进行处理。如果硝好的皮板不马上进行皮具制作也会腐烂，所以一般不会一次性硝大量鲜皮，此种情况常常是由于皮是皮匠在农区或牧区宰杀牛羊后统一收购或从屠户手中收来的，价格都很便宜，有些就是送的，不用费用，但也得给些礼物表示谢意。

2. 延时存储与交换：皮具制作

皮板鞣制和皮具制作是延长畜皮存储时间，方便集中交换，并使产品具有劳动附加值的重要方式。皮衣、皮裤、糌粑袋、皮包、马包、马鞍、皮帽和皮鞋是俊巴常制作的用品，现在牛皮船模型和藏式骰子套装更加受欢迎。更重要的是，皮具的生产与交换带来现金，可以用于购买需要的原材料，从购入皮子到卖出皮具之间的差价，凝结了劳动的价值，本身已经是商品交易的一种形式。

1992年，曲水县拟投资兴建皮革厂，对成本和利润进行了分析：加工100张牦牛皮，主要成本为原材料1.9万元、辅助材料4 272元、水电240元、员工费667元，扣除税收，一张牦牛皮的成本265.6元，按每张皮30平方尺算，每平方尺成本8.85元。市场价每平方尺14元，则每平方尺净利润 5.15 元，100 张皮仅鞣皮就赚 15 450 元。[①] 俊巴村除了自己鞣制皮子外，还进行产品加工，收益比较可观。

（三）肉类存储

等剥好牛皮后，就会将牛分成不同的部分，如牛腿、牛腹、牛脊（带骨）等。牛腿直接挂于房檐下，晒干血水后可切来煮菜、炖肉；牛腹和带骨牛腔会切好分成 3—5 斤的小份，送给没宰杀牛的亲戚（含血亲和姻亲）；牛心自家吃，牛蹄一般也自家吃，不会扔掉。牛肝有些家庭不喜欢，会送给喜欢吃的家庭。牛肚和牛肠最差，不能送人，但牛肠洗净灌入混血糌粑做成血肠后可以作为礼物送人。

个案 3－5：新年的牛肉佳肴

藏历新年第一天和第二天基本都吃牛肉，每家都把最好的风干牛肉拿出来与大家分享。萝卜与牛肉可以制成不同的美食，萝卜炖牛肉一般是初一的午餐，把肥瘦相间的牛腩切成块，把萝卜（自家地里种的，清甜不辣）切片，放在一起炖出香味。吃的时候夹起牛肉和萝卜一起蘸辣椒末，放入口中又香又解腻。晚餐很多家庭会做牛肉包子，方便，来客人了热一下随时可以吃，一边吃一边聊，新年绝对不能让客人不吃东西就离开。牛肉包子以瘦牛肉和牛油混合，肉馅细腻紧实，浓浓的汁水包裹在包子皮内，用被油脂浸透的包子皮蘸辣椒末，香中带着麦子的甘甜，回味无穷。还有一种吃牛肉和萝卜的方法是干牦牛肉丝拌萝卜丝。干肉是生的，有少许腥气，不过会被萝卜的甜冲淡，加野葱和辣椒就糌粑吃，也很方便。简单的牛肉和萝卜被村民烹制成各种美味，简单、方便，体现了生活的智慧。

村民会将牛背上的瘦肉或带少量肥肉的部分切成长条，30—40 厘米长，上拴牦牛尾绳，晾于储藏室上方的房梁上，需要吃时取下，或直接吃，或佐以其他菜肴，如个案 3－5 中新年待客的佳肴。阴干的牛肉不加盐直接挂起来，血腥味不大，冬天没什么苍蝇（藏民叫"蚊子"）。每家

---

① 《关于市商业局商发 92（59）号的文件批复》，曲水县档案馆，1992 年第 13 卷，第 127－129 页。

每户杀牛后晾制的风干牛肉是美食，经常能看到藏民从衣袖或口袋中拿出一小块风干肉，边工作边放在嘴里咬，这是最好的零食。一岁左右的孩子都喜欢抓这种牛肉吃，家人会撕下一条小小的，嚼碎后喂到孩子嘴里，孩子先吮吸味道，再把牛肉咽下去。村民认为吃牛肉会有力气和长个儿。

五、畜养与衣食住行

（一）奶制品

1. 甜茶

在俊巴村，甜茶基本是每日必需品，早上起来，很多姆拉、布拉是不吃早饭的，就喝茶，有酥油茶，也有甜茶，暖暖的、甜甜的，喝完再去工作。下午 4 点多，忙完家里的活，去茶馆休息一下，聊聊天，喝壶甜茶。家里来客人的话，也会打甜茶或酥油茶待客，甜茶煮得好喝与否，也是判断女主人是否贤惠、热情的标准之一。

甜茶现在多用市场上整袋售卖的甜茶粉冲调，味道有点像即溶奶茶，藏民喜欢喝，因为又香又甜，其实是因为里面有香精、糖精。村中对甜茶粉的消费量挺大的。有些讲究点的家庭，认为冲调的甜茶太香了，跟奶香味不一样，所以仍旧用红茶煮沸后调入奶粉，用勺子在锅中搅拌，搅拌时，会将舀茶的勺子置于锅上方，尽量以细流的方式倒下茶液，循环往复，保持一定的节奏，使茶与奶粉融合均匀，口感会比较好，也减少了奶加入后产生的泡沫。最后会加糖调味，糖加得挺多的，村民还是喜欢口感偏甜的茶。用红茶与奶粉煮出来的甜茶，饮用时能看到细碎的茶渣，茶多选用印度红茶。

达瓦布拉说："以前是没有甜茶、酥油茶喝的，那都是贵族老爷们才喝得到，干活的人有清茶喝就很好了。"20 世纪 80 年代之后，大家才比较多喝甜茶，一方面因为村里有人在县里开了甜茶馆，去县里时就去坐一坐，喝点甜茶聊聊天；另一方面因为买东西方便了，红茶、奶粉也能买到，就在家里自己做，当然，主要是有客人来的时候提前备好。因为主要配料都是买来的，甜茶被认为是较为昂贵的待客饮料，也说明主人用心待客，比较大方。村民在家中自己煮甜茶是与待客、聚会相联系的。

20 世纪 90 年代之后，村里有了第一家茶馆——向阳茶馆，是达瓦姆拉家开的，在村口老码头附近的村路上，捕鱼回来的人都会经过，晚上就去喝茶、喝酒、聊天。经营茶馆早上第一件事就是点火，煮茶，制作甜茶。有些村民自己不做，又想喝，就会买一壶，最早是1元一壶，后来是1元一小壶、2元一大壶。现在的价格是5元一小壶、8—10元一大壶。有些老人家会在茶馆坐一下，喝一杯甜茶，才2元，之后再回家或去亲戚家，自己就不用做了。村里哪家有事情，去看望的村民都不会空手，最少也会提一壶甜茶去，告诉主人家甜茶是在哪儿买的，喝完把空壶送回去。甜茶是最方便的礼物，提一壶去大家一起喝，等事情聊完了，还回空壶就行。

2016年，村里共有4家茶馆，向阳茶馆已不开了。达瓦姆拉家的女儿、女婿在县职校找到了工作（厨师和门卫），不在村里，茶馆便关闭了，剩下牌匾挂在原处。

茶馆除了用于喝茶，还有信息传递的功能。选择去哪个茶馆也是有逻辑的。主人家是打鱼的，渔民们就喜欢去那里聚；某个茶馆男性去得多，女性就去另一个茶馆聚；不同家庭开的茶馆，客人多属于自家的亲属网络，多在自家亲戚茶馆那里消费。如果你想找哪家人帮忙谈事，就去那家的亲戚所开茶馆等着，茶馆主人可能会帮你忙，说说好话，事情可能就谈成了。比起去家里，去茶馆就显得方便多了。当然，前提是事情本身不是秘密，可以公之于众。

个案3-6：甜茶杯的展示性

在家庭聚会的时候，可以看到甜茶的另一个功用——展示茶杯。家庭聚会与"过林卡"（在树林草坪欢聚）的时候，买两壶甜茶拎过来是在茶已喝完之后的无奈之举，如果一早就拎来茶馆中的甜茶，大家会觉得女主人懒惰，不会做事。而大家拎来自家制作的甜茶时会比较味道，装茶的壶要相对新一点，尤其是喝茶的杯子，很讲究。一般会用透明或半透明的玻璃杯喝甜茶，各家带上自家的杯子，杯底涂上各家的颜色作为标识，漂亮的杯子能显示女主人的品位与富裕程度，所以过节前，年轻的主妇都喜欢去挑几个漂亮的小玻璃杯，供聚会时喝甜茶用。一般敬茶、倒茶、唱歌助兴都是由女性负责，表现大方得体可展示其教养。

比起市民社会中休闲语境下的甜茶和甜茶馆，俊巴村的甜茶具有礼仪、礼貌、礼物的意味，甜茶馆除了作为休息的场所，更是村民信息交换的重要空间。

2. 酥油茶

酥油茶是村民日常生活必需的饮品。酥油茶由酥油、茶和食盐三种原料做成。酥油是从牛奶、羊奶中提炼出的奶油。

酥油制作并不是挤完奶就马上开始，而是要将奶进行发酵。每天挤出的奶量不大，不能做较多酥油，一般会留几天一起做。挤出奶后放到屋檐下的小桶内，与前一天的奶混合，2 天前的奶此时已经有轻微发酵，会有小气泡和些许凝固状奶块。不过这不要紧，发酵后的奶在制作酥油时更易油水分离。攒 3—4 天的奶量便可开始制作，将鲜奶加温煮熟，放在炉上自然晾凉。最好用牛粪点火煮奶，与煤气相比，这种方式火候不会太大，受热不会太快，火势由缓到强的过程可使奶汁发酵时间延长，更易油水分离。把晾凉后的奶倒入圆形木桶中，外面箍以铜皮。桶中装有与内口径稍有缝隙的木质圆盖，中心竖立木柄，村民紧握木柄上下捣动，使圆盘在鲜奶中来回撞击，向上抽离、向下压紧，如此往复，直到油水分离，其实质是在奶汁中用力形成顺时针的搅拌流，拔起与压下都需要力量，要控制奶汁不洒出桶外。这就叫作"打酥油"。奶经过这样捣打后，其中的油质浮出水面，用手揉捏这些油质形成团状，酥油团逐渐从小变大，直到油质全部分离出来。最后可捏成塔状，放于冰箱储存，或者放入牛胃中，扎紧口，置于阴凉处储存。

制作酥油茶的茶叶是砖茶，最初多来自中原地区，与茶盐贸易和马帮相联系，俊巴村有渔农贸易和皮具售卖，茶与盐均为交换所得。现在也可以买到砖茶，砖茶为长方体，重约 4 斤，色偏黑，茶梗较多。饮清茶时常加酥油，就是在小火慢熬呈深褐色的茶水里放进少许盐巴，在饮用时加一块酥油，酥油逐渐融入清茶中，茶上方会覆盖一层黄色的油脂。这种喝法简单方便，村民在田边干完农活或在江边打完鱼后的餐饭饮茶以此种方法为主，只需一个小盒子装酥油就行，喝酥油茶可以补充体力。

有些家庭会用酥油搅拌机制作酥油，过程是：在木桶上架一个搅拌马达，插上电，马达下端的搅拌杆高速搅动，最后放盐。现在也可以用酥油机制作酥油茶，酥油机的形状有些类似豆浆机，往机器中加入茶、盐和酥油，待其自动搅拌。2015 年中央给藏民的"大庆"① 礼物就有酥油机。

酥油可拌糌粑、敬神供佛，点灯、煨桑也需要酥油，年节时会将酥油制成酥油花，寓意吉祥；酥油还可以软化皮革，保护牛皮船，便于揉搓皮

① 2015 年为庆祝西藏自治区成立 50 周年的庆祝年。

绳条；在孩子的屁股等处抹酥油，能滋润皮肤，防止干裂。

3. 奶渣

奶渣是村里姆拉们的零食，经常能看到姆拉们坐在村口空地上晒太阳时口中吮吸奶渣，你若过去坐，她们就会从衣襟内掏出奶渣，用嘴吹吹上面的灰，塞到你手里。

奶渣是酥油的伴生品，从奶水中分离出酥油后，会有浅黄色、酸酸的液体剩余，再次倒入锅中，煮沸，水逐渐蒸发，会有小块的奶块析出。奶块呈不规则形状，颜色淡黄偏白，晾晒在院子中，晾干后即为奶渣。捞出奶渣后剩下的水会倒入牛饲料桶，搅拌糌粑饲料后给牛吃，可助消化、有营养；有时会用这种水来做发面饼子的面引，功能能有点类似酵母。

奶渣吃起来会有点酸，如果加了糖的话就会好吃一点。用奶渣加红糖、酥油煮的甜汤是大年初一早上必吃的早餐，可见藏民对奶渣的喜爱。村里自己做的奶渣比较纯，可以作为礼物送给拉萨的亲戚或带给在拉萨打工的孩子们吃。

（二）燃料

俊巴村的燃料以干树枝和牛粪为主，用牛粪点火很适合煮酥油茶。用牛粪点火炒菜火大，但不急，不易焦且很香，还没有烟。村民院子墙上摆得很整齐的牛粪饼是财富的象征，孩子去县里上学还有捡牛粪的任务，需交给学校。

用牛粪和干树枝点起的火很旺，但内层和外层温度有差异，因此村里的火塘有两个口，旺的一边用来炒菜，属急火，炒菜香，不太旺的一边用来煮汤，属慢火。使用这种火塘房间没有太大的烟，烟沿着管子排出。村民煮青稞酒、煮奶渣、发饼子都需要慢慢降温发酵，这很重要，一下子就关火没有余温了，会发酵不充分，酒不好喝，饼子也会硬。结合火塘、藏族饮食来看，牛粪是最合适的取暖材料，点过火的炉膛灰可以与粪便混合堆肥，有利于提高农田肥力。用牛粪点火不会熏得人眼泪直流，易燃又好烧。冬天，姆拉会一边烤火一边捻毛线，手是不会闲下来的，一家人聚在一起说说话；有些则去茶馆取暖聊天，也是围着牛粪做燃料的火塘。

（三）羊的饲养及副产品

在俊巴村，羊的饲养数量不多，全村的羊均由一户饲养。这名羊倌是没有正式结婚的单身男性（48 岁），全村 100 多只羊都归他管，卖羊也是跟他说，由他牵出来卖。羊在 6 月和 8 月生崽，都是羊倌接生的，年尾村里每家会给他 100 元作为酬劳。每天每家轮流出三个人协助羊倌放羊和赶羊回圈。夏天，羊倌去玛卡田那里放羊，住在那边，一直以来都是这样。剪羊毛一般在 4 月，由羊倌负责；在当地卖的话，每斤 13 元，如果去山南，每斤 15 元。好的羊毛织氆氇（羊绒），一般的羊毛织卡垫（表面覆盖毛，粗一些）。藏民对羊毛非常喜欢，羊倌家里墙边垒着整齐的羊毛卷。羊倌饲养羊，羊毛一般会给他，羊主人想要可以说，但一般都不要。羊粪也是归羊倌，可用于堆肥。羊被宰杀后，羊下水和羊头、羊蹄、羊皮会给回羊主人。

2016 年，全村养羊 134 头，共 7 户养羊。有些人不养了，因为政府从 2014 年开始提供草场补贴，一年有 2 000 多元，若牛羊的畜养超数量会罚钱，少养还可以不用轮到放羊（节省劳动力），想吃羊肉也可以买到。2016 年 9 月中旬，在机场工作的汉族人来村里买羊，买走了 8 头，每头 600 元，说是单位为中秋节准备的。与外面相比，村民的羊卖得不贵，买家只拿走羊腔和羊腿，羊皮、羊头和羊下水都留在村里了，卖家会把这些东西跟亲戚们一起分了。

1. 织机与卡垫

用羊毛做成毯子，每条能卖 800—1 000 元。村里有些毯子织得好的妇女，会被请去帮忙，每天的工钱从 30 元涨到 100 元。如果是亲戚关系，帮忙不要钱，但得给些东西带回去，还得准备午饭和晚饭。自己学织也可以，得找师傅，扎桑就是教达瓦织卡垫的师傅，织机是从达瓦表嫂那里借的。达瓦织了两个月，准备了哥哥的聘礼和自己结婚的嫁妆，还答应给拉萨的亲戚（表姨妈）两条，纯毛卡垫暖和，城里人也喜欢。织卡垫需要羊毛，等村里皮匠在河边鞣皮去羊毛时可以捡一些回来，但是那种很脏，要洗；山南来人换秸秆时，可以换一些；村里亲戚知道这家织卡垫，家里有羊毛但用不上的，也会送来一点。积少成多，老年妇女基本都在搓卷毛线，手里不闲着。

羊毛洗后要晒，还得梳得松软，再抽出细细的一撮，顺时针捻，让这小小的一撮毛一直延续不断，是纯技术活。捻的力气大了，线就会断，在织机上容易断线、不连续，因此捻时动作要轻，等线成股后就要用手掌和腿的摩擦力带动卷轴（图 3－1 中左三和右三的工具均为毛线卷轴，可卷成锥形和圆形两种不同形态），使线紧密成为一体，再绕轴旋转，成为毛线团。姆拉们非常熟练。还有一种方法是：坐下用腿脚的力量将线卷在梭管上，呈菱形，便于在织机上使用，方便换线（见图3－17）。

图 3 – 17　将羊毛线卷在梭管上

村里织卡垫用的织机如图3－18 所示，由木架（平时拆开放）、可拆卸的线架（经线和纬线）、船型线梭子、踏板组成，各部分以牛皮绳捆扎固定。用线梭子绕织面一圈给线，脚踩踏板一下，控制经线，手推拉线板，控制纬线，这样经纬线相交、拉紧，就成了毛织品的雏形。控制梭子的穿梭与方向还可以织出不同的花色，经线、纬线的颜色不同，交织出的底色也有变化。用织机织出来的卡垫宽度在50—60 厘米，一张完整的卡垫要用两张宽度60 厘米的缝合起来。一张 120 厘米×180 厘米的卡垫需要织4—5天，可卖800 元。

图 3 – 18　正在织卡垫的妇女

有人会织，还要有人懂染色，达瓦妈妈就很会染，村里找她帮忙的人很多。一般会染红色、蓝色、棕色等，都是使用从植物中提取或研磨矿石所得的有机颜料。请人帮忙染色每天也要给30—50元工钱。村里家中男性劳动力缺乏（丧夫、离婚）的家庭，如次松、拉巴、巴果、旦增卓嘎妈妈、尼玛等妇女，便会找这些赚钱的活计，要么织卡垫，要么染卡垫，要么做皮具。

2. 女性与技术交流

织机最早是农区的媳妇带进来的，村里都是女性纺织，没有男性参与。嫁进来的妇女纺织技术好，热心教亲戚、邻居中的姐妹，会很容易融入村里的生活，口碑也好。关系要好的，就互相学习技术，会被认为聪明、会持家。如果有女性卡垫、氆氇、藏被等都会织，能找来羊毛（毛线），又会技术，使家人穿着体面又温暖，就会惹人羡慕。有的家庭佛堂里的柜子上整齐摆放着数量较多的藏毯、卡垫，这是财富的象征。村民"过林卡"时，各家会带卡垫前来，哪家的漂亮、暖和、花色新颖会成为妇女们的讨论话题。纺织连接着村中女性的日常生活。

六、不养马的村庄

俊巴村对马的依赖性很低，也不养马。所以对于每年望果节乡里的赛马，去看的人不多，男人和孩子去得多一些，去了也是打骰子。曲水镇曲水村（曲布）在拉萨河对岸的山沟里，那里有山有水，青稞田在山腰，马很多。我曾见到这样的场景：在曲水村山腰草场，一头牛和一匹马放在一起，没有拴住。牛和马吃草的区别是：马会把周边的草吃得光秃秃的，从草根开始吃；牛则摇着尾巴走来走去，吃高高的草的上半部分，吃剩的草叶也比较高。曲水村的马主要用来耕地，在山坡地区，用马耕地比较灵活。赛马也成为村里人很重视的活动，村民赛马技术很好，有专门遛马和骑马的草场。曲水村村民说，骑马要看缘分和运气，运气不好，骑不了马。所以，赛马也成为运气的较量，当地人认为看赛马意味着运气会越来越好。

俊巴村没有马，但也参加赛马，是租借别组的马匹和赛手，若得了名次，奖金都给马主人，为的只是参与活动。我问次旦为什么不养马，他说"养马没用"。对比曲水村，俊巴村位于山水夹缝处的簸箕谷，漫滩面积较大，夏季雨水大时，一直淹到田里；村路左侧山下是大量的沙地，植被零星，小面积草场供养着村里的羊群和产奶或怀孕的牛群。村路右侧有少量的农田，产量也极低。农田在漫滩边，地势平坦，用牛耕、人力撒种很方便，就不需要马了。背牛皮船爬山，马体积相对庞大，没有老山羊的耐力好，山羊登高能力强，可以吃山上崖缝间的草。"养马没用"的想法体现了畜养与生态、生产之间的紧密联系。

第四节　小结

一、捕捞是对青藏高原资源利用方式的补充

生产方式与资源的利用，从根本上取决于区域生态资源的类型。在西藏封建农奴制社会，农、牧依附于封建领主，依靠缴纳贡赋获得生存的合法身份，但缴纳贡赋后，生产剩余非常有限。

宏观上，农牧分离，自给自足，彼此的依赖较小，具体体现在青藏高原的资源利用方式上，农业和牧业之间的区域分布界限明显，依赖程度较低。

中观上，分析处于河谷地区的农业和藏北草原的牧业，可发现农、牧生产方式之间的联系。剩余产品少，为了实现较大程度的自给自足，高效利用产品更为重要。农田中的杂草和秸秆，可用于少量的畜养，解决了草的利用问题，并产生一定量的肉类等副产品，提高了自给自足的程度。青藏高原的稻作受制于整体生态，为一季稻，农闲时间较长，畜养的副产品可提供羊毛等手工编制材料，有利于农闲季节的劳动力利用。同时，农耕存在另一个问题，每年藏历5—6月青稞播种后，冬储食物耗尽，收获期未到，食物来源成为生存危机，此时渔民的渔获与渔农赊账式交换为农民食物的延续提供了途径。农民还账时给渔民的青稞刚好弥补其植物蛋白的不足。

藏北牧民随牛羊而追逐水草，家庭中除放牧者外，还存在依附于牧业的交换者，这些牧民将奶制品、肉类、皮毛换成糌粑，在夏季可减少对肉类的损耗，延长牛羊的饲养时间。同时，他们将对自己无用的皮毛等物品以低价售予或直接赠予渔民或屠夫、皮匠，换得马包、皮衣、皮裤等日常用品。俊巴村的皮匠处于对牧民的废弃皮质资源进行高效利用的环节之中，渔民与农民换得的糌粑可与牧民换得碱面、盐等生活必需品。皮匠用皮具与牧民换得新皮板、碱面和肉类等。西藏社会整体较为松散，交通相对不

发达，交换的次数相对较少，主要集中在冬季。

俊巴和陇巴等村的渔民可利用的生态资源较少，只能利用水中的鱼类资源和猎获的皮毛或换得的牲畜皮板进行生产，处于社会底层。除自给自足外，他们通过交换提高资源利用率，借助水路的优势参与区域间的交换网络。民主改革前，少量的农耕和畜养是对劳动力资源的优化利用。民主改革后，随着所有制和水利等设施的完善，俊巴村利用资源的生产方式在深度和广度上有所拓展，多样性开始显现出来。民主改革后，俊巴村形成捕捞、皮具制作、农牧兼有的混合生产方式，劳动力资源随着农牧和捕捞的季节性变化而互补，青年人和老年人在职业上互补。因此，微观上也是混合多元的生产方式。

现有的藏族文献对宏观的农、牧生产方式论述较多。从中观的角度看，农牧之间存在着一定的联系，渔民和皮匠的存在对于上述两种生产方式是一种补充，可缓解资源利用有限和食物供给不足问题，是高效利用青藏高原资源的有效途径。农业中存在少量的畜养，牧业中存在交换行为。微观上，俊巴村的捕捞、皮具制作、农牧也整合在生态的链条之下，为生产方式的延续提供了客观基础。

二、俊巴村的生产方式存在结构性调适

民主改革之前，俊巴村土壤、水源和牧场的有限性使其农耕、畜养的规模非常小。村民的农耕行为有时存在于农牧主的内差之中。少量的农耕引起村中两性分工的细化，也影响渔、农的生产时间及人员分配，在不同的时期，村民对待农耕的态度不同，工具、生产规模存在差异，农耕的普及带动了村中互助、互惠行为的多样化（农用机械的使用、收割时的互助换工）。考察农耕中的合作家庭可以看到村民的互助逻辑，体现了血亲和姻亲之间的关系，给予和回报的权利、义务。对待丧偶、劳动力缺乏的家庭，村中有制度化的帮扶机制，一方面使弱势群体更易适应与生存，另一方面也成为不平等互惠关系的基础。从历史中看待互助又会发现所采取方式的差异，从而洞悉选择不同互助方式的家庭的人物性格和思想。从村内外姻亲的互惠交往中，可看到俊巴人作为底层渔民的受歧视和自觉，农产品的制作和礼物交换承载着村庄与个人的感情维系。村民的肥料利用、种植实践中，体现着环保与资源有效利用的价值观。

畜养的数量与方式会结合村中的草场资源、劳动力分配和贡赋等多重因素而定，畜养又与农耕联系紧密。牛的畜养与村民的日常生活和饮食密切相关，牛肉的分食具有仪式性和互惠性的意义，牛作为礼物的背后延续

着物资流转的逻辑。畜养也是村居生态中减少资源浪费的重要环节。没有畜养马更是跟村中生态和捕捞生产方式相关的客观选择。畜养的副产品如羊毛的利用，联系着村中妇女的技艺和情感，是村民互动的重要部分。

民主改革之后，俊巴村农、牧的发展主要与生态改善相关，与村中捕捞、皮具制作生产方式之间存在互补关系，有利于对物质资源的有效利用，对劳动力的时间分配起到调节作用。少量的农牧缓解了村中植物蛋白与动物蛋白相对匮乏的问题，也使土地和草场的利用率得到提升。在夏季雨水大、捕鱼危险性高的时期，农耕的收割使男性劳动力的空闲期减少，既保证了村中人员的安全，也增加了生产的渠道。因此，作为补充的农、牧在俊巴村的整体生产方式和资源利用形态中具有调节作用。

第四章　血缘组织与地缘关系

物质生产与人口生产始终是人类适应与延续的基本要素，如果说生计连接自然生态与物质生态，那制度就连接着家庭与社会。俊巴村的婚姻形态虽然要遵循乱伦禁忌和佛教对底层通婚的约束规则，但依然得以延续，其内在规则如何？哪些因素影响着村内的婚姻形态？在通婚圈中，渔民真的与农牧区没有交集吗？什么原因导致了约束的松懈？家庭与社会之间依靠哪些制度进行连接与整合？代际传承与养育、教育的内容和形式有哪些？同时，血缘组织如何在地缘社会中存在与适应，与周边社会发生着怎样的联系？有哪些特点？

第一节　婚姻家庭

一、人口的发展

本书第二章和第三章论述了渔猎民的主要生产方式，可见，渔猎民对资源的利用随着环境的变化体现为多层次的高效利用：渔、农、牧混合的生产方式，利用了不同季节和区域的资源优势，不同季节对劳动力的需求均比较大。因此，人口的发展、劳动力的补充成为渔猎民群体延续的关键。

虽然苯教禁忌和佛教观念的进入使人们对渔猎民的歧视增强，但青藏高原酋邦时期与吐蕃王朝末期的佛苯之争，使渔猎民的从业人员结构发生了变化。战败的伤病员、出逃的奴隶来到俊巴村，还有朗达玛灭佛时期拉萨河流域被迫从事渔猎的僧人，都成为俊巴村人口得以发展的因素。这些外来者使血缘外婚的规则得以延续，也使村中生计的多元化成为可能。渔民常年在外捕鱼，捕捞行为伴随性禁忌，整体生育率不高，外村人的进入，提高了村中的生育率，扩大了通婚范围。

最早俊巴村有6户村民，以渔民为主，家庭成员中偶有皮匠，皮匠与渔民通婚。到20世纪30年代发展到30多户，其中有20多户渔民、8户皮匠，打鱼和皮具制作分得很清楚，渔民穿白氆氇、皮匠穿黑氆氇。8户皮匠是有房名的：第66户拉巴家——喜夏；第27户大村主任家——嘉荣；早年搬去拉萨的外迁户——桑嘉；新开张的茶馆主人家——日布；第40户跛脚布拉家——桑珠康桑；搬去拉萨的外迁户——吉卡热、黄噶；第21户边巴家——果厦；土登坚赞家（迁拉萨）——蔡康。因为村中的皮匠户有房名，所以称呼起来不用提名字，同一个房名的不能通婚，现在很多户迁出去，都不叫房名了。渔民则没有房名。

二、婚姻形态与亲属网络

（一）遗存与规则

1. 通婚规则

从奴隶制到封建制，战争、土地占有和人身依附使社会分层日益显著，出现领主、驯奴、奴隶、再奴阶层。[1] 随着佛教从印度、中原的进入，身份等级的设定更加明显，骨系的观念逐渐深入藏民的意识中，产生贵族阶层、僧侣阶层、平民阶层、奴隶阶层（差巴、堆穷、朗生）和"贱民"阶层。"贱民"包括"屠夫、铁匠、肉匠、渔夫、猎人、篾匠、鞣皮匠和补鞋匠等。社会对他们的歧视主要表现在以下几个方面：不能做僧尼，西藏政府在派僧尼差的通知上特别注明屠夫、铁匠、陶匠等'贱人'均不得派入寺庙为僧尼；不能与一般人平起平坐，更不能和一般人共碗共食；不能和一般人通婚，一般人如果和他们结婚，也将沦为'贱人'等级"[2]。渔猎群体无法改变低下的社会地位，这无疑使他们被固化在一个最底层的社会阶层之中，进而强化了阶层固化、职业固化的程度。

俊巴村在婚姻制度上也遵循等级内婚和亲缘外婚的制度，一般会以职业作为阶层内婚的标准，大部分渔民还是会找渔民结婚，也有渔民家庭与皮匠家庭彼此通婚，由图2-22可知，渔民、皮匠的通婚会影响家庭主要生产方式的选择和亲属网络。当然，渔民出去打鱼，也会遇到外村的女性，如果她愿意跟来村里生活并待下来，就会正式结婚，村里的男性也可能入赘到外村。土登坚赞的姆拉（爸爸的妈妈）就是20世纪30年代从曲水大桥（达嘎乡）嫁进来的，来自渔户；第33户达瓦布拉的老婆德金是20世纪60年代从山南嫁进来的，来自农户；格桑扎西的外婆是从山南嫁进来的，来自陇巴村的渔户。即使同处于社会最底层，渔民也不喜欢和屠夫、铁匠结婚。有布拉说："以前有外逃的奴隶跑来村里，一开始是帮人干活，时间长了就入赘了。"拉巴的祖辈就是20世纪30年代出逃的奴隶；扎西、次旦

---

① 恰白·次旦平措等：《西藏通史简编》，北京：五洲传播出版社，2000年，第13页。
② 张权武：《略述民主改革前的西藏社会》，《西藏研究》1989年第S1期，第67页。

的老婆家以及扎桑家、第 59 户达娃次仁家的祖辈也是出逃的，存在这种情况的有几户。渔民不能成为僧尼，寺院不能收容多余的人。总之，在等级内婚的制约下，渔民的婚姻圈是相对狭小的。

2. 对偶婚恋

俊巴村的青年男女一般有一段相对自由的婚恋期，除亲缘外婚限定下的男女不能谈恋爱之外，其他男女均可以。有些藏区亲缘限定在父系七代和母系三代之内算亲戚①，不能通婚；俊巴村遵循亲缘外婚的大原则，具体代系数降低到三代，父母双系亲缘均为三代之内的亲属不通婚，即以自己为一代，上溯三代，到布拉、姆拉（祖辈）的直系兄弟姐妹的后代均为亲属。

不是亲戚的男女交往，一般父母不会太约束，在居住空间上会给青年人一定的自由，晚上男孩会去女孩家串门。这种来往一般在男性 14—15 岁就开始了，女性在 17—18 岁的时候性特征已经很明显，在西藏不介意年龄问题，所以妻子比丈夫大的情况很正常。俊巴村现有各户，户主夫妻女性比男性大的有 17 户，差距最大的为女性大男性 14 岁。最初的交往是隐蔽的，但村里人有的能看出来，直至发生性行为之后，这种关系由隐到显，关键是男性去帮女性家干活，有帮助收割或送鱼之类的行为，之后男性就不用偷偷前往女性家，可以到其家中吃饭甚至过夜。若此时男性有不好的行为，导致女性家庭坚决反对，这种关系就可能中断。在女性生育前，这种朋友关系可以自由选择，但生育孩子之后，孩子的父亲与母亲在村中就有了村民认为的稳定关系，虽然还没正式婚配。第一个孩子由女性家庭抚养，若生第二个，则小的孩子在母亲家、大的孩子在父亲家，不考虑性别因素。在确定是否正式结婚前有稳定关系的男女也可以分手，分手后孩子随约定的家庭，男女不再来往。若在长时间考虑诸多因素后，男女家庭磨合成功，最终决定结婚，两家便会缔结姻亲关系，一般正式结婚后很少离婚。

---

① ［美］南希·利维妮著，格勒、赵湘宁、胡鸿保译：《"骨系"（ རུས ）与亲属、继嗣、身分和地位——尼泊尔尼巴（Nyinba）藏族的"骨系"理论》，《中国藏学》1991 年第 1 期，第 141、144 页。

（二）婚姻形态

1. 通婚半径

（1）村内通婚。

亲缘外婚是指以自我为第一代，上溯父系三代、母系三代的亲属不能结婚；等级内婚则是指皮匠和渔民家庭通婚。也有交换婚的情况，在对偶婚前提下，A家的儿子与B家的女儿结婚，A家的女儿与B家的儿子结婚，村民叫亲上加亲。20世纪80年代村里结婚的夫妻中，有2家为上述交换婚。

（2）村外通婚。

俊巴村村民与外村通婚的情况并非没有，如20世纪80年代修建318国道时，青年男女出去打工修路，日久生情，也就在一起了，村民笑称"是修路带来的缘分"。同时，俊巴村村民出外打鱼，会遇到外村的女性，例如，有村民去到尼木县，遇到喜欢的女性，两人偷偷好了，等有了孩子再带回家里。此种婚姻是否继续下去取决于女方的家庭。我对俊巴村不同时期的跨村婚姻进行统计后发现了一些特点。如表4-1所示，20世纪30年代到60年代，有8户家庭存在与外村通婚的情况，均为外村人主动进入俊巴村，其中多为外逃的奴隶，入赘男性居多；若按村中老人回忆的俊巴村60年代仅有50余户计算，有约16%的家庭与外村通婚，在一定程度上缓解了渔民的婚育压力。20世纪60年代到90年代，有21户与村外通婚（存在一户兄弟分别入赘不同外村的情况），入村的人口多于出村的人口，女性外嫁仅有3户，女性嫁入者数量明显增加，并有少量农户嫁入，从陇巴渔村入赘的男性和嫁入的女性最多。前文在阐述农牧生产方式的互助中提到2000年以前陇巴渔村经济很困难，姻亲间互助多会带回生活必需品，可知婚姻的选择与经济收入和生活水平直接相关。村外通婚圈主要为渔民群体，具有业缘内婚的特点。到21世纪，从2000年至2016年，村外通婚总量与前30年村外通婚总量基本持平，可见村外通婚数量在增加，同时，入赘的男性减少、嫁入的女性大幅增加，通婚半径明显扩大，有从山南、林周的农区和日喀则的牧区嫁入的女性，日喀则嫁入的女性数量占此时期嫁入女性总量的40%以上；一定程度上，农牧民不与渔民通婚的观念稍减弱。不论任何时期，俊巴村中的女性都很少外嫁，这是俊巴村婚姻的特点。

表4-1 俊巴村不同时期村外通婚情况统计

性别	姓名	外村入赘	入赘外村	外村嫁入	本村外嫁	时期
女	TDBM			曲水大桥 达噶渔民		20世纪30年代至60年代
	GZMM			陇巴渔民		
	SYMM			林周出逃农奴		
	BS				达噶渔民	20世纪60年代至90年代
	CP				陇巴渔民	
	BBZM				堆龙农户	
	WD			羊湖渔民		
	LB			山南农户		
	DJ			山南农户		
	DJM			陇巴渔民		
	QM			陇巴渔民		
	YY			陇巴渔民		
	DQ			陇巴渔民		
	CM			墨竹农户		
	MMN				嫁四川	20世纪90年代至21世纪前20年
	BS				嫁河南	
	PUZG				日喀则拉孜	
	CM			林周农户		
	SLQZ			日喀则拉孜		
	QS			日喀则拉孜		
	GS			日喀则拉孜		
	GSQZ			陇巴渔民		
	PZ			日喀则拉孜		
	DWLP			日喀则拉孜		
	MM			山南农户		
	SLCS			山南农户		
	YXZM			山南农户		
	ZM			尼木农户		
	DJYZ			尼木农户		

（续上表）

性别	姓名	外村入赘	入赘外村	外村嫁入	本村外嫁	时期
男	DXZB	出逃农奴				20 世纪 30 年代至 60 年代
	ZSZB	陇巴渔民				
	ZXBB	才纳农户				
	ZLZB	出逃农奴				
	LBZB	出逃农奴				
	DBQS		曲水茶巴朗			20 世纪 60 年代至 90 年代
	MMSG		羊湖渔民			
	ZSG		陇巴渔民			
	TDQP		曲水茶巴朗			
	BBLG	陇巴渔民				
	CSLG	曲布农户				
	CD	陇巴渔民				
	LBCR	日喀则牧区				
	DD	陇巴渔民				
	LB	陇巴渔民				
	QCR		陇巴渔民			20 世纪 90 年代至 21 世纪前 20 年
	NM		达噶渔民			
	DZ	山南雪渔民				
	ZXDW	才纳农户				
	LD	查巴拉色麦				

有研究者会把入赘婚和女性地位、原始群婚遗存或母系财产继承相联系，认为入赘婚意味着女性地位较高、母系继承，但在俊巴村，上述说法并非完全适合。俊巴村对赘婿没有歧视，其在入赘家庭长者和妻子去世后有财产继承权，而且很多公共事务由入赘男性出面解决，丈夫地位高于妻子。当然，家庭中年长女性掌握财产的分配权，其地位又比赘婚稍高些。

由于生存资源有限，如何能更好地生存下去，既不过多破坏家中的现有资源，又能尽量满足延续后代的需要，同时保持家中男性、女性劳动力的长期稳定，对于"种"的繁衍和物质生产都有重要的意义。姻亲关系要求长久和稳定，最稳定的方式是，女性留在家中照顾老小，在男女青春期允许相对自由的性行为并对男性进行观察，当男女生育孩子后，若彼此同意结婚，有男性入赘就多个劳动力，没有男性入赘，女性也照样干活，虽累一点，生活还照过，孩子则由女性的男性亲属及母亲家庭帮助抚养。久而久之，当地就形成了留个女儿在家里招赘的风俗。如果村里人互相通婚，嫁娶或入赘都可以，彼此习惯相似，也有照应。如果娶媳妇，儿子会出去捕鱼或买卖皮具，那么主要农活和家里的日常活计都需要媳妇做，若媳妇是外村人，能否留住她是关键，而且，娶外村媳妇的聘礼相当昂贵，经济因素也需考虑。同时，宗教观念和骨系的影响不能忽略，俊巴村村民不与屠夫、铁匠通婚，觉得对于提高身份没有帮助，如何改善血统也是婚姻的功能之一，想改善可能就需要一定的聘礼和嫁妆了，经济与身份之间的抉择也影响婚姻形态。

个案 4 – 1：俊巴村的外来媳妇

2000 年前后，村中嫁入 6 个外地媳妇，是从林周、尼木、山南、日喀则等地来的，都是藏族农牧民。外来媳妇们都很年轻，二三十岁，都是 20 世纪 80 年代到 90 年代出生，很多是与丈夫打工时认识的。有些外来媳妇并不敢说自己嫁到渔村来，担心被亲戚瞧不起，只是说嫁来曲水或嫁到茶巴朗了，她们也没说谎，俊巴村本来就是隶属茶巴朗的行政村。只有最亲的人，才会知道她们嫁来渔村，她们的母亲在同意这门婚事前也是有所考虑的。村口小卖店的两个媳妇曲桑和措姆都是外地人。90 年代村里很多小伙子出去开车运货，就认识了这些姑娘。相比其他职业，司机还是受人欢迎和尊重的，一来有见识，二来能买车也说明家里经济条件好，只是祖辈打鱼而已，现在生活还不错。曲桑是从日喀则来的，曲水县属于拉萨地区，交通、生活都比日喀则方便，俊巴村土地少、牛羊少，女性不用承担很辛苦的工作，不用每日不停歇地劳动，会清闲一些，所以曲桑的母亲也就同意女儿的这门婚事。措姆是林周县的，长得比较漂亮，能说会道，她说自己嫁进来也会不习惯，但是丈夫的爸爸妈妈对她真的很好，就像自己的爸爸妈妈一样，也有了两个孩子，生活不错，就这样过了。

2. 婚姻类型

为什么村里的女性不愿流动、不愿嫁出，而男性愿意来村里入赘，而且多数是外村男性入赘，女性嫁去农区的很少？下文将详细讨论。其中，有些读书后留在拉萨工作并与外村通婚的案例不在下文讨论范围之内，而主要涉及长期生活在俊巴村的村民婚姻情况。虽然进入俊巴村的外村人一定程度缓解了村民面对的血缘内婚矛盾，但在村内男女比例相当的条件下，多进少出的情况也挤压了村内男性和女性的择偶机会，如何解决此问题，将在"隐性生育权的延续"小节进一步讨论。

（1）20 世纪 60 年代前。

在 20 世纪 50 年代，村中的总户数在 50 户左右，渔民为 30 多户，皮匠为 10 多户。其中 3 户为兄弟共妻婚，均为嫁娶型，女性嫁入共妻家庭，第 80 户琼穷的妈妈是从山南贡嘎县嫁入俊巴村的，其他 2 户均是村内通婚。3 户中有 2 户为皮匠家庭，1 户为渔民家庭。由此可知，共妻婚是皮匠和渔民均可选择的婚姻方式。另外，村中还有 1 户一夫多妻家庭，为姐妹共夫婚。4 户多偶婚家庭约占总家庭量的 8%。下面以拉巴父亲这代四夫共妻婚为例进行解释，谱系关系如图 4-1 所示。该家庭中表面为四兄弟共妻，但实质行共妻行为的只有兄弟两人，其他两兄弟早年去拉萨专门给寺庙做僧人鞋子，后来就没有再回村。共妻女性从渔民家庭嫁入皮匠家庭，而其原来家庭的三兄妹采取三种形式的婚姻，有共妻、招赘婚和入赘他户，最终留一名女性坐家；共妻男性家庭中的姐妹选择村内嫁人。该家庭生育 5 个小孩，三男两女，称呼共妻中的兄长为"布拉"（爷爷），称呼共妻中的弟弟为"巴拉"（爸爸）。两位父亲的称呼并非"父亲"与"叔叔"，而是兄长升格为父亲的长一辈。此家庭中第三代，嫁娶婚和入赘婚并行。

（2）20 世纪 60 年代后。

20 世纪 60 年代后，由于婚姻法的普及，一夫一妻婚成为俊巴村的主要婚姻形态，图 4-1 中的联合家庭也选择分家，分出去的家庭独立成为核心家庭，但每代中有一个子女留在原家庭中赡养父母，儿子需娶媳妇、女儿需招赘婚，意为坐家，组成核心家庭。坐家的性别选择以女性为主，招赘婿，图 4-1 中共妻家庭中下两代均采取女性招赘婿坐家。

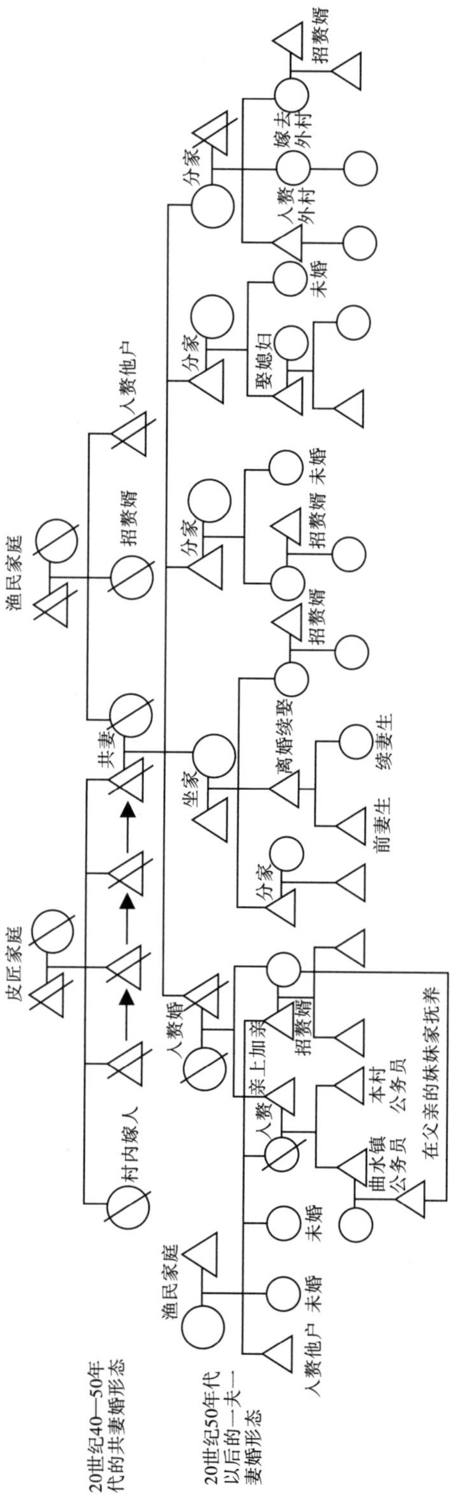

图4-1 俊巴村渔民一妻多夫家庭谱系示例

根据我 2016 年田野调查的入户统计数据，80 户户主中有 11 户是单身未婚（或离异）的，占比 13.75%；剩下的 69 户已婚户主中，40 户为入赘婚，占比 57.97%，29 户为娶妻婚，占比 42.03%。为什么俊巴村偏爱女性坐家呢？是原始群婚母系的遗存吗？还是女性地位较高的体现？这可能是影响因素，但没有直接的证据证明。有姆拉的回答更加直接，说"女性坐家可以更好地照顾家庭中的老人、小孩，对家庭好"。"对家庭好"可以有较多解释，如果从马克思的"两种生产"即"种"的繁衍与物质生产的角度分析，招赘行为本身可以带来人口的再生产，但"种"的繁衍可能是以父亲为主导的，即赘婿的"种"的繁衍；如若招赘成功，坐家女儿和赘婿可以承担家庭内外的生产劳动，保证家庭运转正常。同时也需看到，赘婿在正式入赘后，除了农忙时期为原家庭提供无偿帮助之外，其他的一切收入归妻子家庭所有，妻子的母亲具有财产的支配权，但妻子的母亲死后，妻子的父亲（赘婿身份）是有对财产的继承和支配权的，进而在妻子的父亲过世后，妻子才继承家中财产，对家庭财产行使支配权。赘婿在妻子过世后可以获得妻子家庭的财产，若再婚则需将财产给予原配子女（孙辈属妻子家庭成员），自己只能分得小部分。赘婿的"种"的繁衍和物质生产过程是在入赘家庭中完成的，由入赘家庭承担孩子的抚养义务，其可以拥有继承财产的权利，而赘婿劳动及嫁妆就是对此种生产的补偿。

此问题还涉及婚姻间的互惠，赘婿的原家庭和入赘家庭会分别带来嫁妆和聘礼。若从外村入赘俊巴，嫁妆无须太多，有藏被和氆氇就算很好了，有些还带点糌粑。俊巴给农区的赘婿聘礼会多些，有糌粑、少量现金（奶钱）和亲属的衣服之类；如果给同为渔民的赘婿，聘礼会相对少些。为什么会有此差别呢？这还要跟藏族等级内婚制和骨系结合起来讨论。在藏族观念中，农民阶层地位稍高于渔民阶层，按南希·列维尼的说法，"骨头也白一些"（与印度种姓制相似）。以前农区的赘婿很多来自落魄的差巴和堆穷家庭，支差役无法养活大量的人口，入赘俊巴后可以从事捕鱼生计，虽在等级上身份降低了，但完成了两种生产，自身也获得了生存的可能；对于俊巴来讲，虽然让渡了"种"的繁衍的权利，但农区男性与渔民女性的结合，使渔民后代的"种"得到一定程度的改良（净化），比原渔村内通婚的后代地位稍高一点。以此种形式生育的后代留在村中，抚养与所属权归俊巴。入赘渔民家庭的农民均为农区家境较贫寒的男性，有些甚至选择出逃，来俊巴村寻找生计，最终入赘留下。若外村渔民入赘俊巴村，则不存在"种"的改良问题，聘礼相对少一些。村内皮匠、渔民家庭的入赘也显得简单很多，彼此交换些价值相当的物品即可，但村内通婚通常嫁妆多于聘礼，因在"种"没有改变的情况下，入赘家庭对幼子的哺育成本更高，而且赘婿有继承财产的权利。

俊巴村的男性入赘农区村庄，会要求很多嫁妆，除藏被、氆氇、卡垫外，还要有牲畜等，基本将家中的主要财产分了一部分带走，而且反哺家中的情况也不多，但此种婚的好处也是将渔民的"种"在农区"净化"，完成"种"的繁衍的过程。同理，女性作为媳妇被娶进俊巴，若女方为农区家庭，一则嫁妆会多，有牲畜、糌粑和少量首饰等，二来也可以稍微对"种"进行"改良"；但所付出的聘礼也是很多的，需要现金、女方亲属的衣服、礼物、糌粑、牲畜，甚至还要部分承担盖房等所需的资金，负担很重。俊巴毕竟是渔村，存在入赘的男性和嫁入的女性离开的风险。渔民属"贱民"阶层，农区的家庭对渔民还是有所顾忌，大多不愿意和渔民通婚。与渔民所生的小孩，也会被称为"黑骨头"，被大家嘲笑、歧视。如果过不下去，入赘的男性会干脆回村，舍弃原婚姻；嫁入的女性会离开村中，将孩子带走或留下的情况均有。所以，村中也存在没有配偶但有孩子的单身男子或妇女。

渔村女性外嫁的可能性很小，嫁去农牧区会被认为是玷污骨系、受到歧视，很难生存下去，也无法承担高额的嫁妆；嫁去陇巴、羊湖等地与俊巴同属渔民但非血缘亲属的家庭则是很好的选择，嫁妆也不需要太多。若让渔村女性嫁铁匠或屠夫家庭，很多家庭是不愿意的，认为会导致"种"更加"卑贱"。

上述婚姻类型相比较，最稳定、最经济的婚姻形态是村内的入赘婚，次之是村内的嫁娶婚，农区落魄户的男性入赘也不错，有"改良""种"的功能。娶外来媳妇是成本较高的选择，将女儿外嫁属于较少考虑的情况。在藏族社会中，婚姻类型的选择涉及财产和种性双重维度，是综合考量之后渔民群体利益最大化的选择，也是身处社会底层的渔民群体在社会等级制度下、种姓观念下、有限的资源条件下，寻求两种生产，以更好地适应地方社会的必然选择。随着俊巴村与外界联系的增强、渔村经济条件的改善，舍弃阶层观念的女性也有，嫁入俊巴村的外村女性有所增加。

（3）婚恋个案。

因俊巴村处于社会底层的特殊性，村中离婚、再婚的情况也有，即使结婚了摩擦不断也有可能，从下述个案就可看出村民在处理婚姻矛盾时的态度。

个案4-2：流动的男性与黏合的女性

YX是"90后"，她的爸爸妈妈在弟弟出生后第四年正式结婚，那时候她已经 10 岁。她说，村里孩子十几岁时父母才结婚的现象很正常，好多人家孩子都 20 多岁了父母才正式结婚，分家单过。在弟弟出生前，她是在妈妈家长大的，跟着外婆、舅舅和姨妈一起生活，爸爸偶尔回来，会给她带些好吃的、衣服之类，很疼爱她。农忙的时候，爸爸会过来干活。有时候爸爸会过来妈妈家里睡，但也就住 1—2 天又回自己家里了。村里 NM 叔叔的电视机常被摆在村口播放节目，这时男人们会聚在村广场喝酒，孩子们则看电视，有时候她会去找爸爸要两口吃的，然后跑开去玩了。

后来有了弟弟，弟弟在妈妈家，她就来到爸爸家，跟着奶奶和姑姑一起生活，不上学的晚上跟奶奶睡，上学的时候就住校。想妈妈的时候就去妈妈那里。每次上学前，奶奶、妈妈、爸爸都会给点零用钱，不多，1—2 块钱，但也可以买方便面了。YX 10 岁那年，父母结婚，搬出来单住，住在现在的房子，YX 和弟弟便跟着父母住了。舅舅和姑姑也结婚了，舅舅入赘姑姑家，就像爸爸入赘妈妈家一样，亲上加亲嘛，这样农活什么的可以一起干。

爸爸和妈妈会吵架，有时爸爸喝醉酒了就会闹；尤其是舅舅在姑姑家发了脾气或闹了别扭的时候，爸爸一定会跟妈妈吵架，甚至闹到外公、外婆那里去。他可能觉得这样闹就不吃亏了，你弟弟惹了我妈妈，我也气你妈妈，不能让你们好过。虽然入赘了，但他心里仍然向着自己的妈妈。爸爸在这边闹的消息传到舅舅那里，舅舅又跟姑姑闹，看着姑姑哭哭啼啼的，YX 心里也不好受，毕竟姑姑和舅舅都带过自己，她只能劝姑姑别哭，但也没有其他办法。

在两家正式结婚前，爸爸的钱不会给妈妈，而是给奶奶，直到正式入赘了，给了男方家养育费和礼金（不多，有时是物品，如藏被、柜子之类），才可以把爸爸的收入给女方家。爸爸在妈妈这边住，干活也是随妈妈家。后来，爸爸去尼木县做工程，回家的次数少了，自己和弟弟又上学，很多时候家里的农活是舅舅和姑姑帮忙的，爸爸总是会给他们些礼物，大家的感情逐渐好起来了。

渐渐地，两家的老人年纪都大了，奶奶生病的时候，爸爸当时不在家，妈妈总是去照顾，给奶奶熬药、熬汤之类，后来爸爸听奶奶说了，很感动，和妈妈吵架的次数也少了。那时候没有电话，每次有村里人过去，爸爸就会让其捎些东西回来，就算报平安了。之后家里慢慢赚了些钱，盖了房子，买了车子，出行方便多了。有车子后，爸爸还会去县里或拉萨进货，这样妈妈不用干那么多农活，开小卖店卖东西就好了。爸爸每次回来就进些货回家，YX和弟弟也总是有些零食吃，家里条件算好了。

现在有电话了，爸爸总会打电话给妈妈，也会打电话给YX和弟弟，让他们帮妈妈干活，别让妈妈太累了，还让弟弟好好学习。以前爸爸出外不会洗衣服的，每次回家都拿回一大包脏衣服，由妈妈拿去河边洗干净。今年（2016年）夏天，爸爸会自己在工地上把衣服洗了，还打电话回来说，因为天气太热，衣服都是汗，就自己把衣服洗了。妈妈为此夸奖了爸爸。YX觉得父母年纪大了，感情反而更好了。

小时候，YX很不喜欢所谓的"亲上加亲"，现在她觉得这样也不错，两家人很团结，互相帮助，挺好的。

由此可以看出，在俊巴村，虽然是男性在婚姻中流动，但在婚姻生活的早期，还是在心理上有偏颇，吵闹在所难免，此时如果女性在婚姻中能忍让、照顾好家庭成员特别是老人，紧张的关系就能得到缓解，女性是婚姻维系的关键。

个案4-3：观念中的身份差别

村里的LD来自尼木县，是联户长。他年轻时是曲水县供电局的电工，退休后来到村里生活。他和老婆BS都算是60岁左右群体中少数普通话说得很好的人。他是年轻时与在县里盖房子的BS认识并在一起的。孩子一直都放在老婆家里养，他放假时有时候回自己家，有时候来俊巴村。到了秋收的时候，他不会到地里干农活，家里的田是老婆、老婆的姐姐、儿子和儿媳一起收割的，LD自己也说"不是这个村的"。LD虽然生活在俊巴村，但他在观念上对自己来自农区，是退休工人的身份有优越感，所以在行为上与俊巴村村民有差别。

个案4-4：单身弟弟帮离婚阿佳养孩子

望果节后的一天晚上，DZQZ阿佳请我们到家里吃饭。她早年离婚后就再没有找老公，自己一个人和没结婚的弟弟住在一起，儿子在青岛读大学，放假才回家。她家里非常干净、整齐，院子里种满了花，很少有藏族农村家庭种这么多花花草草的，房间、客厅的窗台上也摆着花。我们去的时候，菜已经做好了，她专门准备了蘑菇炒牛肉和土豆丝，盖了盖子，摆在桌上，碗筷放在一边，电饭锅亮着灯。她热情地招呼我们坐下，说弟弟（羊倌去放羊）还没回来，我们先吃。她用另外的盘子给弟弟留了些菜，说弟弟不吃米饭，吃糌粑，今天的米饭是专门给我们新煮的。

阿佳有兄弟姐妹10个，算是村里人口比较多的家庭，其中大哥在十几岁的时候看赛马被踢到头去世了，还有一个弟弟因小时候生病也不在了。到现在兄弟姐妹8个，其中两个哥哥和两个姐姐都在拉萨定居，阿佳儿子的爸爸再婚了。不怎么见爸爸的儿子非常内向，但她在拉萨的哥哥对儿子特别好，送他去青岛上大学，等儿子放假就带他在拉萨玩。儿子和舅舅、姨妈们感情非常好。在村里生活的算上她还有兄弟姐妹4个，除了跟她一起住的弟弟，还有两个入赘的哥哥，不在家里住。他们现在住的是爸爸留下的房子，父母都去世了。家里有2头大牛、2头小牛和100多只羊，最多时有300多只羊。卖羊的价钱是每只800—1 000元，一般不卖，去年（2015年）卖了20只，赚了20 000元，都用于儿子在青岛上大学的花费。

阿佳家房门右手边的房子是其前夫父母的，现在给前夫的弟弟夫妇住，前夫父母跟着女儿、女婿住，在阿佳家后院对面左手边，是抬头不见低头见的距离。两家是邻居，她与前夫年纪相仿，年轻时时常走动，后来就恋爱了，有了儿子，也结了婚，有活两家一起干。90年代之后，阿佳的哥哥、姐姐在拉萨能照应，前夫就去拉萨打工，也做点小生意，但长期不怎么回家，后来听说是在拉萨有人了，对方是跟他一起工作的，便想离婚。就这样离了，孩子给了阿佳。前夫的老婆是墨竹工卡的，他们有个女儿。每到望果节的时候，前夫和老婆、女儿会回村里过节，有时候村里举行活动，看节目、聚餐之类的，阿佳还得跟他们坐在一起。

离婚后，阿佳除了干日常农活就是念经拜佛，提起前夫也比较平静。她认命了，觉得命不好就要行善，去赎罪。如果儿子回来，阿佳也会让他去前夫父母家里看看，毕竟他们也是孩子的亲戚。如果他们真有事情，她也会去帮忙，毕竟在一起相处那么多年了。村中女性的包容性很强，她们会通过宗教去寻求内心的平静，很少会激烈地对抗或歇斯底里。附加于善良之上的宽容，也使阿佳赢得周围人的尊重，大家都说她人好，热心、善良、能干。

个案 4-5：就一个老公，要对他好

ZS 阿佳 47 岁，有两个小孩，DWQZ 23 岁，NMCR 21 岁，老公 NM 54 岁。她有 7 个兄弟姐妹，有的入赘了，有的分家出去单过，现在阿佳一家跟她爸爸妈妈一起住。

阿佳小时候就在村里的小学上学，念了 1—2 年，算是上过学的，之后在家干活。她平时早晚都去山上砍柴、拔草，后来就跟着大人学织布，学会了织卡垫。20 世纪 80 年代，十几岁的阿佳在家里织布，村里有人请她帮忙织（若是亲戚则不收钱，就给点东西），一天给 10 元钱。她十七八岁时，经亲戚介绍去拉萨当保姆，给主人家做饭、打扫卫生、带小孩。那时候当保姆没有工资，能吃饱肚子就好了，新年时主人家给她买新衣服，还给她东西带回家，村里很多人羡慕，后来有很多人也去拉萨当保姆了。NM 在堆龙有过一个女朋友（未正式结婚），生了小孩，后来又追求阿佳，对她很好，她就和 NM 结婚了，回到村里生活。藏族结婚没什么财产往来，即使离婚或分手，也不争财产。因为有小孩，两家人会像亲戚一样走动，兄弟间不论是不是同父同母都认兄弟。逢年过节，阿佳还会和老公一起去堆龙。过年时小孩也会过来看父亲。提起 NM 的前段情缘，阿佳不会生气，说老公的钱都交给自己，他需要时就给一两百，男人手头没有多少钱就不会学坏。在阿佳的口中，老公各方面都是好的，思想好，不喝酒、不抽烟、不赌博。老公因为忙皮具厂的事不怎么干农活，就阿佳一个人干，她也不计较。

阿佳说，她和老公很少吵架，女人不能总唠叨男人。即使吵架，他们晚上也会睡在一起，很快就和好了。阿佳和老公的床在伙房里，床不大，他们就抱着睡。村里很多夫妻的床都在伙房里，与主房（老人、小孩睡觉的地方）有些距离，床都不大。阿佳说，老公就一个，要对老公好。

应该说，村中的亲属关系和相对宽松的两性关系对离婚女性有较好的包容和扶持功能，所以村中很少有因为生活压力或舆论压力自杀的女性。夫妻双方相互的理解和包容也降低了离婚的比例。

（4）隐性生育权的延续。

渔民在以前的西藏社会中身份卑贱，婚姻存在着一系列限制，需遵循血缘外婚与阶层内婚的原则；同时，渔民阶层的人数相对较少，又不愿与铁匠、屠夫等通婚，导致内婚的局限性更大。因此，婚姻与"种"的繁衍就需要某种机制进行调节，俊巴村出现的婚前性行为解决了其婚姻制度中部分女性丧失生育权的问题。

在上述关于婚姻类型的讨论中，可知男性的入赘尤其是村外男性的入赘部分缓解了内婚局限的问题。进入俊巴村的逃奴或农民婚配虽然属于等级外婚，但部分人生活条件较差，尤其是早年的逃奴与乞丐，也属于底层，在更大层面上可视为阶层内婚，这些人的融入使俊巴村近亲婚配的可能性降低，部分缓解了婚姻压力。同时还应该看到，村中 2016 年依然有13.75% 的单身未婚人群，他们栖居在亲属家庭中或独立分户，单身并不意味着无子女，而是未正式结婚。村中对未婚生育的后代是包容的。未婚女性的孩子由母亲家庭抚养。对人口繁衍的生物和社会适应使渔民群体放宽了婚姻和道德准绳的标准，此种制度也成为底层渔民应对社会整体对渔民婚姻限制的策略，以及维持其人口繁衍的调节机制。同时，客观上，此种制度又强化了外界对渔民的歧视，加深了等级内婚的困境。

渔民的婚配不仅仅是情感交流下的顺理成章，而且包含着太多考量与苦涩，存在脆弱性与无奈感。两方相爱，但碍于家庭压力而分手的不在少数。婚姻更像是长时段的观察与思考之下的理性行为，代表着家庭之间慎重的结合与财产的延续。婚姻远比感情严肃和谨慎许多。渔民的婚恋虽苦涩，但也带着某些单纯、浪漫的色彩与味道；宽松的婚育环境使两性间有时候也开玩笑逗趣，成为枯燥生活中的插曲与调味剂，甚至成为大众话语间的玩笑。在西藏渔村社会中，男女交往行为是随着不同的年龄、不同的身份与不同的情景而客观存在的，时隐时现，亦实亦虚。

在青春懵懂的季节，爱恋可能是少男少女们一辈子的甜蜜记忆。村中青春期男女对两性生理的差异早已熟知，不需要特别教导，一切都显得自然随性。他们在山中嬉戏追逐，上山、下山时牵手扶助，一起采野花，用毛茸茸的植物编成精致的手串，用野花编成花环戴于头顶，美好无须多言。男女放羊途中的欢声笑语，倚羊而卧的慵懒闲适，生活煮食的配合有序，暗自涌动着青春的气息。村中男性很直接，若喜欢会表露在脸上，对谁好其实大家都看得见，正式结婚前的漫长等待期，是生育之前男性和女性彼此试探、相处的成长、成熟过程。此时未必有真正意义的性行为，但多少伴随着身体的接触。即使没有正式结婚，如若怀孕就告知父母，接下来是长时间的考验与磨合，孩子会被村民接受并受到平等对待。从朋友向夫妻过渡存在变数，当情侣分手无法成为夫妻时，渔民社会对私生子的包容和对未婚女性的扶助制度，使之得以生存下去，同时人口得以繁衍，也降低了村内亲缘内婚的概率。

虽然 20 世纪 60 年代的俊巴村，姆拉和布拉并行都保持距离，还会说村中女孩子衣服裤子不能穿太短之类的话，但整体氛围对年轻男女的行为限制标准比较宽松。公开的打闹、嬉戏、调情有些时候是一种玩笑，或是对平淡生活的调剂，大家笑笑就算了，真正伤人的闲言碎语不会公开讨论。随着时间的流逝，一切又被公众淡忘了。男女交往行为随着年龄、身份、生活场景的变更，在村民的日常生活中发挥着亦隐亦显的调剂功能。宽松的交友氛围是传统婚姻生活的补充剂，婚前的固定男女朋友关系实质上是试探与考验，经此种制度考量后的婚姻缔结更加稳固。

（5）渔民社会与农牧区婚育制度的互补。

20 世纪 50 年代的俊巴村有 50 户左右，其中：兄弟共妻户 3 户，占比 6%；姐妹共夫户 1 户。俊巴渔民中的男性不能去寺庙当喇嘛。从表 4 - 1 可见，在 20 世纪 30 年代到 21 世纪前 20 年近 90 年的时间跨度下，进入俊巴村的人口多于流出的人口，村中原有的男性或女性也需要寻求婚恋或繁衍，虽说捕鱼危险性高造成部分男性早逝，但部分剩余男性和女性的生育出路问题依然严峻。渔民作为社会底层，人口数量较少，与皮匠通婚可部分解决血缘外婚和阶层内婚的问题，外来的赘婿和媳妇降低了血缘内婚的概率，一方面提高了俊巴村村民的婚育率，另一方面也迫使部分村内适龄婚育男女去外面寻找配偶或生子繁衍。俊巴村为适龄婚育的男性和女性提供了相当宽松的自由恋爱环境，在他们生育子女后并不会要求立即成婚，而是给予相当长的缓冲期，让他们自己决定是否建立婚姻，私生子女由母亲家庭负责养育，不会遭受歧视。此种制度缓解了剩余男性和女性的繁衍问题，单身女性可寄住在母亲及兄弟姐妹家中。俊巴村对婚姻不幸女性的包容度极高，这也是适应底层婚姻制度脆弱性的具体策略之一。

应客观看待俊巴村渔民宽松、包容的婚育制度，它是渔民适应底层婚姻束缚，抵抗传统社会对底层民众生育权限制的有效适应策略，同时，从血缘外婚的角度降低了村内血缘内婚的可能性，使村内的繁衍得以继续，提高了渔民社会整体的生育率，使"种"得以延续。当然，渔民对婚育制度的适应本质上与藏民的道德观念相违背，使渔民本身的道德标准放宽，此种情况又加深了外界对渔民的歧视，更加强化了渔民的底层身份。

如果将农牧区的婚姻形态与渔民这一底层群体的婚姻形态看作整体来考量，可发现其中的整体连接和互补的必然性，彼此不是孤立的。渔民群体整体上实行阶层内婚，只存在少量逃奴和进入村内婚配的外村人，属外婚，总体来说是内婚中存在外婚；隐性的情人制度虽没有在表面上突破阶层限制，但实质上已使村内男女后代血缘关系淡化，维系了血缘外婚的原则，是隐性的阶层外婚。渔民群体的婚姻与农牧民的婚姻彼此联系，互为补充，使人口繁衍得以持续。这也是西藏渔民适应社会歧视与婚姻限制所采取的必要策略。

（三）家庭结构与亲属网络

1. 家庭规模

据村里老人回忆，以前的家庭规模大概是现在家庭规模的 2 倍，很多家庭是后来分户出来的。最早是 6 户渔民；20 世纪 30 年代是 30 多户；1964 年是 64 户；2016 年常住村中是 80 户①（加上拉萨回迁户和新分户为 98 户）。

如表 4-2 所示，2016 年俊巴村 1 人 1 户的家庭占比为 10%，2—3 人的小规模家庭占比为 18.75%，占比最大的是中等规模家庭（4—5 人），为43.75%，6—7 人的大规模家庭占比为 27.5%。总体而言，中等以上规模的家庭在俊巴村较为普遍，占七成以上，小规模家庭或单户家庭仅占不到三成。

表 4-2　俊巴村 2016 年家庭规模统计

单户人口数	数量	占比
1 人	8 户	10%
2—3 人	15 户	18.75%
4—5 人	35 户	43.75%
6—7 人	22 户	27.5%

2. 家庭类型

可将所有家庭分为单身家庭、核心家庭、主干家庭、扩大家庭和联合

---

① 笔者 2016 年入户调查所得数据为 80 户。2014 年后，俊巴村资助项目增加，村民有年终分红，有些早年迁户拉萨的村民又将户口迁回来了，但因没有土地、草场，只能分到小额补贴；另外，新分户以前可以分得土地盖房，但 2015 年发房产证后，村里就不再分新土地给分户盖房了，名义上是分户，实际还住在一起；之前有传言俊巴村会被开发征地，有户口才能领取补贴，这也是一些人回迁的原因。

家庭五类，以核心家庭和主干家庭为主。单身者和部分婚姻失败者寄居在亲属家中，扩大、联合家庭包容了部分未婚生育的女性，便于孩子的抚养，此种情况大概占比16.2%。由此可见，俊巴村的家庭类型包容了失婚女性，解决了其子女的养育问题。

2016年俊巴村常住村民的家庭类型占比如表4-3所示，其中：以主干家庭最多，占比42.5%，祖辈与一个子辈同住的现象明显；核心家庭也相对较多，占比31.25%；祖辈与两个或以上子辈同住的扩大家庭占比不大，仅为7.5%；单身家庭、联合家庭的占比在10%或以下。

表4-3 俊巴村2016年家庭类型统计

家庭类型	数量	占比
单身家庭	8户	10%
核心家庭	25户	31.25%
主干家庭	34户	42.5%
扩大家庭	6户	7.5%
联合家庭	7户	8.75%

据村民回忆，在1959年刚刚进行民主改革的时候，有很多家庭分出来。原来的扩大家庭亲属间会有些摩擦和矛盾，在确保家中有一人照顾老人的情况下，有些家庭就分出来单过。但到了70年代，又有很多人想合并回原户，因为小家庭劳动力少，孩子却有2—3个，大人没法帮小孩把工分都赚回来，经常要先赔钱给大队再拿回公粮。如果合户，劳动力多，虽然孩子也多，但把家庭整体多出来的工分给孩子，大概能持平，不用返还现金，有些小户就并回去了。现在的家庭类型是1980年以后逐渐又分户，分户后村里给地盖房子单住，慢慢形成的。

家庭总收入的多少直接影响着家庭类型的选择，如果生产方式的联合有利于获得较高收入，主干家庭和扩大家庭数量都将增加，如果现有生产方式不需要更多人力的联合就可以有较高收入，那将会选择分家，以核心家庭和主干家庭为主。

俊巴村家庭中子女的人数并不多，20世纪70年代之前出生的人，家中一般有兄弟姐妹3—5个，最多的有9个孩子，是一户皮匠家庭。以前村里没有堕胎的药物，到20世纪70年代以后可以打针避孕、堕胎，90年代以后妇女可以上环，夫妻行房一般不用避孕套等避孕措施。虽然没有避孕措施，但渔民本身有对行房的禁忌，例如：在出门捕鱼前要去寺庙拜祭，是不能触碰女性身体的，尤其是处于月经期的女性，更要回避男性；制作牛皮船等重要活动，渔民和皮匠都要遵守禁止男女同房的规定，无形中减少了同房的次数。妮妮姆拉 78 岁了，她开玩笑说："最麻烦的事情就是一年只和老公好了一次就有了孩子，会担心孩子长不大，既要种地又要给孩子换洗尿布、喂饭、喂奶，还要背着孩子干活，那时候不像现在，生活很困难，全部人都是很困难的。"妮妮姆拉生了 6 个孩子，2 个夭折了；拉巴姆拉生了 5 个，2 个夭折了；琼穷姆拉生了 4 个，2 个夭折了，一个是发烧，后来送到医院已经不行了，还有一个长到 14 岁被马踢到头，人就再没醒过来。达瓦姆拉以前是村里的医生，帮助很多人家接生，她说："生孩子时，有的孩子没生下来就没了，窒息或呛羊水，有的生下来后因为发烧感染，没过几天就不行了，村里孩子夭折的多。以前出入要坐船，没那么方便，孩子生病也不去医院看医生，只吃点土药或拜神，所以养大孩子不容易。"

3. 亲属网络

俊巴村的亲属网络分为血亲和姻亲，一般相互走动多，但如果媳妇和赘婿与配偶家庭有矛盾，关系会比较紧张。在公开的聚会场合，嫁入的媳妇应在夫家的亲属圈中，入赘的女婿应在岳父母家的亲属圈中，这是展示，也是身份的归属。

个案 4-6：缺席的赘婿

2016 年望果节的林卡聚集按联户，以前是按亲戚，不论怎样，既在同一联户又是亲戚的 DJ 老公都应该在，他是 2015 年年底和 DJ 正式结婚入赘的。但基本一整天他都没在，而是到旁边和兄弟们喝酒去了，他岳父因此有些不高兴。他有此举可能是因为跟岳父、岳母关系不好，经常吵架，但在公开场合不给面子还是不好的。快到傍晚的时候，他给联户的林卡送来一箱啤酒，说请大家喝，毕竟还是要注意身份，没有按规矩就需要作一些补偿，买啤酒的行为稍稍掩盖了他没有出现的尴尬，亲戚们也都不再多言。晚上，他还在林卡跟自己的亲戚喝酒，直到 DJ 过来找他，他才肯回家。

对于聚会的座次、赘婿代表家庭参加拜祭活动的频率，村民们会留意的，因为这展示了身份及家庭关系。春节的时候，代表家庭拜寺庙的赘婿和没正式结婚的男性会分别坐在两个群体中喝酒，即使年纪差不多，但身份不同，行为的象征意义也不一样。在有些场合，隐秘的亲属网络联系着赘婿或媳妇与原家庭的关系，在原家庭有婚丧嫁娶、有人生病的时候，即使入赘或出嫁，也一定会积极地忙前忙后，照顾里外。同样道理，此时配偶的出现与支持也代表着家庭的和睦。秋收季节，忙完自家的活，积极帮姐妹收割的多数是血亲亲属，虽然帮忙的时间不长，只有1—2天，但联系着彼此的情感，平日里生活中各种东西的互相赠予也是情感的交流。

个案4－7：人不在，亲还在

村里有丧偶的家庭，这些家庭中很多女性选择守寡，但并不意味着丈夫那边的亲戚不管她们，如果得知她们经济困难，逢年过节会送些东西过来。孩子们仍一起玩耍，早逝方的长辈也会让孩子按时去探望。DZZG的父亲早年过世，其每到春节还是会去给布拉、姆拉拜年；DZYZ的孩子在外读大学，每次孩子回家，其都让孩子去前夫家中看看布拉、姆拉；PBZG是公务员，父亲早逝，每次回家都会去大姑和小姑家坐坐，若得知对方有困难会给些钱；MM的父亲在帮姑姑家盖房子时被房子坍塌的砖砸伤去世了，此后只要有繁重的活，姑姑家的赘婿和儿子都会过来帮忙，即使自己家有活也得先给MM家干，因为亏欠了感情。

村民有些时候是理性的，对交换与互惠的逻辑相当清楚；有些时候又是感性的，遵守着亲戚间的权利与义务，即使亲缘链条已经断裂，但子女间亲属网络的链条仍在延续，同年龄段孩子们的亲属网络依然十分紧密。这可能也是西藏村庄能牵绊很多年轻人回乡的原因。

（四）嫁娶仪式

在西藏，逢年过节或"过林卡"是青年们谈情说爱的好时机。在俊巴村，男女青年谈恋爱，决定终身大事，完全是自由的，双方家庭不太干涉。最终成婚的夫妇离婚率很低。男女订下婚约，双方家庭要举行订婚仪式，女方先到男方家，男方再到女方家。如果是入赘婚，女方的舅舅、有威望的男性长辈要带着礼物来提亲。男女订婚后可互相来往，女方到男方家时，会帮忙男方的母亲做一些家务，农忙时，男方会到女方家帮忙干一些繁重的农活。来往男女不单独相处，主要是帮助两家干活，晚上睡在一起顺理成章，这样的往来会持续很久。如此长期交往后，第二次提亲就顺畅多了，第三次提亲后，双方家庭会选择黄道吉日定下结婚日，请喇嘛占卜，有属相和生辰匹配之类的要求，以祈求幸福。

结婚那天，双方家庭派出的代表"享布"和"享要"（相当于公证人）要把新人接回家。家中要做好一切周全的迎接准备工作，一大早房顶上要挂好五彩经幡，而且要去村庙祈求新郎、新娘一生幸福平安；在家里的大院要摆好象征幸福、好运、温暖的切玛、哈达、五谷等，煮好青稞酒，耐心等待新娘或赘婿的到来。迎亲的路上必须要设三个迎接点，分别要敬酒、献哈达，以表重视，并展示社会地位及家庭条件。当新人到达时，"享布"和"享要"要唱"谐亲"（藏族的传统歌曲形式），摆上大气的架势，赞扬自己迎来的新人品行好、样貌佳及家庭背景好。进了大门，"享布"和"享要"还要对着室内的房梁、房柱、藏柜、卡垫、室外环境和各种摆设以及楼顶经幡说唱一番，一是赞美，二是展示"享布"和"享要"的架势和歌喉。接亲人家要给送亲的所有成员送上精美的礼品，摆上丰盛的宴席以表谢意。新人在家中厅堂坐好，戴着哈达接受祝福。婚礼正式开始后，新郎、新娘要给亲朋好友们敬酒，亲朋好友特别是长者们一个一个地给新郎、新娘边献哈达边说着人生的真谛、做人的道理、生活的经验。这个仪式会持续较长的时间。婚礼有的庆祝三天，也有庆祝更长时间的。

结婚的家庭，亲戚中的女性会进行分工，有的接亲，有的唱歌祝酒，有的煮饭菜，有的洗碗收拾，还有的收礼品、记录礼金……男性多喝酒唱歌活跃气氛，迎来送往，招待宾客。有些歌喉好的女性会带领村中的年轻女性唱歌劝酒，让来宾喝好，高高兴兴。婚礼第一天仪式过后，第二天和第三天都是招待亲戚，请他们在家里吃饭、聚会。第二天的答谢主要是请前期帮忙的人吃点东西、喝喝酒，休息一下。为避免浪费，老人们会安排他们带些剩菜回去。新娘、新郎的好朋友可以第三天来道贺，大家一起喝酒，说悄悄话，顺便帮助整理家中事务。

个案4-8：结婚真的很难，男性劳动力是关键

在村中，所生小孩很大了但没正式结婚的人家很多。谈朋友、找老公、生孩子都可以，但真正涉及结婚就和各家的经济生产活动直接相关。有时没能结婚，就是因为男方的家庭不放人，家里没人干活，女方家就得等着，好像也没人管女方是不是错过了最好的年华。

DW和DZ的小孩今年三岁多了，但两人还是不能结婚。DZ家在山南贡嘎县雪村，祖上也是渔民。DZ的布拉是入赘到他姆拉家

的，生了他妈妈，后来又招来赘婿，有了三个儿子。DZ 的小弟在读大学二年级，家里需要钱供他上学，如果 DZ 入赘，那么钱得给 DW 家，供小弟的费用就有困难。DZ 的二弟是画匠，到处跑，经常不在家，没找媳妇，农活没人干，也只能 DZ 干，他便更加不能离开家。DZ 的妈妈很厉害，看儿子看得紧，因此他很久才能过来俊巴村一次，也只能待 2—3 天，就又被妈妈叫回去了。他们两个人就这样偶尔见见，村里人都知道，会开玩笑说 DW 是没老公的人，DW 也生过气，但两人见了面就和好了。干农活的时候 DZ 还是会尽力，即使时间很短，只有 1—2 天，也过来帮下忙。

在没有正式入赘前，虽然已有了后代，但两家彼此仍很客气，DW 的妈妈会给 DZ 买烟和饮料，有时给他充 50 元话费，以答谢他过来帮忙干活。DW 家里劳动力缺乏，早年爸爸去世，剩下 40 岁的妈妈和三个孩子，DW 是大姐，就辍学帮养家。她妹妹已大学毕业三年，刚结婚，嫁给日喀则的一名公务员，放假才回来，会给家里寄些钱补贴生活所需。DW 还有个哥哥，前几年在拉萨开出租车，没赚什么钱便不干了，找了来自达嘎乡、与他同在拉萨打工的嫂子，生了女儿，女儿在嫂子家养，他们俩也没正式结婚。哥哥的钱都给了嫂子家盖房子，花了 6 万元。他基本不会回家干农活，只有逢年过节的时候回来吃喝，DW 曾抱怨过"干活时不见人影，有吃喝的时候就回来了"。因此，DW 也是家里唯一的劳动力，她妈妈身体不好，秋收的重担又基本落在 DW 和妈妈的肩上，DW 便很少去 DZ 家帮忙，DZ 的妈妈对她也很有意见。

如果婚前 DZ 来帮 DW，那么 DW 有时间也得过去山南帮忙，这样才合情合理，村里人都这么觉得。2016 年 8 月末，DZ 在 DW 家帮忙收了 4 天青稞，还帮打谷，忙完便回去山南收自家地了。当时正值拉萨雪顿节，很热闹，村里男女都带孩子去罗布林卡动物园了，DW 也想带孩子去，就去了拉萨找哥哥嫂子，一起去动物园并且走访了拉萨的亲戚，拿些菜、旧衣服、旧玩具等回来。DW 把出去玩的照片发在朋友圈，DZ 看到后一下子气坏了，觉得 DW 不过去干活，而想着玩，一个多月都没给 DW 打电话。最后，DW 去了山南 3 天，解释说去拉萨是走亲戚，不是去玩的，这才抚平了 DZ 的愤怒。事情传出去，村里人也觉得 DW 不占理，不该自己出去玩，不帮男朋友家的忙。至今，DW 家没正式提亲，DZ 家也不同意入赘，两人就这样两地生活着。男性劳动力是家庭经济运转的关键，谁也不愿失去，彼此博弈考验着男女双方的感情。

2015年12月，BSZM终于结婚了，DZLB入赘到她家，BSZM的哥哥正式入赘到其嫂子DJ家，婚礼同时进行，兄妹一起举行仪式。BSZM的女儿已经8岁，DJ的女儿已经5岁。而DZLB之前之所以不能入赘，是因为其姐姐去世，姐夫做生意，没空干农活，哥哥入赘，无法完全承担家里的工作，两个姐姐都是单身（未正式结婚），家中再没有男性劳动力承担劳动，如果他离开，家里的收入便会成问题。现在，其中一个姐姐的孩子（非正式结婚所生）不读书了，在家务农，所以他才可以正式入赘，离开自己家庭。

"村中的嫁妆可多可少，在民主改革前，有的抱张被子过去就睡在一起，现在才这么复杂。条件不好的时候没什么要求，一起干活、生活最重要。"琼穷姆拉说。现在嫁妆和聘礼是家庭实力的象征，给得多一些，结婚后也有些地位。如果是家庭可以承受的，会准备多一些。

个案4-9：结婚的嫁妆和聘礼

BSZM 30岁，会手工缝皮、鞣皮，在村里皮具厂缝皮包。她老公是LB，41岁，以前打鱼（和BSZM的哥哥合伙）、做皮具，2016年去陇巴村开运输车，月收入5 000元。他和前妻有一个大女儿GSLB，21岁，在西藏民族大学（位于陕西省咸阳市）读书，与外婆一起住。他与BSZM有两个小孩：儿子LGNM，11岁，读小学四年级；小女儿LZ，9岁，读小学二年级。BSZM的妹妹在拉萨读初中。BSZM在林芝当过一年服务员，在拉萨亲戚家当过一年保姆，19岁怀孕，20岁生小孩，过了10年才结婚。BSZM的哥哥是DJ的老公。由于哥哥入赘到嫂子家，自家也需入赘一个补充劳动力。儿子从2岁开始就跟着爸爸生活，小女儿由妈妈家养，直到BSZM和LB正式结婚。他们于2015年10月结婚。LB带来的嫁妆有：①结婚男方家需准备的衣服、农具（铁锹、农用刀具）；②小麦、青稞60袋；③冰箱一个；④桌子、柜子一套；⑤现金1万多元，给儿子3 000元；⑥一头牛。LB的嫁妆应该算不错的，他是鱼庄老板ZS老婆的弟弟，虽然姐姐去世了，但姐夫仍帮他张罗嫁妆，准备得很丰富。BS家准备的聘礼有：①男性的全身盛装；

②小麦 50 袋；③给家中各亲属的衣服和礼物；④现金 2 000 元。

村中也有聘礼准备相对较少的，例如，DD 家给她老公的聘礼就相对简单：①男性的全身盛装；②一袋小麦；③家里人每人一件衣服；④现金 200 元。虽然村里人知道正式结婚只是形式，但男性的流动也代表着家中财产和劳动力的转移，给聘礼太少，会被认为瞧不起人、太小气，进而可能引发家庭内部矛盾。PB 是 2015 年新年结婚的，在日喀则举行仪式，收到的礼金给了男方妈妈，婚礼由男方举办。现在，俊巴村里结婚一般在藏历新年前后，以前办事 3 000 元就够了，现在 5 000 元也不够。以前喝青稞酒，现在都是喝啤酒，亲戚给的礼金 200—300 元算多了，多数是 100 元，甚至有不带礼金而带酒、礼物之类的。若是拉萨亲戚回来，礼金会多些。结婚仪式现在对家庭而言也是一笔不小的开销，聘礼（嫁妆）以及婚礼用品、食物、酒水、人工等算下来要几万元。

（五）亲属称谓与继嗣关系

1. 亲属称谓

如图 4 - 2 所示，如果以"ego"为自己的话，俊巴村的亲属称谓有以下特点：①自己的祖辈和孙辈，均只区分性别。②自己的父辈区分父系、母系和性别，除自己的父亲 A 外，其他父系男性亲属一律称呼 C、女性亲属一律称呼 D；除自己的母亲 B 外，其他母系男性亲属一律称呼 F、女性亲属一律称呼 E。③自己的平辈不区分父系或母系、血亲或姻亲，只区分年龄和性别，平辈全部男性年长者（含姐夫）称 G，男性年幼者称 H，女性年长者（含姐姐、嫂子）称 I，女性年幼者称 J。④自己的子辈，区分直系、旁系，自己的子称 K，女婿称 K_1，女（含儿媳妇）称 L；其他的旁系亲属只区分性别，女性称 N，男性称 M。⑤孙辈区分性别，女性称 N，男性称 M，不再区分直系孙或旁系孙，称呼与子辈中的旁系亲属一致。若图 4 - 2 中的自己为女性，也是妻子，她和丈夫之间的称呼为：妻子称呼丈夫阿舅（哥哥）或者阿库、库啊（叔叔、伯伯），估计是从自己与丈夫的关系出发叫哥哥，从孩子的角度叫叔叔、伯伯；丈夫称呼妻子为阿佳。夫妻间没有专门的特殊称谓，是从亲属称谓中采借的。长辈对晚辈在口语中会直接叫名字，对具有相同称呼的人会在称呼后加人名，如阿佳扎桑（扎桑姐姐）、相公次仁（次仁舅舅）等。具体称谓方法如表 4 - 4 所示。图 4 - 2 中 A—M 的具体称呼在表4 - 4 中有呈现。

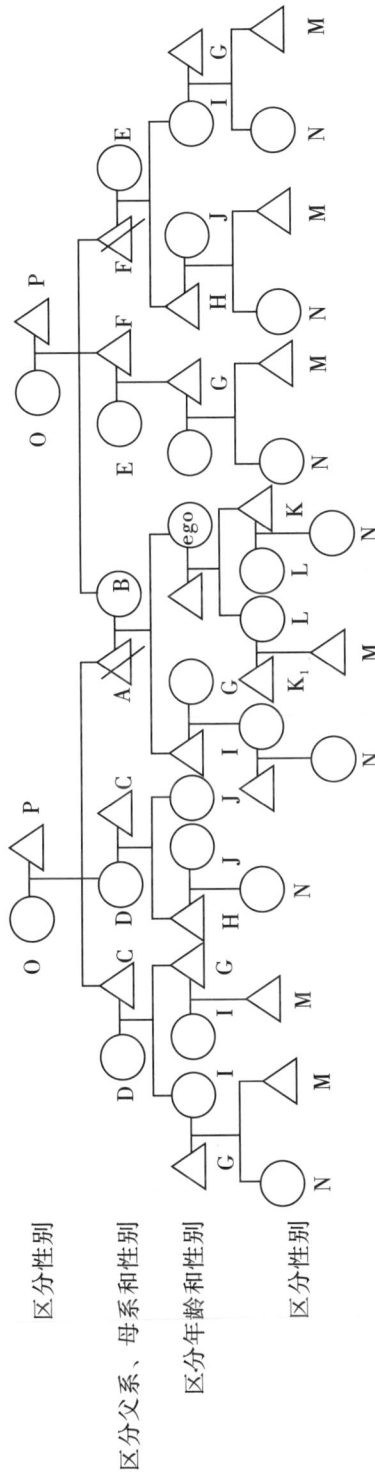

图4-2 俊巴村亲属称谓示意图

区分性别

区分父系、母系和性别

区分年龄和性别

区分性别

表4-4　俊巴村亲属称谓总表

代号	称呼	音标	汉语发音
	曾祖父、曾祖母	le^{21} po^{44}（çiaŋ^{24} pu^{44} la^{31}、çiaŋ^{24}mu^{44}la^{31}）	统称"烈波"，细分就是"相布拉、相姆拉"
P	外祖父、祖父	pu^{44}la^{31}	布拉
O	外祖母、祖母	mu^{44}la^{31}	姆拉
A	爸爸、阿爸	a^{55}pa^{51}	阿爸
B	妈妈、阿妈啦	a^{55}mu^{21}la^{21}	阿姆啦
C	伯伯、叔叔、姑父	a^{55}khu^{51}	阿库
D	伯母、婶婶、姑姑	a^{55}ni^{51}	阿妮
E	舅妈、姨妈	so^{55}mo^{51}	叟么
F	舅舅、姨父	a^{55}çiaŋ^{24}	阿相（相公）
G	哥哥、姐夫，妻子称丈夫	a^{55}tçio^{51}	阿舅
I	姐姐、嫂子，丈夫称妻子	a^{55}tçia^{51}	阿佳
H	妹夫、弟弟	tçio^{51}pu^{51}	奏普
J	妹妹、弟妹	tçio^{51}mo^{51}	奏么
K	子	bu^{51}	布（布库）
K$_1$	女婿	ma^{55}pa^{55}	玛帕
L	女、儿媳妇	pho^{21}mo^{51}	婆么
N	孙子、孙女婿、侄子、外甥	tsha^{55}u^{55}	擦乌
M	孙女、孙媳妇、侄女、外甥女	tsha^{55}mo^{5}	擦么（姆）

2. 继嗣关系

俊巴的继嗣关系与其婚姻形态和亲属网络相关，入赘婚较多，家庭对子和婿在态度与情感上还是有所区别，因此，继嗣区分不同的情况。在扩大家庭中，子女均有继承权，媳妇和赘婿有权继承但排位在子女之后，在孙子女之前；在主干家庭中，子入赘他户时带走嫁妆算作部分财产，有些会给现金，村内会分部分土地，所以不再继承家产，由女儿和赘婿或留在家中的儿子、媳妇继承，女儿、儿子继承权在先，媳妇、赘婿在后，继而才是孙子女。赘婿在家中不受歧视，参与很多公共活动，对家中大事有决定权，但对家庭财产的支配权较小。若坐家女儿去世，赘婿继承财产并赡养父母和未婚兄弟姐妹及子女，未婚兄弟姐妹有义务照顾亡姐的孩子。

个案4－10：续娶妻妹

CD在16岁打鱼时认识他的老婆，自己原来是陇巴村的，后来入赘到俊巴村。老婆早年去世了，其妻妹的老公也去世了，所以CD就娶了妻妹，他们各有两个孩子，现在共同抚养四个孩子。虽然保全了家庭，但偏袒之心还是有的。CD大儿子的老婆原来住在村里，曾表示公公婆婆对她不好。CD给大儿子买了大型运输车，出租赚钱。后来，大儿子离婚了，孩子归前妻，现在还是一个人。CD现在老婆的大儿子在拉萨公安局工作，很少回村里。CD把大型运输车租给工地盖房、修路，一个月光租车费就有三万多元。他和老婆的姐夫开鱼庄，经济上还是不错的。但儿子的婚事始终让他头疼。CD说："续娶妻妹是有原因的，那时不像现在有大型运输车、有工程干，只是打鱼，比较穷，在陇巴村没有青稞的时候会得到俊巴村这边人的接济，帮助不少。老婆去世后，我就接下家庭的重担，也不好再娶别人，就和她妹妹最合适，对孩子也好。"

CD的例子说明，入赘的男性在妻子死后会继承家中的财产，并承担抚养家中老小的责任，此例姐夫与妻妹再婚的情况，也是出于整合家庭财产的考虑，使双方均能有完整的家庭，又不会分散家中既有继承的财产。这也是渔民家庭在资源有限条件下通过婚姻形式保全资源，进而提高生存和适应能力的策略之一。

（六）居住方式与分家

1. 婚前、生育前居住模式

俊巴村的年轻一辈，自20世纪80年代后出生的年轻人才开始读书，但多数女孩只读到小学，男孩有些读到初中，高中读完的不多。有少数读到大学的，现在都在拉萨或周边当公务员了。在普及义务教育之前，很多人是不读书的，这样一来，15岁到25岁年纪的青年男女，很多在村中从事捕鱼和农耕的工作，90年代中后期，才有一些青年男女去县里或拉萨打工。

去县里或拉萨打工的人，很多寄宿在亲戚家，不付房租，但逢年过节会带礼物来，很多人挤在一起也是常有的事，没有太多私人空间。村中常住的青年男女彼此接触较多，开始稳定的交往行为后，夜晚的时候男性会去女性家里住，清晨偷偷回到自己的家中。女性到了 15 岁左右，家中原来兄弟姐妹共用的房间会进行调整，父母会从厨房搬到客厅住，把厨房的空间留给女儿，兄弟们有些会搬到场院窗台下面铺设的床上睡，上下床不需要经过其他房间，不会影响家人休息。

如果男孩喜欢某个女孩，会往女孩身上扔石子（有的是抢帽子），暗示这种情愫，女孩也会心领神会。如果男孩晚上想过去女孩家里，会事先找女孩附近的同性朋友传话，征得同意后，会约定时间和暗号。比如，以敲三下门为暗号，当半夜听到三下有节奏的敲门声，女孩就会悄悄去开门，把男孩带进厨房住处。女孩的家人即使知道有人来也不会出去看，大概明白是村里的小伙子来找女儿了。男女相处时不一定有性行为发生，多是为了增加彼此的了解，有些相互有好感的，性行为也只是彼此试探。男孩会在凌晨 4—5 点离开女孩家。即使男孩已去过女孩家住，两人在村里见面的时候也不会表现得特别亲密，会和平常一样。时间长了，当女孩认可男孩了，两人也有稳定的性行为之后，男孩会来女孩家里做一些工作，尤其是参与农业生产，说明他已经被女孩家认可为女儿的男朋友了。除了晚上过去女孩家里，男孩白天还是待在自己的家中。

2. 生育后居住模式

如果青年男女有固定的两性交往并怀孕后，两个人的关系就更加稳固了。女性怀孕期间，男性晚上依然可以来孕妇的家中过夜，但已经不用偷偷进门了，晚饭都可以来女性家吃，并且可以一直待到天亮再回自己家中。虽然晚上过去女性家里吃饭，但并不代表男性的收入会给女性家庭，男性只在逢年过节时给女性及家中成员买些礼物，主要收入还是归原家庭所有。孩子出生后，作为生物学上的父亲，孩子父亲及其家人是要带着礼物来家里认孩子的。孩子出生后的一切抚养费用由女性家庭承担，只要男性愿意，随时都可以来女性家中看望孩子，并在逢年过节时给孩子买衣服、零食、玩具等，也需要给孩子母亲买一些日常用品。当然，女性也会买衣服、裤子等给男性。

如果男性同意入赘，女性家庭要请舅舅和受尊敬的长者去男性家中提亲。提亲的次数共需三次。男性家庭在考虑了家中劳动力情况等现实条件后若同意，两家便开始商谈正式结婚的时间。如果男性家庭始终需要这个成年男性劳动力作为生产的主力，不同意入赘，那么女性家庭就需要等待，有时候一等就是十几年。当然，正式结婚前，女性家庭也会考验男性，如是否能干农活，是否对孩子好，脾气怎么样，是否喜欢喝酒和赌博，是否还和其他女性保持来往等。这些都是女性家庭考察男性的具体标准，如果考察满意，提亲的时间会比较早，如果对哪些地方感到不满，提亲的时间就会延后，两人就这样继续维持生活。

3. 婚后居住模式

如果在提亲环节和彼此磨合考验的阶段两家都满意，同意这桩婚事，就会挑选日子正式结婚。相对年轻的夫妇的住所依然是厨房，与老人、孩子居住的主卧室或客厅有一段距离。已婚夫妇也可以选择带着孩子在厨房居住。婚后，男性全部收入需要交给入赘的女性家庭，逢年过节会为男性的亲戚购买一些礼物。重要的村内节日，该男性应参与到女性家庭的聚餐和祭祀活动中，作为女性家庭的男性代表参与村中祭祀。新婚夫妇与家中老人生活时若有很多摩擦，也可以选择分户出去，但是老人的生活仍要由两人负责照应。分户出去盖房子的，赘婿原家庭会出一点钱。分户最大的区别就是，家中进行财产分配的主导权由老年女性转变为年轻女性，男性自由支配所赚收入的权力也增强了，意味着家庭规模缩小，由主干家庭转为核心家庭。

三、再生文化：传统与现代并存

（一）公务员们的婚姻

村中正式的公务员，应该算20世纪60年代担任茶巴朗乡乡长的旺堆父亲以及担任乡文书和会计的土登坚赞。他们二人是有退休金的。20世纪80年代后，村里有些初中、中专文化水平的人会去拉萨找工作，有的在银行当会计或在其他企业上班，就在拉萨结婚，再后来把家里的兄弟们也带出去。小孩子在拉萨读书的，住在亲戚家或周末去亲戚家里吃住都很正常。达瓦的表姨夫是日喀则的公务员，她在他们家做保姆，煮饭做菜给全家吃，没有太多忌讳。

女性公务员们的婚姻不太受出身的影响，她们的配偶也会偶尔来村里走动。在工作地的公务员也可能和当地人结婚，普布卓嘎在日喀则市达孜县当公务员，嫁给了当地派出所的民警，也没受什么歧视，逢年过节他们会一起回老家。男性公务员们在当下有些不好找对象，自己本身不想入赘，认为条件还可以、工资不低，但找老婆的话，对方不一定愿意跟着回村里。有的人觉得公开说是渔民后代有些难为情，工作也不好开展，便说是曲水的，但找老婆时就不能隐瞒了。县公安局的司机米玛，2014 年找了山南学校的老师做老婆，还没有正式结婚，很少见他老婆回村，他偶尔开车送小孩去山南看妈妈，自己和弟弟（在县派出所工作）则住在县里分的公务员宿舍里。

村里一些公务员被问到择偶条件时表示，学历、样貌都不重要，要能干农活、对老人好、会照顾小孩等，还有一些言语隐含的意思是不能歧视渔民。在择偶观上，俊巴村的男公务员会选择相对传统的农村女性。

（二）利用微信找老婆

2013 年，村里电信信号接通。2014 年至 2016 年 8 月，村里没有移动信号，直至 2017 年，村里都没有宽带网络。村民都是靠手机的网络套餐了解外界，老人不懂，年轻人会帮忙开通后给老人看，每月有 70—80 元的网络消费。村民虽然接触移动通信晚，但玩起来还是很上瘾的，经常在微信发要红包的消息，是群发的，能要到多少是多少。

微信用多了，朋友圈子大了，朋友加朋友不再是点对点，而是整个关系网络的嵌入，这下很多年轻人的交友圈一下子扩大了。西洛是"90 后"的小伙子，爸爸是非遗传承人次仁，开皮具厂的，他有一个弟弟在云南旅游学院读书，他家在村里算条件很好的了。他们兄弟两人都是一米八的高个子，长得比较帅。他上完初中就不念书了，跟着爸爸学制作皮具，技术很好，就是嫌缝皮子没意思，经常旷工。2015 年，他用微信和朋友介绍的一个女孩聊天，虽然地理上有距离，但聊得很好，后来去拉萨见了面，双方也还满意。女孩小他 9 岁，才二十出头，一米七的个子，瘦瘦的，日喀则市达孜县人，出来打过工，能讲普通话，人老实、淳朴。2015 年藏历新年，西洛用车把女孩和妈妈请到俊巴村，住了半个月。女孩妈妈同意了婚事，让他们交往。女孩 2015 年 6 月搬到俊巴村来住，2016 年初怀孕，11 月生了个孩子。生孩子后，她除了干家里的活，也去皮具厂上班，工资和别的村民一样。

除了用微信找老婆，村里人还将微信用于工作领域，现在手工匠人们都用微信群联系，如互通消息、展销、下订单等，微信逐渐成为拓展生意和关系网络的工具。通信技术的普及和发展成为突破传统婚姻观念的重要因素。

（三）对本村女性的保护

在虚拟空间中找老婆不一定能成功，现实生活中，村里的女性除了去上学可能当公务员的，剩下留在村里既未婚又非亲戚的女性很少。陇巴是个选择，曾经从陇巴迁进来很多人，有因亲戚关系过来的，也有举办节日、欢送之类的活动时俊巴小伙子过去陇巴认识后娶进来的。陇巴的女孩自认为比俊巴的漂亮，一方面因为陇巴土地更少，农活干得少，另一方面就是喝雅江水，水质好，皮肤会白一些。在西藏，女孩白一些就被认为是很漂亮了。格桑曲珍的老公曾骄傲地说自己老婆是全村最白的，她就是从陇巴嫁过来的。

俊巴男孩去陇巴找老婆，陇巴男孩表面不说，心里却不痛快，常围住男孩喝酒，不给他们和女孩独处的机会。村里的年长女性一下就能看出小伙子们的心思，在一旁偷笑。还曾发生俊巴和陇巴的男孩因为抢女孩打架的事情。其实，陇巴内部很多人存在亲戚关系，年轻人也很难找老婆，要到外面去找，但就是舍不得本村的女性资源被夺走。虽然渔民婚姻的路径在拓宽，但在整体条件变好的大环境下，依旧以捕鱼为职业的年轻人的婚姻还是受到宗教、等级观念束缚，村内的适龄婚姻解决模式因为亲戚太多已不大可能，村外通婚虽然比例在扩大，但依然困难重重。因为找不到老婆，有些小伙子放弃捕鱼而去做皮具，一来做皮具赚的钱更多，二来不怕被指责杀生，制度和观念对生计的取舍有反作用。

（四）女性地位与心理

女性的地位无法用简单的高与低来概括，俊巴的女性在某种程度上处于被保护的状态，是村庄得以延续的重要因素之一，首先是"种"的延续，继而是生存的可能。村中年长的妇女去卖鱼、换鱼或打工、盖房子、修路，年轻些的女孩去打工，如当服务员、做保姆等。相比农村完全依靠种地收割生活的人，俊巴土地的贫瘠反而解放了女性，让她们有更多机会接触社会，她们也是时代不断发展中引领俊巴发展方向的关键环节。现阶段，村中妇女除公务员外，曾经在外打工的女性回村后思维相对灵活、有经济观念，一直在村中的女性则老实一些，有些事情需要从外面回来的女性教。

AJDW 是年轻女孩中较能抓住资源寻求发展的一个，也是村里唯一的女性联户长。了解她的成长经历，能更好地理解其性格形成的原因。

个案 4 - 11：AJDW 的生意和她捡回一命的妹妹

AJDW 是村里少数几个汉语说得很好的人之一，这得益于其在拉萨打工的经历。作为女性，她在村里也是个风云人物。

AJDW人很聪明，但读书少。她生在普通的农户家庭，母亲叫LB，是农牧民，父亲是乡里的兽医。母亲比较强势，也不大方，但很能干活，脾气倔强。在她7岁那年，父亲喝酒后深夜开牛皮船回村时，在拉萨河边的老渡口醉倒，因当时天气特别冷，不幸冻死在河边。直至清晨，村里人出门才看到，当时父亲还带着3岁多的妹妹，她也被冻得奄奄一息，最后还是救回来了。妹妹当时年纪太小了，也不懂得去喊人，看到父亲倒下不起，就只会哭，后来哭晕了。家里人都说妹妹的命是捡回来的。

自小妹妹就不爱说话，比较孤僻和安静，可能还跟小时候父亲去世对心理造成的影响有关。但她学习成绩很好，考了年级前十名，最后考上西藏民族大学，2013年毕业后去了日喀则当公务员，2014年嫁到日喀则，2015年孩子出生，现在生活条件较好。妹妹读大学时，很多生活费都是亲戚帮忙出的，现在工作了，每次回家就会给曾经帮她读书的亲戚200—300元，以报答恩情。

AJDW因为家里要供哥哥和妹妹读书，早早就辍学了。10岁的AJDW，读完二年级，三年级上了很短时间就回家了，老师觉得可惜，但没劝说成功。年少时的AJDW待不住，性格非常活泼，头脑也很灵活，十几岁的小姑娘，看着每天码头有很多人来往，就萌生了卖零食的想法。她带着攒下的亲戚给的25元钱，跟着划牛皮船的叔叔们出村，再走到公路上，搭上去县里的车子，进一点瓜子、花生之类的零食回来卖。因为她年纪小，坐车、坐船都没人要她钱。她回来后把货在码头卖了，赚了点钱，再去进货，这样一点一点也能赚不少。后来，她用卖零食赚的100元钱去拉萨批发市场进糖果、饼干和瓜子等零食拿回来卖。她是村里最早的流动小卖店店主。AJDW很细心，发现啤酒瓶在拉萨可以卖钱，而村里人喝完酒都不要瓶，到处扔，她就开始搜集啤酒瓶等，每次去拉萨进货就顺便卖掉，5分钱一个瓶子，每次也能卖个几块钱，贴补家用。

AJDW 16岁时去拉萨远房姨妈家做保姆。姨妈的爸爸是AJDW外公的兄弟，AJDW叫他布拉。那时候做保姆不拿钱，只包食宿。姨妈在银行工作，姨父在医院工作，条件不错，生活也蛮好。逢年过节姨妈会给AJDW红包买食物和衣服，还给AJDW家里人买东西。她每次回去村里都是很风光的，年轻女孩都很羡慕她。AJDW负责照顾布拉，直到把布拉送走（去世），一干就是 6 年。姨妈家也应允 AJDW 会待她好，照顾她家。那时她哥哥高中毕业后没考大学，想学开车。AJDW 妈妈让 AJDW 跟姨妈说给哥哥报驾校，所交学费（3 000 多元）冲抵 AJDW 的工资，姨妈应允了，哥哥也成了村里最早有驾照的司机。现在逢年过节 AJDW 还去姨妈家走动，带去酥油等，把姨妈家不用的旧衣服、旧用品、旧玩具等带回家，还会带些吃的回来，如腊肠、腊肉、猪肉罐头等。2016 年望果节，AJDW 去姨妈家找表哥，跟他要之前答应给她的一箱罐头，但表哥不在，也就没拿到罐头，只拿回一些冰箱里的蔬菜和肉类。

AJDW 当时是想留在拉萨的，姨父托人帮她找了份国有宾馆服务员的工作，但后来因故没去成，她就回村里继续务农了。现在她在皮具合作社上班，农忙时干些农活，主要帮忙照料妈妈。

因为在拉萨锻炼了汉语，又见了世面，AJDW 跟一直生活在村里的女孩有点不同，相对更大方些，还能喝酒、唱歌，有采访也多让她上镜。但因为没结婚，她偶尔也会被大家取笑。因为村外关系多，她又悉心维护，村里人对此也会有些闲言碎语，但 AJDW 觉得那是她的资源，随别人怎么说。

刚回村时，AJDW 借了姑姑的房子开烧烤店，赚的钱供妹妹读大学。后来她怀孕了，才关了店。她和老公 DZ 是家里装修房子时在一起的，老公是木匠，其实两人早年就认识，只是没想到后来会结婚。DZ 与 AJDW 大舅妈家是远房亲戚，家在山南雪村，爷爷辈曾捕鱼，被大家歧视，最后选择在俊巴找老婆。DZ 的阿佳在俊巴对岸茶巴朗 1 组。DZ 能干农活，AJDW 妈妈看中他这点，便同意婚事，但 DZ 妈妈不同意，就一直没提亲。AJDW 和 DZ 平时不怎么打电话，偶尔住在一起。AJDW 说："男性能干农活总是好的，妈妈这样认为。"AJDW 较少过去山南，DZ 听到村里的风言风语会生气，但不吵，会不打电话以示不满。有一次，AJDW 发现老公在自己家给别的女性打电话便生气了，不给老公充电话费，电话也不打了。她平日的工作、生活较为简单，尽管有心自己干点什么赚钱，但因老公没正式入赘，她一个人带着孩子，还要照顾妈妈，实在忙不过来。她对老公的感情很矛盾，最终还是选择忍让，2020 年春节两人终于举行了结婚仪式。

AJDW 早年丧父，为了哥哥、妹妹读书，自己辍学卖零食，后来当保姆、开烧烤店，可以说她聪明，但根本原因是家里太困难，要生存便要抓住每一个机会。从她的个案也可以看出，接触了村外世界的女性，心气多少高一些，但往往随着父母年纪变大，最后依旧选择回村务农，选择一个农活干得好、可能没有太多情趣的老公，从女性的角度看也是为了安稳。20世纪 90 年代，村里有很多打工回来的女性，她们都选择在村中务农或照顾家庭，或打散工，结婚后过平淡的生活。有人觉得女性在村中的收入也可以，能照顾老小、农田、牛等，没必要在外面谋生。她们学历不高，打工也赚不到什么钱，在城市里吃住都要靠自己，生活未必真的好。退守农村便成为当下一些农村女性自我适应的策略之一。

第二节　生育、养育和教育

一、粗放生养

村里人认为女性怀孕后应尽量遮挡，不让人看出已怀孕，等肚子稍大了才说，怕流产；产前要多干活、走动，这样易于生产，因此即使是孕妇也会去地里干活，如拔草、背草等，尤其是快生前更要加大运动量，为的是生孩子快。已多次生产的妇女临产前胎儿容易滑出，有的在田里干着活就生了，需村里妇女及产妇的女性亲属赶紧帮忙接生。

村里人觉得养孩子很简单，散着养，只要不生病就好了。小病小灾也不吃药，感冒了就多穿点衣服，生大一点的病就请喇嘛念经、吃点土药和寺庙给的丹丸，当地也没医院。孩子们在自然中成长，习得技艺与地方性知识，传承生存与适应的本领，早早参与劳动，能干活在村里不管对于男性还是女性都是美德，当然对女性的要求会更高一些。因条件有限，小孩的夭折率较高，妇女们对此心情很平静，没有过度伤感，只求孩子安稳"转世投胎"到好人家。

（一）生育方式

1. 生育地点

以前生孩子都在村里，有的坐牛皮船去县里卫生室，但县里条件也不怎么好。有人生孩子容易，但也有难产的。达瓦姆拉曾给村民接生，她说："生孩子很脏。"这主要是指生孩子流很多血，女性的产血、经血大家都忌讳，觉得不吉利，也避讳有外人进入。一些家庭有女性生孩子，怕影响家里人的运气，不会选在老房子的厅堂（睡觉的地方），也不会选在伙房，怕惹恼神灵，只能在底层的牲畜圈或房外的牛、羊圈里分娩。这在村民看来很正常，怕"脏"就找隐蔽的地方，尽量不影响别人。但这并不意味着不重视女性，圈内温度较高（有大型牲畜的体温），而且牛粪与秸秆等混合具有隔潮御寒的作用，生产前感到疼痛可在上面翻滚。家里人会给产妇烧热水使用，也会尽量多地为产妇盖毯子等保暖。产妇生产的环境是露天的，受风之类很常见，所以小孩子的夭折率相对较高，妇女患产后病（妇科病）的情况也比较多，跟感染有关。

2. 接生

村里老年妇女或产妇的女性亲属可以帮忙接生，达瓦姆拉从1966年开始当村里的医生，给村里人治病，直到2000年，前后一共接生了111个村里孩子。她说："产妇会有难产的，第一胎比较困难，怕脐带绕脖子，只能靠人推动腹部，尽量调整胎位，但还是有出来后发现已被勒死或憋死的；还有吸入羊水、感染发烧后死亡的。顺利的话，产妇自己用力，女性亲属帮忙往下推，外人不能太用力，要摸着头，一点点送，头出来后用巧力拉。产妇没力气就麻烦了，时间长了孩子容易呛到，若真没反应，估计不行了，就把孩子拉出来，保住产妇。那时候妇女劳动量大，力气足，产后出血过多的情况很少。在村里生孩子遇到难产也没办法，用牛皮船送出去来不及，只能尽量保护大人。冬天生孩子太冷了，在孩子出来后得赶紧用酥油、热油菜籽油给其擦洗，要用热水和酥油给产妇擦伤口，脐带要用烧过的剪刀剪，这样不易感染，然后赶紧用毛线把肚脐带系紧，抹酥油消炎，把孩子包起来抱进屋里。产妇还有恶露要排，让其侧身、屈膝，尽量减少受风，多喝茶和红糖水，排干净才好。"村里有说法是：产妇生孩子时尽量不让生人靠近，否则会难产；父亲没入赘的最好在生的时候回来，产妇会生得快一些，因为小孩要找爸爸。一般会给产妇吃用酥油、糌粑、牛骨煮成的粥状物和喝红糖水，20世纪70年代村里的红糖多供应给产妇家庭，要去县里供销社换（买），拉萨的亲戚也会送一点来。有年长的妇女说，那时候生下孩子不久就得劳动，躺两天就干活了，最多不超过三天。

3. 禁忌

村里人认为怀孕妇女尽量不要接触不孕妇女，也不能吃不孕妇女给的东西，否则可能流产。村中一家茶馆的老板娘没有生育，有孕妇的家庭便尽量不去那家茶馆坐。孕妇吃东西也要注意，吃新鲜牛肉最好，尽量不吃其他肉类。孕妇也不要说别人的坏话。

（二）庆生仪式

1. 仪式地点

在孩子出生后第三天，亲戚朋友会来道贺。巴桑是单亲妈妈，与孩子爸爸分手了，孩子在村里养。当她生孩子的时候，男方家的亲友也会过来看孩子。如果是村里的，就更多亲友前来。这个仪式叫"旁色"，生孩子的家庭会在门口垒起三块大石头，在上面放一种村里常见的开紫色花的草（似蕨类，如莲花般张开各瓣，寓意吉祥）。如果生的是女孩，就放黑色的东西在顶端的石头上；如果生的是男孩，就放白色的。在石头旁煨桑，室内也熏藏香净化空气，预防小孩生病。孩子母亲家的亲戚先来到家里，带来酥油、一小袋糌粑、青稞酒等礼物，还有给孩子的衣服、藏毯等，给孩子和产妇献哈达、敬酒献茶；接着孩子父亲家的亲戚来祝贺，父亲的父母、姑姑、姨妈等都要来，带酥油、糌粑、孩子的衣服、红糖、牛骨、牛肉等给产妇和孩子食用。给孩子和产妇喂食切玛里的糌粑和酥油，表示对产妇和孩子的祝福。

2. 出门去父亲家

孩子满一个月后会被带着出门。有的孩子是去父亲家，一般是挑选个好日子，母亲为孩子梳洗打扮后戴上哈达，由孩子父亲家来的一个长辈接走，随后孩子在父亲家里待一天，第二天回母亲家。有的孩子会被带去寺庙，如拉萨色拉寺等，以祈求平安。在孩子出门前会往其鼻尖上抹黑色的灰，村里人认为这样可避鬼邪，防止孩子被惊吓到。

3. 起名

村里孩子的名字由父母或长者来起，一般以星期几或太阳、月亮等吉祥物命名，家长对孩子的希望也会作为名字，如丹增（掌教者）、平措（圆满）、扎西（吉祥）、德吉（幸福）……还有请喇嘛算的、按生日时辰推算的，这些情况不多。乌珠王姆是活佛起的名字，旦达是孩子大舅起的名字。俊巴村对孩子起名不怎么重视。

（三）喂养

喂养孩子的工作主要是母亲家庭负责，喂奶的时候由妈妈带，其他时候都交给外婆带。如果妈妈在拉萨打工，把孩子放在村里，便由孩子外婆或者姨妈一起帮忙带。村中带孩子的人多为孩子的母系亲属，外婆、姨妈或姐姐最常见。

1. 母乳

村里的孩子大多吃母乳长大，现在女性没有母乳或母乳不够，会补充奶粉。村里老人认为养孩子很费钱，又是奶粉又是尿不湿的，会责怪孩子妈妈糌粑吃得少。而村中的年轻妈妈们，喂奶多会超过一年，当然也会增加辅食糌粑等。喂奶的妈妈没有什么汤水补充营养，村里人觉得多吃糌粑、多喝酥油茶就好，多干些活，多运动，奶水会充足。

喂奶的地点很随意，在田埂间时孩子饿了，孩子妈妈撩起衣襟就哺乳，没有什么不好意思的，也没有人会看，大家觉得很正常。有在村口广场上边晒太阳聊天、边奶孩子的妇女，也有在茶馆里边吃藏面边打牌，怀里抱个含着奶头熟睡的孩子的妇女。有时候，喂奶就是孩子们的抚慰剂，孩子哭闹，让其含着奶头睡觉，也就安静了。大人把睡着的孩子放旁边，继续干自己的事情。

2. 辅食

村里孩子2—3个月大，饮食里就开始加些辅食了，开始是稀稀的糌粑水，只是让孩子感受味道，有的孩子会光吃母乳不吃糌粑，所以要早早让孩子熟悉。孩子3个月大后，开始往糌粑水中加入一点点酥油，调淡淡的奶味，有些孩子喝了会拉肚子，要让其慢慢适应。辅食还有面汤，大人把面咬得细细的，喂到孩子嘴里，村里人觉得嘴对嘴喂很正常，毕竟是自己的孩子或孙子。

到了孩子半岁左右，就开始用将糌粑和酥油拌在一起，以开水冲泡的糊糊喂养。每天早上起来时喂，用奶瓶装60—80毫升。冲调出来的糊糊没有什么比例要求，全凭经验，加水量也是随机的，稠就加点水、稀就加点糌粑，孩子能吸出来就行了。奶瓶多是塑料制成的，奶嘴的出奶口用针扎过，扩大了，便于孩子把糌粑糊糊吸出来。早晚都会喂一次，这样孩子才会健康、强壮。慢慢地，开始给孩子加一些有味道的面食，如面条、面疙瘩之类，当然还是需要大人喂的，用手抓的孩子也有，抓起来就往嘴里塞。

在没有奶瓶的时候，也可以拿碗装糌粑糊糊，用勺子喂，一口一口递到孩子嘴里，但用奶瓶会方便些，孩子可以捧着奶瓶自己吃，只要放到床上不摔下来就行，大人空出手来可以随手干些其他的活计。

3. 进食

现在村里有幼儿园，如果孩子们白天去幼儿园的话，村里会安静一些，中午大人再各自把孩子接回家吃饭。没到上幼儿园年龄的孩子或者已放假的孩子常常你追我赶地互相玩闹，一个孩子回家里，其他一起玩的孩子都跟去了，到了吃饭时间，大人会让所有孩子在家里吃，不会把其他孩子撵回家吃，除非有孩子的家人来叫，才会让那个孩子回去。当然，孩子们的饭菜很简单，有什么吃什么，如面条、面片、饼子和汤、糌粑、米饭拌糖等。如果有炒菜，大人会将菜里的肉单独夹出来放到所有孩子的碗里，给自己孩子碗里的肉会稍微多一点。

孩子一岁半以前还是会被喂饭的，因为勺子拿得不好。再大一点就要和大人一起吃饭了，孩子自己吃，捧着碗，大人不断把菜和肉夹到孩子碗里。一般吃饭都不说话，快快吃完，或一边吃饭一边看电视。如果大人吃完，孩子还在磨磨蹭蹭地吃，大人会拿起勺子给其喂几口，把碗中剩下的饭菜喂完。有时候孩子吃饭的速度比大人还快，是想赶紧吃完饭出去玩，其会把饭赶紧扒到口中，还来不及咽下，满满一嘴饭，边嚼边往外跑，甚至鞋子都不穿，一溜烟不见了。大人也不会问孩子去哪，更不会怕其挨饿，即使饿了在别人家说一声，对方也会给孩子找吃的。还有很多孩子渴了会自己到屋外喝自来水管里的凉水。

（四）抚育

大人逗褴褓中的孩子没什么章法，会哼一些歌谣或做摆手、摇手之类的简单动作。孩子的脖子上会挂活佛挂件，以保平安。为了腾出手干活，大人会用背带把孩子背在身上，把孩子的腿固定住，在屁股和腰处绕两圈绳子，系在腰间，尤其是孩子想睡觉的时候就会这样背着，很少用手来抱，嘴里再哼些歌谣就行。

村中养育孩子较粗放。孩子自理能力较强，4岁以后吃饭、睡觉都能自理，有时候跑出去一天不见也不用担心，在别人家吃了、睡了都有可能。孩子小时候晒太阳多，到处乱跑，家里不限制，很自由，村里也相对安全，大人只会叮嘱不要太靠近水边。

（五）娱乐与教育

1. 玩耍与游戏

村里孩子都是散养的，玩耍与游戏很简单，田里到处跑，在沙地上玩，在小河边玩，在食杂店附近跑来跑去。家里也不怎么管，大人都忙着干活，孩子有时候一大帮来了，一大帮又走了。偶尔小孩打架了，大人会出去把自家小孩抱回来。再大些的孩子就帮家里放羊、摘野葱。孩子们常去小河边玩水，去山上摘野花和小草等植物编织成好看的饰物（见图4-3），还有模仿大人过家家，一个当爸爸、一个当妈妈，管孩子、养牛、挤奶，模仿家庭中的活动。孩子们会到田里拔野萝卜（见图4-4），用河水洗一下泥就能吃，田边长的，脆脆甜甜，是孩子们的天然水果，现在田里打农药，野萝卜不多了。

图4-3　用山中植物编成的饰物　　　图4-4　田里的野萝卜

村里年轻人经常爬山摘野葱，通过其浓烈的味道仔细地从崖缝寻找。我曾和他们一起去，但不敢爬石头山，他们蹿上蹿下，一会儿不见了，一会儿又出现，不一会儿工夫，便摘了一小把。我问他们为什么不多摘些，他们说："够了，摘多了浪费。做生鱼酱放野葱最好吃。"

我还曾与村里年轻人一起去拉萨河上游拉网打鱼。走在林卡中，男孩们在前面，女孩们有时跟在后面。要爬山，没有路，女孩们有时跟不上，便喊男孩们等一下。男孩们折回来，有点不好意思，有个男孩伸出手，拉了女孩们一下，大家继续往上走。走习惯了，好像这山也没那么难爬。上了山坡，下面是拉萨河，河水很深，波浪很急。打鱼时，撒渔网要下到河边，从山坡下去。没有路，女孩们便在高处等着。男孩们来到岸边，用石

图4-5　沙山上的红色染料

头压着渔网一端，把剩下部分散开往河底沉，手法相当熟练。回去的时候，年轻人说说笑笑，有人回忆道："小时候，放假时孩子们会一起玩，去游泳，去山上摘野葱，还会一起吃从家里带的饭，即使是很简单的大饼和咸菜，平常在家都不喜欢吃的，到了山上也觉得无比美味，你一口我一口抢着吃。女孩们挖可染色的红色植物（见图4-5），咬碎根部抹在嘴唇上，好像抹了口红一般，有些抹得不好的，张开嘴，真如血盆大口。有人还往脸上涂，像红脸蛋，洗也洗不掉，大家都笑她。"村里男女宽松自由的成长氛围，让懵懂的情愫自由生长，不会避讳，顺其自然。

2. 技艺、规范与秩序习得

村落社会中的教育是潜移默化的，赫斯科维茨的文化濡化观念认为，人类通过传递，与其他生物相区别的经验使个人在生命的开始和延续中，借此经验获得生存的能力。文化本身是习得的过程，生计知识、亲属网络、行为规范都是在日常生活中内化而得并通过行为展现出来的。

孩子随着母亲生活，看其播种、收割，在能力范围内去实践。女孩学会挤奶、做家务；男孩学会鞣皮、缝皮、捕鱼、划船、跳牛皮船舞，他们会尝试在岸边撒网，尝试捞起大人埋下的渔网一看究竟，虽然有时会被骂。

日常劳动的观摩传递着技术。孩子的情感归属多从成长的家庭和照顾的人群中获得，陪伴着吃、喝、睡都是教育，无声告诉孩子亲缘关系，决定了孩子情感依赖的亲疏远近。孩子的心理很敏感，会取悦大人，大人对待外人的态度会被孩子模仿和习得，孩子会在观察中形成自身的价值观念和好坏、对错标准，在了解了村里的人际关系（如哪些人家受尊重、哪些人家被人看不起）后进而内化，也复制着此种行为与态度，即孩子根据长辈的态度调整行为。村中的节日活动、早晚的煨桑、拜寺庙，都在传递信仰与宗教观念，同时，节日活动中的阵营、亲朋间的往来，都在强化亲戚关系。村中过新年，孩子们会去拜年，旦达就是其中一个。他4岁，年纪最小，跟着舅舅挨家挨户走亲戚，去到别人家，对方给了糖果他就揣在藏装里。还有给红包的，他也揣回来。走了一大圈后，他一回家就展示所获，把红包给姆拉（平时姆拉管钱），把吃的给妈妈，一样一样往外拿，很多。大人很高兴，觉得旦达真能干，能带回这么多东西。他也会觉得自己会说话，能要到东西是能干。谁家东西多、东西好，他都回来跟妈妈讲，心中已经有了对好与不好的判断。

人类通过观察他人行为，从实践和观察中学习，然后改善，并把知识传递给后代，促进了人类复杂的认知能力的形成。我们累积的文化使每一代个体从试验和错误中学习，从上一代的知识发现中受益，无疑也具备了超越原始文化边缘的能力。[1]

二、次生文化：养育并举

（一）家庭教育

1. 养育消费

（1）饮食。

除了需喂养的孩子吃糌粑多，现在快上小学的孩子都吃米饭了，各家有大学生的更是消耗大米很厉害。20 世纪 70 年代，大米等细粮还是偶尔供应，现在去商店买就行了，糌粑也成了早餐或偶尔的晚餐。达瓦家以米饭为主，很少吃糌粑，有时吃面条。

因小孩需要营养，有小孩的家庭准备的菜、肉会多，没小孩的家庭饮食很简单。2015 年 8 月，达瓦的妹妹（日喀则公务员）及其小孩住在家里，交了伙食费，所以菜做得特别好，一周的菜单大致如下：土豆丝炒青椒、卷心菜、拌萝卜、拌青瓜、肉炒莴笋、蒸土豆、土豆白菜汤、拌木耳、炒饭、炒面、汤面（加罐头食品、火腿或肉）。此外，妹妹偶尔会买烧烤和酸辣粉回来。剩菜、剩饭从不倒掉，热了再吃。实在是热了两顿没吃完，就倒给猪、牛吃。西瓜是稀罕物，偶尔给孩子买些西瓜；其他水果如苹果、梨等，就放在柜子里。等很久来一次的孙女回家，达瓦妈妈才拿出来给她吃。

达瓦会给儿子旦达买辣鸡翅和火腿肠，有时买冰红茶。但是，在山南雪村旦达爸爸家，姑姑不给喝饮料，不给吃零食，三餐极其简单，不煮米

---

① TOMASELLO M. The human adaptation for culture. Annual review of an thropology, 1999, 28 (1)：p. 509.

饭或炒菜，只吃糌粑和干肉，对小孩要求严格。相比之下，俊巴村的小孩喜欢吃零食、喝饮料、吃方便面，村民对小孩也比较娇惯，外村人会感觉有点没规矩。

（2）衣服。

村里很多2—3岁的小孩都是穿开裆裤，有一次达瓦给儿子旦达穿了牛仔裤，旦达嫌这裤子上厕所等实在是太不方便。逢年过节，给孩子买衣服得花不少钱，按每件30—50元计，从内衣裤到外衣、外裤、帽子等，一套下来得200多元。大些的孩子花费更贵，十几岁的孩子拿着爸爸妈妈、布拉姆拉给的钱和同学、村里伙伴一起去拉萨采购，一次性买齐衣服、鞋子、帽子和裤子要1 000—2 000元。扎西回忆道：“20世纪80年代，花上100元，全家的年货都备齐了，现在追求新奇和牌子，1 000元连买孩子的衣服都不够。”

（3）其他。

村里人给小孩买玩具一般去县里的商店买10元一套的塑料车、玩偶等，还有球类玩具，孩子们也玩；山地自行车是从拉萨买的，8—9岁的孩子很喜欢骑车。村里老人带孩子不会买很多玩具，用旧轮子和木头做小车，推着也挺有意思，年轻人带孩子的花费明显要高。

2. 家庭教育内容与方式

村里妈妈们没有给孩子讲故事、领着画画的习惯，对于8—9个月的孩子，大多放在床上，拿点东西放在旁边给其玩。有的妈妈会在看电视时把孩子放在一旁让其玩玩具，很少见到图画书之类，沙子、车、糖果、纸片等就算玩具了。村里人也有使用安慰奶嘴和磨牙胶的，这可算是高级用品了。大人很少抱孩子，偶尔逗一逗。若把孩子抱到村里广场，村里人都会逗一逗或者抱一抱。若有人逗孩子，孩子会非常高兴，还会学着大人逗自己的样子，逗大人开心。大人打孩子，更小的孩子看了会模仿，表现凶的样子，喊一喊，孩子的模仿能力很强，逗得大家直笑。

（二）学校教育

1. 教育消费

在20世纪90年代中期俊巴村有一所小学，老师是村中一个初中辍学的女孩，村里人凑钱请她给孩子们上课。上课地点就在鱼庄，没什么设施。桌椅都是各家凑来的，有一块黑板。各年级的孩子都在一起上课。虽然教学质量不算太好，但孩子们在回忆这段求学经历时没有太多抱怨，感觉很幸福。后来，县里有了小学，孩子们都要去县里上课了，刚去县里时跟不上，三年级的也在一年级读。孩子们要先坐牛皮船去茶巴朗村，再搭车去县里学校，车费几毛钱，但因车子（拖拉机）少，很多人迟到。再后来就是村里各家轮流去接孩子，如果没车，孩子们就搭车到茶巴朗村等船回村。每次进出村都很麻烦，孩子们都说很辛苦。村里孩子学习跟不上，也被大家笑。

在20世纪90年代，压缩饼干是稀奇的玩意，渔民换回来后给小孩上学时带一块，是很得意的事。现在已上大学的孩子这样回忆小时候："乡里的小学生上学，一个星期住校6天。带1块钱零花钱，每人花5毛钱，三个小孩一起凑钱买一包方便面，三个人你一口我一口吃着，感觉特别香，现在吃什么也没那时候一起吃有意思。1毛钱可以买6—7块硬糖，也是朋友们一起分，没有吃独食的习惯，否则会被大家嘲笑、瞧不起。"最初上学时，一年级没有桌椅，读二年级时才从乡里配了桌椅过来。现在上学在县里，孩子们每两周回家一次，村里用1—2台车去接，回来洗澡、换衣服，休息两天再上学。每次入学家里人会给点零花钱，5—10元不等，让孩子去县里买一些喜欢的零食带到学校吃。2016年9月，措姆小孩的入学采购清单如下：本子3元，笔5元，书包30元，饼干、糖果等零食25元。其中途还和同学一起买了冰激凌，花了6元。现在读小学不用交什么费用，学校吃饭、住宿条件很好，有时还免费发米、油等带回家，书本也免费。德吉很羡慕现在的孩子，说："我上学时是80年代末，还要带干粮、捡牛粪、捡柴火，冬天很冷，学校没什么吃的。"

2. 学校教育内容与方式

1993年，曲水县有了1所幼儿园，在园幼儿数仅23人，多数是县里职工和曲水镇上的小孩。到2000年，入园人数也仅有69人。幼儿多在家里由老人带，村里人的教育意识并没有那么强。2010年以后，随着村里考出去的大学生纷纷在拉萨、山南、日喀则找到公务员的工作，家里经济一下子有了好转，大家看到了读书的好处，也开始重视起教育来。

村里最早重视教育的家庭是20世纪60年代的老乡长和乡里的文书兼会计，他们都能认字、会写藏文，在乡里算有文化的。文书能打算盘，会算账，他家里有两个孩子，一个男孩、一个女孩。从村小学转到县小学的时候，女儿学习跟不上，成绩非常差，文书就在假期请来县里的老师在家里给女儿补课，他给老师付钱，同意村里的孩子也来听，有钱就给点钱，没钱只来听也行，会从家里带些鸡蛋、糌粑等送给老师。即使这样，来听课的孩子也不过2—3个，后来这几个孩子都考上了拉萨的高中，再后来考上了西藏民族大学和拉萨警校，他们是村里走出去的第一批大学生。2010年，村里有了幼儿园，方便孩子们学点知识。尼玛是初中文化，负责教孩子们，每月县里给1 500元、村里给1 000元（村委和各户均摊），一共2 500元工资。所有孩子在一个班，知识会分年龄段教，如认字、画画之类，唱歌跳舞就一起，每年"六一"儿童节表演节目，村里女孩们很大方，在茶馆里边唱边跳表演歌舞。

读书识字是好事，但对俊巴村的孩子来说，在县里读书容易产生一种情绪——自卑。听说有个女孩读书很认真，但有一次回来说不让爸爸去打鱼了，因为同学会说她闲话，她很伤心。她平时在村里不觉得，但出去后总感觉别人看自己时怪怪的。扎西的女儿在河南读大学，假期会回来村里，她说："别人（藏族）还是会对村里打鱼的人有些歧视，但村民的自我认同感很强。表面上，村里人不会因为自己是渔民而自卑，但实际上心里还是有自卑感，男孩子不愿说自己打鱼，不愿拍照。我们在外面上学的，不说是渔村的，只说是曲水县的，找男朋友也怕人家不同意，要提前说好，他不介意才行。我们虽然被瞧不起，但其实很勤劳、很努力。村里人有很强的竞争意识，对外也很注意形象，生怕自家落下，被人瞧不起。"有村里打鱼的小伙子说："读书没意思，有同学说我坏话，我气不过，就找他打架出气，后来索性不读了，跟着大人一起打鱼。不愿拍照是因为怕被人随便放到网上影响不好。"渔民内心都知道打鱼是被别人瞧不起的职业，尤其在学校里，学生们受到的歧视更严重，有些就索性不读书了，做回村中生计，打鱼赚钱。

第三节　地缘关系

前两节从血缘组织和代际传承的角度对俊巴村人口繁衍和养育的制度做了介绍。此节将亲缘网络置于区域社会之中，讨论地缘关系与渔民的身份归属，可看到作为底层群体的渔民的对内认同互助与对外谦卑自觉的矛盾。

一、村内分层与地缘认同

（一）拉萨的亲戚：外迁的精英

村中早期的外迁户有 4 户，在 20 世纪 60 年代左右就迁去拉萨，有些是孩子先去工作，老人也就跟过去了，村里的房子有的空着，有的借给亲戚住（共有 3 户）。茶巴朗乡老会计土登坚赞的家在哲蚌寺下的社区，他和女儿、女婿住在 2015 年盖好的两层楼里，孩子都是公务员，儿子、儿媳是墨竹的公务员，孙子和外孙都由老人带。土登坚赞算是村中最早重视教育的，鼓励孩子读书，甚至村中条件不好的远亲的孩子放假时都由他带着在乡里学习，他的两个孩子也是村里最早的大学生。

这些外迁者与村里人都保持着频繁的联系，逢年过节都要回村，村里人也特别尊重他们。他们如果家中有旧衣服、小孩的旧东西，总会给来拉萨的亲戚带回村里。20 世纪 70 年代，外迁户们会从拉萨买些食物、生活用品带给村里亲戚，这让大家很羡慕。村里人有事情也会去找这些有本事的人商量解决，他们受到村民信任。而那些自己过得好但不怎么管村里人的，会被认为自私。

外迁户们和村民保持着交往的默契，回村时都要去相熟的亲戚家坐坐，形成了节日期间争抢亲戚的特殊情景。村民对各位拉萨亲戚的行踪了如指掌。

个案 4 - 12：争抢拉萨亲戚来家中

2016 年藏历春节初二和初三，村里人会拜寺庙和走亲戚。初三下午，从拉萨回来的亲戚会跟大家道别，挨家挨户去看看。土登从早上就开始各户走，父亲那边的和母亲这边的都要去。第 66 户拉巴家是土登母亲的亲戚，第 67、68 户是第 66 户的弟弟，也是亲戚。大概上午 11 点，土登刚刚来第 66 户家坐下，喝一口酥油茶，第 67 户的巴桑就站在客厅门口等着，说是接土登去自己家。拉巴让他进屋里坐，他就坐在旁边静静地等，也不言语，因为他的任务是把人带回去，而不是过来阿佳家聊天的。土登不好意思让巴桑等太久，简单聊聊就要告辞，拉巴赶紧装了一袋干牛肉和一个酥油饼塞到土登手里。拉巴家中有两个小孩，土登接了礼物后给了两个小孩各 50 元红包，正打闹的小朋友马上接过来，非常礼貌地说:"图切啦(谢谢),扎西德勒(吉祥如意)!"就这样,土登一天都在各户亲戚家中赶场,一个接一个。

村民觉得外迁户来家里坐是给面子,看得起他们,也非常热情。当然,关系的维系也是村民看重的,这些人有能力,万一有什么事情也好照应。如果村里亲戚开口,拉萨亲戚一般都会尽力帮忙,如找人看病、借钱、借宿等,也有帮忙找工作的,平日有旧衣服、旧玩具会给村里关系好的亲戚。村民帮外迁户的事也有,土登家2013年买车要10万元,刚好俊巴村的村民有免息贷款名额,第66户的拉巴家没贷款需求,土登得知后就请拉巴以她的名义贷出5万元给自己买车先用,年底他再把钱还给银行。拉巴照做了,土登很高兴,总是把自己孙子的旧衣服、旧玩具拿回来送给拉巴的孙子旦达,每次回来也一定会到她家里坐坐。

(二)在拉萨的打工者:城乡的中介

村中的打工群体分为两种:一种是给单位打工的,如技校的司机、检查站的零工,算是相对稳定的,常年居住在拉萨,村里人当他们是拉萨亲戚;还有一种是给个人打工的,如宾馆、饭店的服务员,给个体户开车的司机,卖化妆品、手机等的店员。这些人有的由单位安排住宿,有的自己租房,还有的借宿亲戚家。村里人到拉萨卖皮具、买东西、看病或带孩子出来玩,会借宿在拉萨打工群体的住房中。达曲说:"五六年前,村里人在雪顿节出来卖皮具,大人带小孩出来拜佛,经常挤在亲戚的小屋里,在地上铺上藏毯,一间房可以挤十几个大人和小孩,女性和小孩睡床上,男性就睡在藏毯上,起来上厕所,回去位置就没了,推开人接着睡。"现在交通方便了,出来当天在路上拦个车,花20元就回去了,村民去拉萨办事后只是偶尔会去亲戚家中坐坐。

个案4-13:既卖皮具也走亲戚

2016年雪顿节,边巴(79岁)还是照旧去宗角禄康卖皮具,不为赚多少钱,就是习惯,毕竟卖了一辈子了。他要去不同的亲戚家住4天,有自己的孩子家(女儿在拉萨宾馆当服务员),有自己姐妹的孩子家和老婆姐妹的孩子家,每家都在不同的方位,一家在西郊老菜场附近,一家在东郊老藏大后面,还有一家在色拉寺那边。老人在拉萨不怎么认识路,家人怕出事,就让他打出租车回家。孙女开玩笑说："每天布拉赚的钱都不够去各家路上打出租车的费用多。"但老人还是很高兴地跑来跑去，卖皮具赚了钱便给家人买礼物。这一年老人买给家人（老婆、女儿、女婿、孙子、孙女）及自己的礼物是每人一个木茶碗。别小看藏民的木茶碗，每天喝茶都要用的，有时候用作装糌粑的饭碗，也不洗，第二天接着喝茶。这样一个木茶碗，中等大小的在市场上一个要卖200—300元（藏民价，卖给游客就更贵），全家配齐的花费也要1 200—1 800元。

村里外出打工的人在年节回家，穿得也跟城里人似的，会带回些新奇的东西。打工的年轻女性多，嫁到外面家里也不反对，过得好就行，不好就回村里，没人会笑话。这些人成了联系城乡的中介，他们的意见和想法影响着村里人的观念与行为。传播学中把此种现象称作人内传播，如果把打工者看作中介，也可以用两级传播理论来解释。拉扎斯菲尔德提出的两级传播理论认为，信息及有关的解释总是从大众传播媒介流向意见领袖，再由意见领袖流向人群中不活跃的那部分人，即拉萨市场经济与城市社会的影响并没有直接作用或只是少量作用在俊巴村村民身上，而是通过这些打工者将其感受、观念、行为传递到农村，这群人就成为意见领袖，在村民社会的决策和观念的适应、转变中起到重要的作用。

（三）离村不离亲

除了村内外亲戚定期的联系，拉萨的俊巴村村民（外迁户和打工者）在拉萨也有自己的活动圈子。每到年节，他们一定会聚会，这在藏族的观念中很重要，自己人要聚在一起。从藏历新年的年初四开始，拉萨亲戚们会安排每天在一家人的家里聚会，这天全部食品、酒水都由这家提供，其他人只需过来聚，一起玩，不用给钱，因为过几天就轮到自己家了。这样一直轮到藏历十五，一般有十几家参与轮流请客。请客代表着身份，人多热闹才好，不会吝惜钱财和物品，租房住的打工者和家里条件一般的年轻人不用参与轮请，带少量东西来参加就行，目的在于聚会，维系感情。这种行为类似于"夸富宴"，用物质的消耗将人、等级阶层和身份关系进行整合，在亲属网络中展现了不同的阶级差异，此种关系则转化为心理、行为或经济的依附。扩展到乡村社会，关系的维系本身也带有依附与需求的意味，不论是对打工者经济的依附，还是对"能人们"地位和心理的依附，这些人都影响着俊巴村整体的社会结构、亲缘网络和思想观念，影响着村民对不断发展的当下社会的整体适应。

二、姻亲和渔民的朋友

俊巴和陇巴同属渔村，村民彼此通婚，姻亲间往来较为频繁，对身份的认同感较强，在彼此有工作需要帮忙或有婚丧之事的时候一定要前往，以此延续亲缘网络。俊巴村村民与农区部分姻亲间的互助，就含有歧视的成分，彼此自觉但不明显道破。

（一）姻亲往来与互助

1. 俊巴与陇巴的换工

俊巴与陇巴的通婚频繁，20 世纪 60 年代以前，村民可以回忆起来的有 2 户；60 年代到 90 年代，彼此通婚的有 10 户，占有迁徙人员家庭（总数 21 户）的 47.6%；2000 年以后有 2 户，占有迁徙人员家庭（总数 19 户）的 10.5%。虽然迁徙人员数量少，但亲缘关系自 60 年代以后更加紧密。

俊巴村收割期比陇巴村早 2—3 个星期，所以有需要帮忙就找他们，但必须是亲戚才肯帮。陇巴村自从 2009 年部分土地被征用，2010 年男性集体参加车队开大车后，户均收入非常高，女性工作量减少很多，因此有时间来帮忙。她们来帮忙不需要工资，甚至还带一箱啤酒和水果、点心来。陇巴村虽然收入高，但年中、年底工程队发钱了才能拿到现金，平时买柴油的钱都要自己垫付，一个月的柴油费要 4 000—5 000 元，修车费用也不低。虽然一个月可以赚 5 万—8 万元，但没有拿到工钱的时候还是会用钱紧张，没钱买柴油的时候会来俊巴村借钱。俊巴村有皮匠，卖皮具现金流较大，但很少存银行，所以家里有现金。这种借与还不计利息，但一方家里有事另一方必须到场，这是义务。所以，若得知俊巴村的人需要帮忙，陇巴村的人会带着礼物来。帮忙是乡村信用借贷体系中的重要一环，不帮忙也就意味着下次无法再借到钱。有村民说："陇巴村 2005 年以前很穷，征地之后政府有补贴，又开车从事运输，才富起来。以前陇巴村的人过来帮忙都会拿很多东西回去，有吃的、用的，还有旧衣服，现在有钱了，花钱大方，带来的东西也是很贵的。他们来帮的都是经济比较好的家庭，或者有孩子做公务员的，真正贫穷的家庭，即使是亲戚，也不一定帮。""帮助"背后存在利益的互换与关系的延续。

俊巴村的人不会让帮忙的人空手回去。俊巴村牛羊少，对秸秆需求量小，而陇巴村征地后，牛羊的冬季饲料就成了大问题，所以来俊巴村帮忙的陇巴人要么会带青稞回去，要么就带一大车秸秆回去，冬天可喂牛羊。图4-6就是给陇巴村带回的秸秆，装了满满一拖拉机。山南的农户牛多，还有专门来村里收秸秆的。2015年秋，第13户的媳妇就带着山南亲戚来俊巴村收多余的秸秆，用羊毛换，一拖拉机秸秆大概换5斤羊毛，折合人民币100元左右。雇人一天的劳动工资也是100—120元，秸秆可作为礼物冲抵工资。价值相当是考虑的因素，但此时的互帮互助更重要的作用是维系与巩固关系。

图4-6　给陇巴村带回的秸秆

2. 外村姻亲间的互助

近几年，如果家庭经济还好，家里有公务员收入稳定，劳动力少的家庭不愿在农忙时接受别人帮助，欠下人情债，便会选择付费请外村人帮忙，多在姻亲（农户或非渔民）的村里请人。图4-7就是达瓦家请茶巴朗1组的姻亲（赘婿的姐姐）及其邻居等7人来帮忙收割时中午大家一起吃饭的情景。俊巴村是渔民群体，农户对渔民还是有些忌讳的，虽然不直说。他们来帮忙是有工资的，给现金100元/天就有农户愿来。主人家会备好午饭和饮料（如汽水、酥油茶、清茶、甜茶），有些还准备水果，尽量招待好。虽然有说法是农户和渔民一起吃饭会惹怒"鲁神"，但受请者认为饭也属于工资的一部分，可照常吃。此次帮忙的人全部自己准备了碗筷和杯子，对此女主人以"他们怕主人家洗碗麻烦"的说辞来掩盖外村人对渔民的歧视行为。如果仔细观察可以发现，村民平常围坐吃饭是面对面的，饭菜一样，但图4-7中，主人家（最靠近镜头的3人）有的明显背对受请者，饭菜也简单，有主动回避的意思，可看出他们的交往中依然存在歧视。这样请7人帮忙，除去700元工费（从早9点到晚7点，含午餐），还需80元饭菜（牛肉萝卜粉丝汤、炒白菜、凉拌木耳、番茄炒鸡蛋、炒莴笋）原材料费、40元饮料费、20元烟费和30元西瓜钱，共需870元，（含自家3人）一共收了5亩青稞田。最后，7人中的姻亲没收主人家的100元，还带来了土豆等土产，达瓦则给她带回辣椒、酥油（比较贵重）一块、萝卜一袋。总共支出现金770元，已经算成本非常高的秋收了。虽然市场经济的逻辑是雇主地位高于雇工，但在俊巴村可看到，由于存在传统等级阶层意识的歧视，雇主即使付费雇佣也难摆脱地位低下的身份歧视。

图4-7　俊巴村民与请来帮忙的农户共进午餐

（二）渔民的朋友

渔民在农区的朋友除姻亲外数量比较少，少量可称为朋友的是屠户和手艺人。皮匠还有一些农户朋友，如嘎桑在桑布日有一位村主任朋友，主要因为皮板的收购和皮具的赠予而结下情谊。协荣村是俊巴村噶厦时期的隶属豁队所在村落，两村村民因缴税彼此联系，农忙的时候，协荣村村民会来俊巴村请人帮忙，按约定金额付工资，包午饭和茶水。每到协荣村望果节的时候，俊巴村村民如果收割告一段落就会结伴去协荣村看节目。协荣村的"野牦牛舞"和俊巴村的"牛皮船舞"有相似的节奏与步伐，存在传承与采借的关系，现在均为国家级非物质文化遗产。茶巴朗行政村是民主改革后俊巴的隶属村，俊巴村村民曾当过茶巴朗乡的乡长和会计，现在俊巴村的旺堆依然是茶巴朗行政村的村主任。

茶巴朗行政村1组和4组与俊巴只有一河之隔，问及他们对俊巴吃鱼的看法，很多人表示理解："他们（俊巴）也没办法，那时候没吃的就只能捕鱼了。"但有一次，我和俊巴捕鱼的年轻人去4组的茶馆吃藏面，看到俊巴人进来，4组散坐在不同桌子的村民有的赶紧吃了几口就出去，有的凑到与自己同村的一桌附近。我们坐下的桌子旁边有两桌4组村民，他们也赶紧吃完离开了，眼神中流露出一丝躲避和匆忙。可以感受得到，农区藏民心中隐藏的对渔民的歧视和疏离感依然存在。

私底下，茶巴朗行政村1组、8组、9组的一些村民，也就是以前山沟里的牧民，经常和俊巴村村民换皮板和皮衣、皮包等物品。有俊巴的年轻人回忆："以前上学的时候（9组的孩子和俊巴的孩子同在县小学读书），他们总是笑话我们是渔民，说些难听的话。接着两边就打起来，俊巴孩子回击，说他们是要饭的，吃穿都是自己村里剩下的。"打架没有输赢，就为了争口气。

每到茶巴朗组织集体活动，如望果节的节日会演或三八节等节日的慰问演出，俊巴村村民就会集体前往观看节目，到得最早、围坐最整齐，离开得也早。村民说他们离乡里远，所以早点回去。节目表演完后，茶巴朗各组的家庭都会留下"过林卡"、玩骰子，俊巴村村民则选择集体回村。据旦增回忆，20世纪90年代初，有一次俊巴村村民到乡里看望果节的表演，有喝醉的4组村民说了些俊巴村捕鱼不好的话，用词比较难听，俊巴村的小伙子听了很生气，双方便动起手来。从此，俊巴村村民外出都统一行动，尽量减少言语冲突，非常守规矩，活动结束后也尽快回村，回到村中再继续喝酒、玩骰子等，不在外面惹事。

虽然渔农交换和农牧交换的网络是真实存在的，但身份的底层性和隐性的心理歧视也依然存在。地缘组织之间的情感认同与职业、身份、等级密切相关。即使俊巴村村民在经济上是乡里条件最好的，但也无法摆脱所受的歧视，只能选择以回避的方式减少矛盾与冲突。

第四节　小结

人口生产对于人类适应与延续非常重要，俊巴村的婚姻制度、家庭形态都反映了俊巴村村民如何不断适应底层社会进而满足繁衍需要，他们既遵守佛教的规定，又灵活制定村中的规则。从曾经的多偶婚到入赘婚，以及村民的居住方式、婚姻选择、对单身生育女性的包容、结婚生子仪式等，都是村民应对底层身份进行人口生产的适应策略，将人界定在制度之下，去寻求个体的合法性。从俊巴村不同年代的婚姻形态看，村里并不是完全封闭的，也通过婚姻与村外接触，其中"种"的延续、婚姻成本与村中收入是考量因素，但总体来说，通婚圈相对狭窄，尤其是现在因村内亲属关系繁杂需在外村寻找婚姻机会的时候，渔民身份依旧成为阻碍因素。随着时代的发展，村中人口出现阶层分化，有外迁户、有公务员、有打工者，这些人和村民始终保持着互动，同时，村民对"外面的能人"在经济、心理上也有一定的依赖，这些人成为村中的意见领袖，传播着他们的观点并对村民的观念和行为产生潜在的影响。村中的女性也发挥着自己的优势，有主见，并影响身边的人。

村中的生育、养育制度使孩子能在相对自由的环境中成长，家庭与社会影响着孩子的性格、认知和行为，使他们既习得技术，也感受情感，既懂得规矩，也共享观念。村中孩子在接受从松散的家庭教育到相对正规的学校教育过程中经受了一些小挫折，不得不离开村中自由和富有乐趣的孩提生活，在更大的社会中被歧视，观念被颠覆。他们在身份认同过程中寻求适应，有些索性弃学，继续捕鱼，过自由的生活，有些更加努力，考大学，当公务员，不同的选择与适应又直接影响了家庭，以及家庭在村中的地位。俊巴村就在此种动态的调适中完成了人口的再生产，也将适应方式进行着代际传递。

血亲与姻亲网络之下的俊巴社会有互助的机制与联系的纽带，身份相对平等；但当俊巴村村民进入地缘组织的互动时，则表现为同为渔民的姻亲和同处底层的群体的交往相对平等，与农户的交往则受到明显的歧视，且此种歧视彼此并不明说，而体现在俊巴渔民的行为自觉、主动回避和农户的区隔行为。

第五章
宗教与娱乐：行为规范和情感宣泄

在西藏佛教系统中，渔民如何使捕鱼获得合法性？如何既延续生计又遵从信仰？如何寻求内心的平静？如何参与宗教活动？在节日的拜祭中又有怎样的自主实践？在西藏乡村社会，宗教与娱乐在某种程度上是紧密结合的，宗教节日限定了村民是否从事生产活动，是否参与祭祀与佛事活动，以及娱乐、休息的时间。即使在世俗节日中，也依然存在原始信仰、苯教、佛教拜祭的宗教实践。在佛教节日中，渔民更是会践行佛教徒的行为规范。但接受底层身份的渔民又会自我隔离，与其他佛教徒在区隔中寻得平衡。

第一节 信仰与仪式

一、地方信仰与佛苯共存

（一）佛苯的地方话语

最早曲贡文化中的涂朱石器，就有原始信仰的雏形。在佛教进入前，就已有苯教，7世纪小邦时代，苯教已经具备一定的影响力，但主要的影响地域是山南、阿里等地。拉萨附近对苯教的尊崇基本靠经验和口传。吐蕃时期，佛教兴盛，以一种行为指引的方式告诉人们怎么做，能得到什么，进而使人们心灵得到安抚，寻得平静。百姓有事情会拜佛，请法师占卜念经。苯教和佛教对于百姓是"行为指南"和"解决问题的方法"，不需要问太多，祖辈就是这样做的。即使是处于社会底层的民众，也不会反抗此种阶层界定，只是顺从与接受，以求得生存。苯教的层次中，天上、地上、地下分别为神、人、魔鬼，所以俊巴村祭天、祭地、祭水、送鬼，这些行为都明显受苯教的影响。佛教更重视人区中的行为规范，界定阶层、等级，明确行为的界限，同时具有可操作性，告诉民众，自己拜佛或为家人拜佛可以洗清罪孽。因此，俊巴村的村民即使捕鱼也依然被包含在佛教整体的信仰体系内，并且有赎罪的机制——拜佛。俊巴村的老人们每天煨桑、敬佛祖清水、拜寺庙、转湖，这是践行佛教的规范，为自己和家人赎罪。

村中的传说与祖先行迹，在行为的合法性上成为渔民的心理依托，如第二章中渔夫救龙王的例子。随着时代不同，传说版本会有所改进。在藏戏《诺桑王子》中，延续了"救龙王"的传说，演化出"助王子与仙女成就姻缘后获捕鱼特权”的传说。

有一天，诺桑王子骑马经过白玛拉措神湖旁。湖水清波荡漾，吸引了王子的目光，他的思绪逐渐沉入湖中。湖面先前的波光变成了深蓝色，并且慢慢浮现出一位有着美丽容颜的女子，王子十分惊讶。女子的面容越来越清晰、越来越靠近，王子惊讶之余，心潮起伏，便伸手触碰，谁知女子的面容突然被随即而来的水波淹没，湖面泛起波澜。王子努力朝刚才的方向定神注视，然而再也无法看到那美丽的面容。

王子为湖中的幻影动了情，然而湖中所见女子到底是谁，却始终无从找到答案。就在此时，王子遇到湖边的渔人巴莱增巴，便上前询问。巴莱增巴听了王子的描述后，告诉王子此女子是天上的仙女雍卓拉姆。王子请求巴莱增巴让自己再次见到雍卓拉姆，巴莱增巴告诉王子，协荣山下有一眼泉水，此泉为雍卓拉姆沐浴之处，若在此等候定能再次遇见。

第二天，王子便骑马到山泉附近等候雍卓拉姆出现，然而他并未等到雍卓拉姆。王子没有放弃，在经过漫长的等待后，他终于发现有一群姑娘在山泉旁润洗秀发，这时，有一个声音响起：“凡间的王子，你若能在众人中将我挑出，那证明你我的姻缘是天意，我将如你所愿跟随你。”

无奈之下，王子只得回到神湖旁求助于巴莱增巴。巴莱增巴被王子的真情所感动，决定帮助王子实现心愿。然而，巴莱增巴也对雍卓拉姆所出的难题一筹莫展，雍卓拉姆懂得变化的仙术，因此很难准确地在众人中选中她。无奈之下，巴莱增巴想起了在神湖旁的白玛拉措山上修行的圣者扎松。巴莱增巴立刻启程寻访扎松，但在山上到处寻找无果，最后来到一处细沙不断往下流并堆积处，扎松修行的山洞显现在眼前。巴莱增巴见到扎松后讲明来意，扎松告诉他，若想如愿，必须要使用龙宫中的一件宝物。巴莱增巴向扎松展示了自己拥有的一件龙宫宝物，扎松观察宝物后说：“此宝物只可对凡人施其功效，只能实现凡人的俗愿，对仙界之神无任何功效，你只有取到龙宫中的如意宝绳，方能实现此愿，除此绝无他法。”

巴莱增巴随即施法进入龙宫求见龙王。见到龙王后，巴莱增巴说：“上次您赠我的宝物乃俗人之宝，于我无用，更不是珍宝，不足以回报我保你龙宫之情。今天我来此是要换一件让我满意的宝物。"龙王无奈地答应了。巴莱增巴说："我要如意宝绳。"龙王震惊地说："此宝物为仙界灵物，万不可取走。"巴莱增巴毫不退让，非要此物，龙王鉴于巴莱增巴有恩于他，只得很不情愿地将如意宝绳换给巴莱增巴。

藏历四月十五日，王子与巴莱增巴来到山泉旁，看见有几十位美丽的姑娘在润洗容颜。巴莱增巴将如意宝绳抛向山泉中，如意宝绳直冲至一位貌似平凡的姑娘并将其捆住。随后，如意宝绳发出神奇的光芒，被捆住的姑娘瞬间幻化为美丽的仙女雍卓拉姆。王子的真挚情感换来了与雍卓拉姆的爱情，雍卓拉姆便留在了人间，与王子一起生活，关怀着一方百姓。作为对巴莱增巴的回报，王子将捕鱼特权赐予了他。巴莱增巴成为神后化身为凡人，仍生活在湖畔的村庄，教村民如何捕鱼。

在佛教盛行藏地后，上述传说的版本改为"获藏王允许捕鱼"。

据传，藏王获悉俊巴村打鱼食鱼的消息后，派出重兵封锁水域，围困俊巴村，扬言要困死所有村民，以祭祀神灵。俊巴村村民的生活陷入绝境。村里有位勇敢的年轻人，冒着生命危险，在祭拜过圣人巴莱增巴后，只身来到拉萨河捕鱼。他多次在捕鱼过程中捕获一条由貌美姑娘幻化而成的鱼，并将其放生。姑娘为感谢他，邀他一起去仙境生活，并送给他宝物，均被他拒绝了。这位年轻人说："我要的是鱼，是我们祖祖辈辈赖以生存的鱼，要不然全村的人就会饿死。"姑娘明白了俊巴村的处境，将自己打扮得如同新娘一般美丽，对年轻人说："你的心灵比那清澈的河水还要纯洁，你的诚心已感动圣人巴莱增巴。你把我送给藏王，这里的一切将平静如初，你们还可以过上如同世外桃源般的生活。"说完，她拉着这位年轻人去见了藏王，藏王非常高兴，问他想要什么，年轻人说："我只有一个要求，就是希望允许俊巴村村民在这里世代打鱼。"藏王答应了这一请求，撤走了重兵。①

---

① 引自曲水县委宣传部资料，由拉巴次仁老师整理，经其允许后引用。次旺罗布在论文《论新农村建设中西藏民俗文化的旅游资源开发——以曲水县俊巴渔村的民俗调查为例》中也提及上述传说。

自上古发展而来的捕鱼传说涉及了俊巴村（见表5-1）。可以发现，渔民形象在传说中并不完全是世俗中处于底层的杀生者，而是被赋予了一定的使命或权力。这种权力由神或王授予，捕鱼技艺由神传授，神也就成了渔民的祖先。在不同版本的传说中，渔夫都被塑造成具有正义、勇敢、忠诚、善良、不贪财色等品质的形象，其勇于牺牲、不畏艰险、正直善良的特质也是与佛教文化核心思想相一致的。渔夫性格也成为俊巴村村民间进行道德评价的重要标准。渔民们通过传说凝结认同，形成特有的精神文化，这是他们摆脱杀生"罪孽"与卑贱感的心理依托。

表5-1　俊巴村民间传说隐语

类型	时代	地点	人物	打鱼缘由	结果	渔夫性格
鱼罪说		拉萨河	佛祖、渔民	鱼破坏生态鱼触犯神灵	佛祖派神授人以渔	正义
救神说	部落	白玛拉措湖	圣人、龙王、渔人、仙女、王子	自我牺牲舍命救人	王子赐予捕鱼特权	勇敢、忠诚
报恩说	国家	俊巴村	藏王、渔民、仙女、圣人	自我牺牲救村、娱神	藏王允许渔民捕鱼	勇敢、善良、不贪财色

（二）渔民在佛苯系统中的功能

渔民处于"贱民"阶层，但藏戏《诺桑王子》在民间流传很广，渔民"救龙王""献仙女"的故事也在民众中较为普及，渔民祖先"神"化、技艺"神"授，这些说法无疑使渔民的存在有一定合法性。如果说佛教作为意识形态的规范坚决反对杀生，那么这些展现渔民正面形象的神话、传说、藏戏为何如此丰富？这看似矛盾，但矛盾得以存在背后的逻辑是什么？应该从渔民所处的"贱民"体系和佛苯宗教体系的运转中去分析渔民所属的和具有的功能。

渔民、猎人、铁匠、陶匠、背尸人、天葬师、屠夫、游民和乞丐均被认为是"贱民"，而农牧民地位要高一些，这样划分的标准不能简单用杀生来解释。"贱民"中的铁匠和陶匠未直接杀生，缘何地位更低？有说法是铁匠制作铁器杀生，陶器可承装尸体，也与死亡相关，因此持此技艺者地位低。若继续分析，"贱民"群体中的相对等级是否又有高低之分呢？依据又是什么？

苯教和佛教作为统治阶层长期奉行的信仰，必然跟统治者政权的延续相关，跟地区整体的发展相关。直接影响地方生存与延续的是生态资源，西藏的资源因相对稀缺，更显珍贵，因此阶层的划分避不开资源的利用。相对贫瘠的资源想得以延续，必然要减少直接的开采和破坏，减少不可再生资源的利用，尽量保持原有的资源总量，因此，"贱民"系统的阶层细化是与资源接触程度、人可否利用资源、利用资源的方式密切相关的。如图5-1所示，奉行佛教的统治者，综合考虑生产者与非生产者以及资源接触程度（非直接接触者、转化接触者、直接利用者、改变性状利用者、利用资源后可开发更多资源者）的不同，将人固化在阶层之中。

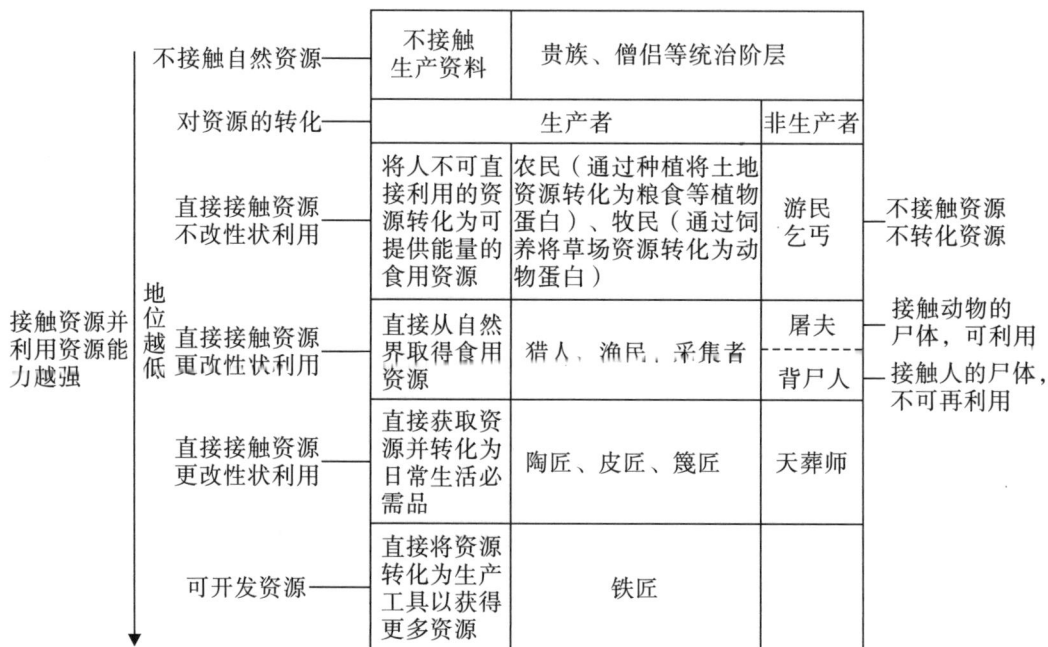

	不接触 生产资料	贵族、僧侣等统治阶层	
不接触自然资源			
对资源的转化		生产者	非生产者
直接接触资源 不改性状利用	将人不可直接利用的资源转化为可提供能量的食用资源	农民（通过种植将土地资源转化为粮食等植物蛋白）、牧民（通过饲养将草场资源转化为动物蛋白）	游民 乞丐
直接接触资源 更改性状利用	直接从自然界取得食用资源	猎人、渔民、采集者	屠夫
			背尸人
直接接触资源 更改性状利用	直接获取资源并转化为日常生活必需品	陶匠、皮匠、篾匠	天葬师
可开发资源	直接将资源转化为生产工具以获得更多资源	铁匠	

左侧标注：不接触自然资源；接触资源并利用资源能力越强；地位越低

右侧标注：不接触资源不转化资源；接触动物的尸体，可利用；接触人的尸体，不可再利用

图5-1 佛教观中的资源与阶层关系

贵族、僧侣等统治阶层不接触资源，不从事生产劳动，地位最高。农民不对资源造成破坏、牧民放牧虽对草场造成破坏但可再生，他们不改变资源性状，并能将无法直接食用的资源转化为可为人类提供热量的资源，地位较高。游民、乞丐不从事生产，也没有进行资源转化行为，但也没破坏资源，地位稍低于农牧民。猎人、渔民、采集者直接利用资源，使生态资源总量减少，但适量捕杀有利于生态平衡，部分野生动植物资源允许利用，因此他们的地位低于农牧民和游民、乞丐。屠夫是将动物资源转化为

人类可利用资源的中介，宰杀行为未改变资源性状，背尸人接触尸体，未改变尸体形态，地位与渔猎民相当，他们均是藏民日常生活中不可缺少的资源接触者。比渔猎民地位更低的是陶匠、皮匠、篾匠、铁匠等手艺人，他们改变了资源性状，使之从土变为容器、从皮变为衣服、从竹变为器具、从铁变为刀斧等生产工具。这些人生产的物品是藏民日常所需，但陶土、铁为不可再生资源，不可大量开采使用，因此他们被定为很低的阶层。铁资源最为宝贵，因此铁匠地位最低，从事此技艺者有限，本质上是为了限制资源的利用。允许这些阶层存在，恰恰说明统治者需要这些人进行资源转化，但又控制资源总量及转化速度，有限地利用。

作为资源的直接接触者，但没有改变资源性状，提供可食用动物蛋白的渔猎民处于底层中的中间层，为因农牧产品匮乏导致的资源短缺提供补给，政权并没有切断对此种资源的利用，而且为其留下发展的缝隙。同时，渔民掌握的运输工具又满足了政权物资流转的需要，作为交换，政权允许其有限度地捕鱼，给予其一定的人身自由以从事资源的交换与流转。但这群人不能多，能保证资源总量的平衡与再生即可，因此政权在态度上为限制性的宽松，渔民这一职业得以存在甚至在神话、传说、藏戏中有对其正面形象的弘扬也就不足为奇了。

（三）村庙

巩喀神庙是俊巴村中一座非常重要的寺庙，每年村中的各种祈愿及祭祀活动都与巩喀神庙有着密切的关系。该神庙位于俊巴村旁的群旦山之上，由对其传教的佛教教派的研究考证可知，其属于藏传佛教中的萨迦派。从萨迦派的产生年代及影响年代推测，该神庙始建于1073年至1450年之间，至今至少有700年历史。"巩喀神庙内供奉着萨迦派佛学修行大师的真身法体和唐东杰布的塑像，还有神像空行母和观世音等。而该庙的镇庙之宝为两副面具，一副面具为水兽，一副面具为神狮，这两副面具一直以驱邪避祸之用在俊巴村中被视为神物（'文革'时被毁），以前在村附近的山上还有一座尼姑庵，约有20人，但如今只有巩喀神庙得以修复。巩喀神庙的壁画基本上以护法神殿的壁画基调为主，整体为黑色，用金色线条将萨迦派中的各种神灵和有关山神灵兽的故事内容勾勒于墙面上。"[1]

巩喀神庙也是俊巴村村民进行祈愿祝福和开年祭祀的重要宗教场所。

---

[1] 引自曲水县委宣传部资料，由拉巴次仁老师整理，经其允许后引用。

每月的初八、十五、三十，村民会去村庙拜佛；在藏历新年等重要节日，村民会在寺庙祭祀、庆祝。村民出去捕鱼、做牛皮船前都要拜寺庙，生病、考试、结婚、找工作等都去寺庙祭拜，祈求顺利，宗教观念渗透到村民日常行为和生、老、病、死的人生全程。

二、节庆仪式：规范与展演

渔民与其他藏族佛教信众一样，以佛教节日和世俗节日作为决定劳作与否的标准。人们常说西藏节日多，但除公务员、单位职员（既休国家法定假日，又休宗教节假日）外，乡村地区的休息日未必多。农村没有周末和法定假日的概念，村民在这些时间都劳动，只在宗教仪式和节日时间休息，定期的宗教活动是对劳作的自然调节，也是村民适当的放松和休息方式。

（一）藏历新年

藏历新年的准备从藏历上一年的12月开始，到新年前结束，对村里女性来讲异常忙碌，新年准备期的工作也需要村民的联合与互助，更多为妇女的互助。

1. 清洁

藏历新年前会进行个人的清洁，如洗擦身等，老人多擦身、洗头，年轻人则洗澡、洗头，打工者还去电发、盘发。除了个人清洁，家庭清扫劳动量更大，也更重要，主要为居室清扫、厨房清扫、祭灶神与驱鬼活动。

（1）清扫房屋。

藏历新年之前，主妇们有好长一段时间会忙于清扫工作中，房间、佛堂、厨房、院落和牛棚、鸡舍都要打扫，扫掉前一年的污秽，把不好的运气扫掉。打扫与敬神相关，如扫屋子与驱鬼相关，扫厨房与祭灶神相关。清扫多由家中的年轻主妇进行，桌下、墙角、床下都得扫，还得擦干净，桌面、摆设也要擦。打扫后将垃圾收集起来扔入拉萨河中，村民认为流动的水可以带走污秽，但大年初一就不能扫地和扔垃圾了，怕把好运气扔掉。

厨房的清洁尤为重要，一方面，很多中年夫妇的睡房安排在与主房有一定间隔的厨房，在村民的观念中，有性生活的地方多少会与污秽相联系；另一方面，需要在厨房祭灶神，以保佑家庭兴旺、平安。清扫厨房要把里面的锅都拿出来洗一遍，把桌子等搬出来擦，将桌子里面的东西收拾一下，对厨房柜子里面的东西进行清点。很多时候，主人家平时找不到的东西就在这时收拾出来了，若发现哪些是需要添加的，就会列在年货清单上进行采购。清扫工作会持续 3 天左右，有时还更长。

（2）洗衣。

有的家庭会每隔 2—3 个月洗一次被子，也有的家庭是一年洗两次，一次是夏天，望果节之前，一次是冬天，藏历新年之前。这几年，洗衣机普及了，但村里人多用它来甩干衣物，还是会到河边用水清洗，尤其是被子、藏毯、鞋之类，觉得洗衣机洗不干净，要用脚踩踏、用河水冲才行。即使是夏天，河水也很凉，女性会穿水鞋站在水里洗，小孩会跟来，有的去附近林子里玩、有的捡石头、有的玩水，大些的女孩会帮妈妈拧干小件的衣服，搬到背篓里或暂时晾到石头上。洗衣妇女常聚集说笑，踩水有韵律和节奏。经用力踩踏和拧干后，不常干活的人会腿疼、胳膊疼外加脚踝冰凉。

洗衣前，村民会用面积较大的藏毯铺在自己选择的区域上，用石头压住，人踩在藏毯区域内洗，或者铺上一层面积稍大的塑料膜，把衣物堆在上面一件件洗。这样可以防止洗好的衣物与水下的泥沙混合，造成二次污染。洗衣时，村民会将洗衣粉倒在被子或毯子上，用脚有节奏地踩，像跳舞一样，踩完一面再踩另一面，反复两次，最后借用水流的力量将泡沫冲洗干净。

在没有洗衣粉的时候，村民的清洁材料是碱面，做皮具鞣皮的过程中，碱面是使皮具柔软、洁白的重要材料，所以他们对碱面很熟悉。但碱面得交换而来。2016 年春天，专门有那曲人开车来村里售碱面，因为冬天收购皮板后，开春鞣皮需要大量碱面。当时的价格是一袋青稞换三袋碱面，青稞不过秤，统一拿标准的装饲料的袋子装满一袋即可。达瓦布拉说，在没有碱面的时候，山上有一种叫"甘打"的植物可代替，打磨后会有白色泡沫状的液体渗出来，以前人们会用这样的植物捣碎后洗脸。

如果家里只有儿子但没结婚，那衣服会由姆拉洗，如果姆拉年纪大或身体不好，会由姆拉兄弟姐妹的孩子（女性）帮忙清洗。一家给另一家洗衣被，就说明两家关系很亲近。一般洗衣都在上午或者中午时间，太阳好，容易晒干，被帮助的人家会准备午饭或一些礼物回赠给提供帮助的人家。

（3）遮挡下的洁净观。

清扫很多时候与遮挡相对，扫得出去就扫，但熏黑的屋顶、发黑的墙面、陈旧的桌子怎么办？不可能全换新的，那就把脏的地方挡住，或者画图案盖住，代表吉祥。打扫完成后，就找来白灰，在厨房的墙面画上吉祥的图案，以此挡住图案下面的黑迹；找来干净的布盖在床上，让它看上去感觉新一些；把厨房的砧板抹干净，在上面罩块布；买一块有图案的塑料布，铺在残旧的桌子上，就等于是新桌子了；厨房墙壁挂勺子的挂钩下很黑，就找一块新布覆盖在墙壁上，勺子置于新布帘上就可以了。藏民也追求新，但本质上不是以更换作为求新的方式，而是以修补和装饰为主，尤其在乡村社会，对新与干净的象征意义的追求，远远大于对新物品的实质追求。

措姆来自农区，她觉得相较农区，俊巴村的人确实更爱干净，洗涤的次数比农区多。牧区基本饭后不洗碗，但村里人坚持饭后洗碗的习惯。俊巴村的人对干净的追求与其身份相对，通过遮挡、对洁净的追求，至少在表面上淡化了脏的程度。

（4）化学杀菌剂和清洁剂的滥用。

在没有广泛应用化学杀菌剂与清洁剂的时候，遮挡显得尤为重要，现在的清洁则变成了喷洒大量化学药剂。例如，洗衣服的时候，放大量的洗衣粉；晾晒被子或毯子的时候，一次性喷洒近半瓶杀虫剂，甚至直接向铺在床上的被毯喷洒杀虫剂，晚上继续在被子里睡觉。这些化学制剂多来自内地，村民又大多不认识汉字，不知道标准与用量，更不知道滥用的危害，凭感觉想用多少就用多少。在村民眼里，用了这些东西就是清洁了，用得越多越干净。

洗涤剂、杀虫用品是近几年才流行起来的，以前是用碱面、肥皂水之类，村民对清洁用品的分类非常模糊。村民用洗衣粉来洗衣、洗碗、洗锅，不会专门买洗碗的洗洁精，还说一直都这样用。藏历新年前，走入各家，会闻到非常明显的刚刚喷过杀虫剂的味道。村民觉得这个味道很好，喷完整个屋子都是香香的，甚至有人进门前专门喷上一些，显得家里香、干净。村民觉得杀虫剂不便宜，小卖店里卖15—20元一瓶，舍得用的说明家里富裕、有面子。

在藏族的洁净观念中，神圣与世俗划分着洁净与肮脏的边界，在藏历新年前后，对于实施拜祭神灵的世俗场域，也需要通过去秽、清洁，起到娱神、使神保佑家门的作用，在缺乏化学清洁剂的年代，洁净的程度不重要，重要的是理解清洁的过程和仪式性祭拜之间的关系。随着现代卫生观念的进入和大量杀虫剂、清洁剂的涌入，在清洁中依赖化学制剂获得更好的洁净效果，成为村民们追逐的目标，但他们对化学制剂滥用的危害却所知甚少。清洁甚至成为攀比和展演，对现代洁净观的畸形追逐，成为危害村民健康的隐形杀手。

（5）灶神与驱鬼活动。

对灶神的尊崇已融入村民的日常生活之中，如炉灶内不能烧头发、指甲等身体不洁的象征物，也不能往炉灶内吐口水，煮食时溢出锅外洒在灶台上的汤汁若不马上擦净会触怒灶神。

达瓦家清洁完厨房后，会于藏历年二十八这天拜祭灶神，将前一年的祭品撤下，换上新的祭品，如新酿的青稞酒、糌粑酥油塔、糖果等，还有新鲜的青稞苗、彩色麦穗等。同时在厨房煨桑，屋内熏一圈，再向灶神龛点三滴清水，此后每天都端一小碟饭食供灶神，直到新年结束。每年望果节的时候，还要摘下新的麦穗放于灶神龛之上，在麦穗中夹羊腿，祈求农牧丰收。

拜完灶神后会吃古突面，年二十八把清洁都搞好后就准备这种面（见图5-2）。古突面的做法及寓意：在制作面之前先熬汤，是用牛骨、牛肉和萝卜丝熬的骨头汤，这样煮出的面才好吃，有味道。当汤熬得差不多的时候开始制作面，不是长面条，而是面疙瘩。将小麦粉加入温水中，揉面，把面搓成长长的面棒，用拇指的力量往下揪面，并使面自然有卷曲的形状，熟练的主妇做得很快。做一会儿后就要在面疙瘩上撒点面粉，再揉揉，使其不要粘连。接着是往面里藏东西，这是全家边吃饭边娱乐的核心来源。藏的东西有不同的颜色和寓意，家里有几个人吃饭，就做几个藏东西的面团，每人分一个，吃的时候展示给大家看。藏的东西一般有：白色的羊毛有顺时针卷和逆时针卷两种，吃到顺着卷的代表把钱带到家里，吃到逆着卷的代表把自家的钱带到外面去；红色的辣椒代表嘴巴厉害不饶人；黄色的青稞代表吉祥如意；无色的盐巴代表好吃懒做；黑色的锅灰代表黑心（见图5-3）；砖瓦片代表勤劳能干；牛粪代表充实富足。

图5-2　古突面

图5-3　夹有黑色锅灰的面团

在吃古突面之前有驱鬼仪式，时间是下午5点到6点，此仪式有找"替死鬼"之意。村民会在一个盆（或陶罐）中装上灶灰、辣椒、破布和干草人，再把糌粑放在手中捏成形如"竖大拇指"的手形，攥出五个手指印，将糌粑在肩膀、心脏、肚子、腰、大腿、膝盖、脚等部位自上而下按过，口中念叨"新的一年无病无灾，身体健康，没有哪里疼痛，不好的通通带走"，然后把糌粑放入盆中（见图5-4）。家人按年纪大小依次捏糌粑，仪式的主持者为年长的妇女。待家人放好糌粑后，男性青年拿着盆，女性在其前面点起桑，随着桑烟的弥散，人也在家中游走，每个房间都要走到，边走边喊"出来吧，鬼快出来吧"，然后把盆放到门口，在门口放鞭炮，待鞭炮燃尽后将盆丢弃到没有家人居住的方位。

图5-4　驱鬼仪式中赶鬼的盆

2. 摆卡塞堆和迎客桌

卡塞的传统可追溯到苯教的血祭，但随着佛教的传入，以动物身体各部分（如骨、肠等）堆起来献祭的形式被以形状相似的面食堆砌拜祭所取代。在村子里，大概过年前10天，各家各户就会准备制作卡塞等面食（见图5-5），并且将面制成不同的形状，以便堆砌时有层次。年二十九摆卡塞，起床后，老年女性念经、煨桑、转屋，然后边念经边摆卡塞堆。卡塞是举行仪式之前就要做好的，是形似兽身各部分的面食替代品。有男性的家庭，会同时在碗中装干果、糖等，摆酥油、盐、羊头在卡塞堆旁。摆卡塞堆是一种展示家庭实力的方式，春节客人只要进门，一定会去参观卡塞堆，吃切玛，寓意扎西德勒（吉祥）。表扬一下卡塞堆得漂亮、整齐，主人会很高兴，这也是客人的礼貌之举。切玛盒（见图5-6）由彩扇、酥油花、青稞穗、糖、糌粑、小麦组成，在新年拜年时捧着，给各户轮流分食，用毕摆在卡塞堆旁，寓意吉祥丰收。抓一点切玛盒里的糌粑和糖，扬三下敬三宝后吃下，寓意收获甜蜜、丰收和吉祥。

图5-5　村中女性在炸面食祭品

图5-6　包裹哈达的切玛盒

如图5-7所示是家庭中摆放卡塞堆、切玛盒的位置，在进门客厅的显眼处，本是对宗教神灵的拜祭，后来有了吉祥如意的寓意。现在，藏民每家都放领导人像，与敬神仪式的祭拜物摆在一起。给领导人像戴哈达，表示对党和国家的尊敬与祝福。

新年迎客的桌子要摆糖果、酒水，现在追求新奇，待客食品丰富多样（见图5-8）。迎客品丰富代表富裕，摆得好看代表家中妇女聪慧，给别人多代表大方。年初一一早，各家来拜年的亲戚会穿盛装，带切玛和糖果，来到后主要看桌子上摆放的物品，喝青稞酒，走时带回糖果和饮料。家庭主妇会于午夜时分将煮好的观颠（放有红糖、碎奶渣、青稞酒和卡塞的甜汤）送给睡在被窝里的家人喝，寓意甜蜜，那些没起床的人也可以在被窝里吃亲戚送来的切玛和糖果。

图5-7　卡塞堆与切玛盒的摆放位置

图5-8　村民家中
桌面摆好的待客食品

个案5-1：节日准备期的妇女互助

炸卡塞、萨嘎巴里（甜味面食小吃）的时候工序多，需要村中妇女互相帮忙，代表了情谊的深浅。有一天，表嫂叫达瓦帮忙，她刚好有事没去帮，后来表嫂看到达瓦就说了气话，达瓦知道表嫂不高兴了，为了维持关系，第二天赶紧过去帮表嫂打扫卫生。新年期间各种劳动的互助也能维系感情、体现感情亲疏，平衡关系甚至比劳动本身更累。除了村内亲戚的协作，还有一层就是拉萨亲戚和村民通过新年准备彼此联系，近似于依附性的互惠。新年前，达瓦去拉萨表姨妈家（达瓦曾在她家当保姆）打扫2天，姨妈给了她600元红包。达瓦收拾的过程也是在整理，把有用的物品带回村里，其中有被淘汰的室内摆花、拜神器具（还较新）、旧衣服、旧鞋子。姨妈还给了肉、腊肠、罐头等食品，以及给达瓦小孩的糖果、玩具和给达瓦妈妈的衣服。因为东西太多，还是姨父专门开车给她送回家的，但没留下吃饭，马上就开回去了。达瓦妈妈的弟弟一家人都跑出来看带回什么，很羡慕，二舅的媳妇晚上也过来坐一下，看看达瓦带回什么。

藏历春节，女性的互助行为强调关系的远近，彼此的走动与联合强化着亲戚朋友在村中的认同，也联系着村内外的亲缘网络。村民帮拉萨亲戚整理、收拾的工作不仅仅是亲戚间的情感互助，因带有附庸性的劳动和按劳取酬，属雇工性质。亲戚间的雇佣关系并不严苛，甚至带有接济的味道，拉萨亲戚会多给些红包，并将家中淘汰的物品转赠予村中亲戚。帮忙的村民也不会空手过去，会带酥油、牛肉、鸡蛋等作为礼物。村民对拉萨亲戚家中的旧物存有索取的预期，对于将城里人的废物再利用不会觉得不好意思，反而认为是不错的可用资源。节日的准备与陈设是家庭实力的展示，同时践行着村中的规范和佛教的礼仪。

3. 拜寺与祭神

（1）清扫寺庙。

藏历新年前，村庙会在村中轮流挑选三名男性进行寺庙的清扫，给门、窗刷漆，清扫佛堂大殿、侧殿、厨房、书屋，擦转经筒等，给大门挂装藏式门帘。女性不能参与寺庙清扫工作。清扫工作要持续一天。

从寺庙中清扫出来的垃圾要放在袋子里，用白色哈达系好封口，扔到村庙下拉萨河和雅江的交汇处，让水冲走。在寺庙的佛龛前，每日必供奉清水，早上太阳刚刚升起的时候盛满清水奉神，下午4点多太阳落山前将水倒入寺庙的铜质大壶中。第二天，再把水倒出来，拜神佛，傍晚再倒回壶中，如此重复一年。村民认为，此水为奉神之水，有祛病、洁净之功效；每年打扫之际，在壶中撒入红花，用此水洗头、洗脸，可以不生病、去头痛。有村民会将圣水带回家，认为饮用后可以治肚子痛和眼疾。

寺庙布拉会把庙里的灯芯剪入圣水中，撒上藏香粉，摆在门口，认为可除尘净化，寓意扎西德勒。

（2）山神与村庙。

村庙其实处于有寺无僧状态，以前里面有个叫"巴桑"的僧人，但后来他和村里妇女结婚了，也就还了俗，住在村中。由于再没有僧人愿意在村庙当住持，巴桑就一直管理着寺庙的工作，还有旦巴江村布拉，小时候念了点书，懂经文，就由他们二人一起进行相关的法事或宗教活动。

藏历年初二一早，村中的男子会跑去山上拜山神，求神保佑自己一年顺利，尤其是外出打工的人不常在村里，更要求山神保佑，保佑的对象主要是自己；接着，回自家房顶上点桑烟、换风马旗并举行拜祭仪式，撒糌粑、点酥油、点水祭神，求神保佑家中老小；最后，拜寺庙求神保佑的就既有家也有村，既有个人也有集体了。

塔青是竖于寺庙前方的高高的立柱，各户每年过年都要把哈达、印有经文的风马旗等挂在上面。塔青立于寺庙的院落中，在煨桑台之下，点桑

图5-9 村中男性在加固塔青

后再绑旗子和哈达。各户绑好后，全村的男性会齐力将塔青抬到寺庙的前方，在庙前挖一个深坑，将塔青置于坑中，再往里面覆盖大石头、填土等，以加固塔青（见图5-9）。千万要保证牢牢立一年，不能倒，塔青倒地对村民来说意味着巨大的灾难。只有男性能参与塔青的竖立和拜祭仪式，女性只能观看，不能参与。

塔青牢固立起来后，要由喇嘛算过相合的年轻男子手捧切玛走在队伍前面，其他人跟着他围塔青绕一圈，把自家的糖果、卡塞、酥油摆在塔青下，堆成小堆，点起桑烟，向桑中洒三滴水，敬神，再在祭品堆上抹酥油，代表吉祥（见图5-10）。随后，村民从随身背的布袋里舀一小勺糌粑粉，持于胸前，大家一起唱起祭祀歌，歌词大意是"我们把高高的塔青立于庙前，塔青是从工布拉来的，是由9头牦牛踩着七彩云朵拉到村里的，塔青高高立住，保佑村庄平安，风调雨顺，无灾无害，吉祥如意"。随着"啦嗖"的尾音，大家把糌粑粉齐齐撒向空中。

拜完塔青后就是转庙，有的人早早就转好了，坐在寺庙的空地上喝酒、煨桑，没转完的继续转。转庙的次数有1、3、5、7、9，都是单数，虔诚的就转与自己年龄一致的圈数，转得多的，每转一圈就在墙缝上塞个石子记录，其他人不能碰此人放的石子，更不能弄掉。村民认为这是功德，弄掉会招致霉运。

完成转庙后就在平地上给寺庙捐香火钱，对捐献的钱款不强求，以家庭为单位。记录的人会写上户主的名字和总金额，在年初十的总结大会上公布。这也成为家庭实力的展示，所以经济不是太困难的家庭都捐得差不多，经济好的就多捐些。2016年新年，在外面当公务员或打工的人回来，最少捐 100 元，有些人赚了钱，捐 1 000 元的也有，反正都是为自己的家人积德，捐多也不亏。平时打鱼的人，会趁着此时多捐一些，请寺庙念经化解自己杀生带来的罪孽，最少的也会捐 500 元。那些早年迁到拉萨的亲戚，年初二一定会回村里拜山、拜寺庙、拜自己的守护神，他们觉得自己不论走到哪里，一定会得到自己的守护神保佑，捐得也比较多，500—1 000 元不等。2016 年新年，寺庙共收到全村 92 户（含外迁户和回迁户）捐的香火钱 3 万余元，比 2015 年多了 1 万元。寺庙的前住持巴桑向大家汇报 2015 年一年寺庙做了哪些事情、有哪些花费，请村民进行监督。2015 年的主要花费有寺庙添置酥油等燃灯供佛用品，萨噶达瓦节请雄色寺（全藏最大的尼姑庵）尼姑过来念经的车费、每人 100 元辛苦费、饭食等材料的采购费。

最后就是全村的男性和少数女性聚在村庙的平台上喝酒，大家席地而坐，小小的平台挤满了人（见图 5 - 11）。每人都要穿戴整齐，男性和女性都必须穿传统服装，每一个穿戴项目包括细节都不能省略（如鞋子绑带、腰带内衬、酒杯握法等），如果省略了一样要罚酒一碗，少几样就罚几碗，不能赖。这既是游戏，也是对神敬重的体现。不光自己被罚，所属的联户长也要罚，惩罚其未尽管理和提醒的义务。图 5 - 11 中是已婚男性们的亲戚围坐，没正式结婚的不能进入，新入赘或娶妻的得给亲戚中的男性长辈敬酒。

图 5 - 10　塔青祭拜仪式

图 5-11　村民在寺庙平台上喝酒聚会

（3）守护神。

年初三，在村中相同区域、有共同出生地的人要一起祭祀。这是拜出生地的守护神，跟自己现在的居住地没关系，生在哪里就回哪里拜守护神。守护神可以是老桃树、老煨桑台、玛尼堆。拜祭过程是把各家的风马旗挂在守护神的上方（见图5-12），并从各家的祭品中拿出一部分摆卡塞堆，

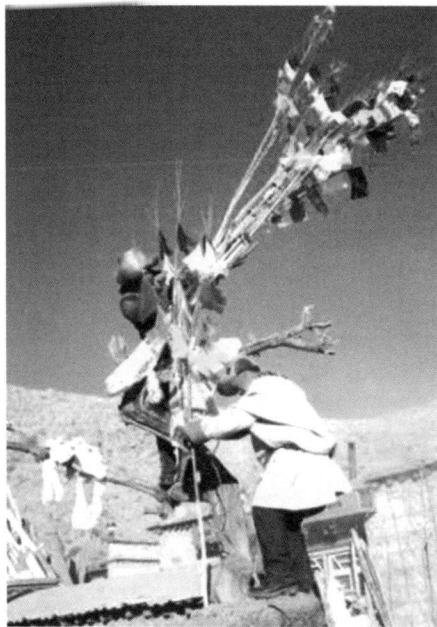

图 5-12　守护神与风马旗

贴酥油花，各户洒青稞酒、煨桑、说吉祥如意的祝福辞，撒糌粑敬天地，之后众人围坐、喝酒聊天、分享各家带来的食物。与全村聚会各人自带酒杯不同，拜出生地守护神的人聚会只用公共的大碗，男性和女性分开两个碗，男性共碗既表达唾液的混合，也表达血的凝结，可能是从曾经的氏族队群习俗演化而来，而男女分碗则表达队群外通婚和乱伦禁忌。现在俊巴村遵从父母系三代内不能通婚的禁忌，有些超过三代的已通婚，所以守护神系统的乱伦禁忌不再起作用，只起到象征和凝结共识的作用。

在图 5 - 13 中，左六的达瓦是渔民，但属于皮匠家庭入赘渔民家庭；左七、左九来自皮匠家庭娶妻的一妻多夫家庭；左一也来自皮匠家庭。可推测这个队群早期也许是渔猎民学习鞣皮技艺后进而分离出的皮匠群体。达瓦是第 33 户，老桃树在第 60 户附近，他依然回来拜祭，但他的儿女有些不是在此地出生，就去拜自己出生地的守护神，一家人的守护神不一样。

图 5 - 13　共同拜祭出生地守护神——老桃树

（4）水神与生计。

对水神的拜祭地点主要有两处：一处是村庙下面，靠近拉萨河边的古码头、吉曲门神，现在古码头的外围种了树，远处也开辟了农田，所以拜祭仪式相对简单：堆卡塞、献哈达和祭品、抹酥油，唱祭祀歌，撒糌粑粉；另一处在村口进村的路上，拜祭仪式是：在拉萨河边竖旗杆，绑风马旗和经幡，每家每户都会交一面新的风马旗给村里统一捆绑在河边的旗杆上。个人祭祀水神仪式结束后，大家就排成长队，面向拉萨河，每人手捧一把糌粑，由一人领唱，大家共同吟诵着藏戏中寓意吉祥、圆满的"扎西"唱段，最后众人高举手中的糌粑，连喊三声"嗦"，将糌粑抛向空中。

拜祭水神是村中男性尤为重视的活动，多数家庭会派男性参加。达瓦家平时都是达瓦（女）一个人参与村中的活动，但拜祭水神时是由哥哥参加的。达瓦老公没有正式入赘，她父亲早逝，还没有正式入赘到达嘎乡的哥哥算是家里唯一的男丁，所以他必须去，否则别人会笑话这家没男人。2016 年拜祭水神的仪式上有 4 名女性，一般女性参与拜祭水神是因为家中没有成年男性。如与父母分家后丈夫早亡但孩子没长大的寡居女性；与祖辈或母亲同住，父亲已逝（离异），孩子没长大，兄弟已入赘完婚，自己还没正式招赘的女性（见图 5 - 14 和图 5 - 15 的接酒者）；子女不在身边的离婚女性（见图 5 - 15 的倒酒者）；一直没结婚的独居女性（见图 5 - 15 右下坐者）。女性到场主要是倒酒、敬酒。拜祭后，村里的男性们围坐，共享从家里带来的点心、青稞酒。回想以前，祖辈们打完鱼或者背船爬山的间隙，也是在山脚下、河边滩涂上围坐，用三块石头垒灶、煮茶、喝酒、休息，度过长夜或白天。

图 5 - 14　参与拜祭水神的女性

图 5 - 15　女性给大家敬酒

个案 5 - 2：酿酒与验酒

各家拿来的酒会被倒入一个大大的铝锅中，像煮青稞酒用的那种大铝锅。在将自己的酒倒入铝锅前需接受检查，看你家的青稞酒是否甘甜，合格才会让倒进去，不合格得拿回去，并被大家取笑做事小气和家里主妇能力不行。

一般好的青稞酒会使用当年新收的青稞，味道比较清甜，陈青稞酿酒容易发酸。在酿造前要蒸煮青稞使其吸水，煮到八成熟，不能糊、不能水多，趁热晾干，撒酒曲，拌匀，晾干，之后放到逐渐熄灭的炉上，用火的余温促进青稞发酵，在上面覆盖一层棉垫。待青稞充分发酵后，需装入酿酒的陶缸中，封住出酒的嘴口，若气温高，两天就可以有第一道酒析出，如果没有酒味，可能是加酒曲时温度太低，发酵不均匀。冬天一般把酿酒的酒缸放在厨房里。酿酒多为女性，各种比例的调配凭经验，蒸煮的火候、晾晒的温度和发酵的时间都会影响酒的口感，能否酿制好喝的青稞酒是评价女性是否贤惠、能干的标准之一。

第一道青稞酒味道清甜，但是比较寒凉，喝后极易拉肚子；第二道酒相对醇厚一些，微微发酸但回味甘甜，是最好的；第三道酒就有些酸了，味道没有那么好。一般节日祭神的酒多用第一、二道，如果用第三道，被他人嫌弃不好喝，是非常难为情的。尼玛和扎桑家的酒就曾被尝出来是酸的，不让倒进集体的铝锅中，尼玛不信，拿起来自己尝了一下，也吐了出来，引起大家哄笑。村里的中年男性们不依不饶，不准尼玛坐回去，舀出三大碗酒，由女性端着，硬是罚他喝下去。看着尼玛痛苦咽酒的表情，大家又是一顿哄笑。一气之下，尼玛把自己的那壶酒全部倒在了路边的石头上，嘴里直嘟囔"没用、没用"！

在男性集体围坐的时候，男性的身份决定着他的位置。一般来说，圆圈的入口处年轻小伙子居多。面对入口，分上部和下部，上部为中年男性、已入赘男性，下部为年轻小伙子和未正式入赘的男性。女性坐在年轻小伙子与中年男性之间的空位。德吉的老公是 2015 年冬天正式入赘的，2016 年新年拜祭水神的时候他坐在岳父家亲戚的附近，而没有坐在自己兄弟的旁边，远离了曾经的伙伴。他说："他们都是没结婚的，我是有家庭的人了，跟他们不一样。"位置坐错了，会被认为不懂礼貌。敬酒也是从上部的中间开始，逆时针依次举碗。

（二）望果节

1. 绕田

望果节是农区的重要节日，相传没有历法的时候，麦熟了即为一年，庆祝程度与新年相当。村里每年一度的望果节热闹非凡，在外务工或打鱼的村民都从山南、日喀则、拉萨等地回到了渔村，平时相对宁静的村庄，一下子涌入了很多人。

拜山、拜水的仪式基本与新年相似，不同的是绕田仪式，这也是该节日得名的原因。拜山水后，村民会稍微休息半小时，换衣服和准备经书、桑、灶神旗，开始绕田环节。很多家庭派出了年轻的男孩、女孩，背着经书，排队绕青稞田。煨桑者在最前面，以桑烟引导大家。走在队伍前面的是村里的男性，捧佛龛、螺号、旗帜（女性不能碰）、鼓。村民要在太阳当空、气温30度左右的环境下，穿着藏装，走大概两个小时。每到拐弯处，大队围成圆形，唱歌、撒青稞。队伍绕过全村的田和湖后，最后停于神湖后的草场。全村的人会纷纷出来迎接绕田归来的人，路上还有人送水和青稞酒。寺庙前住持巴桑也在绕田的路上念经，求神保佑平安、顺利、丰收。接下来，村里的活动还有体力竞赛和表演节目等，表演与林卡聚会同时进行，既分享食物又看节目，晚上跳舞、喝酒。村里大概休息三天，当然还有很多人会打牌和打麻将。

2. "过林卡"

"过林卡"是藏族节日常见的形式，人们会带着食物在草地上聚会聊天，近似于野餐。俊巴村2015年是以家中亲戚为单位聚会，2016年是以联户（居住相近的10户）为单位聚会，各有特点。很多亲戚住得较近，联户聚也有亲戚聚的成分。

亲戚一起聚会就是关系的展现，各家准备饭菜、饮料，集体聚餐。所在的聚会圈就是公开的身份归属，入赘男性都在妻子的亲属网络中。图5-16是由边巴两兄弟（两人均娶妻）组成的亲属圈，边巴的大女婿H和小女婿A均行入赘婚，因此过林卡时需在妻子的亲属圈中；边巴的小儿子B行嫁娶婚，小儿媳G也在亲属圈中；边巴的大儿子I未婚，故在父亲的亲属圈中；边巴弟弟D跟女婿E坐在一起，因E为赘婿，D还有一个儿子，因入赘他户，遂在妻子的亲属圈中；A与E是亲兄弟，但在岳父的亲属圈中，会淡化彼此的血缘关系，与妻子同坐在岳父周围。

A
边巴小女婿 　 C
边巴小女儿

B
边巴小儿子 　 D
边巴弟弟

G
边巴小儿媳 　 E
边巴弟弟女婿

H
边巴大女婿 　 F
边巴孙女

I
边巴大儿子

J
边巴大女儿

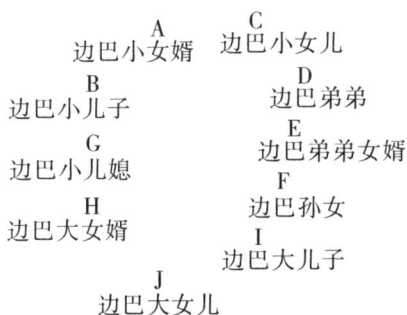

图 5 - 16　俊巴村的一个亲属圈"过林卡"（局部）

2016 年以联户为单位"过林卡"，出现亲属与联户不同的情况。根据村中规定，联户要聚在一起，还要集体表演节目。旺堆是达瓦的联户，其没有参与节目，也没在林卡中坐。他的哥哥从拉萨回来，他便坐在哥哥亲戚联户的林卡中。中午时分，旺堆来到达瓦的联户林卡，送来一箱啤酒和一箱饮料，并且给每个参加表演的人送了一条哈达，聚会后将饮料分给表演节目的家庭，然后又回去哥哥那边。没参与节目、开小卖店的第 63 户送来一箱饮料，分饮料时，大家都盯着，不愿意自己家没有。村民认为，没有按集体的规定来做，要付出一些代价（如多花钱给东西之类），这样才公平。

以前表演节目是不给奖金的，但 2016 年按 500 元、400 元、300 元评奖，各联户都积极准备，每联户要准备 5 个节目，由大、小村主任分别打分，加起来求平均分。达瓦联户里的女孩子的集体跳舞节目得分不错，联户们提前一晚坐在院子里看节目，讨论着装，非常重视。但两个男孩子的独唱分很低，村主任的说法是没有穿合格的服装（藏装）。奖金下发后，引起全村历时月余的争论，多数人认为奖金应该平分，不能只给分高的，不公平，或者可以买吃的，全村人共享。

3. 新衣服与旧衣服

望果节村民都要买新衣服，但不出几天，衣服就很脏了。不是他们不爱干净，而是经常席地而坐、去田里拔草，鼻涕随身抹在邦典上，撒尿随地用裙摆遮住屁股，裙子沾上屎尿是很自然的事，至于屁股擦不擦、怎么擦就更随意了——带纸的用少量纸擦，没带纸的用树叶擦。有时从身边走过的姆拉身上就飘散着屎臭味，习惯了也就没什么大惊小怪的了。

村里人的衣服和鞋子都不贵，这是有道理的。贵的鞋子，踩田地、过河沟，湿了又干、干了又湿，还能穿多久？很多是亲戚给的旧东西，坏了不心疼，若是自己花钱买的东西，坏了就很难受了。但年轻女孩子们，尤其是打过工的，多少还是会有 1—2 双高跟皮鞋，每双 100 元左右，平时放着，在望果节、新年、迎接客人或去拉萨的时候穿，穿藏装时也穿。

（三）萨噶达瓦节

萨噶达瓦节的时间是藏历 4 月的一整个月，在这个月里，村里是不打鱼、不杀生的，老人严格遵守不吃肉的斋戒，年轻人也尽量遵守。有说法是这个月做一件好事功德千万倍，所以千万不能杀生。村民知道这个节日是纪念释迦牟尼佛的，要念经拜佛、放生和布施，他们还称这个节日为"穷人节"，意思是对乞讨的穷人得给钱，可积功德和运气。村里人说："每到这个节日，小昭寺附近的乞丐一个接一个，又不能不给，所以要换零钱，一毛一毛的，否则一个上午所有的钱都给没了。"俊巴村的村民在 4 月期间不喝青稞酒、啤酒，不吸鼻烟，不打鱼、不吃鱼、不吃鸡蛋，肉尽量不吃，只吃糌粑和面条。4 月 8 日、15 日和 30 日一定吃斋，拜寺庙、转神湖，每日家中煨桑、敬神。有些家庭酥油也不吃，只喝清茶。

4 月 15 日，村里会请雄色寺的尼姑来村庙念经，全村提供糌粑、奶渣、红糖，做一个大大的措玛，是拜神用的塔状糌粑，上面涂红色。这天，家中男子会上山拜寺庙，转与自己年龄相等的圈数，磕长头。女性参与捕鱼频率低，主要由男性来赎清罪孽。

2016 年 5 月（藏历 4 月），村中请了 38 位尼姑来集体念经。尼姑大概早 7 点到，村中女性准备了用糌粑、奶渣、白糖做成的早点供她们享用。尼姑约 8 点开始念经，她们前面放着钵。每家每户都来捐款，村民给多少都可以，但 38 位都得给，若每人给 5 元，转一圈就将近 200 元了。除去自愿捐款，村里每家每户都会捐糌粑或奶渣、红糖、白糖、酥油，不限量。另外，村里会召集做饭好吃的女性给寺庙煮饭，每人五菜一汤，米饭、馒头、糌粑、面条随意，青菜、土豆、拌菜等自己挑选，另给每人一杯酸奶。除去午饭、下午茶点的休息时间，尼姑会一直念经到晚上 7 点。寺庙给尼姑每人110 元辛苦费、哈达一条，每位尼姑钵中的捐款归尼姑所有，被认为是其辛苦所得。尼姑念经时的坐垫也需要全新的，由各户送来，念经完毕再拿回家，可积功德。寺庙会将念经花费向村里汇报。

俊巴村请尼姑念经的历史较长，虽然俊巴村庙属萨迦派，雄色寺是噶举派，但不影响念经与赎罪，相传俊巴村山后尼姑庵中的尼姑曾经为俊巴村念经，后来去了雄色寺，所以念经传统延续下来。为什么不请喇嘛呢？

寺庙前住持巴桑说："每到藏历4月，僧人们被请去念经的非常多，也很忙，他们不愿来渔村念经，也不会念一整天，但尼姑们愿意。"他还说："为了请尼姑们来，要早早报批，先去镇民宗办，再去县民宗局，之后去公安局报备，还得征得雄色寺工作组的同意，办完这一系列手续，才确定派多少人、定名单，安排车辆去接送。不能把念经的时间给耽误了。"

（四）雪顿节

雪顿节是拉萨市民的节日，如果不与收割时间冲突，俊巴村村民就去拜佛或卖皮具，尤其是皮匠，会趁此商机卖皮。在噶厦时期，俊巴村村民要去龙王潭的湖上支差役，载拉萨的贵族游湖玩乐，还要集体跳牛皮船舞。在农区不一定过的雪顿节，在俊巴村会过，有时会成为跟拉萨亲戚走动相聚的机会。

（五）节日消费

节日消费是村民每年消费的主要部分，代表村民整体的消费水平。第66户家庭在村中属中等收入家庭，可以其为例看看俊巴村的节日消费结构：

2015年8月望果节采购清单：
①个人衣服、装饰品、鞋子（含老人、小孩），1 300元。
②家庭食物：肉（100元）、罐头食品、木耳、辣椒、甜茶粉、奶粉、白糖、十三香、油菜籽油、鸡精、点心、面包、糖果，约350元。
③日常生活用品：纸巾、筷子、杯子，约60元。
2016年新年采购清单：
①全家衣服、帽子、鞋，2 300元。
②水果、糖果、酒水、茶杯、纸巾以及葡萄干等彩色果干，600元。
③肉菜（购于拉萨市场）：每斤价格为牛肉50—60元、猪肉50元、火锅肉200元、金针菇10—15元、辣椒16元、西红柿12—13元、青菜10元以上、苹果10—13元，沙糖桔10元，500元。
④用品：烟花、儿童车、玩具、化妆品、耳环（小饰物）等，200元。

全年最重要的两个节日总花费约 5 310 元。若按 2015 年该家庭的总现金收入 23 500 元（含皮具工厂收入 6 000 元、村里项目收入 6 000 元、大棚收入 1 500 元、年底村里分红 3 000 元、提供住宿收入 3 000 元、扶贫草场补贴 1 000 元、粮食收购收入 3 000 元）计，节日消费占比为 22.6%。此户 2015 年还买了一台 3 500 元的电动车、一个 300 元的电饭煲。

村民其他家庭的节日消费还有购买洗衣机等电器，年轻人买新手机也是不小的花销，每台手机 2 000—3 000 元。相比 20 世纪 90 年代，村里的整体消费水平稍有提升，提升幅度为 10% 左右。

村中节日消费以衣服、生活用品和食品为主，祭祀用品很少，有些家庭可从拉萨亲戚处获得，酥油等随时在县里购买，不会选在节日大宗购买，主要增加的是对食品和酒水的消费。

第二节　丧葬与疾病

丧葬仪式对于俊巴村来讲是大事，会持续较长时间，亲戚间会通过互动、互助共同完成仪式的全过程。大家各司其职、热心帮忙，绝不会推托，村里人觉得这时候帮忙、拜祭才是真的感情好。藏民认为死后个人财产多数给寺庙、衣服烧掉，可以早点"轮回转世"，不必在罪孽的暗道中徘徊，家人也希望逝者走得干净，了无牵挂，早超生、少受罪。

2016 年新年之前，村中的扎桑布拉过世了，他是国家级非物质文化遗产"俊巴郭孜"的传承人，做主唱和领舞的"阿热"。85 岁高龄的布拉在 2015 年望果节（7 月）的时候还带领全村的牛皮船舞队又唱又跳，带病坚持练舞。布拉家人说，布拉得了癌症，发现的时候已经晚了，病情发展得很快，不到半年就走了，最后已经没有办法进食，人很瘦。布拉是在半夜过世的，村里人得知消息是在清晨，各户便开始准备东西去布拉家中探望。亲戚是一定要去帮忙的，不是亲戚的村民也会去，带些东西去坐一坐，表示哀悼。一大早，伴随袅袅桑烟，各户都朝布拉家走去，有的拿着甜茶、酥油、青稞和藏面，有的拿着土豆、萝卜、糌粑等土产。亲戚都是去帮忙的，所以会多拿些吃的、喝的和土产，以便招待来访的人，酥油代表吉祥，也是比较需要的。至于给多少白事礼金，村里没有规定，各自随心，根据家庭情况而定，无论给多少主人家都是很感谢的。

一、丧葬过程

（一）停尸

1. 位置

家中有人过世，进门场院或停尸房间的外墙壁上会挂一个陶罐，罐中一直烧煨着桑柏枝，从罐口飘出袅袅桑烟。罐内有糌粑和血、肉、脂三荤，乳、酪、酥三素，是给死者亡魂食用的，村民认为死者此时仍在家中。隔一段时间会向罐内添加糌粑、酥油等，必须是男性添，女性不能触碰陶罐。

停尸的位置有时是死者逝世前常居住的房间，会拉白色的帷幕围住。尸体放在一个架子上，下面是死者的床铺。尸体用酥油清洁过，在死者咽气后，其家中的男性亲属需要用白布将尸体捆绑，使其手脚相叠、头埋于双膝间，呈坐姿。一般停尸时间为3—4天。尸体送葬的时间是请喇嘛定的，多为凌晨出发。

2. 过程

长者过世后，其家属会马上请来村里寺庙前住持巴桑为死者念经。念经的地点设于停尸房间帷幕旁边的案台处，巴桑一边念经一边敲击法器，法器为鼓或小镲，击打有规律。村民认为念经可使死者的灵魂从头盖骨处离开躯体，便于"升天转世"。一般停尸期间都需要巴桑念经，死者家属会付费并且管所有饭食。家中女性要在佛堂点亮酥油灯，为使之长久不熄，燃烧一定时间后就要添加酥油，村民认为这样做可照亮"转世投胎"的路，为死者祈福。

女性亲戚主要负责家中来人的饮食，煮酥油茶和甜茶，准备饭菜给前来吊唁、帮忙的亲戚或其他村民。男性亲戚多坐在场院里，一起喝酒、喝茶、聊天。从外地专门赶来的亲朋多坐在厨房或偏房中，由死者家属陪伴或招呼饮食。过了停尸期后，当天晚上9—12点，全村人都会聚集到死者家中。死者家属此时会为送葬做好准备，使送葬仪式顺利完成。

前来帮忙的人都会事先有分工，男性亲戚参与送尸、背尸，准备桑枝、糌粑，装车，开车等工作。负责给扎桑布拉背尸送葬的是其大外孙，他是从天津赶回来的，长期在家里陪伴布拉的孙子不能背尸，怕布拉舍不得走。送葬的多为亲戚，儿子和女儿都不能去送。所有送行的人除了家属聚在厨房，其他人都聚在后院，喝一种用牛骨、萝卜、酥油、面团制作的粥，一来感谢大家到来，二来有驱寒暖身的作用，三来有辟邪、吉祥之意，此功能跟给每个帮忙的人前额或耳后抹酥油是一样的。

到了送葬的时间，会在场院点起桑烟，摆切玛盒和用糌粑捏制的塔状物祭拜。仪式完毕后，由穿白衣的人背靠背地背起装于竹篮中的尸体，沿事先画好的白线一路走，不能回头，走出家门上车。此时不能有哭声，悲痛被压抑着，村民认为如果哭会扰乱死者的灵魂，不利于其"投胎"，反而会使其堕入恶鬼道。扎桑布拉的夫人也八十多岁了，一直坐在厨房的床榻上，不能出来看、不能送、不能哭。老人无助地坐在床上摇头，手紧紧抓着床单不放开，眼里噙着泪，但静静地不敢发出一丝声音，生怕吵到亡魂。姆拉的女儿和姐妹坐在她旁边，拍着她的手。在大外孙背布拉的尸体离开的那一刻，姆拉扑在她妹妹身上，埋着头捂住嘴抽泣。与此同时进行的，还有被分派到任务的村民分别去村中各方向的山腰处煨桑祭拜山神、去河边码头祭拜水神，求神保佑一路顺利。

尸体刚刚被背出家门，家中帮忙的人就各司其职地忙起来了。有人洒水，有人扫地，有人收拾停尸的房间。扫地是最重要的，一定要把角落都扫得干干净净，扎桑布拉的夫人即使哽咽着也不忘叮嘱扫地的人认真，不停说着"扫干净"。家里有关死者的一切都要清理干净，村民认为只有这样死者才能了无牵挂地离开，快快"转世投胎"。清扫的垃圾要随尸体运到第一个拐弯路口，然后倒入拉萨河中。忙完的亲戚或其他村民会自觉回到家中。

（二）送葬

扎桑布拉的送葬车队有6辆，一路开出，把尸体送去堆龙的天葬台进行天葬。车辆开到拉萨后，留下载尸体的车和坐有送葬亲戚的车共2辆，绕大昭寺转3圈，其他人下车步行转大昭寺，转完后坐车一起返回村中。背尸的大外孙也回村，去天葬台的都是亲戚，没有儿孙辈上去。余下的2辆车向堆龙开去，近一个小时到达，车速不可太快。

天葬从凌晨三四点开始，葬完也要七点多了，村民认为死者天葬时经历整个太阳升起的过程是吉祥的，可使灵魂"升天"。

天葬完成后，村里人回村并不马上回自己家，而是去死者家里休息、喝茶、吃饭。在村里的女性亲戚一大早就要去河边烧死者的衣物、随身配饰、用品等，还要帮着洗家中的被子和卡垫，要忙整整一上午，中午去死者家吃饭。

（三）葬式

1. 水葬

很多人说水葬是穷人的葬式，实际上在藏东南谷地近河流的村落，水葬是很常见的，也不会有高低贵贱的评价。俊巴村早年更多是水葬，因为方便、节省、干净。

水葬台一般在水流交汇、比较湍急的区域，有一块较大的石板深入水中，水葬仪式就在那里进行，会在凌晨太阳升起之前完成。

2. 天葬和其他

20世纪90年代之后，村里经济好一些了，才开始选择天葬，关键是有车了，没有路的时候，只能用牛皮船把车或拖拉机拉到对岸318国道上，再开去拉萨的天葬台。如果死者希望天葬，家人会尽量满足，但90年代之前村民还是多选择水葬。村里的小孩如果夭折，会选择其他葬式，如第64户的大儿子在1岁多时因发烧夭折了，就选择了火葬，骨灰撒拉萨河了；如果是意外，会首选水葬。

（四）拜祭

村里对死者的拜祭会足足持续一年，村民认为七七四十九天之内灵魂可能还在家中或附近，需要供养饭食，但七七四十九天之后就不用了，会将陶罐沉入水中。

从头七到七七（四十九天）需祭奠。死者葬后，家中会请画师按喇嘛算定的佛绘一幅图，或从市场请来一幅佛像图，作为护送死者"转世投胎"的神佛，在家中拜祭可使死者不会孤单、不会迷失方向。佛像前摆酥油灯和祭品、自动转经筒等。头七，亲友到来向佛像敬献哈达和茶，一直到七七，家中的酥油灯都不能灭。村中寺庙的酥油灯也是每七天就有女性亲戚去点燃，点燃前要把油灯擦亮，清洁后倒入酥油重新点燃。七七四十九天后，就可以把家中供奉三荤三素的陶罐取下，来到江边，一边撒糌粑一边把陶罐内的桑灰和食物全部撒到水中，然后将陶罐沉入水中。该仪式意味着家里已经不再为死者的灵魂提供饮食了，敦促其赶紧去"转世轮回"。七七过后，有些家庭会把佛像送到寺庙，在寺庙中拜祭。在此后一年时间里，死者的家人要多做善事、多念经、多拜佛，多布施、放生，为死者积福德，求神保佑其尽快"转世"，少受野外漂泊之苦。每隔七天家里都会举行仪式，四十九天后很多亲友会来，要送给他们红顶的糌粑团和炒青稞一袋，给帮忙的人额头抹酥油。

死者过世一年后，家中会有聚会活动，所有村里人都要来，外地的亲友也会赶过来，意为庆祝死者已经"投胎转世"，没有了痛苦。前来的亲友会携带哈达、酥油等礼物，死者亲属会准备红顶的糌粑团措玛送给他们，大家在家中聊天、喝酒，大概持续一天。

（五）村民对葬式的看法：追求"干净"

俊巴村村民并没有觉得水葬低贱或不好，反而觉得"干净"，可使死者早日"转世"。人类母体中就有水，因此婴儿夭折是用水葬，觉得水流会帮助婴儿摆脱恐惧，使其更好地离开。俊巴村捕鱼，水葬也是对资源的反哺，村民认为可由水域生灵带着尸体"转世"，他们知道食肉鱼的样子，不会捕那种鱼，更不会食用，因此也没有吃祖先尸体的顾忌。

（六）花费

俊巴村村民认为水葬方便些，花费少很多，为期一年的祭拜耗费大量财物，经济困难的时候，亲戚间的支撑很重要，糌粑、酥油（食用、点酥油灯用）、奶渣、牛肉、青稞酒等，很多要由亲戚们凑起来。

一次葬礼的花费：请喇嘛（村庙前住持巴桑或江村布拉）念经，90—150 元（30—50 元/天，共 3 天），没有现金可以给些东西，布拉说家里困难的不用给钱，但要管午饭。糌粑由自家制作和亲友赠送，无须费用。涂红色的染剂从山上采摘，无须费用。制作措玛由女性亲戚帮忙，最少准备 200 个，管午饭；送葬当天全部人的饮食；给洗衣服、清扫、洗被褥的女性管饭；给每周负责去村庙点灯的女性管饭。饮食以牛肉汤面和骨头萝卜汤佐糌粑为主，来工作和吃饭的村民均不挑剔，花费在 1 000—2 000 元。购买点灯用的酥油每桶 50 元，10 桶共 500 元。购买佛像图和器具（陶罐、铜灯），1 000 元。给葬师费用，水葬 400 元，天葬 800—1 000元。水葬牛皮船免费，天葬车费 500 元（2 辆车，村里亲戚的车只给油费）。其他支出 500 元（为死者多布施、拜佛、念经等）。总计：水葬最少花费约 4 000 元，天葬约 6 000 元。村里一般家庭还是会选择花费较少并且"干净"的水葬。

二、疾病

（一）村民对疾病的态度

村里对疾病的态度分几种：一种是感冒、发烧等小病，会去卫生所开药吃，若难受就躺一下，不难受就继续干活，再严重就打针。没卫生所的时候，就去寺庙找喇嘛回家里念经，抹点锅灰，吃点藏药（亲戚送来的），不看病挺着的也有。另一种是摔伤骨折、车祸、溺水等意外造成的病痛，村民认为治病不重要，是因为运气不好才得病，所以得先拜佛再治病，找民间土医生或喇嘛做法事。平常比较严重的病如癫痫，要去藏医院看，吃藏药、忌口，关键是念经、布施，以赎罪。还有不孕不育，也被认为是因为罪孽重，要赎罪需念经、拜佛。偶有小孩被吓到，就举行叫魂仪式，请人来做法，以驱妖，带走污秽之气。

村民认为运气与疾病相联系，由此衍生出巫术和祭拜的行为，运气不好首先要赎罪，或者找"替死鬼"接霉运，再把霉运扔掉。衣服不干净、厨房有脏东西惹怒神，就用牛奶、酥油、水、桑枝、糌粑的混合物除去味道，把脏东西吸走，将烧剩的灰扔到

图5-17　法体神龛（左一）

水中，给灶神供奉祭品。若身体不舒服，就在藏历初三拜水神，求神保佑身体好、疾病走开。每年藏历9月的沐浴节，在江河中洗澡能清除污秽，以保健康。家中点藏香也是出于此种需要，尼木产藏香，村民以前逢年过节会去换藏香，也是出于一样的道理。村民认为，运气不好的人，灾祸容易上身，如果有污秽气但自身运气好，也影响不到，不会生病，所以预防疾病跟事故的方法是提升自己的运气。

村庙进门左手边是经书，经书和神龛中间有一小段距离，当中摆放着村里最庄重的圣物——道士修巴卜法体真身（修复后），女性坚决不能碰，村民认为供奉东西摆在那里最灵验（见图5-17）。据说萨迦派僧人索朗嘉措得知俊巴村村民捕鱼、杀生，很多魂魄集结在村子周围，很痛苦，于是他建了寺庙，指引所有魂魄"转世投胎"。印度的道士修巴卜看到俊巴村村民杀鱼，便留在村中为村民念经赎罪，协助魂魄"转世"，最后圆寂在村庙。其法体真身在"文革"时遭到破坏，但好在骨架还在，村民就为其重新塑身，奉为镇庙之宝，以保佑村民健康、出船平安，并给渔民赎罪。望

果节活动中走在最前面的村民捧着的就是神龛（在图 5 – 18 右一男性手中）。村民认为，女性若触碰神龛，刚开始运气会非常好，但是不会长久，后面坏运气就会来了，这是对玷污村中圣物的惩罚。

图 5 – 18　望果节村民将法体请出带队

（二）处理疾病的案例

1. 应对意外事故

对于车祸等意外事故的处理，在人本身没有受很大伤害的情况下，村民会选择拜佛找"替罪羊"。出事故的人家会请来僧人，准备点酥油灯和做法事的物品。如图 5 – 19 所示的收鬼法器是用五彩线在十字竹签上缠绕成菱形，绕五层，头部打结下垂，侧面扎紧，线穗自然垂下，由僧人亲自边念经边制作。后用糌粑捏成一个坐着的女性小人，有辫子，收鬼法器放在小人的后面。做法事当天出事故的人不能碰荤，只能食素。下午 2 点左右做法事，僧人边念经边制作供佛的措玛并贴酥油花，置于佛堂的供佛台上，再向佛台洒净水敬神。女主人将酥油灯全部点亮，然后出事故的人等僧人念经后将糌粑小人（见图 5 – 20）和收鬼法器装入陶罐，投入雅鲁藏布江，意为鬼怪和坏运气随"替罪羊"沉入水中。随后进行布施、拜佛，以提升运气。

图5-19　用五彩线编的收鬼法器

图5-20　用糌粑捏的小人

2. 癫痫

村中有小孩因婴儿时期摔伤或发烧导致癫痫，不定期情绪激动时会抽搐、喊叫、不受控制，安抚平静后可恢复正常。很多这样的孩子去看医生、吃了西药也不见好，到处尝试治疗。2016年，村里一个患癫痫的男孩有所好转，说是去山南治的，藏医做法事，给丹丸吃，要求忌口，只可以吃鲜牛肉和糌粑，不能吃猪肉、鱼肉、羊肉等，也不能吃油很大的煎炸物，更不能吃辣椒、蒜、葱、韭菜等刺激物。每月找喇嘛念经，在家中用糌粑做成神坛状，拜祭佛祖，月余后将神坛投入水中，之后继续制作新的神坛，拜祭后又投入水中。此治病之法依旧遵循赎罪和收魂魄的理念，将收到的坏运气、病气统统扔掉，又将用糌粑等制成的物品作为代为盛罪的容器，以减少自身的疾病与罪孽。

3. 骨折

对于不伤及生命的意外伤害，村民认为拜神比治疗更重要。土登的妻子在河边摔伤了脚，便找来寺庙的住持念经，并取糌粑、酥油到神湖边拜祭，请神原谅，接着才去医治脚疾。村民认为，获得了神的原谅，疾病才能痊愈。

第三节　休闲与娱乐

　　村中的休闲时间很多与节日和宗教活动相联系，当然，农闲期俊巴村青壮年男性渔民还是会出去打鱼，青壮年女性和老人们则在村中忙家里的事，互相走亲戚，老人们有空还会去拜佛。皮匠们冬季坐在村口鞣皮子也是工作的一部分，真正休息还是在藏历正月里，尤其是一些节日前后，是卖皮具的好时机，他们会出去做买卖。晚饭后，各家会聚到村口，青壮年男性在茶馆里喝酒、聊天，青壮年女性和老人们在村口空地上或茶馆中喝茶、取暖、聊天，说说外面的世界。

　　在藏族的节日里，尤其是藏历新年后，农区的藏民们多出村走亲戚，或者全家去拉萨拜佛。但因为俊巴村主要以捕鱼为生计，通婚圈相对狭小，加上长期以来水路出行不便，在节日期间，大部分人都选择待在村里。20世纪90年代末，村里有小伙子在节日（望果节）期间出去喝酒，跟茶巴朗4组的人打架，虽然不严重，但是村里还是因此订了规矩——节日期间不能出村喝酒，更不能打架。大村主任扎西说："村里人都知道那次打架的事情，年轻人喝酒后，因为人家嫌俊巴捕鱼话说得难听就打了起来。虽然不服气，但都是同个行政村的，自身又是渔民，能躲就躲吧。"

　　躲着，尽量别惹麻烦，成了节日里俊巴村潜在的适应策略，心理的边界与歧视使俊巴村村民在不必与外村交往的节日里，选择留在村中。

一、娱乐与亲缘网络

（一）骰子与麻将

1. 骰子

　　老年男性喜欢玩骰子，四个人聚在一起，坐在院里就可以玩。节日、休息日和每日傍晚时间玩，平时不赌钱，节日放一点钱，也就5—10元，赢的请喝茶。这是老年男性圈子的共享活动，女性绝对不可以玩骰子。

　　投掷骰子的用具有木碗、骰子、皮质圆形软垫。骰子为骨头制品，是边长约1厘米的正方体，每面刻1—6数字。软垫主要是用木碗装骰子摇时垫在下面，木碗倒扣在软垫上时，会发出"啪"的声音，男性随之大喊一声，看开点数，决定行走步数。会用海贝、豆子、石子、圆币等计数，计数物 108 枚；颜色、形状不同的区别物 3 种 9 枚。全套骰子村里会做，售价 1 800 元，过年前卖得特别好，很多人专门来村里取，可见这项活动的受欢迎程度。若要比赛，2—6 人均可，以对家为一组，比赛时，将软垫置于中央，放入骰子，盖上木碗，周围放计数物，各挑选一种区别物，然后顺时针轮流摇骰子，比大小，数等量的计数物，并放置好代表自己的区别物，直到计数物下完。谁先将代表自己的区别物走到尽头为胜利，当然，中途会遇到厮杀、碰、吃，也可能被挤回起点，一局可以玩好久。现场会传出高低不同的呼喝声，据说这样做可以使运气好。

图 5 – 21 是以男性亲缘网络为主体的骰子游戏圈。骰子游戏圈里大部分是亲戚。这也是以入赘婚为主的俊巴村在节日期间血亲兄弟、男性亲属间的聚会和联合，以增进情感，加强亲属纽带，是亲属关系隐性的展现。这些围坐的人在公开的"过林卡"中可能分属不同的女性亲属圈，彼此分开。

图 5 – 21　老年男性玩藏式骰子

2. 麻将

打麻将的多为村中青壮年男性，平日里生产劳动稍有积蓄，过年期间便放松消遣。一般情况下女性不参与打麻将，男性在村中茶馆的里间、有火塘的房间或在茶馆后院支起桌子来打。村民打起麻将来可以从早到晚窝在茶馆里，饿了就叫碗藏面或泡碗方便面吃，渴了点甜茶或酥油茶，还有啤酒，还会买烟。茶馆成了年轻人的公共娱乐场所。

村里男性们打牌形成了交往圈子，跟兄弟、打鱼的团队一起，是放松也是情绪的宣泄。对于他们来说，打牌是看运气。渔民靠天吃饭，输了也没关系，再打鱼赚钱就行。女性不能插手，也不能埋怨，男性在新年期间有支配部分自己所赚钱财的权力。男性的打牌圈子里都是自己人，输和赢大家归结为运气，不会翻脸。赢了的人不能拿钱就走，要跟大家一起吃饭、喝酒，把赢的钱与兄弟们共享。有些时候，打麻将的人有默契，哥哥和弟弟还有两个人打，哥哥尽量让弟弟赢，一部分钱财由此从哥哥手中到了弟弟手中，跟给红包类似，无须经过入赘家庭的同意，就可以在游戏中完成财产的再分配，也不会引起家庭争端，有些类似狂欢节的功能，在错乱中颠覆一种规则，当节日结束，又回归原位，一些怨气、怒气随着颠覆而消散，继续平静地生活。村里打麻将的主要是男性渔民、皮匠。

（二）打牌

女性打牌分年龄组，老年女性聚在村口广场，节日期间可以从早上 10 点一直玩到晚上 7 点。年轻人会攒起 1 元的纸币留到过年给老人打牌用，老人就不会舍不得了，认为子女很孝顺。这种游戏可以多人也可以少人参与，聚成圆圈就能玩（见图 5 - 22），简单方便。

图 5 - 22　中老年女性在村口打牌

年轻女性的圈子主要是曾经打过工的人，有尼玛、普布仓决、达瓦、措姆、格桑曲真、普珍、巴桑、德吉。这些女性会从新年初四到初十，选择不同的人家轮流打牌，轮到的一家负责所有人的饮食，不参加游戏的人给大家做饭、送水和饮料（怕输钱就劳动）。这些女性很多在次仁的皮具厂工作，也算同事，有事情会彼此商量，属于闺密团体。家中老人支持孩子们的娱乐活动，不会干预。如果家里有事也可以请假，不要求一定参加，但下次来要主动带些东西给大家吃。她们属于村中的现代派女性。

二、歌舞：情愫与历史

（一）果谐舞

在西藏农区，果谐舞非常流行，由男性和女性分别围成半圆，手拉手围成一个圆圈，在广场、后院、草场等相对空旷的区域集体跳舞，是一种娱乐形式。男女可一唱一和，也可由领头人起唱，众人附和伴奏，从左到右沿圆圈踏步走动，有快有慢，快时动作幅度大，活泼有力。"农区的主要生产活动是播种、收割、打场等，所以舞蹈动作中就少不了农业劳动动作，如果谐中的'单手外甩'和'双拉手'直接来自播种和收割动作。"[1] 果谐舞可以在劳动、婚庆、节日等庆祝或祭祀仪式上表演，有不同的即兴或传统的吉祥唱段供演唱。参与者愉悦、放松、活泼，现场具有热闹、淳朴的特点。

有学者认为，藏族先民狩猎前或狩猎归来时为了表示胜利或高兴，会披着兽皮，拿着牛尾或羽毛，围火跳舞，逐渐形成了原始的舞蹈。后来藏族民间舞蹈的发展与苯教的牲祭和巫师的通灵舞蹈相联系，佛教的宗教活动和民间的娱乐活动则进一步促进了舞蹈的多样化。[2] 除了娱乐与祭祀、祈福等表象功能外，这种公开的两性舞蹈中还包含着个人情感交流的意义。在一些节庆场合，果谐舞会区分不同年龄组的小舞圈：中老年男女的动作幅度不那么大，只是牵手、身体有节奏地律动，彼此进行眼神交流和唱词交流，这在平日里即便是夫妻也很少表现出亲昵行为的农村已属难得。年轻男女们的舞蹈节奏更快，扭臀、抖臂、耸肩等幅度更大，还有男女斗舞、中心少数人领舞等形式。年轻人的舞蹈配乐加入了藏族流行音乐的元素，活泼自然。青年男女在

---

① 丹增次仁：《西藏舞蹈发展简史（上）》，《西藏艺术研究》2002 年第 4 期，第 14 页。
② 丹增次仁：《西藏舞蹈发展简史（上）》，《西藏艺术研究》2002 年第 4 期，第 11－22 页。

律动中建立好感、彼此试探，弥漫着淡淡的情愫。

个案5-3：欢送考上大学的孩子们

2015年秋，村里的孩子们有考上大学的，各户都会欢送，由主人家请客，各户都得派代表参加，是亲戚的得来帮忙。这时候也是村里最多宴请和庆祝的时节，趁着闲暇可以放松放松，毕竟接下来是秋收，又要忙起来了。刚好那天村里有两家人欢送，按村里的规矩，各户都要有代表参加两边的庆祝，夫妻很多都分开各去一家。

大家一般上午10点多就过去坐，中午一起吃饭、喝酒，下午跳完果谐舞后就可以自由活动，留到晚上的多是亲戚和孩子的朋友。客人上午来到家中后，主人家会招待甜茶和青稞酒、啤酒、饮料等，还有糖果等零食。客人从上午就开始喝酒了，之后还有主人家敬酒，越喝越多。等到下午多少会有些微醺，布拉们有的话多起来，姆拉们有的开始唱歌，有的在院子里边唱歌边敬酒。女性给男性敬酒，男性是要喝的，有的规矩是三口一杯，不能推辞。中老年男女多在场院中喝酒、娱乐；青年男女有些敬酒后就去房间一起聊天，一般到晚上等人走得差不多了再放开跳舞，也会喝酒、打麻将等。吃过午饭，下午3—4点时，村里人会聚在一起跳果谐舞，在围成的大圈内放切玛盒、牛粪堆、万字符，还有煨桑，随着由慢而快的舞步，在扎西（吉祥）舞曲和众人有节奏的"嗖、嗖"附和声中，圆圈逐渐散开。舞蹈结束后大家可以回家，也可以接着喝酒、跳舞。

集体的娱乐活动，成为各家各户展示实力的舞台。果谐舞表演是俊巴村2016年望果节的竞赛项目，各联户（每10户）组织女性集体排练舞蹈，选择曲目、精心挑选服装，足足忙了10余天。联户是西藏基层最小的行政单位，居住较近的联户间大部分有亲戚关系，还有小部分可能老宅重修时改变了位置，即使不是直接的亲戚也是亲戚的亲戚，等级内婚使俊巴村的通婚圈有限，村内通婚的几代又让彼此绕着圈也能沾亲带故。各联户都准备得非常认真，希望为自己的联户争光，谁也不想落在后面，耳环、头饰、衣服、鞋子、氆氇都是精心挑选的，甚至为了表演的一致性还借来成套的表演服。这次表演成为各户身份归属和荣誉的象征，也是各户女性才艺的比拼。

村里人对于女性在舞台上摇摆的幅度问题有不同的声音：有些说动作

幅度大，跳起来好看；有些说动作幅度不能太大，节拍差不多就行了。这是村中不同年龄段人群想法的真实反映，毕竟出发点不同，对于女性抛头露面始终还是会有些非议。在 W 组中有个女孩，身材适中，比较轻盈，平日喜欢跳舞，跳得不错，但恰恰因为这一点，她不能排在前面，也不能放在中间。联户长说怕太张扬了，影响不好，组里其他女孩怕给比下去，也不希望她在中间。最后的结果是，该女孩排在最后，两个动作幅度适中、有孩子的 30 多岁女性排在前面。

村里人虽然对成年女性上台表演有非议，但女孩、男孩大大方方唱歌跳舞从来都是各家的骄傲，会被认为家里教育得好。从小见惯大人跳舞的小孩，很熟悉舞蹈的节奏和舞步，尤其是小女孩们一板一眼迈步、跳跃、甩手的情态更能引起大家的阵阵喝彩和表扬，也激发了她们从小学习舞蹈的热情。

（二）牛皮船舞（"郭孜"）

藏民会从生活中获得灵感，模拟动物跳舞，希望通过交感巫术获得动物的力量，有原始动物崇拜的意味。牛皮船舞的节奏与协荣村的野牦牛舞（"仲孜"）相似，协荣村是俊巴村交税的地方，彼此联系，互相影响，会在娱乐舞蹈方面互相借鉴。俊巴村有两艘牛皮船作为政府专用船（藏语称"雄果颠堆"），在拉萨龙王潭为西藏地方政府官员们休闲所用，此亦为俊巴村的差役。每当雪顿节、望果节等吉祥日子之际，船夫们就会进行牛皮船舞表演。

据村民回忆，昔时区分打鱼和支差两组，打鱼的不跳舞，支差的跳舞，支差需为娱乐官员而表演。村民说，五世达赖喇嘛曾乘牛皮船过雅江，其下船后，支差集体弯腰背船，跳舞助兴，这便是早期的牛皮船舞。牛皮船舞被传说赋予宗教色彩。现实中，它既是村民的日常生活和节庆娱乐活动，又是艺术存在。当地因山高坡陡，行路不便，渔夫背船行进时异常艰辛劳累。每逢有人打鱼归来，其他村民便会在自家门前跳舞庆祝，这便是现在的牛皮船舞。俊巴村的牛皮船舞于 2008 年被列为国家级非物质文化遗产。牛皮船舞的表演者均为男性，领舞者称"阿热"，通常由领舞者手持"达达尔"吟诵唱词、控制表演节奏；其他表演者背负牛皮船列于其后。表演者多身穿白色藏式氆氇，头戴"次仁金果"帽，脚套黑色藏靴。全舞主要分为"述道白""仲孜""挑哈达""祝福歌"四个部分。"阿热"唱完道白后唱出"啦唆喔"声，背船的表演者便如同牦牛般左右摆动走到"阿热"跟前，一排排地跟随着"咚咚咚 ……咚咚咚……"的节奏声，时而聚拢，时而前行，时而低头下蹲，嘹亮高昂的牛皮船歌回荡在山谷间。牛皮船舞的节奏（配合唱词、舞步）和旋律（见图 5 - 23）粗犷朴实、铿锵有力。它的唱词与旋律是打鱼人背负着牛皮船自雅江下游翻山归来时所唱号子的延续，一方面展现了服劳役船夫的艰难与无奈，另一方面又凝结着船夫带着渔获归来的喜悦。长途服劳役的船夫，在雅江边席地而眠时的孤寂与乡思、坚忍与团结也演变成牛皮船舞唱词与精神的一部分。该舞蹈所流露出的生活艰辛、共患难的兄弟情谊超越了娱乐功能。

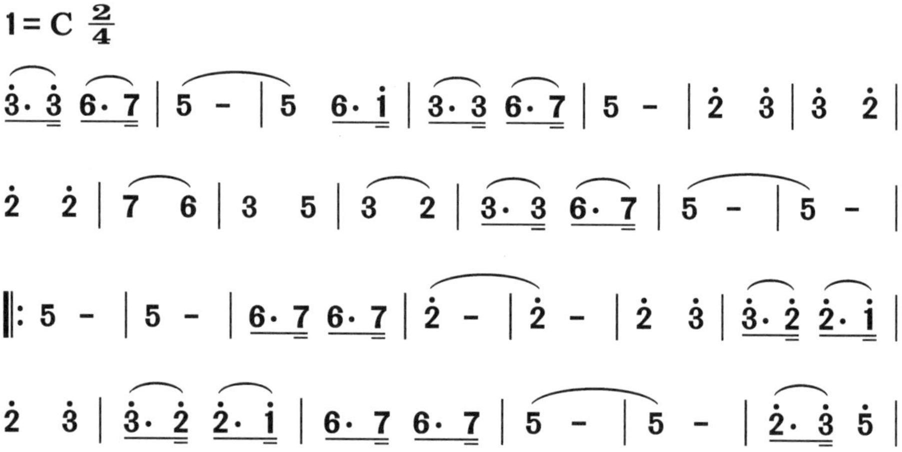

$1 = C \quad \frac{2}{4}$

图 5 - 23　牛皮船舞曲（片段）

牛皮船舞的第一段被称为"述道白"，由一位叫"阿热"的领舞者述道白："神牛光顾俊巴村，东山上面吃青草，西山脚下喝清泉，在草场上面打滚嬉戏，在牛圈里面练习角斗"。第二段叫"仲孜"，即野牦牛舞。船夫们在后边站成一排，"阿热"在前边。船夫们先在"杂昂、杂昂、杂昂"的击船声中跳起牛皮船舞，"阿热"再边跳边唱"祝福歌"。第三段叫"挑哈达"。"阿热"从藏袍里取出哈达，扔于地上，船夫们背着船，用船头木角顶起哈达，代表吉祥如意。第四段是唱"祝福歌"。歌词大意是："我们在此相会，但愿经常相会，经常相见的人们，祝你们身体健康。"唱完后，"阿热"领头向左、右、前方观众行礼后下场。每次表演牛皮船舞时，"阿热"只能唱两三首歌，不能唱久是因为船夫们负重太多坚持不了很长时间。牛皮船舞的响声很特别：船夫们举双手把船扶住，有人将一支船桨从船夫们的腰背上穿过，与船的木质滑轮撞击后发出响声。这舞有一种人与自然顽强抗争的个性特点。"阿热"的基本舞步取自当地果谐舞，灵活多变，顿地为节；船夫们的"颤膝摆"等姿态，则具有牦牛的特性。整个舞蹈具有铿锵有力、粗犷朴实的特征。[1]

村中流传着一首牛皮船歌："划着牛皮船，来到河面上，在河神的保佑下划行，平稳又自在；架起长长的梯子，去朝拜协扎神山，建妙丽陡峭云梯，奇妙冠冕坡上，挂起美丽的纱幔，只可惜我和莲花生大师没有相见之缘，怅恨泪花流。"歌词讲述了一位渔夫划着船，虔诚地希望能够拜见佛祖却无缘相见的惆怅，这也是村民生活在受歧视的社会底层，希望得到佛祖的原谅和理解的内心独白。歌词中展现出村民对佛祖的尊崇与追随，渴望能够得到加持，但亦有颇多无奈与惆怅。俊巴村村民的精神文化之中亦存在这种理想与现实的矛盾。

成功"申遗"之后，随着旅游产业的发展，牛皮船从交通工具和生产工具逐渐演变为村落发展旅游的重要名片，其功能随即扩大。村里成立了牛皮船舞队，扎桑[2]和徒弟拉巴次仁担当"阿热"，带领渔夫们列队背船跳舞。舞队曾受邀前往拉萨、四川登台演出，并被电视台转播。村民对此感到很自豪。"非遗"的认定使牛皮船文化成为俊巴村重要的文化资本和旅游名片。现在，对牛皮船牢固性的要求相对降低，美观、轻便成为新的需求，因此制作牛皮船时在选材、工艺、美观度上均与传统牛皮船有所不同。在俊巴村，得益于"非遗"的影响，作为"物"的牛皮船经历了"符号化"的过程，并被赋予了经济创收的意义。

我在访谈中感受到，"牛皮船"作为物质文化，其存在于渔民捕鱼的活动之中，存在于皮匠技艺的针线之中，也存在于俊巴村的生计、婚姻、生产、生活之中。提起牛皮船舞，小孩子就拿起木棍一本正经地表演，又唱又跳；大学生等年轻人会诉说集体坐船上学时的无忧无虑，放学后在河边等船时玩耍的愉悦；也有人提及乘坐牛皮船的危险，有同学在风浪中落水；大叔们会讲用牛皮船运回村里第一台拖拉机的风光；老人们会讲打鱼的不易、背船的艰辛和被追赶、驱打的遭遇。当牛皮船作为"物"渐渐不再如曾经那般不可替代，其存在于村民记忆中的感觉却始终沉淀在牛皮船文化中。

古老的牛皮船舞被村民所传承。作为一种艺术而存在的牛皮船舞，在

---

[1] 丹增次仁：《西藏民间歌舞概说》，北京：民族出版社，2014年，第10页；曲水县委宣传部内部材料中有相似描述，在拉萨市档案馆馆藏档案中亦有此段叙述。

[2] 2016年1月逝世，现主要由拉巴次仁领唱。

村民的日常生活中是节庆娱乐的一环，如望果节时，村民会在村中空地上跳起此舞；在艰苦岁月里，打鱼平安归来的喜悦和收获的满足也凝聚在舞步中。随着时间的推移，传承的内容和形式均有一定的改变，但其文化心理结构特征会沉淀于该文化的传承与延续之中。因此，即使是新近产生、发明出来的传统，其历史的实践与心理结构也必然是有源头可追溯的。

三、饮酒、饮茶：情感交流

（一）饮酒的习俗

藏民大多喜欢饮酒，看看村口堆满的啤酒瓶就知道喝多少了。逢年过节，青稞酒是必备的，男性必须穿正式藏装、提着青稞酒与各户分享，这是村里的规矩。青稞酒要用银碗喝，三口一杯，代表了尊重和感情。敬酒不能拒绝，硬着头皮也得喝。

村民常喝的啤酒有拉萨啤酒（瓶装、罐装）、拉萨纯生、拉啤金罐、百威。如果是村民间送礼或大家一起唱歌，会送瓶装拉萨啤酒，客人来则一定给罐装啤酒。百威一般给女性，不容易喝醉。纯生和金罐价格较高，都是有地位的人来做客才给，有些人把喝过的空罐摆在窗下，以显示家里富裕。每种啤酒的价格大家非常清楚，干什么事、对什么人，就带多少钱的啤酒或其他东西。携带的礼物体现关系的天平，村民明白这个道理。

村民买红酒和鸡尾酒是受电视广告的影响，觉得时髦、颜色好看，但主人家一般不喝，只是摆着展示用或给客人。即使是 20 元的红酒，只要为你打开了，就显示你是无比尊贵的客人，要领情，有事相求不应拒绝。

饮酒时间在节日很随意，聚起来就喝，在平日兄弟们会在茶馆里边吃、边聊、边喝，会喝上 2—3 瓶，啃鸡爪、吃花生米下酒。

（二）饮酒的功能

不论是私人聚会还是全村的仪式活动，饮酒都可促进情感交流，凝聚对家庭、亲属、村落的认同感，强调集体和规矩。饮酒可代表身份归属，出生地相同的人用同一个碗饮酒，本身就明示了归属；作为礼物的酒存在的交换逻辑及其背后的话语，表达的是人与人之间的关系。

村中因为喝酒打架的事也有，但不多。打架说明彼此之间有问题，喝酒之后说出来也是一种情绪宣泄，对村落的矛盾有缓冲作用，使矛盾不会聚集爆发，而是一点点显现，调整，再融合，最终化解。渔民作为社会底层很压抑，喝酒也是一种缓解的手段；受委屈了，喝酒还可以调节情绪。

（三）茶馆与信息交流

在信息闭塞的年代，外面的消息尤其重要，渔民在外可看到、听到很多。在通信和交通均不发达的俊巴村，茶馆是重要的信息传播场域，成为村民了解外界的重要渠道。每到傍晚时分，村中的男性会聚在茶馆喝酒、玩骰子，边玩边牵扯出一些话题；女性会聚在茶馆喝甜茶，说各家的田、牛、草等闲话。哪家有什么事情，谁从外地回村里了，乡里、县里有什么通知等，会迅速成为茶馆谈论的中心话题。有人希望寻找牛皮船或车子出村的，会到茶馆里问问，就会有人回应谁家要出去办什么事，可以捎带上。如果说晚了，船或车满了，就得找其他人或放弃出行，所以大家都会自觉地早早交流信息。村里的茶馆既是村民公共活动的空间，也是信息交换的空间。

在利用牛皮船出行的时代，茶馆开在老渡口附近，摆渡回来正好进茶馆喝茶，聊新鲜事，如谁家打了多少鱼、谁家买的拖拉机给运回来了之类。现在，老渡口附近几户人家中，达瓦姆拉家"向阳茶馆"的老牌匾还没摘，但已经不再经营茶馆生意。自从2008年入村公路开通，茶馆就集中开在公路入口处，500米的距离就经营了三家，都紧挨着。茶馆空间有限，多为住宅院子封闭起来，摆上桌椅，火塘在中间。晚上村中男女老少都集中在村口，进哪家茶馆取决于诸多因素。有亲戚关系的愿意坐在一起，买东西都去自家亲戚店里，钱给自家人赚；不同年龄段的人选择不同的茶馆，若某家茶馆里的老人多了，年轻人就会选择其他茶馆，自在一些，说话方便；如果有事情找人，就去茶馆找，买甜茶或啤酒一起喝，事情说了，旁边的村民一起出主意讨论，也就解决了。

传统的茶馆中，人们看似闲散，但也有长幼之规、互助之道。在这样一种自发的信息传播场域中，掌握的信息量多、有点文化、年长的人有更多参与交流的机会，这些人也界定着信息传播的主要内容和价值取向，多成为村落中的意见领袖。因此，出去捕鱼、卖皮具、修路或开车的中青年男性话语权更大，成为信息传播的中心。随着移动通信技术的发展，手机开始普及，网络信号虽然很弱，但也覆盖了村落。村中年轻人在2014—2016年开始接受并熟悉微信，村口是信号相对较好的地方，可以看到茶馆里拿着手机玩微信的人，与朋友聊微信也成了茶馆中的新现象。村中年轻的男性和女性会建个群，把自己的朋友拉进来，在群里聊天、抢红包、讨红包等，近在咫尺的两个人却用微信交流，很多在茶馆里不好说的话在微信里说，避免了面对面谈论的尴尬。老人对于年轻人玩微信或反对或好奇，如果网络上有新奇的视频或者新闻等，年轻人会拿给老人看或读给老人听。把搞笑视频拿给老人看，也是打发闲暇时光的一种方式。年轻人接受和应用新事物较快，认识汉字，通过网络可以获得一些信息，也成为当下茶馆中信息传播的次中心。

第四节 小结

俊巴村村民的观念和性格是多重的，既可以看到藏民心态，也可以看到渔民心态，还有农民的求稳心态、小生意人的精明。他们既是综合体，又具有一些独有的特征。

一、依附和交易的逻辑

（一）交换逻辑

俊巴村村民因捕鱼一直处于社会底层，从酋邦社会的进贡到佛教进入后的观念冲突，他们习惯了在夹缝中生存、发展，不断适应，当然自身也满足了对方的需要。渔民依靠交换网络和贡赋体系完成纳税任务，通过服劳役交差税，依附于贵族、领主、政府、寺庙，靠不等价交换获得相对自由的身份和打鱼的权利，靠物物交换互通有无，满足日常所需。村民会贿赂监工混一顿饱饭，这是无奈之下的灵活应对举动，与他们接触市场、经常参与地区间的交换网络有直接的关系。

俊巴村从建村开始就是散落渔户的整合，渔民打鱼也需要合作，卖鱼、买皮、卖皮具都是内部的合作，交差税也是以集体为单位承担。俊巴村有合作的传统，若没有集体，个体将无从生存与适应。个体的紧密联系，不论是平等的，还是内部彼此依附的，都离不开整体的地方社会网络。

渔民个体参与市场，在集体中以公平和平均维系关系，在依附中获得生存的空间，在交换中获得资源，在平均分配中获得自身与家庭的生存必需品。女性的换工、合作也蕴含互惠的逻辑，给予和索取是动态的、持续的，非以金钱结算但基本价值（经济价值和精神价值）均等。渔民甘愿给寺庙贡赋、给领主贡赋是因为可以换来精神寄托，可以共享宗教体系，本质上也是有予有取的心态。

（二）道义伦理的捆绑

村民的行为是从自身出发，衍生到家庭利益，所以他们计较，不会随便赠予，有付出必须有回报，互惠动机明显。交换行为目的在于关系的维系和长久的互动。但他们计较并不代表贪婪，而是拿回自己应得的，以不吃亏为底线。在相当长时间内，个体是通过集体与外界互动的，所以对集体的依赖使村民不会违背集体意愿而只让个人获利，会遵循道义伦理。集体获利也要反哺个体，所以对公平格外看重，对那些超出平均水平、依赖村中资源获利的人要求反哺。反哺的形式可以是给寺庙、给集体，也可以是给个人，不求多少，但必须有。协作与换工、追求公平以及反哺是使村内弱势群体能够跟上集体的关键，以共同作为整体寻求适应。

（三）身份归属

村民注重身份归属，信仰体系多元化，从个体、家户、出生地、村庄到生态环境全囊括，精细规定着自己的定位和身份，在接受"贱民"身份的同时，加强内部的团结与认同。家庭身份方面，是小孩的父亲还是赘婿，身份不同，行为和地位就不同，规范而严格，甚至成为仪式展演的一部分。身份归属有调节的空间，如节日、换工，能巩固姻亲、血缘间的联系，甚至通过娱乐活动也可以很默契地形成资源的再分配。

二、底层与运气

（一）甘于底层，但做富裕的底层

渔民作为社会底层，践行佛教的观念和礼仪，会在日常行为中自觉回避，也会在重要节日中遵守教义。同时，当地的一套地方性话语使其心灵获得解脱，村庙、神话、传说使其身份存在合法性，他们是自在的边缘群体。村民会尽量做好，用"干净"的习惯对抗"肮脏"的评价，用富裕的生活对抗贫穷的诅咒。一直以来，渔民都是生活较好的底层民众，在茶巴朗乡中，俊巴村一直都是人均收入最高的自然村。受经济的吸引，入赘者不少，对抗着心理上的区隔感，但当村民走出渔村集体时，又会感受到对个体的歧视。终究，渔民还是离不开集体，外出总是集体行动，遵守纪律，展示村民的富足和规矩。

俊巴人接触资源，但不滥用资源，将自己置于生态系统中，维持己与物的平衡；接触市场，但不追求利益最大化，甚至有些懒散、悠闲；践行宗教时会灵活应对，不纠结地位高低。俊巴人的心态与观念使其容易满足并获得幸福。

（二）对运气的渴望

渔民打鱼靠天吃饭，对运气的渴望非常明显，如将身体的不适归结为运气差，娱乐时追求赌性与刺激。从事相对危险的职业、收入不确定，使俊巴人希望通过拜佛提升运气，认为运气好就能平安、收入多，收入多则捐给寺庙，以求继续保平安。寺庙、运气、生产之间的轮回将村民拉入地方性的信仰体系之内，外层的挤压使内部更加团结。当然，在有可能摆脱渔业生计的情况下，也有一部分村民选择其他的生计，扩大着信仰圈层。但村民自知，出身的底色并不容易抹去，所以也不反抗，甘做底层，维护整体寻求归属。

三、矛盾与调适

俊巴村村民在寻求个体利益公平与寻求集体归属的行动中不断作出调适，看似矛盾，实则合理。他们追求个体利益但不要求利益最大化，彼此协作但要求给予和所得相当，整体凝结认同，追求平均和反哺。他们在交换和市场中穿梭，但守护集体的利益；接受底层生存现状，与世无争、自得其乐；被信仰体系挤压，但依旧遵循信仰规则，寻求生命过程的完整。整体中的个体、互惠中的得与失、资源分配的多与少、身份归属的内与外、精神认同的同与异就是俊巴村村民生存与适应的核心，也体现在他们的行为实践中。

第六章 转型期的调适与重构

1982 年 6 月，曲水全县实行改革开放。当被问到村里哪年分田到户时，很多人都能准确地说出年份，由此可知土地在村民心中的重要性。改革开放也是村中多样化生产经营的开端，职业更加多元化，逐渐出现了明显的阶层分化。随着旅游开发、援建、帮扶等项目的开展，村民试图将物质资本转化为文化资本，在个人职业行为上的选择更加多元化，在发展的场域中不断寻求新的适应。

第一节　社会地位的重组

一、俊巴村基层干部与村落能人

1984 年，俊巴村分田。据拉巴回忆："民主改革后也有分田，那时只有 1—2 亩地，质量不好；后来土壤改良，开荒、积肥等，土地多了、土质好一些，收成高了，到 1984 年每户分 6 亩，后来又分了些荒地，现在一共有 13 亩。"分田时每户的土地数差不多。也有家里没劳动力的，选择把田交回村里，外迁户的土地归村里。村中土地不得闲置，不能出租，只能自家耕种。村里有基层组织去协调各项事务，解决村民矛盾，分配各项工作。

（一）行政管辖与基层组织

1. 村委和联户长

1980 年 6 月，曲水县撤销 17 个人民公社改革委员会，建立人民公社管理委员会。1984 年 11 月，政社分开，建立乡人民政府，俊巴村隶属茶巴朗乡。1987 年，曲水县对 17 个乡进行调整，撤并为 1 个镇、9 个乡、118 个村民委员会，俊巴村属于茶巴朗乡下辖的第二村民委员会。1999 年，曲水县行政区划调整为 1 个镇、5 个乡、17 个村民委员会，俊巴村隶属的茶巴朗乡成为曲水镇下辖的一个村民委员会，俊巴村为茶巴朗村民委员会二组。在村民口中，称俊巴为村，依旧称茶巴朗为乡，去茶巴朗办事仍会说去乡里办事。

基层行政管理者为大村主任和小村主任，还有一个妇女主任。俊巴村成为茶巴朗村民委员会 2 组后，村主任改称"组长"。组长每三年一届，由村里 18 岁以上 60 岁以下的村民集体投票选出，至今当过组长的有旺堆（老乡长的儿子）、巴珠（跑运输）、次仁（俊巴皮具技艺"非遗"传承人）、尼玛、普布（老皮匠）等，到2015年，格桑扎西已经当了9年的大村主任，新当选的小村主任是从才纳乡入赘的扎西达娃。妇女主任是俊巴村幼儿园的老师。平时村里、镇里、县里的通知，要求均由2名组长传达，工资、补贴款等也是由组长来发。村中的收益由组长和妇女主任共同管理，收益下发和村中重要决定由村中各户代表共同开会讨论确定。

2013年曲水镇实行"联户制"，按每10户选出1个代表管理相关工作，称为"联户长"，俊巴村共9名，8男1女。村中的联户长基本是曾经的老村主任或能干的村民，多为党员，有些懂点文化。唯一的女联户长是2015年底当选的。选联户长也要全村集体投票，会选懂点文化、热心、能帮大家做事情的。村中的组长和妇女主任每月有1 200元工资，联户长们每月有200元补贴和可报销50元电话费。

2016年1月30日，茶巴朗村召开村委会会议，感谢全村10个小组（自然村）各联户长们的辛勤付出，并给大家发补贴、敬酒。此次会议主要总结各组的工作、成绩，喝酒（啤酒和青稞酒），并欢迎新加入的联户长。全行政村共有40人参加，女性7人。女性要帮忙端碟子和倒酒、甜茶。达瓦新当选联户长，表现很积极，穿毛呢大衣、牛仔裤，拿皮质手提皮包，这是前一晚特意挑选的。她在会上作为代表唱歌助兴，很大方，赢得阵阵喝彩。村书记给每个联户长敬酒、献哈达，以示慰问。开会氛围热闹又亲切，敬酒、唱歌，就跟联欢会一样，没有行政等级之分，关系平等融洽。会后，联户长们去四组的茶馆里喝茶、吃咖喱饭，钱从组里（俊巴村活动经费）出，算作组里联户长们的聚餐费用。

2016年1月31日，俊巴村开会，全村80多户，每户都派一人参加，村里皮具合作社的院子里挤满了人，女性参会者有七成。此次会议主要是讲藏历春节的时间安排，定规矩：①不能打架、不能斗殴，违反罚3 000元；②新年头10天不能去朗玛厅（歌舞厅），违反罚250元；③每家都要打扫卫生，弄干净牛粪，联户长负责检查和帮助，如果不干净罚个人3 000元、联户长3 000元；④只有藏历年二十九以后才可以放鞭炮，要注意安全，否则罚3 000元；⑤春节各家店铺不能卖小枪之类的玩具，否则罚300元。另外，由各联户长负责动员各户给村里的贫困户捐款，每人不少于5元。村里的贫困户是丹增和拉吉。村民知道罚款的金额是吓唬大家的，况且一般都会遵守，也就对惩罚无所谓了。这天晚上，达瓦召集联户开会，刚当选联户长的她很认真地主持会议，参会的都是女性。达瓦提及早上开会的内容,如检查卫生,说到联户里有一户只有布拉和无劳动能力的儿子,家中没女人,动员大家去帮忙打扫卫生。这是做好事,上报乡里能争取2016年评选优秀联户,有奖金发。在达瓦的动员下,捐款的事各家还算积极参与,最少的捐50元,最多的捐100元,哪家都不想落后,共捐了600元。第二天把钱交到村主任那里,达瓦组是捐款最多的。村中茶馆里很快就议论起来,有些联户才捐了200元,有些联户只按最低标准捐了,达瓦联户的妇女们就抱怨起来,说"让捐那么多,是自己想出风头,太年轻了,没经验"之类的话。

组长和联户长的工作能力如何在村民心中自有一套评价标准,"好"的标准就是公平,以前曾有村主任因做事不公平被大家投票撤下来。如果能带领大家致富,能给村里拿到项目,使村民有更多收益,那就更好了。"因此,即便是对社会权威的最为宽泛的表述,也暗示了那些要求社会特权的人应尽义务的规范结构。"[①] 2015年望果节时,拉萨某文化企业的赵总来村里采风,带了摄影师和画家来,以牛皮船舞和望果节欢庆场景为素材,创作了影像资料和画作,成为该企业盈利链条上的关键因素。但村民对他们的来意与能将"文化"转化为"生产力"的路径无从知晓,只认为他们是旅游者,而达瓦充当赵总的翻译,是他的朋友。赵总给了村里5 000元作为望果节的采购和活动经费,各户都分到了啤酒和饮料,于是村民将这好处归结到达瓦身上,认为她是有能力的人,这也成为她当选联户长的关键因素。与赵总成为朋友依赖于达瓦早年做小生意和在拉萨姨妈家当保姆练就的语言(普通话好)和处事(有礼貌)优势,再加上她善于经营关系,会时常问候和联系"朋友们"。社会关系成为决定身份与权力的关键因素,能否联系外界并为村中带来利益与机会是考量村民能力的标准之一。

2. 基层党员

村里人都积极争取加入共产党,尤其是年轻人。至于入党的原因,很多人又说不出来,多是觉得光荣。达瓦心直口快,说作为党员,有更多参与村里事务管理的机会,也更受尊重。很多时候,党员需要付出的比非党员多。

在村里,党员都要认点字,村民讨论事情也会找党员商量。村民对于党员应该做什么并不清楚,只知道党员去开会后总会带回很多新的信息,

---

① [美] 詹姆斯·C. 斯科特著,程立显、刘建等译:《农民的道义经济学——东南亚的反叛与生存》,南京:译林出版社,2013年,第232页。

讨论的时候可以发表意见。很多党员是村民公认的能人。农民身份的党员虽然要交党费，但交得很少，不会成为负担。村中的联户长们大多是党员，作为每10户的基层管理者。基层党员的选拔决定权在村委会和党支部。2015年达瓦当选联户长，村里也就推选她入党，她为此争取了好多年。

（二）能人

1. 鱼庄经营者 JX

JX 的爸爸是20世纪60年代的老乡长，没有多少文化，但能言善道，1962年被选为乡长，后来又学习文化，写得一手好藏文，干了20多年的基层乡长，1986年底退休。老乡长有四个儿子，大儿子和二儿子是村里最早读书的，后来中专毕业当了公务员。三儿子是现在茶巴朗村的村主任，子承父业。最小的儿子就是JX，现在是鱼庄的老板。

20世纪70—80年代，JX 的爸爸去乡里上班，两个大哥哥去拉萨上学，JX 和三哥去打鱼，17岁的 JX 能讲一点普通话，负责去拉萨的药厂、部队的食堂卖鱼，有两个哥哥在拉萨，有事情方便帮忙。改革开放后，村里分了田，他家也种地、捕鱼，1998年以后，村里有人出去打工，女的去做保姆、当服务员，男的出去开车或做其他工作。家中有些积蓄的 JX，2005年在县里开茶馆，干了2年，生意还可以，最好的时候一天能赚200多元。2007年修"两桥一隧"，他和妻妹的老公合伙在机场高速和出村口的交界处找了一块草滩地办鱼庄，那里濒临拉萨河，交通便利，风景非常好。他用砖盖了一个厨房，添置了一些厨具。最初是搭帐篷，有3—4个帐篷，下面铺有卡垫。村民可在帐篷里吃鱼，有大锅和小锅可选，附近修路的汉族人也来吃，人均消费60—80元。2014年9月，庄里除了两个合伙人，还请了一个村民帮忙，闲时照看店，忙时帮助煮鱼并负责捕鱼，工资每天100元，包午饭和烟酒。JX 说：2010年到2014年的生意最好，吃鱼的人多，要提前定。鱼从20多元一斤卖到40元一斤，没有菜单，供应红烧鱼（分大锅、小锅）、烤鱼（鱼干经过晾晒后炸熟）、俊巴特色生鱼酱，价格不同，青菜、米饭也会供应，土豆丝、白菜、辣椒是常见的炒菜。人均消费在80—100元，如果喝酒的话更贵。有时夏季周末，拉萨附近的人会来吃鱼，JX 一天能赚3 000元。提起这两年的生意，JX 没那么兴奋，游客少了，一天都没人的情况也有。2016年，他干到9月就休息，帮家里干活，到来年4月再开店。

表 6 - 1　2013—2014 年俊巴鱼庄经营情况

单位：元

时间	收入				支出		利润
	200 元以下	200—500 元	500—1 000 元	1 000 元以上	食材	厨师	
2013 年 6—7 月	30、65	225、220、205、335	573、605、820	6 000、1 588、1 600、4 240	913、793	2 000、3 125	9 675
2013 年 8—9 月	195	300、420、215、470	620、820、570、785	1 300、1 500、1 300、3 570、1 800	180、243	0	13 442
2013 年 10—11 月	150	277、275、500	800、900	2 340	1 055	0	4 187
2014 年 1—3 月	2 095				795 、1 778（含买鱼1 478）	0	−878（含税400）
2014 年 4—5 月	150、70、190	465、405、285、400、400、365	530、815、766、690、650、715、700、800、783、536、1 000	1 262、5 100、1 200、5 840、2 400、2 172、1 760、1 900、1 200、1 300	1 384、537、550（买鱼）、375、220、1 177、5 600（买鱼）、594（买鱼）	6 337、4 340	13 735
2014 年 6—8 月	160	350	855、630、668、960	1 400、4 150、3 800	1 450（买鱼）、1 900（买鱼）、650（买鱼）、150、284、170、200（买鱼）	3 225	4 944
合计					20 998（含买鱼12 422）	19 027	45 105

　　从表6-1可见，2013 年 6 月至 2014 年 8 月应该是 JX 口述游客吃鱼多的两年。从鱼庄账目来看，2013—2014 年收入呈现季节性差异，春夏收入明显多于秋冬收入。夏季吃鱼的客人中超过 1 000 元/顿的居多，其中有 1 次是6 000 元，应为群体消费。总支出中买鱼占 12 422 元，厨师支出占 19 027元。总利润45 105 元。按 JX 和次旦平分，每人分得 2 万余元每年，也不算很高。为了节约成本，2014 年下半年 JX 试请了 1 个人，9 月到 10

月，出工日每天 100 元，负责打鱼、帮厨、看店，按一个月 2 500 元计，最忙的 4 月到 9 月，总支出 15 000 元，比买鱼和雇厨师帮忙便宜一半。如果不请人，两个人去打鱼，店就没人看，现在 3 个人，1 人看店，另外两个在附近打鱼，打回来在河里养着，随时吃、随时捞，节省旺季买鱼的成本。藏历 6 月，村里收割、去打鱼人少，客人又多，打鱼回来的人都卖很高的价格，买鱼成本比较高。

2. 鱼庄经营者扎桑

在村旁的白马拉措神湖边还有一个鱼庄。这个鱼庄所在位置原来是村里的小学，2003 年以后，村中小孩陆续去县里上小学了，这个位置就空了下来。直到 2012 年前后，县里发展旅游，想对渔村进行旅游规划和开发，对这块地进行了改建，建成可居住的简房 5 间，并把原来的教室改造成面积较大的长方形厅堂，摆 4—5 张圆桌，还有 3 间包间。来客也可以在鱼庄外的草场上进餐，庄里白天会支起大伞挡阳光，客人在伞下边吃鱼边看风景。

2013 年至 2014 年 6 月，次仁兄弟承包了鱼庄，每年交 4 万元租金给组长，作为俊巴村的收益，又从村里请了一些年轻女孩子做服务员，可是生意很差，赔了钱。2014 年 8 月鱼庄转给了扎桑，由他来经营，每年给俊巴村 2 万元租金。扎桑请了自己的弟弟帮忙照看鱼庄，厨师也是他弟弟。

来鱼庄吃饭的都是熟客，有些是扎桑的朋友，也有些是县里的人，需要电话预定，事先准备鱼。扎桑在村里的外号是"曲水县一卡通"，意为县里他熟悉，有什么事找他都能办。扎桑承包鱼庄后，开车来吃鱼的人的确比平时多了，如果需要看表演，他就请村中亲戚家的女孩出来唱歌、敬酒，也请过几户一起跳牛皮船舞。村里人的评价是他在外面的朋友多、关系广。

扎桑言语不多，喜欢喝酒、打麻将，早年丧妻，有两个儿子，没有续弦，儿子主要在老婆的家中抚养长大。他赚的钱也用来照顾老婆家人的生活。大儿子原来在边防检查站做零工，2015 年被调到曲水县公安局开车；小儿子大专学历，曾在四川当兵 5 年，2015 年被安排在县民政局，后来被调到曲水镇派出所做民警（属工人编制，非公务员）。扎桑在小儿子回来工作后给他买了辆轿车，价值 30 余万元，虽不算特别贵，但也是县里少见的名车。2016 年大儿子和山南的一名老师生了个男孩，放在俊巴村由扎桑的妹妹抚养，孩子妈妈偶尔回来，孩子也偶尔去山南看妈妈。

20 世纪 90 年代末，整个西藏的大环境是搞基础设施建设，修路成为最重要的部分，沙石开采、运输建筑材料等成为当务之急，对当地大型运输车的需求量大。工程一般都由国家承包，但运输车辆、建筑材料不可能全都从内地运上去，而且工人的高原反应也成为施工的阻碍，依托当地人便成为一条捷径。工程负责人选择雇佣当地人并租用他们的车辆，所给的工资相当可观。曲水和山南修"两桥一隧"① 工程开始的时候（2003 年左右），扎桑在隧道口靠近山南陇巴村（扎桑妈妈是从山南嫁入俊巴村，因此他在陇巴村也有亲戚）的一片空地上开鱼庄，最初是以帐篷和土房形式经营。吃鱼的食客中有工地上的人和一些汉族工程队的领导，扎桑学了一点点汉语，渐渐与这些人成为朋友，并在他们的指点下，把积蓄拿出并贷款买了大型运输车，雇人在工地上开车，2 年时间就赚得第一桶金（按 2015 年的费用，一辆车在工地上运输沙石一天的平均工资为 5 000 元，一个月按 25 天算，工资为 12.5 万元，除去雇用司机的费用 8 000 元和油费，4 个月还完贷款 30 万元，2 年的利润为 80 万—100 万元）。近 10 年时间，扎桑都有车被不同的工地雇佣，虽然中间有间断，但整体的收入可观，一个工程的基本收入都在 60 万—100 万元。2016 年，曲水县开展净土动物园建设项目，扎桑承包下产业园的鱼塘，打算在动物园开始运营后，由他来养殖园内的拉萨鱼和雅江鱼，并开饭店，负责牛皮船舞表演等。扎桑因承包鱼庄每年给村里交的 2 万元租金，被村里用来给各户分红，或给集体购买农用机械等，相当于各户从村里的经营中分得了好处，因此他在村中有不错的口碑。

3. 干工程者

村中第 26 户的两个儿子在尼木县承包砖厂，已经十多年了，很少见他们在村里。近 20 年西藏开发施工对砖、土、石等需求量大增，对大车运输的需求量大。他们家有一辆大型运输车、一辆皮卡和一辆小车，算是村里数得上的富裕户，在全县也有名气。但他们为人低调，老婆在家种地、照顾老人，一个女儿 2016 年考取了日喀则的公务员，另一个在内地读书。格桑达瓦跟着他们一起干，两家的关系较亲。格桑达瓦的父亲和这两兄弟的妈妈是亲姐弟，两兄弟小时候在妈妈家长大，与舅舅的关系很亲，于是带着舅舅的孩子一起干工程。有时忙不过来，他们会找俊巴村的小伙子帮忙，需要车辆运输的时候也尽量从村里找人，有钱给自己人赚。格桑达瓦家还在村里开小卖店，最早盖起了二层楼房。农忙的时候，格桑达瓦有时间就回来，多数时间不能回，就请老婆弟弟帮忙收，有事需要用钱就是他出了。他每次从尼木回来都会拉些货，如日常用品、饮料、啤酒、冰激凌、零食

---

① "两桥一隧"指拉萨河大桥、雅鲁藏布江大桥和连接拉萨河山南的隧道。

等，放在小卖店卖，家里老婆农闲时看店，卖货，也有些收入。

村民对他家很客气，一方面是因为他可以介绍临时工作，如运货、运砖，可赚点钱；另一方面是因为他赚钱后给村庙建了一个点灯房——专门供村里仪式活动或丧事点灯时供奉酥油灯的场所。每到年节，他会捐较多的钱给村庙，填补各种所需。虽然他没有把赚的钱分给村民，但通过供佛的行动，村民享受到了神佛对村庄的庇佑，这也是一种共享财富的方式。

4. 开车跑运输者

多年前曾有茶巴朗村民这么评价："司机是一个吃得开的职业，那会儿，想买什么就买什么，想去哪里就去哪里，想找什么老婆就找什么老婆。因为西藏需要大量的货物，这些货物都要靠汽车运输，所以司机不仅收入好、见过世面，还能买来别人见不到的东西，大部分家庭喜欢把自己的女儿嫁给司机。"[①]

2016年，俊巴村中、小型汽车（皮卡和小车）拥有量为30辆，29户家庭有车，占全村常住户（按80户计，不含拉萨回迁户和新分家户）的36.25%；村中有大型汽车（大型运输车和挖掘机）7辆，为5户所有，占全村常住户的6.25%。俊巴村村民跑运输始于2001年，有一批小伙子买了车，如尼玛2001年花2万元买了小客车，在拉萨和曲水之间跑运输，拉客和运货，一年半就能回本，每年还能赚1万多元。同时期的还有米玛、巴桑罗布、德吉老公等。

德吉老公很健谈，他给承包工程的老板拉货，一个月的收入有5000元左右，跑运输有十几年了，以前不喝酒的，现在喝了。他说没办法，跑运输要找熟人介绍，得喝酒才能成为朋友，才有工作。前些年好干，2014—2015年，拉萨堵车堵得厉害，曲水又修路，不好跑，一个月收入才3000—4000元，如果把车包给工地，一个月有9000元，但需要工地包工头同意才行。他帮忙拉货跑运输，有朋友找，也有运输公司找，能找到雇人老板是关键，所以汉语说得好、能有汉族老板的关系很重要。

个案6-1：尼玛的开车经历

尼玛从2001年至2007年在曲水县跑运输，赚了些钱，往返于达嘎（曲水大桥）、曲水镇、拉萨等地，找了媳妇也生了女儿，但

---

① 陈默：《空间与西藏农村社会变迁：一个藏族村落的人类学考察》，北京：中国藏学出版社，2013年，第162页。

至今没有正式结婚。2006 年左右，拉萨柳梧安检站检查逐渐严格，对往来的运货车都要检查，大货车是有交税的，小车是个人的，没有交税，所以政府不许开了。2008 年"3·14"事件后，检查更加严格，很多人就索性不干了，或者只在县里跑运输。

2010 年，拉萨开始发展旅游业，尼玛在拉萨开出租车，一开始给人打工，开晚班一个月 2 000 元，后来他借钱包了一辆出租车，自己单干。但一个月光租车费就要 9 000 元，还有油费之类，赚不了多少钱。此外，他和河南、四川的司机比起来没那么勤劳，喜欢吃喝，又不想早起晚睡吃苦，挣得自然不多。2015 年初，他瞒着家里人不跑出租了，四处打工，给别人开车，有活的时候一个月有 5 000 元，没活的时候就没有收入。2016 年，他老婆在达嘎乡盖房花去七八万元，他只能跟俊巴村这边家里再借 5 万元，自己开大货车往返于拉萨和那曲还账，一个月有 8 000 元工资。他从 7 月干到 10 月又不干了，说太辛苦，天气太冷了，等春天再干。尼玛会抱怨自己没有稳定的工作是因为家里没关系。

俊巴村的小伙子们在曲水县算是有商业头脑的，早年家里卖鱼、做皮具有些现金收入，就用来买车跑运输，算是有见识的，也挣了些钱。曲水县最早靠跑运输赚钱的就是俊巴人，现在村里人开车出门，在 318 国道看到在路边拦车的村民都会主动停下来，不认识也停，不收费用。旦增说："10 年前就这样了，路边有人就搭上，出行不方便，能帮就帮，都是一个村（行政村）的，大家都方便。运货之类的就不同，那要收钱的。"比起现在曲水县城零散的私家出租车从县里到俊巴村口 50 元每趟的价格，俊巴村的司机师傅们显得太善良了。

5. 从运输回流当渔民者

2008 年以后，随着找关系挖门路风气的流行，跑运输的利润低了，关系成本高了。曾经在 21 世纪前 10 年在俊巴村很流行的运输业开始被放弃，跑运输者继而回到村中，重回打鱼和卖鱼的行列，偶尔有朋友介绍或有工地用车再过去。捕鱼时 2 辆车一起去，一辆运人，可用于休息，一辆运牛皮船、网具、氧气瓶、生活用品（锅、水壶、盐、简单的行李）等，捕鱼回来后在车上铺塑料膜，支个架，往水中充氧，保证运到市场售卖的鱼新鲜，汉族顾客只买活鱼，堆龙批发市场的水产老板不收死鱼，以前他们也去拉萨西郊菜场的水产店送货，做水产生意的多数是从四川过去的汉族人。

　　回村继续当渔民的小伙子有边巴达瓦、扎西、热布、巴桑罗布、尼玛扎西、德吉老公、拉萨尼玛。这些人捕鱼兼运输，有工程再跑跑零活，对市场的适应能力更强。回流的渔民巴桑罗布说："虽然佛教说打鱼杀生，但我们本来就是渔村，如果有其他工作收入比打鱼高，我们能干，那就不打了，可是去拉萨打工也就每天 100 元收入，村里有项目干活也是每天 100 元收入，这就没必要去拉萨，住宿还要花钱。所以我们平时打鱼，有活才出去打工。冬季是农闲时间，捕鱼次数不会太多，但过节需要采购，以前过年前几天不打鱼，但 2016 年年前 5 天还去打了 2 天鱼，因为去拉萨市场买鱼放生的人多，我们保证鱼是活的，给他们放生。"

　　现在，巴桑他们开车去打鱼，卖鱼所得划分，车主算 1.5 份，牛皮船船主算 1.5 份，剩下的人每人算 1 份。氧气、网是集体买的，扣除汽油钱后再分。他们一般四家一起去，都是亲戚，相互之间好说话，不会吵架。这四家一家是巴桑爸爸家，一家是巴桑爸爸哥哥家的女婿，一家是巴桑爸爸阿佳家的小儿子（表哥），还有一家是布拉兄弟的儿子（也算表哥）。巴桑说："2016 年 1 月去了 5 次，每次 3—4 天，打雅江鱼，卖了鱼再回村里。若去日喀则或山南，就去拉萨市场卖。一次能捕鱼 200—300 斤，每斤卖价 12—15 元，不贵，总共可得 3 000—4 000 元。四家中，有车有船算 1.5 份，单人算 1 份，除去汽油钱 900 元，剩 2 000 多元平分。我出车，一次能分700—800 元。一个人最少也有 500—600 元收入。我一个月去 5 次就有将近4 000 元收入，去得多点有 5 000 多元，跟在外面给人家开车差不多。"

　　据巴桑以上介绍，渔民一个月打鱼 5 次就有将近 4 000 元收入，计算下来工作 20 余天，比在外面打工自由，再干点零活也有 1 000 多元。他老婆在皮具厂上班，一个月有 1 000 元左右收入，少时就 500—600 元。全家 4个大人、2 个小孩，一个月有 6 000 元左右可供花销，生活还算可以，在村里算中等偏上水平。有些老人做皮具的，收入更高。而且男人在家里，能帮上忙，农活等都可以干，比在外面好。藏历 12 月要采购，捕鱼少，1 月新年、2 月春播在家，4 月不捕鱼，6 月望果节、秋收，7 月打谷，很少捕鱼，全年去的次数比较多的月份就是 3 月、5 月、8 月、9 月、10 月、11月，全年打鱼收入有 2 万多元。每月初八、十五、三十，老人不让打鱼，会尽量避开。

　　现阶段，对渔民个人职业的影响因素还在于家庭收入，在收入相当的情况下，能选择其他职业就选其他，如果其他职业的收入不及打鱼，就继续在家当渔民、种地，干些村里的零活，如果外面有雇请散工或工程队跑运输，再临时出去跑。

有学者曾对俊巴村所属的茶巴朗4组做过调查，对村中2001—2007年从事运输行业的人数、产值占比进行统计，认为"随着道路的改善，运输收入在整个经济收入中占有重要地位"[①]。根据我的调查，运输行业作为主业的热度只能算昙花一现。上面提到的统计数据显示，2005年茶巴朗村运输收入最高，占全年经济收入的42%，但2006年降到18.6%，2007年略升至25.7%。2008年后，随着交通法规的完善和严格，完全放弃或部分放弃运输的人数占相当大的比例，没有驾驶证是导致放弃此生计的重要原因。因此，在俊巴村出现从运输行业向渔业等其他行业的回流潮，有些去拉萨开出租车，有些回村里捕鱼，等有雇佣需求再去短时间跑运输。此种情况说明，外力或者市场的作用都对村民的生计选择有影响，放弃原有生产方式的前提是能否适应新生产方式所需要的条件，一旦新的生产方式受到外力挤压，没有延续的发展空间，脆弱性凸显，很多人就会放弃，重新选择传统生产方式。此处亦说明在转型迅速的西藏社会，跟踪生产方式的转型不能看某一短时段的呈现方式，要有长时段的观察，追踪调查也很必要。

二、作为参照的陇巴村基层组织

（一）行政隶属

陇巴村隶属于山南地区贡嘎县甲竹林镇沃拉乡，陇巴老村与俊巴村相距20余公里，新村更近，相距15公里左右。"陇巴"的表面意思是在水边居住的靠山面水的人，隐含意思是靠水生活的人，即打鱼的人——渔民。山南地区对渔民村的称呼更为隐讳，没那么直接。

陇巴老村背山面江（雅鲁藏布江），村内沙质土地很难种植作物，因此村民历史上基本以捕鱼为生，户数很少，民主改革前仅10余户，现在算上分户的共36户。如图6-1所示，俊巴村在陇巴村的西北面，"两桥一隧"的西侧，以前有嘎拉山相连；山的南面为山南地区，山的北面为拉萨市曲水县，此处也是吐蕃王朝末期拉萨河谷和雅砻河谷各酋邦征战最激烈的地区。全村农田少、沙地多，只有少量副业，以捕鱼为主业，一直延续到2000年。陇巴村最重要的通婚圈是俊巴村，与附近的村落如昌果乡等也有

[①] 陈默：《空间与西藏农村社会变迁：一个藏族村落的人类学考察》，北京：中国藏学出版社，2013年，第162页。

少量通婚。20 世纪 80 年代，大量陇巴村男性入赘俊巴村，逢年过节会带生活必需品回陇巴村，两村间换工频繁。直至 2000 年，陇巴村的主要生计依然是靠牛皮船捕鱼售卖。

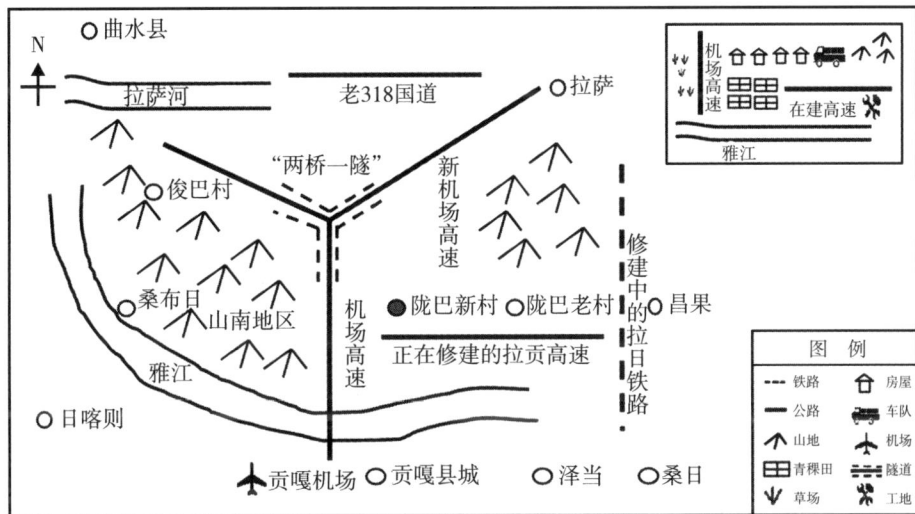

图 6-1　陇巴村位置及村内布局

"过去的陇巴村曾是个有名的穷山村，位置偏僻、交通不便，村民们买火柴也得花两小时乘牛皮筏到南岸（贡嘎县）。更令村民们头疼的是，村庄地处河谷风口，每逢冬春风沙遮天蔽日，村民无法出门，生产没法搞。……村里全是贫困户，外村人都看不起陇巴人，小伙子更是连媳妇都娶不上。"① 这是山南政府网站对陇巴村搬迁前的描述，可见当地确实十分贫困。在政府加大对西藏投资扶持的机遇下，大量项目涌向了陇巴村，该村因荒地多，土地征收成本较低，少量农田被征收为高速路开发用地，机场高速建设、"两桥一隧" 建设和拉贡高速、拉泽铁路建设都在陇巴村附近，村民依靠基础设施建设获取了不错收益。

2001 年，国家投入 115 万元将 36 户村民从老村整体搬到新村的地址，房子由国家统一建设。新村在两桥隧道口下，一开始村民是给工地打零工，后来因高速路建设征地，村民获得一笔征地补偿款，每亩补偿 3 万—8 万元不等，每户均获得 20 余万元，便贷款买大型运输车、挖掘机，组建车队，于 2008 年集体搞运输。建筑需要石头，陇巴村后山有较好的

① 张维：《贡嘎县陇巴村搬迁搬出新天地》，山南网，2011 年 6 月 22 日。

石材可做石砖，2006 年 8 月，村里以"党小组 + 企业 + 村民"的模式，通过村民集资一半、国家扶持一半的方式，筹资 135 万元，在村东的大山上开起了采石场，给建筑工地送料。现在陇巴村有集体车队、采石场，在贡嘎县是最富裕的村。

2001 年，陇巴村行政上隶属于山南贡嘎县甲竹林镇沃拉村，为第六组。2015 年，依托机场的建设，山南贡嘎县甲竹林镇全区域及贡嘎机场全区域被划为西藏自治区空港新区，规划总面积 378 平方公里。2016 年，陇巴村改隶属西藏自治区空港新区甲竹林镇沃拉居委会，陇巴人成为城镇居民。

（二）村民工作由村委统一安排

陇巴老村曾出过贡嘎县的副县长，他后来在山南地区民宗系统任职，现已退休，随女儿、女婿居住在拉萨。2016 年夏天，我在陇巴村村民的欢送活动（为村民中有孩子考上大学庆祝的仪式）中见到了老县长和他的家人。他是欢送家庭主人的亲戚，专门从拉萨赶来道贺。

除老县长的家庭外，陇巴村公务员阶层较少，村中男性成年后务工的多、读书的少。2016 年，村里仅有 5 名在校大学生（1 名女性），是该村第一代大学生。而此时俊巴村的第一代大学生已经本科毕业工作 4—5 年了。陇巴村搬迁新村时有 36 户，约每 10 户 1 组，共 3 组，每组多由亲属构成。每月 8 日、15 日、30 日，3 组中的各户女性会集体拜水神和山神，每组轮流留 1 个家庭准备午饭和酒水，招待拜祭归来的女性。各组亲属间的日常走动非常频繁。

陇巴村村民的日常工作自 2002 年搬迁完成后基本依赖附近的建筑工程，由村委按每月每户的工作量分配参加工地劳动的人员，基本保证每户参与劳动的机会均等。在工地打工成为放弃捕捞生计后村民的主要工作。2006 年增加了采石场的工作，也由村委会协调每户的工作量。其间，村委会卖出一块荒地给山南驻兵部队，这笔收入归集体所有。

2006 年，村民用征地补偿款买车组建车队，集体搞运输。车队选出正、副队长，与村委会平级，参与村中事务的讨论。当时村委会由达瓦（正村主任）、索朗杰布（副村主任）和村会计（正村主任的连襟）组成，车队的正、副队长是布琼（副村主任的连襟）和其加次仁（正村主任之子），村里在安排工作时尽量照顾到每户的利益，注重公平，以免各户有意见。2015 年，原陇巴村的村主任达瓦升任沃拉居委会副主任，其弟弟索朗次仁被村民选为新的村主任。索朗次仁和索朗杰布作为村委会的主要负责人处理村中事务。村中工作基本由正、副村主任商量安排，这两家的亲属对村主任的依附程度相对较高。

第二节　生产资源的重组

俊巴村与陇巴村都是渔村，在漫长的历史时期，两者发展路径相似。到 2000 年之后，两村在发展的场域下均面临转型。俊巴村和陇巴村在转型过程中，均对自身的生产资源进行重组，但选择了不同的路径。俊巴村延续了传统的捕捞、皮具制作生产方式，依托扶贫的资金支持（60 万—80 万元）开办皮具合作社，部分村民借助旅游的发展开办藏式鱼庄；陇巴村则在国家扶贫的资助下先后投资近 200 万元使全体村民放弃原有生计，以采石加工和集体运输为新的生产方式。两村转型适应的路径不同，对地方社会的影响亦遵循不同的方向。

一、俊巴村村民对捕鱼权和鱼资源的自觉捍卫

虽然职业的多元化选择让村里人可以从事不同的生计，但 2016 年村中仍有近 30 户村民选择继续捕鱼，因为收入可观。2010 年以来，拉萨河流域限制捕鱼，以解决 20 世纪 90 年代之后水域整体鱼资源逐渐减少的问题。国家法规关照了俊巴村的特殊生计，虽然拉萨河流域不给捕鱼，但在鱼类非产卵期可以在下游地区自由捕鱼。村民如果看到开着电动艇在河上撒网捕捞的人，会进行驱赶；如果看到开车到村口林边垂钓捕捞的人，会自觉劝阻。

2015 年，俊巴村引入一个拉萨河野生鱼养殖项目，占用村中一处水塘，每年给村里 4 万元租金，注册的公司是曲水县白马拉措湖野生鱼养殖公司。养殖项目建设期间，雇佣村中劳动力和租用村中车辆。租用村中拖拉机挖渠，每天 300 元；盖 3 间房，人工每天 100 元，总工期 2 个月。村中各户轮流出车和出人，每户都有机会参与工程。挖好鱼塘后，项目建设者放入鱼苗，在鱼塘前面立一块牌子，很少过来管理。村民觉得可惜，说鱼在鱼塘里面是活不了的。他们认为承接此项目的老板不懂养殖技术，虽然有每年 4 万元的租金，但总感觉村里的资源被浪费了。随着市场经济的深入发展，

俊巴人逐渐有了文化的自觉，意识到拉萨河的鱼以及跟捕捞相关的文化都是属于渔村的可利用资源，也开始明白渔村在曲水旅游开发进程中的作用，自主寻求对鱼资源和捕鱼权的保护与传承。

二、俊巴村的旅游开发：多重力量的介入

（一）俊巴村的旅游规划

俊巴村关于旅游开发的基础设施建设一直在进行，但速度有限。很多惠民的基础设施受大家欢迎。例如，电磨坊直接给村民带来方便和实惠；2014 年修整村路，修缮村里的灌溉入水口（获 36 万元项目资助）；2015 年修了路灯，承担了防风固沙和植树造林项目（县里出资给参与民众补贴），修建了水边及草场的围栏等。

俊巴村的旅游开发成为申请各级各类项目的有效工具，但项目的执行与效果还缺乏有效的评估和验收。如上文提及的野生鱼养殖项目，是否达到预期效果，是否有持续发展的能力，还值得商榷。2010 年前后，随着西藏旅游热的升温，曲水县对旅游发展的投资热情加大，希望能通过旅游带动地方发展。当时在曲水镇要找环境相对较好，村落形态保存较为完整，居民生活水平不错，还有 1—2 项拿得出手的技艺的地方，就数俊巴村了。于是，镇里从江苏过来援建的汉族干部就委托上海某公司设计了俊巴村旅游发展规划书，具体规划面积 595 亩，规划期从 2014 年至 2030年。规划书从村庄定位、空间布局到发展思路均涵盖，包括公共空间、景观、水滨长廊、道路、停车场等，集行政、商业、教育、医疗、体育等众多功能于一体，根据总生态规模预计旅游承载力为 96 人/天。规划书的最后提及，重点项目投资估算需 3 286.56 万元。但上述规划随着那位汉族干部的调回和村委会换届就此搁置了，再说 3 000 多万元的融资压力对于曲水县来说太大，该规划最后无疾而终。旅游开发规划的科学性、合理性及可持续性非常重要，同时，对规划的执行和延续也是旅游开发能否持续的关键因素。

（二）媒体的介入

1. 媒体实践

为促进旅游行业发展并展示地方形象，政府会与媒体合作，加大宣传

力度。主流媒体对俊巴村的关注始于 2009 年，2008 年入村公路修成，结束了借助牛皮船进出村庄的历史，也使更多人关注和走进渔村。现阶段主流媒体对俊巴村的报道涉及秀丽风景和村落捕鱼、食鱼文化及皮具文化，也反映社会变迁、脱贫致富等主题，以文字、照片结合的新闻报道形式或用录音、录像剪辑而成的影视文艺节目为主。其中较有影响力的节目有：2015 年中央电视台拍摄的纪录片《第三极》；2014 年中央电视台《江河万里行》节目第 118 集"拉萨河 拉萨河口的渔村"；2014 年拉萨电视台《西藏诱惑》节目组拍摄的《雅鲁藏布江之梦》第 15 集"曲水河畔"。上述影视作品较生动形象地反映了俊巴村的自然景观，为观众展现了划牛皮船、捕鱼、跳牛皮船舞、鱼宴等情景，对俊巴村"渔文化"的传播有一定作用，很多走入俊巴村的"驴友"都是看了《第三极》后来寻找这个世外桃源的。

但上述媒介产品也存在一些问题，如媒体的节目制作存在着重影像轻内容的倾向，缺乏对文化形态的整体把握。具体而言：一是新闻报道存在短、平、快特点。记者进入村庄，在常规取景地拍几张照片，进入民居或皮具厂中采访几个村民或让"非遗"传承人讲几句事先准备好的话，再看一下牛皮船舞，到了中午在鱼庄吃鱼宴，至此全部采访完成，总耗时不超过 5 个小时，回去再写篇千余字的稿件。采访的程序化、流水化使媒介产品雷同现象严重，本不存在的"捕鱼节"在媒体的编造与复制后仿佛成了真正存在的，还说得有理有据似的，严重影响了宣传报道的效果。二是影视作品外包，以金钱换技术，缺乏文化内核。电视台、节目组拍摄的作品多外包给影视公司，从北京、陕西等地调导演和摄影师，按每集固定金额外包。为节约成本，多是让 1 个导演带 1—2 个摄影师进藏，要求制作速度快、视觉冲击力强，他们没有在村中的长时间体验和与藏民交流的经历，仅凭浅显的感性认识和真假难辨的网络资料填充作品，只是片面地展现"物"性文化，更别说整体把握文化内核了。

除了主流媒体外，自媒体也成了传播地方性文化的重要渠道。一些对西藏文化感兴趣的旅游者充当了宣传媒介，将自身经历、感悟、与村民的交流融入文字，更加真实。微博、微信中的文字和图片记录是此类传播的主要形式。随着自媒体和融媒体的发展，曲水县委宣传部也开通官方"双微"平台，以平民话语报道身边日常生活中的各种瞬间，这种互动形式拉近了受众与文化传播者之间的距离。县里宣传部的干部对当地情况相对熟悉，与村民接触多、有感情，起到了较好的文化传播效果。

2. 受众的感知

上述媒介产品的受众多是成长和生活在内地的非藏族群体，他们对西藏文化了解有限，常将其与"神秘""自然""淳朴""虔诚""艰苦"等词汇联系，在媒体所营造的拟态真实中与自我的想象结合，对俊巴村及"渔文化"建构出个性化的文化图景。少数寻迹而来的游客，其旅游动机正是对"他者"的搜寻，对所谓"原始和真实"的异文化的探索，并在已有的想象框架下找寻印证或反驳的证据，进而强化自身建构的文化图景。

现实中，短暂停留的游客并不可能如事先安排好的媒体一样看到村中较为完整的文化展演，如划牛皮船、捕鱼等就不是随时可见，跳牛皮船舞更不是那么容易见到。如果一定要体验上述文化要素，需要找村主任商量，乘一次船游拉萨河俊巴段要 300 元/人，看一次牛皮船舞表演要 1 000 元/人，对于普通游客而言，参与观赏的成本较高，不得不放弃。游客对俊巴村的认识也就仅仅停留在村落的风景、民风的淳朴与热情、皮具产品的制作观摩与购买上，与普通村庄无异。受众的想象与现实之间存在巨大的落差。村民喜欢的生鱼酱，汉族游客基本不敢吃，对雅江鱼宴的体验也十分有限。

俊巴村的"渔文化"在主流媒体传播的场域中是被想象、被拟态化的，但真实与拟态的决断主体，并非当地民众与原生态文化，而是游客和媒体人。资源与地位的差异，使短暂的来访者只能看到片面的文化展演与符号化的影像，无从了解文化的诸多要素与彼此的关系，根本触碰不到文化内核，因文化、语言、思维的边界而产生误读在所难免。

（三）"非遗"的发展瓶颈

作为唯一的自治区级非物质文化遗产的牛皮船舞表演延续了俊巴村原有的生计要素，在连续两年的山南地区雅砻文化节表演选拔中荣获舞蹈类优秀奖，被山南文化系统表彰。牛皮船舞也成为村民证实自己村庄有文化特色的资本，凝结了村民对于曾经的生计模式的认同。但牛皮船舞的发展也面临瓶颈。

1. 松散的舞队

拉巴次仁是自治区级非物质文化遗产牛皮船舞（"郭孜"）的传承人，国家级传承人扎桑于 2016 年 1 月去世。拉巴次仁的父亲和扎桑都是牛皮船舞的领唱和传承人，父亲去世后，他子承父业，拜了扎桑为师，跟他学领唱、跳舞。

2008 年，牛皮船舞成为国家"非遗"项目，为了传承文化，村里于 2010 年组建了牛皮船舞队，共 22 人，20 人背船跳舞，2 人领唱。平时县里有安排的采访和参观之类的活动，拉巴次仁要随叫随到，因此不好外出工作，就在村里开了茶馆。2014 年，舞队曾去四川成都等地表演；2015 年，村里有雪顿节表演任务，村委会就把跳牛皮船舞所用的船统一放置在村委会的院子里，并出资购买皮板新做了几条船。

实际上，舞队日常的资金有限，队员们也没有固定收入，积极性不高，排练不多，很多演出都是临时拼凑的，这也束缚了牛皮船舞的传承和发展。本来是民间娱乐、庆祝活动的牛皮船舞在发展的场域下虽然成为"文化资本"，但如何将"文化资本"转换为"符号资本"，如何以旅游业为依托促进自身发展，俊巴村还没有准备好答案。在望果节的时候，牛皮船舞回归其原始功能，村民自发集中在村中白玛拉措湖的草场上，背起船，引吭高歌，伴歌而舞。此时的舞蹈不涉及盈利，是村民对祖辈的敬意，是凝聚在村民心中的集体记忆。

2. 寻宝的文化商人

以牛皮船舞闻名的俊巴村吸引了不少文化公司到访，西藏卡若文化艺术机构就将俊巴村作为其艺术写生基地，将村中的景色、生活以及物质文化和非物质文化通过国画、水彩等艺术表现形式记录下来，并与村民一起过节，由专业画家采集文化要素。文化公司对村中文化要素采集完成后，会包装成文化产品（画作）推向市场，并获得利润。作为回报或补偿，文化公司会为村中的节日活动提供酒水、食品等经费支持。

在画家和文化公司的助推下，俊巴村的"渔文化"被搬上了艺术品市场的舞台，成为商品，从"符号资本"转化为新的"物质资本"，完成了文化再生产的过程。但此种转化的真正获益者并非村民，而是文化公司。2016 年西藏风情画作被送到欧洲展览期间，观展人群络绎不绝，画作成交情况不错。西藏地方文化随着艺术品的参展轨迹流动传播，这些艺术品成为欧洲人眼中的风景，也激发着更多的想象。

（四）游客与村民

1. 零星的游客与常来的食客

平时，俊巴村的游客并不多，我于 2016 年夏季连续三个多月在当地进行田野调查，累计在村中遇到的旅游者仅有十余拨人。旅游者分为以下几种类型：在拉萨工作的汉族人借假期短途出游；外地自驾游客来村中吃鱼，参观捕捞和皮具生产活动；文化公司人员来参观考察；村里人的朋友来"过林卡"。除了最后一类，其他游客在村中停留的时间不超过4个小时，基本上参观皮具厂、去神湖附近转转、去拉萨河边看看、品尝下拉萨鱼就离开了。虽然游客们都对村中的景色和皮匠们的技艺称赞有加，但与村民相对疏离，农忙时的村民不怎么理会游客的到来。如果游客闯入青稞田，村民会驱赶，生怕踩倒了青稞。游客与村民交谈，语言不通，沟通有限，村民会让游客买饮料请他们喝。村子离拉萨仅一小时车程，因此极少有游客留宿，一般会赶回拉萨事先订好的酒店或返回家中。

专程来俊巴村吃鱼的人相对熟悉村子，有附近村庄（如协荣村、陇巴村）、曲水镇的居民，也有在拉萨单位、机场工作的汉族人，他们已多次来吃鱼，对村庄地形熟悉，有鱼庄老板的电话，会提前预订。他们也不会在村内逛，以吃鱼为主。

2. 村民充当的角色

在藏族观念中，渔民处于社会底层，因杀生被歧视。即使到现在，在拉萨河水系以外被逮到捕鱼，也是会被辱骂或殴打的。对村民而言，捕捞是生计，他们关注的核心是生活和收入。

（1）村民的态度。

村中懂汉语的人不多，认识汉字的人更少了（除了在外读书的学生）。最初，如果有藏语频道报道俊巴村，村民都会围在茶馆或在家中观看，感觉自己的村子上电视很威风，哪个人在镜头里好不好看，也是村民谈论的话题。

村中懂点汉语的人就有更多上镜的机会，达瓦和措姆就是女孩子里普通话说得较好的，加上比较年轻，就经常出镜。但拍摄次数多了，村民也就不再好奇，看电视的人也少了。随之而来的负面评论是，"女孩子爱出风头，总想上电视"。大多数村民都是带着看热闹的心态。慢慢地，村民对参与媒体拍摄的热情也就淡了，尤其是农忙时，谁都不愿意去，怕耽误收割进度。

对于应付来拍摄牛皮船舞的人，村里很头痛。村里组织8个人，扛船、换装、跳舞，最少也要3个小时。村民累得要命，耽误了饭点，不能帮家里干活，还没有一分钱，时间长了，愿意跳舞的人就不多了。2010年以后，舞队有3次出去表演的机会，去四川、青海以及西藏的拉萨等地参加藏族的春节联欢晚会，可以免费去外面看世界，这时大家就情愿了。很多人经常把演出的经历挂在嘴边，以显示自己见多识广，还会给你看拍摄视频，证明自己说的是真话。现在，有媒体来村里拍摄牛皮船舞，年轻人都找借口不来了，舞队从 8 人减到 4 人，最后连这 4 人也不容易找全了。

（2）娱乐化参与和酬金。

2016 年 9 月中旬，农忙期刚过，商业电影《驻藏大臣》摄制组来俊巴村拍摄，这次剧组是付费的。村主任帮忙安排人，要兼顾公平，就要求以 10 户为单位，每单位派出 5 个人。全村共 80 户，就一共派出 40 个人做群众演员，以平均每人 50 元的标准（包含午餐）付工资，参演角色如清兵、轿夫、马夫、牛皮船船夫等。村民积极配合，有人把拍摄照片和视频发到朋友圈，获得很多人点赞。

对电视剧娱乐效果的追捧和利益的追逐，使村民愿意参与到以娱乐为目的的商业影视剧的拍摄之中。摄制组雇佣村民也降低了成本，增加了真实性，村民与商业剧组之间形成互惠互利的合作关系。

（3）由乐意拍照到抵触躲闪。

2014 年我进入俊巴村时，村民对外来人员拍照是很配合的，脸上往往带着淳朴的笑容。短短两年时间过去，2016 年我再次来村里时，发现有人要拍照时，村民会捂上脸或者直接说不能拍照。我详细询问才知道，以前有游客说拍了照片会寄来村里，村民还给他们留了名字和地址，请他们到家里坐，但人走了就没有音讯了，照片也没有寄回来，欺骗了村民的感情。村民感觉上当了，便不再同意外人拍照，只有熟识的家人、朋友才能一起拍照。

三、手工皮具合作社：内外力结合的村办企业

（一）早期的市场参与

俊巴村的皮具制作历史由来已久。各大寺庙高僧所穿的"夏松嘛"（皮制手工长靴）就是由俊巴村村民来制作的，用以交税。"达玛如"鼓是西藏宫廷音乐必备乐器，此种乐器在制作工艺上极为讲究，为俊巴村村民用鱼皮制作，制作工艺在西藏独一无二（但现已失传）。做皮具售卖成了村里很多 40 岁以上男性的选择，拿皮具到拉萨参与市场交换，销路不错。

次仁家的皮具作坊，由次仁和他弟弟共同经营，小有规模。2000 年前后，次仁兄弟去拉萨八廓街卖皮具，被一家德资皮具企业相中。该企业与次仁、尼玛、土旦三兄弟签订合作协议，下了订单，同时还帮助三兄弟设计皮具，并对其进行短暂的技术培训。俊巴村原来的皮具都是针对农牧民

生活制作，缺乏为市民设计的皮具，在接受培训后，次仁家生产的皮具以男女皮包、钱包为主，销量很好，纯手工、皮质好、耐用，渐渐有了名气。

2006 年，曲水县扶贫办和自治区团委联合对俊巴村进行帮扶，拟建皮具合作社。村中皮具制作的自治区级传承人次仁承担了组建新合作社的任务。村里于 2008 年完成厂房、展览厅等基础设施建设，将位于村口的位置给合作社。次仁家的皮具作坊于 2011 年正式更名为"曲水县俊巴渔村农民手工皮具合作社（简称俊巴皮具合作社）"，注册了公司和商标，次仁为法人。次仁是厂长，负责技术，营业执照和许可证上都是他的名字；尼玛负责销售；土旦带徒弟、开车。因为合作社建在村中，村里提供了厂房和展览厅场地，所以 2011 年合作社给村里分了一半收益。

（二）项目支持下的村办企业

1. 外来资金支持

能够得到项目的支持，对于村民来说是好事。县扶贫办 2014 年给村民购买了电动缝纫机、铁皮柜和 2 台小型变压转换器；2015 年发给合作社 24 万元扶贫款。合作社的发展逐渐走上正轨。表 6 - 2 是 2015 年部分俊巴皮具售价。

表 6 - 2　2015 年部分俊巴皮具售价

序号	品名	单位	价格/元
1	手工皮包 50#	个	880
2	手工皮包 22#	个	768
3	手工皮包 24#	个	338
4	手工皮包 61#	个	740
5	手工皮包 66#	个	680
6	手工皮包 38#	个	640
7	手工皮包 39#	个	860
8	狮鼻图形皮包	个	457
9	"美隆"挂件皮包	个	467
10	大糌粑袋	个	450
11	小糌粑袋（腾古）	个	150
12	马鞍包	对	450
13	藏式骰子垫	张	100

（续上表）

序号	品名	单位	价格/元
14	藏式骰子组合	套	1 800
15	靠枕套	个	230
16	藏戏手工面具挂件（大）	个	120
17	藏戏手工面具挂件（中）	个	80
18	藏戏手工面具挂件（小）	个	30
19	手工皮质钱包（大）	个	180
20	手工皮质钱包（小）	个	160
21	小牛皮船摆件	个	80

2014 年，拉萨青年志愿者协会给了合作社 5 万元，作为工人培训费，县里给工人培训奖励 30 元/天/人、老师培训劳务费 100 元/天/人。但 30 元/天/人没人愿意去培训，合作社就贴钱 20 元/天/人，也就是给来参加培训的人每天 50 元补贴，结果 5 万元培训费最后就剩 8 元。

2015 年，皮具厂的订单很多是项目（拉萨青年志愿者订的钱包 1 000 个×2 批）的支持，年底交货。

2. 稳定发展

2016 年，县里继续对合作社帮扶，发放扶贫款 25 万元左右。自治区团委帮忙联系了拉萨的皮具零售商"卓别林"售卖俊巴皮具。该零售商还定做了部分皮包，为合作社提供样板、配件、商标和辅助配料（如用山南的氆氇做氆氇皮包），收到货品后按销量给合作社结算。现在类似的合作公司共有 4 家。每年次仁三兄弟都会垫钱购买价值 11 万—12 万元的牛皮，从拉萨皮鞋厂订，自己也鞣一些皮。他们从外地买来晒好的山羊皮子，鞣制后做成藏戏面具、糌粑袋等。年底，等卖了皮具，付清了工资，剩下的收入才是三兄弟自己的，三人平分。截至 2015 年底，合作社已有总资产 35.11 万元，2015 年营业收入 9.51 万元，净利润 4.11 万元。2016 年，三兄弟每人能赚 4 万多元。

合作社有了非常稳定的订单来源和收入，皮具销量不错。合作社培训也成了曲水县的明星项目，扩大了学徒规模，给学徒每人每天 50 元工资，加强了对学徒的技术指导和监督。

俊巴皮匠一直以来都是男性，但合作社收了一些女徒弟（见图6-2），她们缝皮具更加细心。合作社制作的皮具和村里老人们制作的传统皮具的售卖网络同时存在，合作社会收购部分老人手工制作的糌粑袋。随着拉萨旅游的发展，单价较为便宜又有特色的小藏戏面具（零售价 40—45 元，批发价 25 元）和小牛皮船模型（两年间零售价从 80 元涨到 200 元，批发价 100 元）受到游客的喜爱，销量非常好。尼玛通过培训、会议、比赛、展销，组成了自己的手工艺人信息圈，大家互相帮助。原材料是如期交货的关键，皮子供应如果跟不上，来了订单也做不了。2016 年 10 月，因为新订的皮子没送到，合作社不得不停工一个月。

图 6-2　女村民在学缝制皮包

3. 展销和线下零售

2016 年 9 月，曲水县发改委主任打电话给次仁，让合作社参加藏博会展销，不需要支付费用。凭借自治区非物质文化遗产的招牌，合作社获得了很多展销会的入场券，云南、四川以及西藏的拉萨等地各种博览会、展销会均邀请其参加，布展场地免费，展销收益可观。合作社借自治区如火如荼的旅游发展分得不少红利。

来俊巴村的游客不能亲自捕鱼，也不一定能看到牛皮船舞，到合作社转转就成了必然选择，可以看村民制作皮具（见图 6-3）。很多游客后来与尼玛、次仁保持联系，成了合作伙伴。"慎独叔叔"是从苏州来西藏旅游的，2014 年参观了合作社，2016 年 8 月开了家手工艺品小店，想起俊巴的皮具，就通过电话和微信购买了 1 900 元皮具货品，并持续与合作社开展合作。村民的销售逻辑更注重情感：一方面，对外销售时，次仁很固执，因为皮子成本高，又是手工制作，定价不便宜，不肯降价；另一方面，对于感情好的朋友，就算不赚钱也愿意卖，定价很感性，有赚钱的需求，也有交朋友、获得情感与尊重的需求。受限于村中手机信号微弱、村民汉语水平不高和微信使用不熟练，村里暂时还没有微商，也没有将商品放到网上销售。

图6-3　正在做皮包的次仁

4. 手工皮具合作社的经营特点

俊巴手工皮具合作社从小作坊发展而来，由次仁三兄弟联合经营，吸纳村民10余人，有老板的儿子、亲戚以及关系较好的村民，如卓玛、达瓦、达琼、白珍、德吉、格桑曲真、卓嘎拉姆、小尼玛、希洛、措姆等。政府的扶贫项目资助其建设，其根植于村落社会，与村民联系紧密。合作社2015年净利润4万多元，2016年净利润应该在10万元以上。

从表6-3可见，早期皮子购买成本较高，但政府项目资金支持和部分订单缓解了压力；形成规模后，员工增加，员工工资成为主要支出内容，虽然利润明显提升，但总额不大。如表6-4所示，2016年上半年，合作社加大生产投入，一次性购买110 130元皮料，半年工资支出超过2015年全年工资总额。合作社积极参加展销，稍有起色，但总体来看，规模不大，与市场的结合程度有限。合作社与村落内部联系紧密，被要求请客时，也乐意与村民分享，获得了更好的声誉和村民的信任、支持。"六一"儿童节合作社赞助村里给孩子买礼物，同时，收购村民的部分手工皮具，经自己的渠道售卖，成为村内外皮匠业缘体系联系的枢纽。村办企业没有明显的追求利益最大化倾向，学徒若遇到工作与自家农活、收割活动相冲突，可灵活请假；年节与村民一起休息、参加集体活动。次仁三兄弟在身份上仍为普通村民。

表6-3　2013年4月至2014年12月俊巴手工皮具合作社收支情况

时间	收入	支出
2013年4月	皮具售卖2 928元	
2013年8月	皮具售卖2 640元 皮具定金10 000元（曲水县劳动局） 皮具售卖6 510元	买皮20 000元 买配件1 215元
2013年9月	皮具售卖19 870元	工资1 018元 买配件1 960元
2013年10月	皮具售卖8 855元	买皮27 000元
2013年11月	7 423+3 318=10 741元（完成8月订单）	
2013年12月	皮具售卖5 943元	买配件1 414元
2013年利润：收入67 487元-支出52 607元=14 880元		
2014年1—3月	皮具售卖15 371元	买皮4 770元 买配件170+1 220=1 390元
2014年4—5月	皮具售卖9 770+6 600=16 370元	工资30 578+2 404=32 982元
2014年6—9月	皮具售卖76 712元	买皮和工资小计31 572元
2014年10—12月	皮具售卖52 046元	
2014年利润：收入160 499元-支出70 714元=89 785元		

表6-4　2016年上半年俊巴手工皮具合作社收支情况

时间	收入	支出
1—3月	项目款200 000元（1月） 皮具售卖28 740元	买皮110 130元（1月） 买皮8 160元+工资39 740元=47 900元
4—5月	皮具售卖33 950元	买皮+工资=13 277元
6月	皮具售卖+展销=18 270元	工资24 848元 给村幼儿园孩子买礼物500元
7月		工资20 000元
盈余：64 305元		

俊巴手工皮具合作社的产生和成长得力于多方力量的互动。俊巴村的皮具制作传统是其基础；皮具售卖的传统网络是其传承皮具技艺的动力；政府项目为其提供了资金、市场等支持，使其得以借助"非遗"的名号扩大市场、提高知名度；联系来村的游客，通过添加游客微信开拓产品销售渠道，赋予其更多表现形式。合作社依托村内的内生力量与文化基础，借助政府外力支持，多渠道开拓市场，使项目取得一定效益。同时，处于乡土社会的合作社，在节日为村里提供赞助，村中的亲缘网络和平均、分享的观念让其尽量满足工人的需求，不会片面追求效率和个人效益的最大化。

四、陇巴村的生产资源

（一）车队

2008 年后，陇巴村各户都买了大型运输车，有的 1 辆，有的 2 辆，还有自己买挖掘机和铲车的。基本重型机械单价在 50 万元左右，小挖掘机 30 多万元，村民采取自家贷款或与兄弟、亲戚联合贷款（无息、低息）的方式购买。车辆不是越多越好，需考虑劳动力，若没有 2 人，买 2 台车就需雇请司机。村里各户共雇请青海汉族人 6 人，遇到问题时也可向其请教，每人每月 8 000—9 000 元工资，包吃、包住，每日提供香烟、饮料、啤酒，但汉族司机觉得村里的饭菜太简单、粗糙，很多去机场附近吃。雇请藏族司机每月须支付 5 000 元工资。车队延续集体出车的模式，由村委会统一安排工作、记运输量，主要运建筑、基础设施承包建设单位的沙土、石料，沙土采自雅江，石料来自山上。

村里的挖掘机一般包给工地，2 700 小时 4.6 万元租金；铲车 2 700 小时 2.6 万元租金；运输车就自己开，按运输次数给钱。汽油费、维修费由村民自己承担。村中按工作量每天轮流安排各户出车，出车次数每月各户基本保持一致，每天运输的趟数也一致，每天出车的家庭运 10 趟，运完不能多运，多运一趟下次就减一趟，少运的下次给补回来。村民非常计较出车机会和运输次数，每出 1 次车 1 天可赚 3 000—4 000 元，每多运一趟就多300—400 元，因此村民很介意，认为必须全村一致。全村现在共有运输车 52 辆、挖掘机 10 辆、铲车 19 辆。图 6-4 是藏历新年停在村中的运输车队。

图6-4 陇巴村的运输车队

根据运输距离不同，计价方式有所不同，有1、4、6、7、8、9—12公里的运输路线，每天各户出车运输的公里数也要一致。因为10公里内每公里2元，但每超过8公里则每公里加价2元，所以9—12公里的距离赚钱最多。为控制总量的平均，村里每天会记录出车情况，并对超过和不足的车辆进行调平。如表6-5所示，第1—8户各分配到不同的里程路线，短路线来回频次多，长路线则来回频次少，但每天汇总下来，总里程数均为57公里。使用车辆挖沙，每立方米有7角钱的环保补贴，由承包商付给村里，作为村集体收入。

表6-5　2015年6月13日全村运输数据汇总（节选）

户名	运输频次/次	总里程数/公里
1	6	57
2	8	57
3	10	57
4	9	57
5	8	57
6	8	57
7	7	57
8	8	57

2014年有7—8个月开工运输；2015年无运输工程，就给工地干活；2016年的工程承建商是中铁十七局，全年均需运输。村里集体开车有8年时间，只要有工程在陇巴区域内，就不能雇请别的车队，只能是陇巴村车队，在西藏建设的规矩就是这样。村民开车也有问题，很多人没驾照，存在安全隐患，因为没读过书，只有少数年轻人能考下来。按全年工作7个月，每月工作25天，每天3 000元运输费（不算挖掘机、铲车租赁费），1户有1辆运输车的家庭年收入为52.5万元，除去每月8 000多元汽油费，维修费等算8万—9万元，全年的运输收入有近40万元。工资第3个月发30%，第6个月发60%，工程全部完成后发剩下的部分，也有拖欠的现象，村民就会去俊巴村找亲戚借，先预付汽油费，发工资再还。发工资的时候是拿现金，用行李袋装着满满的一沓沓整齐捆绑的百元大钞，拎着走回家或开自家小车载回去。

（二）采石场

陇巴村采石场主要依靠村内的嘎拉山矿石资源，是经政府允许开采的。采石后进行切割，有专门的挖车敲击山石并进行人工切割。没有车队的时候，各户轮流采石，现在家中男劳动力开运输车，采石工作就各户自愿参加。泥沙资源来自雅江裸露的沙土，陇巴村中的"阿嘎土"存量较大，附近村庄包括俊巴村以前盖土石房子均会来陇巴村买土，此种土黏性强，所造建筑物坚固。陇巴村村民用此种土制作的砖用来盖房子也不错。现在盖房多采用砖石混合结构，不再用土了，只有修正场院地面的时候会用到此种土。

现阶段，陇巴村的沙石主要作为桥梁、公路建设的基本建筑材料。运输道路上的灰尘非常大，秋冬季刮风天满村均是尘土，即使是夏季的中午，陇巴村也是尘土满天飞扬，吃饭的时候看向窗外都是灰蒙蒙的。

（三）小卖店

随着内地施工单位在"两桥一隧"工程和高速建设工程所在地进驻，内地的消费模式逐渐带动村内零售业的发展，很多家庭的女性开起小卖店，仅40户的小村就有9家小卖店。村中还有2家小饭店，进村路口的一家卖炒面、藏面、鸡腿、炒饭、牛肉包子等，啤酒、饮料、香烟、方便面等供应齐全，中午大车司机会来这家小饭店休息，吃一碗炒面加鸡腿和饮料，吃完饭后再回家，较少在家中吃；另外一家小饭店在村尾的入口处，有饺子、藏面、炒面和酒水、香烟、水果售卖。村中的小卖店不专门卖主食，只卖啤酒、饮料等，晚上各小卖店里会聚拢自家的亲戚，成为饭后亲属聚会的空间。各户需要啤酒、饮料等均在自己亲戚所开的小卖店拿货，然后统一结算，一般不会从非亲属的小卖店中购买大量物品。

2015年，新上任的村主任索朗旺久家的小卖店开在施工工地的临时搭建房中，索朗旺久晚上去那里与看店的妻子同住。索朗旺久曾在拉萨开出租车，他老婆是林周的，在陇巴村没亲戚。当村主任前，他与哥哥（上届村主任达瓦）合伙买车跑运输。村主任在施工工地开小卖店，直接影响村内各家小卖店的生意，有些村民有意见。资源的分配，如果掺杂权力与私信，就不可避免会产生矛盾。

第三节　人际关系的重组

一、转型适应中俊巴村的人际关系

（一）必须请客的老板

曾经的俊巴村村民因出身于社会底层，全体从事渔猎和手工业，整体氛围相对平等，阶层分化现象并不严重。随着皮具合作社老板、鱼庄老板、运输队包工头等职业的出现，村民对他们的称呼也从原来的"阿舅"（大哥）、"相公"（叔叔）变成"老板"，雇员与老板之间的人身依附关系更为明显。例如，合作社的学徒在农忙时会被要求去老板家帮忙；学徒有困难，老板也要想办法帮忙解决。这些老板在村中的地位相对较高，对于村庄事务的管理也更有发言权。他们俨然成为村中的意见领袖。在村里的节庆活动中，合作社会给村委会提供赞助，用来购买集体的酒水和食品。

每次发工资，村民除了领自己的工钱，还会要求老板请吃饭。在贡嘎机场附近吃顿饭人均要 80—100 元，每次工人们要求聚餐，老板都答应，单次花费一般是 1 500 余元（12—13 人）。2016 年聚会 4 次，老板还带领大家去寺庙拜佛，集体去参观其他 2 家手工皮具合作社。村民觉得次仁家赚了钱没忘记自己，能带大家去吃饭很好。

延续捕捞、农耕和放牧生计的俊巴村村民虽然收入不是非常高，但有稳定的土地资源、原生态的环境和传承的技术。村中阶层分化已经出现，富裕的人会选择遵循村中共享的逻辑，反哺渔村，延续村中的亲缘网络，在节庆仪式中强化村落认同。

（二）公务员群体

20 世纪 90 年代初，茶巴朗乡老乡长的两个孩子是最早的大学生，去拉萨市上的高中，女儿考上了西藏民族大学，儿子考上了拉萨警校。2005 年以后，村里孩子考上大学的家庭多起来。2010 年以后，毕业的大学生（含本科和大专）纷纷在拉萨、山南、日喀则找到公务员的工作。

村中大学毕业的公务员们年纪在 24—34 岁，平时在村外工作，节假日赶回村里看望家人。他们多从事公安、医疗、文化系统和寺院管理等工作，结交的朋友多、关系广，也成为村中有本事、有见识的能人代表。对于家中事务，他们有比较大的话语权，给家里的经济资助也较多，尤其是盖房、买农机或采购家电的时候，他们在经济上承担更多。公务员还承担着为村里解决问题、为亲戚排忧解难的任务，亲戚中哪家有事情，都会先找在外的公务员们帮忙，不帮助村里人的，会被认为"忘本""没良心"。当然，公务员们回村，各户家长都是感到很有面子的，饭菜招待很好，亲戚都会拿酥油、肉干、啤酒等过来拜访，即使在亲戚中有地位的长辈也会主动来看望公务员晚辈，叮嘱一些经验和做事的道理。小时候一起玩的伙伴会趁此机会聚在一起喝酒吃饭。公务员群体在享受着厚爱与尊重的同时，也承担着义务与责任。

二、陇巴社会的转型与适应

（一）陇巴村捕鱼历史和生计转变

陇巴村捕鱼的历史和俊巴村一样，可以追溯到雅鲁藏布江边散居的小队群，进而聚集形成小规模的村落。陇巴村小、人少，占有荒地的面积很大。据旺庆布拉（74 岁）回忆："1959 年以前，村民去拉萨雪村交税，有鱼（干）税、鸡蛋税、草和桑税，但没有青稞税。捕鱼后除去用于交税的鱼干，就拿剩下的鱼去江对面的山南农区换糌粑，换得很少，不够吃。大概 2 条鱼换 2—3 捧青稞。怕被领主看到抢船和网，就晚上偷偷打鱼。全村分两组，一组往东、一组往西，每组 8—9 户，全部男性都去，女性带 1—2 人专门去做饭。当时村里只有不到 20 户，打鱼中途也换东西，鱼死了就晒干，换不掉的就带回家吃；有时也去拉萨卖鱼，从西藏大学后面的拉萨河入水，顺流而下，去到俊巴住一晚，再去尼木，打鱼后回村。"

渔网如果是羊毛织的，容易烂；后来村民去拉萨买印度的一种丝织网，不容易破。网坠是用石头，上面用木头作为漂浮片；网眼是 2—4 指的。陇巴村有 1 个专门补网的人，还负责看天气、水势。村民根据水的流向和颜色判断晴雨，夏天 7—8 月水太大了就不去打鱼。春天的鱼好吃，但贵；冬天也打鱼，但藏历新年前就不打了。旺庆布拉对村里的事情很熟悉，他说："冬天去打鱼碰到冰面很厚的时候，就用桨打破冰，把鱼往一起赶，能打到很多，但路途远，有时要 1 个月不回家。如果鱼多，就多派一个人回村拉牛来，把鱼驮回去。家中妇女会把鱼收拾好、晒干，等男的回去再卖，有时也会自己先拿出去卖。牛皮船用 1—2 年就破了，换皮要 30—50 元 1 张，或者把破的船换给牧民做马包，就可以便宜换回新皮子。小孩 11—12 岁就要跟着大人捕鱼、做船了，18 岁就可以自己打鱼、找老婆。陇巴村村民的结婚对象有昌果乡、桑耶寺那边的村民，俊巴村的比较多，也有卖鱼的时候在山南认识的，就成家了。渔民受歧视，别人不愿意来，现在看收入高了就愿意过来，在村里盖房子入赘。"

陇巴村人少，通婚不容易，存在姻亲间的优先婚，两个姻亲家庭，A 家庭的女性与 B 家庭的男性结婚后，B 家庭的男性血亲会优先和 A 家庭中的女性通婚，认为是亲上加亲，更加团结。更紧密的就是 A 家庭的兄妹俩与 B 家庭的姐弟俩结婚，即 A_1 与 B_1 结婚、A_2 与 B_2 结婚（如图 6-5 所示）。陇巴村的户数是分家和衍生出来的，第 1 户分出第 1、2 户，第 2 户子女分出第 7、8、

9、10、11 户，第 3 户分出第 3、4、5 户，第 1 户和第 3 户子女通婚，部分子
女及其后代在第 19、21、22、26 户。因此，第 1、2、3、4、5、7、8、9、10、
11、19、21、22、26 户之间均有血亲或姻亲关系。陇巴新村建设时建了 40 户
房屋，分 4 排，每排 10 户，第 1—10 户为 1 组，以此类推，共 4 组。每排的
10 户是亲戚，走动比较频繁，以组为单位祭拜祖先和山神、水神。

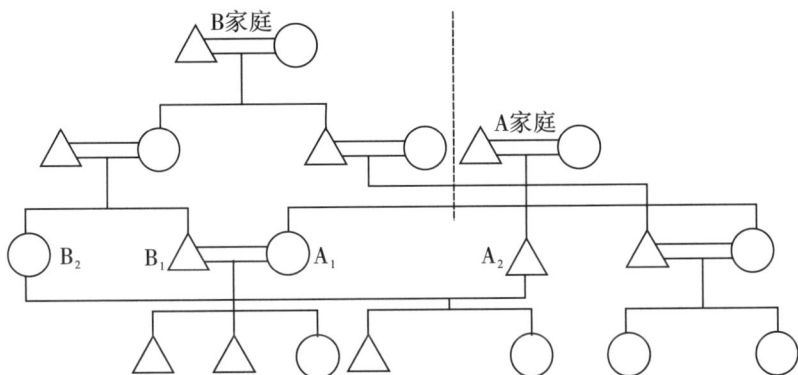

图 6-5　姻亲优先婚的类型

陇巴新村各户住房为政府统一修建，布局相似。如图 6-6 所示，进门为
两层的场院，与俊巴村的场院用于养牛羊、打谷不同，这里的场院主要用于
亲戚聚会，村子富裕后，男性开车跑运输等，女性亲属们就有时间聚会。

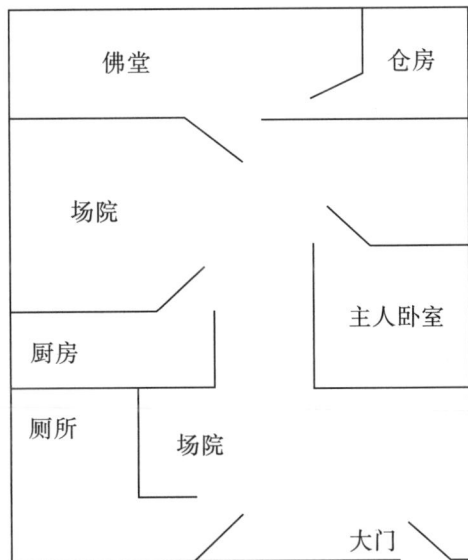

图 6-6　陇巴新村民居内部布局

（二）家庭类型与亲属边界

2002 年，陇巴村有 40 户，在车队组建和政府无息贷款的优惠政策下，村内迅速分户。因为银行给每户 5 万元无息贷款，多 1 户就多 5 万元的免息额，村里一下子扩充到 60 多户，但很多名义上分户的家庭还住在一起。如第 36、37、38 户是 1 户，第 39、40、41、42 户是 1 户，第 43、44 户是 1 户，第 45、47、50 户是 1 户，第 53 户是第 35 户的女儿、女婿。

如表 6-6 所示，陇巴村总人口为 216 人。村中家庭总数按实际居住户计算为 36 户（不算 2 户外嫁和 1 户喇嘛）。家庭类型中，联合家庭有 13 户，占比 36.11%，此类家庭中吸纳了大量未婚男女及其子女，单身男女年纪大了与兄弟姐妹居住，形成联合家庭；扩大家庭有 4 户，占比 1.11%；主干家庭有 5 户，占比 13.89%；核心家庭有 14 户，占比 38.89%。其中，陇巴村有 2 户家庭有汉族女婿，占比 5.56%。陇巴村与俊巴村的家庭类型反差较大，俊巴村是核心家庭与主干家庭居多，而陇巴村是联合家庭和核心家庭居多，陇巴村家庭成员的内部依赖程度要高于俊巴村。

表 6-6　陇巴村家庭人口统计

序号	户名	成年男性	成年女性	儿童	车辆	家庭类型
1	1、2	2	4	2	大车 1 拖车 1	联合
2	3	3	2		大车 1 拖车 1	主干
3	5	2	2	2	大车 1	主干
4	6	3	2		大车 1 拖车 1	核心
5	7—11	4	8	3	大车 2 拖车 2	联合
6	12	2	1		汽车 1 拖车 1	核心
7	14	2	1		大车 2 拖车 1	核心
8	16、17、19、20	5	4	5	大车 2 汽车 1	扩大
9	15	3	3		大车 3	核心
10	18	1	1	2	大车 2	核心
11	21	3	1		大车 2	核心
12	61	1	1		大车 1	核心
13	22、23	3	3	3	大车 1	联合
14	24、25	2	1	2	大车 2	联合
15	26	1	1	2		核心

（续上表）

序号	户名	成年男性	成年女性	儿童	车辆	家庭类型
16	27	2	2	2	大车2	主干
17	28、29	3	1	1	大车1	核心
18	30、31、32	3	4	1	大车3	扩大
19	33	3	2	2	大车4	联合
20	34	3	2		大车1	核心
21	35	3	2		大车1	核心
22	36、37、38	1	3	3	大车1	联合
23	39、40、41、42	3	4	2	大车2	联合
24	43、44	3	2	1	大车2	扩大
25	45	2	2		大车1	核心
26	46、47、48、49、50	4	4	1	大车2	联合
27	52、53	1	2	1	大车1	主干
28	55、60	3	3	3	大车2	联合
29	51	1	1			核心
30	54	2	2	2	大车1	联合
31	56	2	2	2	大车1	主干
32	57	3	3		大车1	联合
33	58	3	3	1	大车1	联合
34	59	2	2		大车1	核心
35	63	2	2			联合
36	64	2	2		大车1	扩大

陇巴村村民参与工程后收入逐渐增加，但基建运输非一家之力所能承担，买车多是几家亲戚出钱，司机也是家族中的年轻男性。收入增加伴随着联合家庭内部财产分配，稍有不如意就会产生矛盾。陇巴村本就不大，通婚圈又窄，亲缘网络相对集中；以正、副村主任为中心的两家亲属集团逐渐形成，当两家利益分配不合理时，就会发生矛盾。

运输过程中不可避免存在事故，矛盾激化于一次交通事故。2016年8月末，雨后路滑，1天之内村中3辆车出事故，其中1辆轻微擦碰，问题不大，但另外2辆侧翻，车上的人受轻微伤，还受到惊吓。在定责任时，道路施工方认为是村民技术问题，不承担修车费和医疗补偿；而村民认为，侧翻是由于道路积水和不平，是施工方没有修缮施工道路所致，理应修车和赔偿。施工方和村民争执不下，村民以罢工相要挟。面对事故，陇巴村的正、副村主任意见分歧很大。正村主任有小卖店开在施工工地，与施工方平日关系不错，便借口生病，不参与谈判；而受伤的司机是副村主任的弟弟，副村主任咽不下这口气，带领村民索要赔偿。最终，在山南交管局的协调下，施工方和村民各承担部分责任，政府给予村民一定补偿，村民的损失不会太重，这才作罢。

在西藏乡村快速发展的过程中，公权与私权的边界容易不清，使得亲缘网络在某种程度上依附于基层权力，如此一来，亲戚间的走动便变了味，带有功利色彩。一旦亲戚间的互助纽带被权利、义务和身份所捆绑，形成以亲缘为核心的利益集团，村内的矛盾就会加剧，乡村的发展也将遭遇瓶颈。村落内部互惠网络和亲缘、地缘、业缘体系的崩溃恐怕会使村落走向解体。

（三）年轻人的出路

陇巴村村民运输收入较高，年轻男性基本到初中毕业就不读书了，选择出来打工和开车，以赚取较高的收入。收入的增加，使得村民的消费能力增强，年轻人在快速发展的社会中，面对很多娱乐性的诱惑，成为城乡娱乐消费的主体，不健康的消费习惯导致年轻人的奢靡攀比和享乐主义，限制了村庄的发展。在外力作用下，渔村放弃原有生产方式，放弃自己的土地、资源与社会网络，完全转变了生产方式。此种转变虽然具有增加收入的效果，但长远来看，当山石等不可再生资源挖尽、工程建设完工，陇巴村村民的出路在哪里？原本和谐互惠、彼此联系的村中亲缘网络若在资源争夺与权力博弈中分化解体，陇巴村的年轻人极有可能在资本挥霍殆尽后重新归于贫穷。

第四节　小结

一、发展场域的适应层次

（一）由集体向个体的适应

在漫长的贡赋制社会，渔民依靠集体的力量生存，整合在地方社会的互助、互惠、交换网络中，整合在血亲与姻亲制度的联系中，采借共享行为规范和宗教禁忌，并衍生出地方性的话语，使自身得以生存，获得心灵的解脱。计划经济时代，以工分换公粮，也是集体行动，依托家庭和村落力量生存、发展。改革开放后，整体适应的俊巴渔民出现了行为、观念的分层，凸显了个体的能动性实践，呈现下列三种形态的适应：

1. 主动的适应者

村中最早的外迁户、乡长、乡会计接触了外界社会，意识到政治权力和政治身份在现代社会的关键作用，选择让子女读书，做公务员，完成身份的转化。采借更大范围（中国当代社会）的地位认定规则，不再局限于佛教的等级制度中，而是以公共权力换得社会身份，村中较早的公务员们属于此种情况。这些人并没有完全脱离地方社会，亲属网络、地方信仰引导他们回来，影响了较亲近的亲戚：有的依附于他们，提供家政服务；有的外出打工；有的较早接触市场，开茶馆、小卖店，承包砖厂，经营鱼庄等，这些人或有渔业售卖的经验，或有与汉族人打交道的经验，完成了身份的调适。此种适应所依赖的资源不再仅仅是生态资源，政治资源、人际资源成为可助个体发展的关键因素。

除了外迁的公务员群体，其他人在空间上还生活在村落社会，这些人依旧受村中规范、观念的影响，受亲缘和地缘网络的作用，这些主动适应者对整体的适应转型起到中介作用，极可能使渔民的整体适应走向不同的路径。

2. 卷入的适应者

一些人延续村中的皮具售卖网络，尝试扩大市场，逐渐显露优势：有些人出去打工，接触更大的社会与市场；有些人用家里的积蓄买车，开车跑运输，获得经济效益。然而，在更大的发展空间中闯荡后，技术的限制、学识的限制、有限的关系、有限的资本，让这些人意识到竞争的激烈与生活的不易，部分人选择回村继续原有生计，收入高低影响着个人行为的选择。这些人接触过市场，反应快，也灵活一些，容易抓住机会。他们以项目为依托，在村中整合资金、技术和人员，开办村办民营的合作社，既分得政治的红利，也分得经济（旅游发展）的红利。村民的身份使这些卷入者无法脱离地方社会，甚至自身的发展与村民紧密相连。村中的规则、观念、亲属网络对其影响力大，共享意识和在村中的口碑与威信也是卷入者们所关注的。

3. 自然的适应者

一些人延续传统生产方式，继续捕鱼、卖皮具，既不出头也不争先，守着土地和技艺，能吃饱、穿暖就行，自得其乐。他们在村民的互惠网络中穿梭，寻求村内的资源，有些成为皮具厂的员工，有些做村中委派的工作，赚补贴款，经济也不算困难。鳏寡孤独者在村中亲缘体系下依附于某个家庭，参与劳动，互助、互惠，也完全能够生存。此种适应是村民依据自身情况在理性考量下的主动选择，也具有必然性。

（二）转型适应中呈现的特点

1. 作为依托的村内社会网络

虽然适应形态各异，但这些人的共性是没有脱离地方社会的牵引，一些人貌似可以脱离，最终依旧折回。这反映了适应中的矛盾。渔民群体中的商品交换意识并不等同于市场意识，在集体中交换的渔民并不适应单打独斗的商品市场，渔民群体的生计和社会网络紧密结合，渔民参与简单市场交换，此种生产方式与封建农奴制和集体所有制之间链接契合，并产生商品经济的萌芽。渔民群体在市场经济下，一方面表现出灵活性，另一方面表现出单独适应的无力。从更深层次来讲，渔民群体当下的生产方式不一定与市场经济完全契合，因此他们可能会选择回到自己适应的社会结构和生产方式之中，缓慢渐变地调适。可依托的村内社会网络成为渔民适应转型中的留守资源，回归重操旧业也是自主选择的结果。有时候未必有路可退，当资源（土地被征收，换得车辆）可能耗尽、社会网络（因个体追求利益而导致村落结构瓦解）在发展中面临解体，选择回归就是重新利用资源、延续生产方式，并重建社会网络和地缘体系的过程。

2. 反哺村庄

那些对市场经济适应得更快的人，在没有脱离村落社会的条件下，矛盾的焦点在于：村中固有的平均主义观念使其无法融入地方社会，如果依照市场逻辑，追求利益最大化，就会被认为自私，受指责，赢得金钱但失去在村中的地位和口碑，所以，这些人若不离开村落，就会选择反哺，如捐钱给寺庙、给村里分红、给村里活动提供赞助，总之，他们会以反哺地方社会的形式，使其在村落结构内部获得认同。反哺的观念来自长久的生产模式和该模式下人与人之间的关系，即现阶段集体的主流生产方式。他们无法脱离地方社会，只能选择适应地方社会的规训，遵从既有规则和观念。这也是资源重新配置、减少贫富差距的有效调节机制。在村中，社会网络和传统观念起到重要作用。

3. 村落社会的"公"和"私"

与俊巴村相比，陇巴村的不同在于从集体捕鱼，少数人从事打工、司机的渔民社会，通过国家项目和基础设施建设的投入，迅速脱贫。同时也应看到，征地补偿款，购买的大型运输车、挖掘机，参与工程的收入，强化了"私有"的财富；个人利益和资源的争夺，弱化了村落的"公共"传统，反哺的观念逐渐消逝。"公"与"私"的抉择，直接体现在村落的集体观念、平均意识、普遍的互惠网络中，群体的活动、仪式和宗教拜祭如同竞赛展演一般，加强了身份的归属感、亲缘纽带的连接，但也加大了村落内部不同团体之间的隔阂。表面上大家都积极参与宗教活动，但传统社会的共享、互惠机制在市场经济利益最大化的压迫下逐渐断裂，甚至异化为不同的利益集团。因此，想要持续发展的关键是如何让地方力量限制私利和私欲，地方制度、观念与互惠网络包括宗教都需要发挥最大的作用。

二、路径选择

从西藏渔村发展场域下的路径选择来看，若将俊巴村自下而上的生产扶助与陇巴村在市场经济外力挤压下的全民脱贫方式相比较，两者在适应转型中所呈现的差异，凸显了资源利用方式的差异，以及生产方式延续与否对村落社会适应转型的影响。

俊巴社会延续传统生计并在资源改善的条件下提高资源利用率，遵循再生原则，维护地方资源的整体生态，政府的外力扶持则通过其内在的生产延续发挥作用，这是一种渐进性的转型。俊巴在发展中延续着村中的亲缘体系和互惠制度，共享观念限制着利益最大化行为。

那些主动适应的村中能人们、公务员们，以个体身份参与社会政治、经济适应，用职业换得经济资本、文化资本、政治资本，因其未脱离地方社会，在获得宗教地位的同时，也会选择布施，遵从反哺、平均的观念；地方社会的亲缘网络、地方信仰、宗教观念冲突导致的歧视，都是使其回归地方社会发展场域的牵引力量。而在巨大的个人利益面前，陇巴村部分人舍弃了村中普遍存在的互惠网络，以亲缘纽带割裂村落社会结构的普遍联系，共享观念虽然存在，但潜藏矛盾。陇巴村原属渔村，户数少，集体捕鱼、分配，小范围接触市场，村民的家庭模式、生产关系具有明显的集体主义性质。陇巴村在整体性生计转型后，被急速卷入社会主义市场经济体系，但地方结构、观念与市场逻辑格格不入，矛盾凸显。虽然陇巴村尽量在车队的运行管理上复制平均主义的模式，但膨胀的私欲几乎将原来村落整体联系的社会结构解体，村中集体观念多元，享乐风气盛行。陇巴村将何去何从？这也是渔村骤然富裕之后不得不面对的困境。

第七章　结论与讨论

本书基于对青藏高原渔民的"适应"个案研究，揭示了俊巴渔民在不断变动中的可以称之为"适应"的状态（此种状态与青藏高原为人熟知的农耕、放牧、半农半牧、经商等适应方式并存，也是对上述适应状态的补充），是这一群体在漫长历史中利用自然资源求得生存并与环境（生态、社会和宗教）相适应的真实表征。

本书注重适应动力与结构的研究。"适应"根植于一个动态运转的系统之中，具有相互独立又彼此联系的适应层次和结构，既存在内部调适，也存在外部适应。其中，生态适应是基础，与社会整体适应并存；社会适应包含政治、经济、文化因素，文化作为结构性整体又包含物质、制度与精神三个方面；群体适应与个体适应也存在差异，即个体与社会之间的关系形成结构动态中的张力。

上述各种适应的系统结构本身是普遍联系的，其中的某些层次本身就具有整体和结构性的特点。适应过程又带有历史的动态性，不论是渔民内部的结构调适还是渔民与地方社会、国家、宗教之间的关系，均处于不断的变化中，各种力量互相牵制，表现出阶段性特征。将渔民各阶段的适应整合纳入适应机制的视角，分析特征的差异及其原因，就是在寻找动因的过程。

第一节　适应过程中的结构与路径

一、西藏渔民适应的结构性

（一）生态适应：适应的根基

1. 渔民捕捞是青藏高原资源利用模式的有利补充

生产方式与资源利用，在根本上取决于区域生态资源的类型。在西藏封建农奴制社会，农、牧依附于封建领主，依靠贡赋获得生存的合法身份。除去贡赋，生产剩余非常有限。在宏观上，农牧对资源的依赖程度不同，可以自给自足，农业和牧业间的区域分布界限分明，依赖程度较低。

在中观上，分析处于河谷地区的农业和藏北草原的牧业，可发现农、牧生产方式之间的联系。"西藏各地区因资源的差异而趋向这种混合经济的某一方面"①，农耕中存在少量的畜养，牧区有小片的种植区。虽然剩余产品少，但为了实现较大程度的自给自足，对产品的高效利用更为重要。农田中的杂草和秸秆，少量的畜养，可以解决草的利用问题，并产生一定量的肉类等副产品，提高自给自足的程度；青藏高原的稻作受制于整体生态，为一季稻，农闲时间较长，畜养的副产品又可提供羊毛等手工编制材料，有利于农闲季节的劳动力利用。

藏北牧民随牛羊而追逐水草，家庭中除放牧者外，还存在牧业产品交换者，这些牧民将奶制品、肉类、皮毛换成糌粑，在夏季可减少对肉类的损耗，延长牛羊的饲养时间。同时，他们将无用的皮毛等低价售予或赠予渔民、皮匠或屠夫，换得马包、皮衣、皮裤等日常用品，从而将无用的资源进行转化。因此，俊巴村的皮匠又处于对牧民的废弃皮质资源进行高效利用的环节中，渔民与农民换得的糌粑可与牧民换得碱面、盐等生活必需品。皮匠的皮具可与牧民换得新皮板、碱面和肉类等。渔民对于牧民的资源利用也起着补充作用。当然，西藏社会整体较为松散，交通不发达，交换的次数相对较少，一般集中在冬季。

俊巴、陇巴等村的渔民自身可利用的生态资源较少，会利用水中的鱼类资源和猎获的皮毛或换得的牲畜皮板进行生产，在实现自给自足后，会通过交换将资源利用率提高，借助水路的优势参与区域间的交换网络。民主改革后，随着所有制和水利等设施的完善，俊巴村利用资源的生产方式在深度和广度上有所提高，多样性显现出来。俊巴村逐渐形成捕捞、皮具制作、农牧兼有的混合生产方式，劳动力资源随着农牧和捕捞的季节性而互补，青年人和老年人在职业上互补。因此，在微观上，渔民的资源利用也是混合多元的，是捕捞、皮具制作、农牧并存的结构性的适应。

在现有的藏族文献中，对宏观的农牧生产方式论述较多，而从中观的角度论述农牧联系的成果较少。渔民和皮匠的存在解决了上述两种生产方式对资源利用有限和食物供给不足的问题，是高效利用青藏高原资源的有效途径。农业中存在少量的畜养，牧业中存在交换。在微观上，俊巴村的捕捞、皮具制作、农牧也是整合在生态的链条中，为生产方式的延续提供了客观基础。因此，渔民捕捞是青藏高原资源利用模式的有利补充。

---

① ［美］皮德罗·卡拉斯科著，陈永国译：《西藏的土地与政体》（内部资料），西藏社会科学院西藏学汉文文献编辑室编印，1985 年，第 6 页。

2. 渔民生产方式的微观结构：多元混合

民主改革之前，渔村的土壤和水源、牧场的有限性使农耕、畜养的规模非常小。村民的农耕行为有时包含在服务于农牧主的内差之中。少量的农耕，引起村中两性分工的细化，也影响渔、农生产的时间及人员分配，不同的时期，村民对待农耕、畜养的态度不同，工具、生产规模也存在差异。农牧对渔民传统捕捞、皮具制作生产方式的补充，提高了劳动力的工作效率。

畜养的数量与方式要结合村中的草场资源、劳动力分配和贡赋等多重因素，还与农耕紧密联系。牛的畜养与村民的日常生活和饮食联系紧密，牛肉的分食存在仪式性和互惠性的意义，牛作为礼物的背后延续着物资流转的逻辑，畜养也是村中生态中减少资源浪费的重要环节。没有马的畜养更是跟村中生态和捕捞生产方式相关的客观选择。畜养的副产品如羊毛的利用，联系着村中妇女的技艺和情感，是村民互动的重要部分。

民主改革之后，俊巴村农牧的发展主要与生态改善相关，与村中捕捞、皮具制作生产方式之间存在互补关系，有利于对物质资源的有效利用，对劳动力的时间分配起到调节作用。少量的农牧解决了村中植物蛋白与动物蛋白相对匮乏的问题，也使土地和草场的利用率提升。在夏季雨水大，捕鱼危险性高的时期，农耕的收割使男性劳动力的空闲期减少，既保证了村中人员的安全，也增加了生产的渠道。农耕的发展又带动了村中互助、互惠行为的多样化（农用机械的使用、各种互助换工）。考察农耕时的合作家庭可以看到村民的互助逻辑，体现了血亲和姻亲间的关系，给予和回报的责任和义务。对待丧偶、劳动力缺乏的家庭，村中有制度化的帮扶机制，一方面使弱势群体更易适应与生存，另一方面也成为不平等互惠关系的基础。在历史中看待互助又会发现方式的差异，从而洞悉选择不同互助方式家庭的性格和思想。从村内外姻亲的互惠交往中可以看到俊巴人作为底层渔民受到的歧视和自觉，农产品的制作和礼物交换承载着村庄与个人的感情维系。村民使用的肥料、种植的实践体现着环保与资源有效利用的价值观。因此，作为补充的农牧在俊巴村的整体生产方式和资源利用形态中具有调节的作用。在微观上，捕捞、皮具制作、农牧是并行存在于藏族渔村的生产方式，如马赛克般既联系又相对独立发展。

3. 高效利用资源与可持续的生态观

俊巴渔民因所处环境可利用资源有限，在进行生态适应的过程中，会多样化利用资源，衍生出皮匠这一职业，同时补充农耕和畜养，但并不追求数量的最大化。渔民将生态、劳动力分配、资源有效利用和贡赋压力整合考量，有限利用部分资源，包括狩猎和获取少量毛皮，藏历4月为保护青藏高原鱼类的繁衍，拜佛念经，不打鱼；草场有限、人力有限则适量放牧，减少消耗；虽然农耕收获量少，但坚持将其作为生计，没有放弃。相比陇巴村，俊巴渔民的多样化生计为其创造了较好的生存条件。与市场接触，通过鞣制皮料技术和储藏肉类技术延长与扩大市场交换的时间与空间，提高资源的交换率与利用率，也是藏民资源利用中的智慧。渔民对有限资源的高效、循环利用理念值得肯定。当然，此种行为本身也受地方资源有限的客观条件和宗教观念的影响。在改革开放与市场经济环境下，有人开始选择其他生计，如村内借助旅游发展和地方扶持，参与皮具加工和售卖链条，将物质资本转化为文化资本，形成有限的财富积累。有些村民逐渐放弃捕捞生计，这并不意味着捕捞文化的终结，而是以另一种文化形态存在、延续和发展下去。虽然从表面上看捕捞行为与佛教观念相违背，但从深层次看，对资源的循序和有限利用也在遵循佛教整体的生态观念。

（二）社会、宗教适应：四个层次的互惠和交换

俊巴村的外部社会适应有政治、经济和宗教方面；内部适应有物质（生产方式）、制度（婚姻家庭、传承养育）和精神方面。在内与外的系统中，可发现四个层次的互惠和交换网络贯穿了不同阶段的适应形态。

层次一：噶厦及之前的历史时期，渔民与政权互惠，通过不等价的贡赋、差役换得部分人身自由与交换自由，并取得捕捞的合法权与在册属民身份（"贱民"）。

层次二：佛教传入后，渔民与宗教互惠，通过对寺庙的供养服役，为僧侣、贵族划船、跳舞供其娱乐，通过日常对诸神的敬畏与拜祭，换得自身信仰的自由和心态的平复。当然，渔民会在法会等场合选择自我区隔以减少矛盾与冲突。渔民采借佛教的"大传统"，在村内形成由己至家至出生地至村落、环境的多重信仰体系，形成"小传统"，以舒缓处于社会底层的失落与压抑。

层次三：渔民与农牧民的交换、与驻地部队的交换，属于市场等价交换的一部分，通过以物换物满足日常所需，并逐渐发展；甚至以经济因素吸引外来赘婿，引起婚姻内部结构的变化。

层次四：村民内部的换工互助与婚姻的互惠联结。村中有维系关系的互惠、换工机制，施助者与贫弱者有相应的给予和回报的责任和义务，这

一连接建立在地方社会结构与网络之上，业缘、亲缘彼此交错，形成共享、平等、互助的内部观念。

此四个层次的互惠和交换网络根植于地方社会和底层社会，彼此联系，相互作用，层次一需要层次四与层次三，层次二需要层次三与层次四，层次三与层次四也彼此影响，因此，渔民的互惠观念不完全等同于莫斯、阿帕杜莱所说的交换，而是基于信仰、荣誉、权力关系、情感、生命附加等形式。当然，在不同历史时期，俊巴村的交换可能只包含上述内容的一部分，萨林斯所言的交换背后的交往行为在俊巴社会交换中有所体现。同时，俊巴村的交换模式与上述交换相区别的是一种矛盾中的互惠，既有内部的等价互惠（涉及经济、劳力、婚姻时均非常理性），也有外部的非等价互惠（贡赋、依附、娱神），此种矛盾凸显了渔民的社会适应系统中互惠和交换网络的多样性。

渔民的制度文化和社会适应展现了渔村生产、交换的特点，包含渔村内部与外部的联系，既有村内外的互惠协作制度，村民间的换工、互助和亲属网络的连接，也有区域交换与市场网络，使资源得以高效利用，皮匠和渔民间亲缘与业缘的互惠使市场交换得以最大限度地延续。在地缘网络中，物物交换以渔农交换网络和集市贸易的方式存在，有交换的标准。影响渔民市场交换的因素既包括经济利益，又包括社会地位、宗教地位、村民纽带等，此种灵活、多元的互惠观念也成为俊巴村适应不同历史时期整体环境的关键。同时也可以看到，农牧民对渔民的歧视仍然存在，彼此会自觉规避。整体上，村内与村外的互惠与交换没有明显的剥削，处于相对公平和等价的条件之下（经济帮助、劳力换工、婚姻协商均非常理性）。同时，渔民对政府和寺庙的贡赋是其换得合法身份、从事生计的前提，实物贡赋、差役的根本是一种非等价互惠（贡赋、依附、娱神），大量的代金（现金）贡赋一则显现俊巴村物质生产的匮乏，二则使渔民和皮匠更加依赖市场，以换得生存与适应。贡赋是在看似公平的面具之下，政府、寺庙对渔民剩余价值的剥削。

除了物质生产，渔民的底层身份限制着其婚姻家庭与后代繁衍，婚姻与生育、养育制度有效延续了渔民的繁衍，也是渔民文化适应的重要途径。渔民遵循血缘外婚与阶层内婚的限制，俊巴和陇巴的业缘通婚，渔民与皮匠的地缘和职业外婚部分解决了上述问题，但血缘外婚的问题依然严峻。部分逃奴和定期的入赘婚缓解了血缘内婚的矛盾，降低了村内亲上加亲的概率，阶层内婚中伴有少量外婚。进一步分析外婚挤压下的剩余男性和女性的生育问题，可以发现潜在的"非婚性行为"是农牧区及渔民群体解决婚恋问题的隐性路径。这既没有冲破阶层间婚姻的限制，又满足了彼此的需要，将农牧民和渔民间的隐性交往结合，凸显了彼此生育权的互补性，同时，非婚生育在俊巴得到包容和养育的协助机制以及私生子的存在，降低了村内血缘内婚的概率。渔民的婚姻制度一显一隐，抵御宗教和社会对渔民婚姻的限制，使人口繁衍得以延续。同时，此种婚姻制度也使外界对渔民的歧视因婚姻道德标准的放宽而加大。

二、西藏渔民的适应过程

（一）历史与结构的变量

渔民作为整体的适应，是其在不同历史时期进行生态、社会与宗教适应的动态平衡过程。而社会适应又是从政治、经济、文化三方面来进行的，在适应的不同阶段，渔民社会的物质文化、制度文化与精神文化都在不同的动态场域中延续与调适。若将渔民社会的历史脉络按原始社会、贡赋制社会、集体经济时期和市场经济时期进行划分，在不同历史阶段，渔民的主要生产方式存在共性，各阶段呈现差异性。俊巴渔民的适应过程可以按表 7 - 1 进行集中阐述。渔民内部适应的结构性调适与外部适应的政治、经济关系联结紧密，各历史阶段中的生计、制度、观念都存在动态延续与变迁的特点。

噶厦时期，贡赋重于之前，纯地方社会内部的交换转为部分参与市场交换，外村人入赘俊巴现象明显，贡赋和差税是渔民利用资源的前提；集体经济时期，地方内部的交换减少，族外的市场交换以及与驻地部队、单位食堂的市场买卖增加，宗教信仰受到压制；社会主义市场经济时期之前的社会，个体在整体中以寻求适应为主，民主改革后，政府取消税收并给予藏民大力扶持，渔民的生活水平得到明显的提高，其销售对象变为汉族群体，甚至有一部分人利用旅游发展契机将捕捞文化转化为文化资本，分得旅游发展的红利。但市场经济的发展使个体与群体的适应产生分化，也导致生计的分化、内部制度的调适、观念的冲突。渔民虽在经济上享受免除纳税并得到扶贫等援助，但这些援助又与社会阶层和政治地位联系紧密，市场扩大导致个体的追求私利与共享、平等的观念发生冲突，内部、外部的调适愈发激烈。

表 7 - 1 俊巴渔民的适应系统

历史阶段		层次					牵引力
		渔民内部适应			渔民外部适应		
		生计	制度	观念	经济	政治	宗教	
原始社会		渔猎	队群	平等共享		氏族	原始信仰	
贡赋制社会	酋邦	渔猎、皮匠	队群、半族	家族（氏族）共享观念	交换	纳贡	原始苯教	资源、生计
	吐蕃	渔猎、皮匠	建村和通婚	平等互惠	交换	战争、纳贡	苯佛斗争	
	小邦	渔猎、皮匠、少量农牧	血缘外婚、互惠制度	平等互助	交换	战争、纳贡	苯佛共存、斗争	战争
	萨迦、噶举政权	渔猎、皮匠、少量农牧	血缘外婚、互惠制度	对内平等、对外依附	交换、拉萨市场	纳贡	融合、歧视、地方信仰、祖先崇拜	交换网络、神权政府
	噶厦	渔猎、皮匠、少量农牧	入赘多、互惠换工	对内平等、对外依附	交换、皮毛市场	差役、贡赋、代金	佛教与地方信仰	
集体经济时期		捕捞、皮具制作、农耕、畜养	亲缘互助、职业融合	平等互助	与部队交换	集体生产分配	压制	政权
市场经济时期		个体选择多元化、集体捕捞仍存在	阶层分化、亲缘互惠	私有、共享平等、依附	市场售卖	不纳税/项目扶贫	宗教与观念融合	观念、市场

　　若噶厦时期的适应是受政治、宗教与市场之间矛盾的影响，那市场经济时期的适应则集中体现为受市场与观念（宗教）之间矛盾的影响，经济领域的交换与市场作为牵动渔民社会内外部整合的因素贯穿始终。个体适应与集体适应之间的张力在市场经济时期显得尤为突出。进一步将系统内各因素在

所有历史阶段内进行比较，可以发现，各历史阶段决定俊巴渔村适应形态的牵引力存在差异，原始社会至贡赋制社会早期，资源与生计因素影响较大；小邦时期社会动荡、战争频繁，主要是战争与生计影响渔村适应；贡赋制社会中晚期，封建农奴制逐渐完善、成熟，政权与教权既结合又相对分离，其中的空隙使俊巴得以存在，主要是政权与市场影响俊巴的存在与适应形态，市场参与的代金和运输之间的差值是获得捕鱼合法性的关键。

在集体经济时期，政权与生计决定资源的再分配，影响着俊巴的适应与发展。在市场经济时期，个体选择多元化，社会内部产生阶层分化，市场参与程度、利润追求与共享、平等观念（宗教）之间产生矛盾，成为影响适应最直接的牵引力。在制度上以半依附的形式调和，村中的反哺要求牵制着个人利益最大化的倾向，在地方社会与结构关系中寻求参与市场和尊重观念的平衡。同时也应该注意，在不同外力的牵引下，生产方式的适应链条是否存在断裂。如果存在断裂的情况，渔民的适应路径也应存在一定的差异，并且此种差异又反作用于资源、社会与信仰体系。

（二）适应系统

可将上述结构性的适应呈现方式整合于适应结构网络中，如图 7 - 1 所示。图中从生态、社会、宗教三个既分割又整体联系的视角出发，展现各适应层次中的关键要素，进而形成渔民生产方式，内外部的交换与互惠网络，规范、仪式和观念三条贯穿始终的链条，并且在区域社会内紧密联系。对应渔民适应的三个主要矛盾是：渔民对有限资源的生态适应，渔民对"贱民"身份的社会适应，渔民对于生计与信仰相悖形成的地方话语与宗教调适。

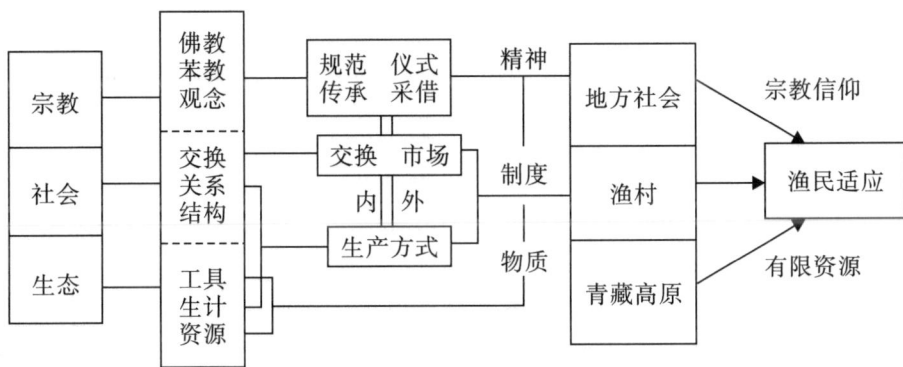

图 7 - 1　俊巴渔民适应结构网络

将表7-1和图7-1以动态模型展现，将各层次间的关系整合于系统模型之中，如图7-2所示。社会适应中包含政治、经济的因素；渔民社会整体适应又包含物质、制度与精神三个方面，以交换和市场作为主线一以贯之。渔民社会结构作为适应系统模型的基底，其本身处于内部的动态调适中。

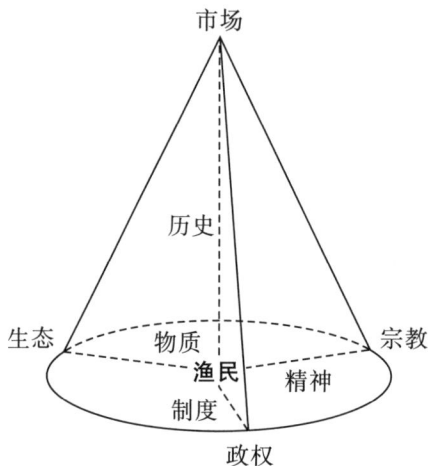

图7-2　俊巴渔民适应系统模型

渔民社会（含渔民个体）的外部适应可分为三个层次：生态适应、社会适应与宗教适应。这三种适应是渔民适应中的三个主要矛盾，对应生计、政权（地方社会或国家力量）和宗教，三者之间彼此联结，形成相对稳定的基底，但此基底并不是静态的，市场的变动也牵引着整个系统的运作形态。如在贡赋制社会，即1959年民主改革以前，渔村主要与地方社会进行互惠与交换，以获得一定的现金，向政权（宗豁、贵族、政府、寺庙）缴纳代金贡赋并承担差役，同时缴纳规定的实物贡赋，以维持生存。但在禁渔期，赋税和差役若不减少，渔民是无法通过其他生计满足日常物质生产所需的，赋税便无从缴纳，从而造成生态适应矛盾突出，极可能冲破政治限制，导致偷捕或反抗。随着牵引力的变化，市场与生态、政权与宗教的结合呈现动态变化的形态，模型形态变化最显著的部分为适应过程中最突出的问题。具体举例如下：

当市场、政权、宗教彼此联系紧密，如在噶厦地方政权规定的禁渔期，市场萎缩，生态适应矛盾最为突出。渔民的物质生产尤为重要，若要他们放弃生计，前提是有可替代生计，若没有或不能满足日常所需，渔民极可能突破禁令偷偷打鱼或进行反抗，此时若政权适当给予一定补偿，则可能避免结构破裂，维持相对稳定。

当市场与政权结合紧密，整体形态呈颠覆状态，底部的社会内部结构呈显性，社会内部的制度、观念和物质生产都可能面临整合与冲突，抑或依附于权力体系，抑或用结构机制进行调节，也可能面临着整体结构的解体，以适应系统的更替。

当市场与生态结合紧密，随着对资源利用强度的增大，资源减少，市场也缩小，宗教适应和社会适应的矛盾都会显现。此类型可能存在于原始社会，完全依赖生态获得资源，市场交换较少，生产力低下，原始信仰丰富；也可能存在于市场经济时期，对生态资源进行破坏性利用后，外部引起宗教力量的强烈反对，内部产生信仰的矛盾。不论哪种情况，在不脱离地方社会的情形下，若想保持现有系统，需要通过宗教和地方社会的中介作用，如对寺庙的捐献和对村落的反哺获得平衡，减少矛盾冲突；也可以选择通过文化的再生产，将物质资本转化为文化资本，减少对生态资源的依赖。

二、适应过程中的问题调适

（一）集体与个体矛盾

当适应行为以系统呈现时，为保持系统的稳固，各牵引力都在发挥着作用。当牵引力无法弥合矛盾时，则可能出现系统破裂或结构解体。个体与集体的适应差异，更多体现在市场经济发展的场域中。虽然个体的选择多样，但最终没有脱离地方社会，选择不同适应策略的人都在一定程度上期望弥合集体适应与个体适应之间的矛盾，弥合集体观念与市场观念之间的矛盾。由此可见，在西藏地方社会的渔民适应系统中，个体与集体很难分割，因此，渔民努力适应、进行调适的，不是追求利益最大化的市场经济生产方式，而是地方社会中主流的带有集体主义色彩的早期商品经济生产方式，即正在动态调适的当下地方社会所采用的生产方式。

影响集体适应与个体适应整合的，究竟是宗教的力量还是社会结构的力量？答案显而易见。主流生产方式引领生产关系，形成彼此连接的社会结构和网络，进而有延续的秩序、规则和观念，并与宗教的大观念契合。因此，宗教成为显性的因素，隐性的因素是生产方式背后的社会结构、社会关系网络和地方观念与秩序。

宗教力量缘何衍生并彰显？在藏区，宗教渗透藏民日常生活和从出生到死亡的整个生命历程，是一种自在的行为规则和心灵的寄托，属于个人内心的内隐部分。随着旅游的发展，这些日常行为也成为游客追逐的一部分，使之仪式化、象征化，这是一种原因。有人认为，宗教的彰显在于藏民的文化自觉，而这种自觉除了受上述原因影响，还是维持村落内部结构的必然需求，这也是宗教成为显性整合因素的原因之一。随着贫富差距拉大，矛盾日渐凸显，处于社会底层的渔民无法解释此种差异，只能依靠固有观念通过推行平均主义分一杯羹，寻求平衡；而村中的先行者乐意通过宗教行为获得尊重和心灵的平静，也是出于平均、共富、保佑、娱神敬神的心理需要。两者需要通过宗教行为达致契合，以彰显宗教的力量。

（二）动态与双向适应

为什么佛教反对杀生，捕鱼这一生计却依然存在？从第五章图 5 - 1 可知，佛教根据对资源利用程度的不同划分了不同的"贱民"等级，目的在于限制资源的开采和不断扩大的市场。这些被划为"贱民"的阶层是与资源紧密结合的。既允许其存在，需要其生产铁器、陶器、皮具等生活必需品，又限制其对资源的开采，使其固化在自己的阶层，还限制生育与婚姻，地方社会对男女关系和婚姻失败者的包容，以及婚姻形态，都在适应此种阶层划分。限制捕捞的目的其实是实现可持续的资源利用。节制不是不发展，而是有限地发展、相对放慢速度地发展，从对外物的追求提升到对内在的追求，自然就会永续循环。宗教在行为上起到了规训的作用。分类与异化、模糊、恐惧相结合，很多时候，即使是与佛教教义相违背的行为，也践行着佛教遵循与信守的生态观；明令禁止的政策背后却留出了一条狭小的缝隙，让人选择另一种方式生存。我们不应只看到表面的对与错、好与坏，而要理解一套运行体系潜在的行为逻辑与潜藏的可能性。所以，不仅是俊巴村在适应宗教，宗教也在适应俊巴渔民群体的存在，给予限制的规则。

同时，渔民群体的存在还具有"替罪羊"的功能。农民不得已吃鱼，认为吃死鱼不杀生，那么杀生的罪孽就会转嫁到渔民身上。渔民的底层身份承载着杀生的罪责。饥荒时，渔民承载了农民吃鱼的罪孽。现在，渔民用氧气送鱼，送的是活鱼，杀生的罪孽便转嫁到了吃鱼者身上，减轻了自身罪孽。从这个角度来说，渔民群体还是应对社会危机的填充物和补充剂。

第二节　适应的选择性与动力系统

一、适应中的发展何以可能？如何选择？

（一）生产方式的链接与选择

历史上诸种特定的社会都是不同的生产方式以不同的形式如铰链般联结在一起呈现出来的整体，此为马克思的链接理论。[①] 人类的特性是在特殊的社会历史情境中构成、再生产和转换的。历史上有很多种生产方式，同一种生产方式中又有不同的亚型。英国产生了第一个资本主义的生产方式，但法国走资本主义道路又有自己的特殊性，德国亦然。俄罗斯还可以不走资本主义道路，直接从农村公社过渡到社会主义。马克思的选择理论认为，一个群体对于环境的适应方式具有选择性，它接受某种传播或拒绝某种传播也体现了选择性。

应从下面两个角度阐释生产方式的链接：一是单一生产方式的历史延续脉络。藏族渔民社会，在资源外部条件相对稳定的情况下（新石器时代以降，青藏高原的整体生态改变不明显，虽然有地壳的缓慢抬升，但是自然资源循环可以延续，没有巨大的冲击导致资源枯竭），捕捞和皮具制作有延续的可能，代际的传承机制存在，生产方式与社会结构和观念的整合系统存在并相互作用。由于佛教对渔民群体有所限制，在资源循环再生较慢的条件下，该生产方式的从业者不会大量增加，但也依然存在，并未消失。因此，渔猎生产方式在青藏高原的适应是独立并延续的特殊存在。二是历史横截面上生产方式的马赛克存在形态。生产方式的存在形态本身如马赛克般彼此独立但存在联系，如在青藏高原，农业、牧业是宏观的生产方式类型，但并不排斥其他生产方式的存在，有时甚至互补，如渔猎生产方式就是与农牧并存的。渔猎生产方式内部，在噶厦时期以渔猎和皮具制作为主、农耕为辅，渔民甚至有产品交换中介者的潜在功能。民主改革后，农

[①] ［美］帕特森著，何国强译：《卡尔·马克思，人类学家》，昆明：云南大学出版社，2013年，第 198 页。

牧业占据相当的比例并得到发展。改革开放后，生产方式更加多元化，一方面，因资源有限，无法承载过多人从事捕捞行业，汉族人进入后的打鱼甚至电鱼、炸鱼和计划经济时期的过度捕捞破坏了鱼类繁衍的平衡，使鱼类资源减少；另一方面，农牧民有稳定的食物来源，交换鱼的情况已减少，剩余劳动力需要其他行业分流，交通的改善、基础设施建设使部分劳动力分流到运输业、服务业。马赛克般并行存在的多种生产方式有彼此链接的基础，也成为劳动力可以选择多元化生产方式进行延续的前提和基础。同时应该看到，每种生产方式都存在渐进交替性和发展的可能性，生产方式中有旧的遗存、主体形态和新的萌芽，如俊巴村的捕捞，只捕鱼、做皮具就是旧的形态，捕鱼、做皮具、运输、打工的混合生产方式是主体，开厂参与旅游发展、开饭店就是新的萌芽，渐进性彼此孕育，在不同的客观环境下存在个体选择的差异。俊巴村的生产方式链始终延续，从适应环境的生计到互惠体系的多元化，再到经济领域的交换与市场，一以贯之地形成逐渐适应社会主义市场经济的链条，但此种链条在现阶段可能并不牢固稳健，而是发展链条上相对薄弱的部分，因此更需要渐进性的由内而外的适应机制进行整合。这也是西藏渔村可以通过结构性系统调适达到新的适应的基础。

（二）适应的选择

在漫长的贡赋制社会，俊巴渔民以依靠集体的力量存在，整合在地方社会的互助、互惠、交换网络中，整合在血亲与姻亲制度的联系中，采借共享行为规范和宗教禁忌，并衍生出地方性的话语，使自身得以生存，获得心灵的解脱。改革开放后，整体适应的俊巴渔民出现了行为、观念的分层，凸显了整体中个体的能动性实践。渔民个体的适应选择是在生态环境和社会环境之下整合资源进行自主选择的结果。

1. 链接下的路径差异

上述生产方式链接下的马赛克式存在形态为主体选择提供了前提：①在生产方式的深度上拓展，将旧的发展为新的，生产工具可以演变为旅游表演道具，民用皮具可以演变为旅游纪念品，虽然存在形态不同，但均为渔猎生产方式链接下的发展。②在生产方式的广度上拓展。俊巴村最早的外迁户、乡长、乡会计因接触外界社会，意识到政治权力和政治身份在现代社会的关键作用，选择让子女读书，做公务员，完成身份的转化。他们并不是脱离"贱民"阶层，而是采借更大范围（中国当代社会）的地位认定规则,不再局限在佛教的等级制度中,村中较早的公务员们属于此种情况;老板们和公务员们又带动亲戚的适应转型,如有的去做保姆,有的凭借发展的机会与亲属的权力关系获得财富,有的较早接触市场,开茶馆、饭店,成为砖厂的承包者,这些人有渔业售卖的经验或与汉族人打交道的经验,完成了身份的调适。但不论做哪种选择,渔民并没有完全脱离地方社会,他们会受到亲属网络、地方崇拜的引导,选择反哺或回馈,以维持村内社会网络和舆论的平衡。地方社会与观念又会反作用于生产方式的链接与选择。

选择不同,发展路径就不同。在更大的发展空间中闯荡后,部分渔民因技术的限制、学识的限制、有限的关系、有限的资本、竞争的激烈,选择回村继续原有的生产方式,收入高低影响着个人的行为选择,延续的生产方式链条和地方社会网络使这些人可以选择退而求其次的适应策略。还有一些人,继续捕鱼、卖皮具,既不出头也不争先,守着土地和技艺,能吃饱穿暖,自得其乐。他们在村民的互惠网络中穿梭,寻求村内的资源,有些成为皮具厂的员工,有些就做国家和村中委派的工作。他们相对平静,家庭经济平平,也不算困难。不同的选择代表了能动与实践的差异,也代表了对转型期经济、社会形态的适应程度。适应快的人作为中介又影响着村落社会整体适应的形态,是村中内在选择与主动调适的影响者。渔民自主选择的适应实践也在交流与协商中形成动态的可调适的适应结果。

2. 选择中的偶然性

俊巴社会和陇巴社会的适应选择又具有偶然性差异,这两个原本以捕捞为生计的村,陇巴村对捕捞的依赖大于俊巴村,改革开放后,在基础设施建设和扶贫开发的大环境下,陇巴村的偶然条件(荒地资源多、户数少、刚好有村里人了解贡嘎县相关规划信息)使其走上整体搬迁、生产方式整体转型、以土地换汽车之路,靠给辖区内的工程队运输沙土为主业。该村凭借拉萨及山南基础设施建设的优势,经济收入大幅提升,但矛盾已然显现,村内的社会矛盾激烈。原本多元嵌入的社会亲缘与业缘网络在利益的争夺下产生分化,甚至存在解体的可能。从长远看,全村的运输转型是以开山采石为代价的,以村域中土地的开发为前提,当资源开采过度或工程完工,大量的运输车和运输工作如何承接?很多没有驾驶证的村民如何应对更加严格和规范的监督?同时,西藏地广人稀、生态脆弱,旅游的季节性接待差异明显,是否需要众多大型基础设施建设?设施的维护成本较高,地方社会是否能够承受?这些都是以运输为主业的村落需要思考的问题。

陇巴的生产方式链接的转型链条更加脆弱，若外力的挤压导致链条崩散，村民的出路在哪里？以下预测一下陇巴未来抛弃原有生产方式进而转型的路径选择，从长远看具有不确定性。西藏社会的工程参与需要人际关系资源，很多被各施工所在地村庄默认为本村资源，外村很难进入（陇巴亦然）。本村工程完工后的生产方式也面临转型的矛盾，部分有人脉网络的人经介绍继续搞基建运输；部分人面临生产方式的回流，但因卖地导致农业萎缩，渔业捕捞的承载量又有限，只有少数人能够重操旧业（并非完全等同，部分相似）；部分人选择打工，但技术和知识的局限使他们只能从事较为底层的工作，最终又会回到相对底层和贫困的境地。

俊巴社会的选择在于生产方式延续链接的多元性、外力进入的渐进性，以及整体适应转型中的矛盾并不激烈，虽有分化，但形成一种自在的调适和牵引系统，此系统本身也处在渐变的调适之中，减轻着内部的矛盾压力。旅游发展自上而下的模式虽然在资金上面临阻滞，但此萌芽在地方社会能人的主体实践并结合国家少量资金的扶持已达到内生的效果，使此种选择链条更加稳固。村民对捕捞的态度也从对生产方式的珍惜变为文化的自觉。老人们自觉抵制外来捕鱼方式如电鱼带来的影响，有些年轻人虽然会偷偷使用，但碍于压力会有所收敛。村民对鱼类资源的保护形成自觉认同，选择抵制外来文化对本土文化的冲击，维护文化的特殊性。此种实践也是俊巴村生产方式链条得以延续并逐渐适应新社会经济环境的必然选择。

因此，发展经济要在地方社会的运行逻辑中寻求支点，不能片面追求发展速度，否则将带来发展的"不适"；同时，需要重视社会结构内部的调适机制和宗教观念的维系，在与社会相适应的生产方式下发现与市场经济链接的链条，不断补充发展。

改革开放后，社会阶层分化，资源、人际关系与社会网络均重组，俊巴和陇巴渔村选择完全不同的两条路径：俊巴村延续资源的利用，与传统生产方式链接进行过渡，村民的阶层在村落社会的网络中得以调节，村落社会得以延续；陇巴村卖掉土地资源，放弃传统生产方式与文化，放弃村落社会中的亲缘网络，短时间内可以依靠运输和建筑获得资本，但从长远看，村落纽带的解体、传统生计的抛弃、经济暴富与底层身份的矛盾，可能导致这个追求私利的整体村落消失，村民虽成为城镇居民，但缺乏持久的可延续资源和生计，缺少知识和技术的积累，很可能在城镇的发展中被再次挤压到生存的边缘地带。

二、适应的动力系统

（一）生产方式背后的张力

西藏社会经历了从农奴制社会到社会主义社会的巨大转变，政治体制与经济形态（贡赋制、集体经济、社会主义市场经济）差异巨大，但藏民主要的生产与生活空间依然是乡土村落，乡村的社会结构展现出强大的韧性。

上文提及，在渔民适应的历史脉络中，生产方式的链接具有多样化与延续性的特点，而生产方式既包括物质资料的生产，又包括生产中人与人凝结的社会关系网络，是生产关系与社会网络的集合，包含业缘、血缘、姻缘间的互惠体系，也包含交换双方的关系维系，在乡土的社会场域下，凝结成意识形态的规则。

渔民群体处于社会底层，因从事捕捞生计而受主流宗教的歧视，带有深深的自卑感。他们集体从事捕捞，少量从事皮具制作，缴纳贡赋，外出交换；以亲属网络互助互惠；他们带有朴素的集体主义意识，追逐市场但并不追求利益最大化，会反哺村落与亲属，追求相对的平等、平均与共享，同时又会在村落阶层分化中重新寻求依附，而依附是为了获得资源，被依附者有义务关心依附自己的群体。虽然群体追求共享，但个体均不想吃亏，因此互惠基本上以公平为原则，使社会关系网络得以长久维系拓展。不论在俊巴村还是陇巴村，集体分配的工作都是各户机会均等，否则就会有人有意见，即使再能干也不能争抢别人的机会。这种观念与规范，在某种程度上可避免村内阶层分化和收入差异过大，使村落维持相对稳定的状态，这也是西藏社会隐藏在生产方式背后的强大乡土张力。

在社会主义市场经济形态迅速发展的当下，面对市场、金钱、权力的冲击，朴素的集体主义意识与个体意识的觉醒在博弈，此时更需要乡土的张力与观念规则作为监督权力的武器。乡土规范与人际网络也成为适应过程中各种矛盾的调和剂，成为变迁社会关系中权力制衡的中介力量，维持村落社会的整体平衡与相对稳定。

（二）适应的动力系统

俊巴渔民适应作为青藏高原的又一种适应形态，是一个系统性的动态过程。生态生计适应是基础，生计与社会结构、宗教观念形成村落内部的结构性适应，个体的适应受整体的结构性影响，同时也影响着村落的变迁；外部适应将政治、市场与宗教联结，与内部适应系统整合。各因素彼此联动，呈现不同的历史形态。

渔民适应中有生态资源的动态客观性，有生产方式的链接性与选择性，也有个体实践的主体选择，三者互动，形成渔民适应不同历史时期的动力机制。选择不同的路径可能带来不同的适应模式与问题，村民选择适应模式的牵引力不同，地方社会和宗教观念反作用于生产方式的程度不同。因此，决定渔民适应的内在动力是生态环境、生产方式和主体选择的调适机制，是渔民在历史进程中对自身所采用生产方式的自主适应，"不适"下的矛盾表现为现阶段的主要社会问题，也是需解决的关键问题。解决的关键在于生产方式链接下薄弱环节的延续、稳固和再造。本书以马克思的选择和链接理论整合适应与发展中的矛盾，强调生产方式在适应链条中的延续与钮结作用，强调个人适应选择的多样性和实践性，此系统是渔民社会整体存在并适应青藏高原的内在机制。事实上，生产方式的多样性链接与可选择性，决定了捕捞生计得以在西藏社会存在并形成独特的文化形态，不同生产方式之间存在着延续、衍生、嵌入、消退的过程，彼此并非二元对立，恰恰是不断寻求发展的方式与路径的过程。生产方式与主体选择的差异导致适应路径的差异，也会反作用于社会结构与观念体系。

本书围绕西藏渔民的适应问题，通过拉萨河与雅鲁藏布江交汇处渔村的个案研究，探讨了渔民适应过程的结构性与层次性。书中以历时性、共时性和整体观的视角，通过比较，探讨了渔民生产方式的多元延续与现实表现，凸显了文化表层与文化内核（特定生产方式）之间的关联。我认为：①青藏高原的渔猎生产方式是一种延续的、特殊存在并独立的文化类型和适应方式。②渔民的生态适应是以渔猎生产方式和农牧混合多元方式呈现的，与青藏高原农民、牧民、手工业生产者并存，是有效的补充；渔民的社会适应以贡赋和交换为主要方式，在婚姻制度上以阶层内婚为主，少量逃奴和赘婿降低了村内血缘内婚的概率；农牧渔民间的"非婚生育"是隐形的链条，成为孕育制度的补充，渔村内对非婚子女的养育机制减轻了独身已育女性的压力，使人口繁衍得以延续。多元信仰体系缓解了渔民在佛教歧视下的消极心理。③西藏渔民适应的动力是以生态为基础，生产方式链接的必然性与主体选择的偶然性之间交互作用的结果。客观环境与条件下的主观选择决定了渔民适应的不同路径，影响着村落社会结构和观念体系；社会结构和观念体系也反作用于个体选择并成为变迁社会关系中权力制衡的中介力量，维持社会的整体平衡与相对稳定。

　　本书对西藏渔村的研究是对世界渔业民族志关于青藏高原部分的传承与丰富，渔民作为西藏底层社会民众的一种，对其整体性文化适应与动因的研究亦丰富了西藏研究的视角；在西藏强调发展的当下，书中针对西藏渔村文化的系统性、历史性梳理，对于西藏地域社会转型适应、传统文化保护和传承具有指导意义；书中通过关注渔猎这种长期被忽视的青藏高原资源利用方式，展现了西藏社会多样性的资源利用方式与文化形态。

参考文献

一、中文文献

（一）译著（译文）

1. ［印度］艾哈默德·辛哈著，周翔翼译：《入藏四年》，兰州：兰州大学出版社，2010 年。

2. ［英］安德鲁·埃贝尔森著，何国强译：《近同戈尔斯坦、查隆和比尔商榷》，《青海民族研究》2009 年第 3 期。

3. ［法］爱弥尔·涂尔干、马塞尔·莫斯著，汲喆译：《原始分类》，北京：商务印书馆，2012 年。

4. ［英］布罗尼斯拉夫·马林诺夫斯基著，张云江译：《西太平洋上的航海者》，北京：中国社会科学出版社，2009 年。

5. ［美］巴伯若·尼姆里·阿吉兹著，翟胜德译：《藏边人家：关于三代定日人的真实记述》，拉萨：西藏人民出版社，1987 年。

6. ［英］保罗·威利斯著，秘舒、凌旻华译：《学做工——工人阶级子弟为何继承父业》，南京：译林出版社，2013 年。

7. ［美］查理斯·霍夫著，何国强译：《生活在安第斯山区的土著是否明显地存在因缺氧而造成的生育力下降的问题：对戈尔斯坦、查隆和比尔的回应》，《青海民族研究》2009 年第 3 期。

8. ［法］迭朗善译，马香雪转译：《摩奴法典》，北京：商务印书馆，1985 年。

9. ［美］南希·利维妮著，格勒、赵湘宁、胡鸿保译：《“骨系”（རུས）与亲属、继嗣、身分和地位——尼泊尔尼巴（Nyinba）藏族的“骨系”理论》，《中国藏学》1991 年第 1 期。

10. ［法］鲁保罗著，耿昇译：《西域的历史与文明》，乌鲁木齐：新疆人民出版社，2006 年。

11. ［英］拉德克利夫—布朗著，夏建中译：《社会人类学方法》，北京：华夏出版社，2002 年。

12. ［英］拉德克利夫—布朗著，梁粤译：《安达曼岛人》，桂林：广西师范大学出版社，2005 年。

13. ［美］马歇尔·萨林斯著，张经纬、郑少雄、张帆译：《石器时代经济学》，北京：生活·读书·新知三联书店，2009 年。

14. ［法］马塞尔·莫斯著，卢汇译：《论馈赠——传统社会的交换形式及其功能》，北京：中央民族大学出版社，2002 年。

15. ［法］马塞尔·莫斯著，佘碧平译：《社会学与人类学》，上海：上海译文出版社，2003 年。

16. ［美］马文·哈里斯著，李培茱、高地译：《文化人类学》，北京：东方出版社，1988 年。

17. ［美］马文·哈里斯著，贾仲益译：《印度圣牛》，《原生态民族文化学刊》2009 年第 3 期。

18. ［美］马文·哈里斯著，叶舒宪、户晓辉译：《好吃：食物与文化之谜》，济南：山东画报出版社，2001 年。

19. ［美］戈尔斯坦著，坚赞才旦译：《利米半农半牧的藏语族群对喜马拉雅山区的适应策略》，《西藏研究》2002 年第 3 期。

20. ［美］帕特森著，何国强译：《马克思的幽灵：和考古学家会话》，北京：社会科学文献出版社，2011 年。

21. ［美］皮德罗·卡拉斯科著，陈永国译：《西藏的土地与政体》（内部资料），西藏社会科学院西藏学汉文文献编辑室编印，1985 年。

22. ［日］秋道智弥、市川光雄、大塚柳太郎编著，范广融、尹绍亭译：《生态人类学》，昆明：云南大学出版社，2006 年。

23. ［美］史徒华著，张恭启译：《文化变迁的理论》，台北：远流出版事业股份有限公司，1990 年。

24. ［法］石泰安著，耿昇译：《西藏的文明》，北京：中国藏学出版社，2005 年。

25. ［加］谭·戈伦夫著，伍昆明、王宝玉译：《现代西藏的诞生》，北京：中国藏学出版社，1990 年。

26. ［美］帕特森著，何国强译：《卡尔·马克思，人类学家》，昆明：云南大学出版社，2013 年。

27. 王尧、王启龙、陈庆英等主编：《国外藏学研究译文集（1—20）》，拉萨：西藏人民出版社，1985—2013 年。

28. ［法］大卫·妮尔著，耿昇译：《一个巴黎女子的拉萨历险记》，北京：东方出版社，2002 年。

29. 伊斯雷尔·爱泼斯坦著，高全孝、郭彧斌、郑敏芳译：《西藏的变迁》，北京：新星出版社，2016 年。

30. ［美］詹姆斯·C. 斯科特著，程立显、刘建等译：《农民的道义经济学——东南亚的反叛与生存》，南京：译林出版社，2013 年。

31. 巴卧·祖拉陈哇著，黄颢译注：《〈贤者喜宴〉（མཁས་པའི་དགའ་སྟོན）摘译》，《西藏民族学院学报》1981 年第 4 期。

32. 班钦·索南查巴著，黄颢译：《新红史》，拉萨：西藏人民出版社，1984 年。

33. 蔡巴·贡噶多吉著，陈庆英、周润年译：《红史》，拉萨：西藏人民出版社，2002 年。

34. 萨迦·索南坚赞著，陈庆英、仁庆扎西译注：《王统世系明鉴》，沈阳：辽宁人民出版社，1985 年。

35. 索南坚赞著，刘立千译注：《西藏王统记》，拉萨：西藏人民出版社，1985 年。

36. 王尧、陈践译注：《敦煌吐蕃文献选》，成都：四川民族出版社，1983 年。

37. 王尧、陈践译注：《敦煌本吐蕃历史文书》（增订本），北京：民族出版社，1992 年。

38. 五世达赖喇嘛著，郭和卿译：《西藏王臣记》，北京：民族出版社，1983 年。

（二）专著

1. 白涛主编：《西藏农业结构与粮食流通》，北京：中国藏学出版社，1995 年。

2. 次仁央宗：《西藏贵族世家（1900—1951）》，北京：中国藏学出版社，2006 年。

3. 陈序经：《疍民的研究》，上海：商务印书馆，1946 年影印版。

4. 陈默：《空间与西藏农村社会变迁：一个藏族村落的人类学考察》，北京：中国藏学出版社，2013 年。

5. 陈庆英、高淑芬：《西藏通史》，郑州：中州古籍出版社，2003 年。

6. 陈庆英：《藏族部落制度研究》，北京：中国藏学出版社，1995 年。

7. 丹增、张向明主编：《当代中国的西藏》，北京：当代中国出版社，

1991 年。

8. 丹增伦珠：《布达拉宫脚下的雪村——半个世纪的变迁》，北京：商务印书馆，2005 年。

9. 东嘎·洛桑赤列：《论西藏政教合一制度》，北京：民族出版社，1985 年。

10. 多杰才旦主编：《西藏封建农奴制社会形态》，北京：中国藏学出版社，1996 年。

11. 多杰才旦、江村罗布主编：《西藏经济简史》，北京：中国藏学出版社，1995 年。

12. 傅崇兰主编：《拉萨史》，北京：中国社会科学出版社，1994 年。

13. 嘎·达哇才让：《藏族宗教文化论文集》，北京：中国藏学出版社，2007 年。

14. 格勒、刘一民、张建世等：《藏北牧民——西藏那曲地区社会历史调查》，北京：中国藏学出版社，1993 年。

15. 格桑卓嘎等编译：《铁虎清册》，北京：中国藏学出版社，1991 年。

16. 何一民等：《世界屋脊上的城市：西藏城市发展与社会变迁研究（17 世纪中叶至 20 世纪中叶）》，北京：社会科学文献出版社，2014 年。

17. 《甲玛沟的变迁》课题组：《甲玛沟的变迁：西藏中部地区农村生活的社会学调查》，北京：中国藏学出版社，2009 年。

18. 经君健：《清代社会的贱民等级》，北京：中国人民大学出版社，2009 年。

19. 赖青寿：《九姓渔户》，福州：福建人民出版社，1999 年。

20. 刘志扬：《乡土西藏文化传统的选择与重构》，北京：民族出版社，2006 年。

21. 李坚尚主编：《西藏的商业与手工业调查研究》，北京：中国藏学出版社，2000 年。

22. 凌纯声：《松花江下游的赫哲族》（上、下册），台北：台湾"中央研究院"历史语言研究所，1934 年。

23. 廖东凡：《藏地风俗》，北京：中国藏学出版社，2014 年。

24. 拉萨市情调查组编：《百县市经济社会调查（拉萨卷）》，北京：中国大百科全书出版社，1995 年。

25. 马戎主编：《西藏的人口与社会》，北京：同心出版社，1996 年。

26. 茆晓君：《风雨兼程，随波跌宕》，昆明：云南人民出版社，

2017 年。

27. 彭兆荣、张宏明、李文睿：《渔村叙事：东南沿海三个渔村的变迁》，杭州：浙江人民出版社，1998 年。

28. 唐国建：《海洋渔村的"终结"——海洋开发资源再配置与渔村的变迁》，北京：海洋出版社，2012 年。

29. 伍锐麟：《三水蛋民调查》，台北：东方文化书局，1971 年。

30. 吴从众选编：《西藏封建农奴制研究论文选》，北京：中国藏学出版社，1991 年。

31. 王崧兴：《龟山岛——汉人渔村社会之研究》，台北：台湾"中央研究院"民族学研究所，1967 年。

32. 王俊敏：《居游之间：游牧、采猎、渔捞三型游文化变迁与生态重塑》，北京：生活·读书·新知三联书店，2014 年。

33. 徐平、郑堆：《西藏农民的生活——帕拉村半个世纪的变迁》，北京：中国藏学出版社，2000 年。

34. 徐君：《狼牙刺地上的村落——西藏拉萨市曲水县达嘎乡其奴九组调查报告》，北京：社会科学文献出版社，2011 年。

35. 杨美惠：《礼物、关系学与国家：中国人际关系与主体性建构》，南京：江苏人民出版社，2009 年。

36. 周润年、喜饶尼玛译注：《西藏古代法典选编》，北京：中央民族大学出版社，1994 年。

37. 中国藏学研究中心社会经济研究所编：《西藏家庭四十年变迁——西藏百户家庭调查报告》，北京：中国藏学出版社，1996 年。

38. 中国大百科全书总编辑委员会编：《中国大百科全书·社会学》，北京：中国大百科全书出版社，2002 年。

39.《边疆史地文献初编》编委会编：《边疆史地文献初编：西南边疆》（第一、二辑），北京：中央编译出版社，2011 年。

40. 王辅仁、索文清：《藏族史要》，成都：四川民族出版社，1981 年。

41. 西藏社会历史调查资料丛刊编辑组编：《藏族社会历史调查（1—6)》，拉萨：西藏人民出版社，1987—1992 年。

42. 广东省民族研究所编：《广东疍民社会调查》，广州：中山大学出版社，2001 年。

43. 伍锐麟著，何国强编：《民国广州的疍民、人力车夫和村落：伍锐麟社会学调查报告集》，广州：广东人民出版社，2010 年。

（三）文章

1. 陈锋、陈毅峰：《拉萨河鱼类调查及保护》，《水生生物学报》2010年第2期。

2. 陈锋、陈毅峰、何德奎：《拉萨裸裂尻鱼的年轮特征及年龄鉴定》，中国海洋湖沼动物学会鱼类学分会第七届会员代表大会暨朱元鼎教授诞辰110周年庆学术研讨会，2006年。

3. 次旺罗布：《传说中的圣地渔村：关于曲水县俊巴渔村渔业民俗民间传说的调查》，《西藏大学学报（社会科学版）》2010年第S1期。

4. 刘志扬：《藏族农村家庭的现状与演变——西藏拉萨郊区农村个案研究》，《思想战线》2006年第2期。

5. 刘志扬：《从洁净到卫生：藏族农民洁净观念的嬗变》，《广西民族学院学报（哲学社会科学版）》2006年第4期。

6. 罗绒战堆、樊毅斌：《毛驴数量的变化与西藏农村的发展和变迁》，《中国藏学》2011年第2期。

7. 洛桑、旦增、布多：《拉萨河鱼类资源现状与利用对策》，《西藏大学学报（自然科学版）》2011年第2期。

8. 王希华（云聪·索朗次仁）：《农巴"果孜"（船夫舞）和"郭孜"（古兵舞）概述》，《西藏艺术研究》1996年第3期。

9. 杨汉运、黄道明：《雅鲁藏布江中上游鱼类区系和资源状况初步调查》，《华中师范大学学报（自然科学版）》2011年第4期。

10. 于长江：《西藏曲水县拉热村社区调查》，《中国民族发展研究》，北京：北京大学出版社，2001年。

11. 张铭羽、吴万夫：《关于西部内陆渔业的分析研究》，《中国渔业经济》2005年第5期。

12. 张婧璞：《西藏"一江两河"中部流域的"牛皮船文化"——以拉萨市曲水县俊巴渔村为例》，《文化遗产》2016年第6期。

13. 朱文惠：《近现代藏传佛教寺院经济研究：贵金属、劳动力与土地》，《中国藏学》2013年第1期。

14. 左岫仙：《少数民族女性与渔民的族际婚姻——关于嵊泗县渔民与外来少数民族女性婚姻家庭的典型调查》，《黑龙江民族丛刊》2012年第3期。

（四）学位论文

1. 次旺罗布：《论新农村建设中西藏民俗文化的旅游资源开发：以曲水县俊巴渔村的民俗调查为例》，西藏大学硕士学位论文，2010 年。

2. 才让卓玛：《从牛粪到沼气：用能变化对西藏那嘎村传统生活的影响》，中央民族大学硕士学位论文，2012 年。

3. 次吉：《职业身份·技艺传承·生产销售——西藏工布错高村铁匠户为中心的实地考察》，西藏大学硕士学位论文，2013 年。

4. 何家祥：《"浮家泛宅"：广东"疍民歧视"研究》，中山大学博士学位论文，2004 年。

5. 郝亚明：《外力推动下的变迁：一个藏区城乡结合部的社区研究》，中央民族大学硕士学位论文，2004 年。

6. 何玉芳：《赫哲族、那乃族文化变迁比较研究》，中央民族大学博士学位论文，2007 年。

7. 乔小河：《时间与空间中的西藏农村民居：以堆龙德庆县那嘎村为例》，中央民族大学硕士学位论文，2012 年。

8. 李少燕：《沙田村落的往昔变迁：以中山市三角地区为例》，中山大学硕士学位论文，2010 年。

9. 梁松：《赫哲族从渔猎走向多元的经济发展研究》，中央民族大学硕士学位论文，2013 年。

10. 刘莉：《被水束缚的命运：海南新村疍家人的人类学研究》，中央民族大学硕士学位论文，2011 年。

11. 林瀚：《潮客之间：经济视野下的汀韩流域地方社会及族群互动（1860—1930）》，福建师范大学硕士学位论文，2012 年。

12. 李勇：《近代苏南渔业发展与渔民生活》，苏州大学博士学位论文，2007 年。

13. 热比亚木·买买提：《干旱地区内陆河流域人地耦合系统演变：以车尔臣河流域为例》，新疆大学硕士学位论文，2012 年。

14. 温梦煜：《藏族食鱼规避的成因与演变》，兰州大学硕士学位论文，2012 年。

15. 杨光：《赫哲族社会文化变迁研究》，东北师范大学博士学位论文，2011 年。

16. 杨跃雄：《大理新溪邑村居民渔获活动变迁研究》，云南大学硕士学位论文，2015 年。

二、外文文献

（一）专著

1. FIKRET B，ROBIN M，PATRICK M. Managing small-scale fisheries ：alternative directions and methods（管理小型渔业：替代路线与方法）. EDRC Books，2001.

2. COOPER C S. Women of the Praia ：work and lives in a Portuguese coastal community（帕拉拉岛的女性：在葡萄牙海岸社区的工作与生活）. Princeton，N. J. ：Princeton University Press，1991.

3. D'ARCY P. The people of the sea：environment，identity and history in Oceania（海洋民族：大洋洲的环境、认同与历史）. Honolulu：University of Hawaii Press，2006.

4. GILMORE J C. Traditions in the maintenance and repair of the commercial fishing vessels of Charleston（查尔斯顿商业渔船的保养和维修传统）. Oregon：Indiana University Press，1981.

5. JACKSON J E. The fish people ：linguistic exogamy and Tukanoan identity in Northwest Amazonia（渔民：西北亚马逊地区的语言外婚制与图卡罗族的认同）. New York ：Cambridge University Press，1983.

6. WEBSTER J. The anthropology of Protestantism ：faith and crisis among Scottish fishermen（新教人类学研究：苏格兰渔民的信仰与危机）. New York：Palgrave Macmillan，2013.

7. FIRTH R. Malay fishermen：their peasant economy（马来亚渔民：他们的小农经济）. London ：Routledge，2002.

8. CASTEEL R W，QUIMBY G. eds. Maritime adaptations of the Pacific（太平洋岛屿的海洋适应）. World anthropology series. Chicago：Aldine，1975.

9. SIDER G M. Culture and class in anthropology and history：a new found land illustration（人类与历史中的文化与阶级：一个纽芬兰小岛的图景）. Cambridge ：Cambridge University Press，1986.

10. ORBEM. Constructing co-cultural theory：an explication of culture，power，and communication（构建共文化理论：对文化、权力和交流的解释）. London：Sage Publications Inc. ，1998.

11. STEWARD J H. Theory of culture change（文化变迁的理论）. Urbana：

University of Illinois Press，1955.

12. TERRAY E. ed. KLOPPER M. trans. Marxism and "Primitive" societies（马克思主义与"原始"社会）. New York：Monthly Review Press，1972.

（二）文章

1. DEB A K. Voices of the fishery：learning on the livelihood dynamics from Bangladesh（渔业的声音：孟加拉国生计动力的知识）. University of Manitoba，Canada，2009.

2. BAGCHI A，JHA P. Fish and fisheries in Indian heritage and development of pisciculture in India（印度渔业文化遗产与发展视域下的鱼与渔业）. Reviews in fisheries science，Vol. 19，Issue 2，2011.

3. KLAUSEN A M. Technical assistance and social conflict：a case study from the Indo-Norwegian fishing project in Kerala，South India（技术援助与社会冲突：印度喀拉拉邦的印度—挪威捕鱼项目研究）. Journal of peace research，Vol. 1，No. 1，1964.

4. ZOBAIRI A R K. A report on the fisheries of East Bengal，Pakistan（巴基斯坦东孟加拉湾的渔业报告）. The progressive fish-culturist，Vol. 15，No. 3，1953.

5. BLOCH M. The moral and tactical meaning of kinship terms（亲属关系称谓的道德和策略意义）. Man，Vol. 6，No. 1，1971.

6. BLOCH M. The long term and the short term：the economic and political significance of the morality of kinship（长期和短期：亲属道义的经济和政治意义）. In GOODY J. ed. The character of kinship. Cambridge：Cambridge University Press，1974.

7. DE SILVA C R. The Portuguese and pearl fishing off South India and Sri Lanka（南印度洋和斯里兰卡的葡萄牙采珠人）. Journal of South Asian studies，Vol. 1，Issue 1，1978.

8. BAUDOU E. Forms of resource utilization within hunting and fishing cultures in Northern Sweden，4000 B. C. －1 A. D.（公元前4000年至公元1年的瑞典北部狩猎和渔业文化资源利用形式）. Anthropologischer anzeiger，Jahrg. 50，H. 3，1992.

9. SIMOONS F J. Fish as forbidden food：the case of India（食鱼禁忌：以印度为例）. Ecology of food and nutrition，Vol. 3，Issue 3，1974.

10. FRIEDMAN J. Marxism, Structuralism and vulgar Materialism（马克思主义、结构主义和庸俗的唯物主义）. Man, Vol. 9, No. 3, 1974.

11. IYENGAR H D R. The fisheries of India-present status and proposed development（印度渔民现状及发展建议）. Transactions of the American fisheries society, Vol. 78, No. 1, 1950.

12. HAPKE H M, AYYANKERIL D. Gender, the work-life course, and livelihood strategies in a South Indian fish market（南印度鱼类市场中的性别、工作——生活方式和生计策略）. Gender, place and culture, Vol. 11, No. 2, 2004.

13. HAPKE H M. Gender, work, and household survival in South Indian fishing communities: a preliminary analysis（南印度渔业社区的性别、工作和家庭生存：一项初步分析）. The professional geographer, Vol. 53, No. 3, 2001.

14. IWASAKI, SHIMPEI, SHAW R. Fishery resource management in Chilika Lagoon: a study on coastal conservation in the eastern coast of India（吉尔卡潟湖渔业资源管理：一项关于印度东海岸的海岸保护研究）. Journal of coastal conservation, Vol. 12, No. 1, 2008.

15. SABELLA J C. José Olaya: analysis of a Peruvian fishing cooperative that failed（露丝·欧拉雅：一项关于秘鲁渔业合作组织失败的分析）. Anthropological quarterly, Vol. 53, No. 1, 1980.

16. PETTERSON J S. Fishing cooperatives and political power: a Mexican example（渔业合作社与政治权力：一个墨西哥案例）. Anthropological quarterly, Vol. 53, No. 1, 1980.

17. BURGER J. Fish consumption advisories: knowledge, compliance and why people fish in an urban estuary（渔业消耗性疾病的警告：知识、规范与城市港口区捕鱼的原因）. Journal of risk research, Vol. 7, No. 5, 2004.

18. STUSTER J. "Under the Thumb" while "One Hand Washes the Other": traditional market relations in a California commercial fishing community（从控制到互惠：加利福尼亚商业渔业社区的传统市场关系）. Anthropological quarterly, Vol. 53, No. 1, 1980.

19. TARIQ J, ASHRAF M, JAFFAR M. Selected trace metals in fish, sediment and water from freshwater Tarbela Reservoir, Pakistan（巴基斯坦塔贝拉水库中鱼类、沉积物和淡水中的微量金属物）. Toxicological &

environmental chemistry, Vol. 39, No. 3 - 4, 1993.

20. TARIQ J, JAFFAR M, ASHRAF M. Levels of selected heavy metals in commercial fish from five freshwater lakes, Pakistan（巴基斯坦五个淡水湖泊中商品鱼资源的重金属水平）. Toxicological & environmental chemistry, Vol. 33, No. 1 - 2, 1991.

21. OBERG K. A comparison of three systems of primitive economic organization（原始经济组织三层系统的比较研究）. American anthropologist, Vol. 45, No. 4, 1943.

22. OBERG K. The marginal peasant in Rural Brazil（巴西农村的边缘化农民）. American anthropologist, Vol. 67, No. 6, 1965.

23. KUMARAN M, VIMALA D D, CHANDRASEKARAN V S, etc. Extension approach for an effective fisheries and aquaculture extension service in India（印度提高渔业生产和水产养殖服务的扩展性方法）. The journal of agricultural education and extension, Vol. 18, No. 3, 2012.

24. DAS M K, SHARMA A P, VASS K K, etc. Fish diversity, community structure and ecological integrity of the tropical river ganges（恒河流域热带区域的鱼类多样性、社区结构和生态整合）. India, aquatic ecosystem health & management, Vol. 16, Issue 4, 2013.

25. SINHA M, KHAN M A. Impact of environmental aberrations on fisheries of the Ganga（Ganges）River（恒河流域环境畸变对渔业的影响）. Aquatic ecosystem health & management, Vol. 4, Issue 4, 2001.

26. ASHRAF M, JAFFAR M, TARIQ J. Copper, iron, lead and zinc concentration distribution and correlation in fish from freshwater lakes, Pakistan（巴基斯坦淡水湖泊鱼类的铜、铁、铅、锌浓度分布及相关性）. Toxicological & environmental chemistry, Vol. 42, Issue 1 - 2, 1994.

27. GUPTA N, BOWER S D, RAGHAVAN R, etc. Status of recreational fisheries in India: development, issues, and opportunities（印度休闲渔业的现状：发展、问题和机会）. Reviews in fisheries science & aquaculture, Vol. 23, Issue 3, 2015.

28. PILLAY. Land reclamation and fish culture in the deltaic areas of West Bengal, India（西孟加拉州之三角洲地区的土地垦殖与渔业文化）. The progressive fish-culturist, Vol. 20, Issue 3, 1958.

29. REDFIELD R, MELVILLE L, HERSKOVITS J. Memorandum for the

study of acculturation（文化适应备忘录）. American anthropologist, Vol. 38, Issue 1, 1963.

30. STEWARD J H. Evolution and process（进化的历程）. In KROEBER A L. ed. Anthropology today. Chicago：University of Chicago Press, 1953.

31. SANTHA S D. Local ecological knowledge and fisheries management：a study among riverine fishing communities in Kerala India（地方性生态知识和渔业管理：一项在喀拉拉邦印度河流域渔业社区的研究）. Local environment, Vol. 13, Issue 5, 2008.

32. RAFI KHAN SHAHEEN, RAFI KHAN SHAHRUKH. Fishery degradation in Pakistan：a poverty-environment nexus（巴基斯坦渔业退化：一项关于贫穷与环境关系的研究）. Canadian journal of development studies, Vol. 32, No. 1, 2011.

33. SREEKUMAR T T. Mobile phones and the cultural ecology of fishing in Kerala India（手机与喀拉拉邦的渔业生态）. The information society, Vol. 27, Issue 3, 2011.

34. WORKMAN W B, MCCARTNEY A P. Coast to coast：prehistoric maritime cultures in the North Pacific（从海岸到海岸：北太平洋的史前海洋文化）. North Pacific and bering sea maritime societies：the archaeology of prehistoric and early historic coastal peoples. Aarctic anthropology, Vol. 35, No. 1, 1998.

后　记

本书从调查写作到出版历经 8 年时间，我 6 次赴藏，累计调查时长超过 7 个月。2017 年，我的博士论文在导师何国强教授的悉心指导下完成，本书是在此论文基础上修订的成果。何教授引导我读书、鼓励我写作，与我一同踏雪寻村，无私地向我让渡他的观点，助我完成论文，启发我进一步思考。他用实际行动引领我，让我拥有了做研究的勇气、刨根问底的科学精神和甘于坐冷板凳的信念。可以说，本书是我们师徒共同努力的思想结晶。

本书田野调查得到"重庆大学中国人类学博士论文田野调查奖助金"和"中国田野调查基金·腾讯互联网人类学科研计划奖助金"的支持，在此对彭文斌老师、周大鸣老师、张振江老师和王霄冰老师的支持与鼓励表示衷心的感谢。完成博士论文后，我先后两次赴藏进行补充调查，更新部分数据资料，使本书内容更为严谨。

多年来，我专注于西藏渔民群体研究，发表相关核心期刊论文 3 篇，《西藏"一江两河"中部流域的"牛皮船文化"——以拉萨市曲水县俊巴渔村为例》（被人大报刊复印资料 2017 年《文化研究》《地理》索引收录）、《西藏渔民婚姻形态变迁动因研究》（被人大报刊复印资料 2021 年《社会学》《民族问题研究》索引收录）、《生产方式的链接：西藏渔村生计变迁研究》（被人大报刊复印资料 2021 年《民族问题研究》全文转载）。在此，谨向曾经给予我指导的刘晓春老师、王东昕老师、谷文双老师表示衷心感谢。虽然西藏渔民群体研究逐渐得到学界认可，但现有的研究成果依然有限，我将延续与藏族渔村的不解之缘，进一步挖掘和保护青藏高原的渔猎文化。

本书的出版有幸获国家出版基金支持，受益于暨南大学出版社编辑们的辛苦付出。编辑们以精益求精的态度对待学术著作，令我着实感动。

真心感谢田野调查中俊巴、陇巴村民的理解、支持和无私帮助，沉淀在情感中，非只言片语可以表达。在西藏渔村的调查经历是我此生最珍贵的回忆，最后赋诗一首作结，以表思念与感激之情：

拉萨河畔的小渔村

那年冬天，踏雪寻村，
湛蓝的拉萨河与雪山依偎，静静地徜徉在山间，
成群野鸭和大雁嬉戏游弋，荡起阵阵涟漪。

那年夏天，村中久居，
金灿灿的藏麦和青稞一望无际，
沉淀着一年的艰辛汗水与丰收的喜悦，
田边孩子们的欢声笑语，抹去劳作的苦累。

那年的拉萨河，
牛皮船在水中激荡，
抑扬顿挫的船歌代表着力量，
扛船而舞的壮士们诠释着粗犷与雄浑。

那年新年，炉膛的火烤红了脸，
香酥的卡塞等待大家赞美，
晨醒喝到的酥油奶渣红糖汤无比甜蜜，
青稞酒和盛装汇聚在祭祀和歌舞的海洋。

拉萨河畔的小渔村，
村中人简单而平和，善良而快乐，
与天地万物和谐共生，
在喧嚣的当下，
守护那份珍贵的宁静与自然。

启程离开，离开蜿蜒的村路，离开流淌的河水，
离开整齐排列的青稞垛，突然不知所措……
是思念，思念手拉手的叮咛，
思念热气腾腾的牛肉包子，
思念亲手装好糌粑捧到面前的阿妈，
思念那深深的祝福和静静的相拥……

拉萨河畔的小渔村，注定在生命中扎根，

待我回去看你时，依然宛如初见，清丽祥和，

待我回去探你时，愿一切安好，幸福悠长！

张婧薇

2022 年 2 月于广东开放大学 2 号楼